"十二五"职业教育国家规划教材

经全国职业教育教材审定委员会审定

全国高职高专教育土建类专业教学指导委员会规划推荐教材

房地产经营与管理

（房地产经营与估价专业适用）

银 花	主 编
张雪玉 于 珊	参 编
裴艳慧 孙建萍	
汤万龙 许怀云	主 审

中国建筑工业出版社

图书在版编目(CIP)数据

房地产经营与管理/银花主编. —北京:中国建筑工业出版社,2014.2 (2022.5重印)
"十二五"职业教育国家规划教材. 经全国职业教育教材审定委员会审
定. 全国高职高专教育土建类专业教学指导委员会规划推荐教材(房地产
经营与估价专业适用)
ISBN 978-7-112-16375-5

Ⅰ.①房… Ⅱ.①银… Ⅲ.①房地产业-经营管理-高等学校-教
材 Ⅳ.①F293.3

中国版本图书馆 CIP 数据核字(2014)第 022236 号

教材内容向读者介绍房地产经营与管理的基本知识为铺垫,系统阐述了房地产行政管理、房地产市场调查与经营预测、房地产经营决策、房地产开发项目经济评价、房地产项目管理、房地产市场营销、物业管理等 8 章内容。本教材具有较强的政策性、实用性、实践性等特点,不仅适用于房地产经营与估价、物业管理专业的教学需要,同时又可作为房地产开发、房地产经营、房地产中介等业务人员业务学习的参考书。

为更好地支持相应课程的教学,我们向采用本书作为教材的教师提供教学课件,有需要者可与出版社联系,邮箱:jckj@cabp.com.cn,电话:(010) 58337285,建工书院 http://edu.cabplink.com。

责任编辑:朱首明 张 晶 张 健
责任设计:张 虹
责任校对:张 颖 党 蕾

"十二五"职业教育国家规划教材
经全国职业教育教材审定委员会审定
全国高职高专教育土建类专业教学指导委员会规划推荐教材
房地产经营与管理
(房地产经营与估价专业适用)
银 花 主编
张雪玉 于 珊 参编
裴艳慧 孙建萍
汤万龙 许怀云 主审

*

中国建筑工业出版社出版、发行(北京西郊百万庄)
各地新华书店、建筑书店经销
北 京 红 光 制 版 公 司 制 版
北京建筑工业印刷厂印刷

*

开本:787×1092毫米 1/16 印张:18¾ 字数:466千字
2015 年 2 月第一版 2022 年 5 月第四次印刷
定价:**38.00** 元(赠教师课件)
ISBN 978-7-112-16375-5
(25094)

教材编审委员会名单

序　言

全国高职高专教育土建类专业教学指导委员会房地产类专业分指导委员会，它是住房和城乡建设部受教育部委托，聘任和管理的专家机构。其主要工作职责是，在住房和城乡建设部、教育部、全国高职高专教育土建类专业教学指导委员会的领导下，研究高职高专房地产类专业的教学和人才培养方案，按照以能力为本位的教学指导思想，围绕房地产类专业的就业领域、就业岗位群组织制定并及时修订各专业培养目标、专业教育标准、专业培养方案、专业教学基本要求、实训基地建设标准等重要教学文件，以指导全国高职高专院校规范房地产类专业办学，达到专业基本标准要求；研究房地产类专业建设、教材建设，组织教材编审工作；组织开展教育教学改革研究，构建理论与实践紧密结合的教学体系，构筑"校企合作、工学结合"的人才培养模式，进一步促进高职高专院校房地产类专业办出特色，提升服务房地产行业的能力。

在住房和城乡建设部人事司和全国高职高专教育土建类专业教学指导委员会的领导下，全国高职高专教育土建类专业教学指导委员会房地产类专业分指导委员会成立以来，在专业建设上取得了多项成果；在对"房地产经营与估价专业"、"物业管理专业"职业岗位（群）调研的基础上，制定了"房地产经营与估价"和"物业管理"等专业教学基本要求；制定了"房地产经营与估价"和"物业管理"两个专业校内实训及校内实训基地建设导则；并根据"房地产经营与估价专业"、"物业管理专业"两个专业的专业教学基本要求，校内实训及校内实训基地建设导则，组织了"房地产经营与估价专业"、"物业管理专业"理论教材和实训教材编审工作；启动了职业教育房地产类专业人才培养模式的研究工作。

本套教材的编写体现了"以就业为导向，以能力为本位，以岗位需求和职业能力标准为依据，以促进学生的职业发展生涯为目标"这一指导思想。其特点：（1）教材体系完整、重点突出，配套性好，整套教材为一个完整的知识与技能体系；（2）教材贯彻了"工作过程"、"行动导向"的教育改革理念，在内容上尽量结合生产和工作实际进行编写；（3）教材在总结近几年教育教学改革与实践的基础上，通过开发新课程，更新课程内容，增加实训教材，构建了新的课程体系；（4）教材编写聘请了全国各高职院校本专业多年从事"房地产经营与估价"、"物业管理"专业教学副教授以上的专家担任主编，同时吸收工程一线具有丰富实践经验的工程技术人员及优秀中青年教师参加编写；（5）教材主审全部由房地产领域的著名学者和企业专家担任。本套教材充分体现了其先进性、针对性、创新性、适用性，反映了国内外最新技术和研究成果，突出高等职业教育的特点。

"房地产经营与估价"、"物业管理"两个专业教材的编写工作得到了教育部、住房和城乡建设部人事司的支持，得到了全国高职高专教育土建类专业教学指导委员会的指导。该系列教材的出版凝聚了全国各高职高专院校"房地产经营与估价"、"物业管理"两个专业同行的心血，也是他们多年来教学工作的结晶。值此教材出版之际，全国高职高专教育土建类教学指导委员会房地产类专业分指导委员会谨向全体主编、主审及参编人员致以崇高的敬意。对大力支持这套教材出版的中国建筑工业出版社表示衷心的感谢，向在编写、审稿、出版过程中给予关心和帮助的单位和同仁致以诚挚的谢意。深信本套教材的使用将会受到高职高专院校和从事房地产开发、经营、管理的专业人员的欢迎，必将推动房地产类专业的建设和发展。

全国高职高专教育土建类专业教学指导委员会
房地产类专业分指导委员会

前　　言

在现代经济社会中，房地产业在国民经济中的地位和作用十分突出。房地产业既是国民经济的基础性和先导性产业，也是支柱性产业。房地产业的健康有序发展，能够为社会经济及其他各行各业的发展提供有利的物质保障。高职院校设置房地产经营与估价专业、物业管理专业，为房地产行业培养、输送懂技术、会管理的高端技能型人才，为经济社会发展提供专业人才资源。本教材根据房地产经营与估价专业、物业管理专业的人才培养目标、人才培养方案、教学基本要求等相关教学资源和房地产相关岗位的技能要求，针对房地产经营与管理的工作范畴，在进行广泛调研的基础上制定编写大纲和编写内容。本书充分考虑了高职教育的特点，以"实用、够用"为原则，确保教材内容与学生的培养定位、职业能力培养目标相适应。教材以向读者介绍房地产经营与管理的基本知识为铺垫，系统阐述了房地产行政管理、房地产经营预测、房地产经营决策、房地产项目经济评价、房地产项目管理、房地产市场营销、物业管理等内容。本教材具有较强的政策性、实用性、实践性等特点，不仅适用于房地产经营与估价、物业管理专业的教学需要，同时又可作为房地产开发、房地产经营、房地产中介等业务人员业务学习的参考书。

为了有效引导学生学习，在每一章内容前均设置了【学习目标】，明确了解、熟悉、掌握的知识点和技能要求，提示学生通过本章学习应达到的学习目标，使学生学习前初步认识学习内容框架；每一章后还设置了【本章小结】、【练习题】、【思考题】，归纳本章内容的重点、难点，为学生巩固学习和考核学习效果提供基本的学习资源。同时为了提高学生理论联系实际的学习能力，掌握职业岗位相关技能，多数章节后还设置了【实训项目】，提出具体实训要求和操作步骤。

本书在编写过程中得到了高职高专土建类专业指导委员会房地产类专业分指导委员会和中国建筑工业出版社的精心指导和大力支持，在此特表谢意。

本书由内蒙古建筑职业技术学院银花教授主编，新疆建设职业技术学院汤万龙教授和内蒙古住房城乡建设厅副厅长许怀云主审。各章的编写人员及分工如下：裴艳慧（内蒙古建筑职业技术学院）独立编写第一章、参与编写第二章；张雪玉（内蒙古建筑职业技术学院）独立编写第三章、第五章；于珊（内蒙古建筑职业技术学院）独立编写第四章、第七章；孙建萍（宁夏建设职业技术学院）参与编写第二章和第八章；银花独立编写第六章、参与编写第二章、第八章，并完成了全书的统稿工作。

由于编者学术水平有限，书中难免存在错漏与不足之处，恳请广大读者在使用过程中给予指正并提出宝贵意见。

目　　录

1 概　　述

学习目标

了解：房地产的概念与特征；房地产业的地位和作用；房地产市场的含义及特点。

熟悉：房地产经营与管理的含义、特征及原则；房地产市场的功能、运行机制；房地产供给与需求的含义及特点。

掌握：房地产市场交易；常见的房地产经营方式。

1.1 房地产的概念及其特征

1.1.1 房地产的概念

为了能够更好地理解房地产的概念，下面从三个方面给予解释。

1. 房地产的第一种解释

房地产是指土地、建筑物以及固着在土地、建筑物上的不可分割的部分及其各种权益。

其中的土地，按照狭义、广义的解释程度可以释义为以下 3 种：

狭义的土地：是指地球陆地表面及其上下一定范围的空间。地上主要考虑建筑物的建设空间、通风、采光等要求。地下主要考虑地基建设、地下设施（地下室、地下停车场等）建设的要求。

广义的土地：是指地表。地表包括：地球表面的陆地和被水覆盖的部分。水覆盖的部分指海洋、江、河泊、池塘。

最广义的土地：是指自然资源以及地表。自然资源包括：日光、空气、水、热能、风力等自然赋予的一切有形和无形的自然力在内。

在我国城市房地产开发和交易过程中的土地，通常指狭义土地的内涵。

对于土地的种类，按照用途可以分为：农用地，建筑用地，未用地。

农用地是指直接用于农业生产的土地，包括耕地、林地、草地、农田水利用地、养殖水面等，属于第一产业范畴。

建筑用地是指建造建筑物、构造物的用地，包括城乡住宅和公共设施用地、工矿用地、交通水利设施用地、旅游用地，适用于第二、三产业。

未用地是指除上述以外的土地。

2. 房地产的第二种解释

房地产就是房产与地产的总称。

其中的房产是指房屋及其权利的总称；地产是指土地及其权利的总称。

3. 房地产的第三种解释

房地产的第三种解释即房地产概念法律上的界定。

《中华人民共和国城市房地产管理法》第二条规定："办法所称房屋，是指土地上的房屋等建筑物及构筑物，本法所称房地产开发是指在依据本法取得国有土地使用权的土地上进行基础设施房屋建设的行为。"因此房地产在我国法律上主要包括三大类：

土地：土地本身即是构成房地产组成部分之一，也是地上房产等附属物存在的基础。就土地的范围而言，应不仅包括地面，也包括地下及上空，但法律另有规定的除外，如我国《矿产资源法》第三条规定：矿产资源属于国家所有，地表及地下矿产资源的国家所有权，不因所依附的土地所有权或者使用权的不同而改变。

附属于土地的建筑物：建筑物包括地上或地下的各种建筑设施，一般主要是指房屋及其他不能移动位置或移动位置会改变其形态或降低其价值的建筑物。

其他定着物：建筑物的固定附属设施等。

1.1.2　房地产的特征

特征是一物质区别于其他物质所固有的表征。房地产作为一种生活必需品和特殊的商品，具有其他物质所不具备的特征。

1. 位置的固定性或不可移动性

房地产最重要的一个特征是其位置的固定性或不可移动性。每一宗土地都有其固定的位置，不可移动，这一特征使土地利用形态受到位置的严格限制。因此，位置对房地产投资具有重要意义。投资者在进行一项房地产投资时，必须重视对房地产的宏观区位和具体位置的调查研究。房地产的位置有自然地理位置和社会经济地理位置之别。虽然房地产的自然地理位置固定不变，但其社会经济地理位置却经常在变动。这种变动可能是因为城市规划的制定或修改、交通建设的发展或其他建设的发展等原因引起。

2. 使用的耐久性

土地的利用价值一般来说不会消失，这种特征称为不可毁灭性或恒久性。土地的这种特征，可为其占有者带来永续不断的收益。建筑物一经建成，在质量保证、维护得力的前提下，房地产的寿命可长达百年甚至数百年。例如钢筋混凝土结构的房地产耐用年限为100年，砖混结构的房地产耐用年限为50～80年，砖木结构的房地产耐用年限为25～70年，其他结构的房地产耐用年限为20年以下等。相比其他产品，房地产的使用期要长出许多。

3. 异质性

市场上不可能有两宗完全相同的房地产。一宗土地由于受区位和周围环境的影响不可能与另一宗土地完全相同，尽管两处的建筑物一模一样。房地产范围非常广泛，规模大小有别，高矮各不相同，形状各有差异。房地产的用途多样，有居住用房、商业大厦、写字楼、工业厂房、仓库、寺庙、文化娱乐场所、体育竞赛场馆及其配套设施，房地产的异质性也构成了城市和乡村的不同风格。

4. 高价值性

房地产不仅具有使用价值，而且具有较高的观赏价值。各种建筑物及其配套设施、设备以及场地的综合价值是很高的，特别在人口密集、可用土地较少和人口逐渐增多的大中城市，房地产的价值就更高了。购买一处房产，少则十几万，多则几十万或上百万，投资开发一处房产，所需要的资金数量更是庞大。房地产的高价值性使房地产投资和消费均需要金融机构的支持。

5. 投资与消费的双重性

房地产不仅是人类最基本的生产要素，也是最基本的生活资料。在市场经济中，房地产是一种商品，又是人们最重视、最珍惜、最具体的财产。房地产既是一种消费品也是一项有价资产。

6. 易受政策影响性

房地产受政府法令和政策的限制、影响较大。例如政府基于公共利益，可限制某些房地产的使用；城市规划对土地用途、建筑容积率、建筑覆盖率、建筑高度和绿地率等要进行规定；政府为满足社会公共利益的需要，可以对房地产实行强制征用；为了房地产市场的良性发展，政府常会通过各种政策加以引导。

1.1.3 房地产业的地位和作用

房地产业是国民经济发展的一个基本生产要素，任何行业的发展都离不开房地产业，因为任何行业都拥有一定的房地产，他们都是房地产经济活动的参与者。因此说，房地产业是发展国民经济和改善人民生活的基础产业之一。由于房地产业与相关产业关联度高，带动性强，已经成为国民经济的支柱产业。它的重要作用可以归纳如下：

1. 可以为国民经济的发展提供重要的物质条件；
2. 可以改善人们的居住和生活条件；
3. 可以改善投资环境，加快改革开放的步伐；
4. 通过综合开发，避免分散建设的弊端，有利于城市规划的实施；
5. 可以为城市建设开辟重要的资金积累渠道；
6. 可以带动相关产业，如建筑、建材、化工、轻工、电器等工业的发展；
7. 有利于产业结构的调整；
8. 有利于深化住房制度的改革，调整消费结构；
9. 有利于吸引外资，加快经济建设；
10. 可以扩大就业面。

随着国民经济和房地产业的进一步发展，房地产业在国民经济中必将发挥更广泛、更重要的作用。

1.2 房地产经营与管理的含义及其特征

1.2.1 房地产经营与管理的含义

房地产经营与管理包括房地产经营和房地产管理两项活动。

1. 房地产经营的含义

房地产经营包括两层含义：一是房地产商品本身的经营；二是房地产企业的经营。前者又有广义和狭义之分。狭义的房地产经营是指房地产经营者对房屋和建筑地块的销售、租赁及售后服务等活动，活动范围只是在流通领域。广义的房地产经营是指房地产经营者对房屋的建造、买卖、信托、交换、维修、装饰以及土地使用权的出让、转让等按价值规律所进行的有目标、有组织的经济活动，活动范围贯穿于房地产产品生产、流通、消费的全部过程，而非仅仅局限于流通领域。

房地产企业的经营是指房地产企业的经营者，运用科学的理论与方法，根据社会与市场的需求及企业的主客观条件，对房地产进行的开发、买卖、租赁、抵押、典当与租售后服务等活动的全过程。本书中所说的房地产经营是指前者。

2. 房地产管理的含义

房地产管理是对房地产经营活动的管理，即为实现经营目标，利用现代化管理手段，对经营项目所涉及的资源进行计划、组织、指挥、协调和控制的过程，是实现经营目标的手段。

3. 房地产经营与房地产管理的关系

房地产经营与房地产管理两者既有区别又有联系。经营主要是确定房地产开发、建设与出售、出租活动的方向、目标和规模，确定如何建造、如何出售出租、出售出租后又如何修缮、如何以最小的投入获得最佳的经济效益等。管理则是在经营活动中按照客观规律和经济规律的要求，进行计划、组织、指挥、协调和控制。管理不仅包括对人的管理，还包括对项目所用的其他资源如资金、技术、设备等的管理。也就是说，房地产经营是从事房地产业的主体对房地产项目进行的经济营建，主要表现了投资主体与房地产市场的经济关系，而房地产管理是对投资项目内部的资源、方案进行人性化、科学化、经济化的优化操作和整合。没有明确的经营目标和正确的经营决策，管理就会失去方向，反之，没有科学、有效的管理，再好的目标也没有办法很好地实现。房地产的经营与管理贯穿于房地产开发整个过程中，通过合理有效的房地产经营与管理达到房地产投资主体利润最大化，风险最小化，资源最优化，最终实现社会责任化。所以房地产经营与房地产管理是相辅相成的。

1.2.2　房地产经营与管理的特征

房地产经营与管理是投资房地产项目的高层领导者在现代市场经营观念的指导下，为构建和维持项目长久的竞争优势，通过对外部环境和内部条件的全面估量和分析，从组织发展全局出发而作出的长时期的总体性的谋划和行动纲领。

1. 房地产经营与管理作用的发挥受人为因素影响较大

通常在项目管理中除了项目的资金措施之外，人们还关心项目的市场前景，尤其是短期经济效益。但要获取这一经济效益或者保证这一目标实现，就必须有强大的项目管理层或者项目操作主体。众多的实例表明，同样的项目背景、同样的资金数量，如果由不同的管理层操作，结果往往会有很大差异。这一规律同样适用于房地产经营与管理战略的实施，从系统工程的角度来说，对管理层的素质要求更高。

2. 房地产经营与管理作用的发挥对外依赖于行业及市场的准确预测和把握

房地产经营与管理的目的就是项目在未来发展的途径上如何适应市场，将项目所具有的资源如何配置，并形成和加强自身独特的核心竞争力，实现预期目标。从这一目的来看，首先就必须解决好项目所属行业的发展阶段、发展周期和发展空间等问题，对产品市场进行正确预测，分析产品市场走向、产品发展趋势、市场竞争程度、忠诚度、客户的需求爱好以及区域、国家的宏观经济发展等。真正做好行业及市场的准确预测，就能较清晰地看清楚未来市场及产品发展趋势，为企业发展指明方向，企业经营才有了坚实的基础，因此经营管理作用的发挥对外依赖于行业及市场的准确预测和把握。

3. 房地产经营与管理作用的发挥对内依赖于组织全体员工的深刻理解和共同努力

房地产经营与管理作用的发挥，不仅仅是由一个部门的力量起作用，更多地依赖于参与组织经营管理的全体员工，由全体员工将日常的工作借助于组织的机制运作，转化为多个指标，由这些分指标组成系统，构成组织经营目标。脱离了这些环节或忽视了这些作用，从组织的形象树立到组织价值的增加，以及组织目标的实现，都缺乏支撑或基础。我们强调组织全体员工深刻理解组织经营战略，为组织目标的实施共同努力，从企业经营战略的整体上引导员工的价值观，潜移默化员工的日常行为，强化员工的主人翁精神，规范员工行为准则，使组织经营目标的作用由此得以发挥。

4. 房地产经营与管理过程中应重视核心竞争力、现金流、领导者意旨与个人情感、组织信誉等在经营管理过程中的作用

（1）核心竞争力

首先，组织领导者要不断提高自身素质，时刻保持清醒头脑，千万不能让一时的成功经验成为组织今后发展的障碍。其次，建立良好的自学机制是非常重要的。具有自学机制的组织能善于捕捉市场信息，适应市场需求变化，培育并形成具有竞争优势的核心竞争力。

（2）现金流量

组织领导若只注意到组织的赢利能力，而忽视对现金流量的重视是非常危险的，现金流量的危机会给组织生存带来严重的后果。现金是组织的血液，现金流量充足的组织能兴旺发达，现金流量适中的组织可以生存，现金流量不足则会导致组织衰亡。对组织来说，现金流量对组织生死存亡的重要性要超过赢利能力。

（3）领导者意旨与个人情感

组织在创业时，多为其创业者一手创立。随着组织的成长，组织同外界经济组织的联系更加多样化、广泛化和复杂化，组织的生产管理、营销策划、财务控制、人事管理等方面的工作量突然增大，这便使得科学决策更为困难。如果这个时候感情用事，便会带给组织无法挽回的损失。因此，面对已超过其知识和能力范围的新机遇与新挑战，创业者应克服感情用事，充分发挥民主决策的作用，重新设计其组织结构，制定规范的、科学的规章制度，实施合理有效的监督和控制，使组织能够在新的环境下，抓住机遇，应对挑战。

（4）组织信誉

现实中，不少组织存在着快速捞一把、赚快钱的想法，而忽视了诚信这种组织宝贵资源获得的重要性，虚假广告满天飞、合同违约多、竞争不择手段、环境保护意识弱、员工权益受到损害、偷税漏税严重，结果失信于社会、失信于顾客、失信于员工、失信于投资商和供应商，难免会造成大量中小型组织的短命。市场经济是信用经济，没有诚信就没有秩序、没有交换、没有市场，组织就难以健康成长。诚信作为一种宝贵资源，它能降低组织交易成本，有助于解决中小组织融资难、担保难的问题。特别是组织面临难以预料的危机时，能够获得公众的支持，使其顺利渡过难关。所以，诚信建设对中小组织的成长有着举足轻重的作用。

1.2.3　房地产经营与管理的原则

为了实现房地产经营与管理的目的，房地产经营管理者在经营管理房地产项目的过程中必须坚持一定的原则。不同的房地产经营方式，其应该坚持的原则是不同的。以最具代表性的房地产开发项目的经营管理为例，在经营管理过程中必须坚持如下原则：

1. 坚持以动态管理和优化组合为基本特征的项目管理思路

建筑施工的特点决定了在工程项目的组织过程中，必须根据施工流程的需要对项目的人、财、物实行动态管理和优化组合。对工程项目部而言，人、财、物的流入和流出是由工程项目在实施过程中的客观需要来决定的，只有避免固化，进行动态管理和人、财、物的优化组合，才能不断降低项目管理成本，提高项目管理效率。

2. 坚持项目经理部组建的"三个一次性"的科学定位

项目经理部是一次性的施工生产临时组织机构，项目是一次性的成本管理中心，项目经理是一次性的授权管理者。这一科学定位决定了项目部在组建和运行过程中必须努力做到组织机构层次最精简、人员配备精干高效、管理对象直接到位。这是项目经理部组建、运行、管理、考核和解体的理论依据。只有坚持这一科学定位，才能实现"项目授权经营、专业施工保障、企业调控服务、考核真实可靠"的总体管理要求。

3. 坚持项目经理责任制和项目成本核算制

明确项目经理责任制是项目经理履职的前提。其基本内容是，项目经理受企业法人代表的委托，代表企业通过对工程项目全过程、全方位的合同管理，实现企业在工程项目上的三大目标，即：企业向业主或总包单位的合同承诺目标，企业对项目经理部下达的经营和成本降低目标，以及施工现场的管理目标（包括企业形象宣传、安全管理、标准化现场管理、职工队伍管理等）。

项目经理责任制要突出权利与责任的匹配，明确项目经理的地位和作用，使项目经理能够准确地运用权力，履行职责，实现目标。

项目经理运用经济手段履行职责的必要条件是以制造成本为基准和依据，落实项目的成本核算。推行项目管理必须坚持"组织是利润中心"的原则，合理划分企业与项目组织的职责、权限和经济利益，通过严肃认真、切实可行的核算体系的运行，使项目真正成为组织成本核算的中心，成为调动组织内部各方面积极性的动力，成为施工组织经济效益的直接来源。

4. 坚持经营风险与施工风险相分离的原则

经营风险是指企业在经营活动中，为占领市场所采取的经营策略而形成的风险，主要包括以下：投标风险、市场风险、意外风险、坏账损失风险等。

施工风险是指工程项目在施工、组织、管理过程中形成的各种风险，主要包括管理风险、质量风险、安全风险、施工工期风险、施工技术风险等。

施工风险是工程项目的过程管理风险，理应由项目经理部承担。项目部作为一次性的临时组织，不具备承担企业经营风险的能力。所以实行经营风险和施工风险相分离的原则，有利于科学合理地确定项目成本的考核基数和考核原则，调动项目部加强成本管理，化解施工风险。

5. 坚持建立内部要素市场，为项目部提供最佳有偿服务的原则在企业管理层的统一组织下，各要素部门与各项目组织之间，按照对等的原则建立经济合同关系，目的在于确保项目在实施过程中生产要素的及时、准确供应。项目部与企业内部各要素市场单位之间是一种权利与义务的分包关系，如：材料供应的订购关系、大型机械设备的租赁关系、专业施工的内部工程分包关系、资金使用上与"内部银行"的借贷、结算关系、向项目现场人员提供有偿生活服务的关系等。通过要素市场的合同化运作，确保项目人、财、物优化配置和动态管理目标的实现。

6. 坚持以项目制度建设为基础，促进项目运作有法可依，有章可循

加强企业内部项目管理的制度建设，着重抓好两个方面，即：企业层面的制度建设和项目部层面的制度建设，要做到制度到岗，责任到人，使每项工作、每个岗位都在可控的范围之内，并通过科学的制度为每一项工作、每个工作岗位提供指导和约束，做到有法可依，有章可循。

7. 坚持对项目经理部的二次分配，保证项目责任目标全面实现的原则

项目的二次分配是指工程在项目竣工交付之后，根据项目的实施情况和经营效果，在项目平时一次分配的基础上，对项目经理和项目部其他人员进行再次奖励和约束机制的重要环节和基本手段，实施中应重点解决好一次分配和二次分配的内容、比重和侧重。一次分配以项目工资的形式体现，根据项目的大小、难易程度和时间跨度确定项目工资标准。项目工资侧重于体现项目经理和项目部其他人员的岗位职责，即项目部的岗位工资。二次分配侧重于体现项目的经营效果。因此，项目二次分配的总额应与项目实现利润总额和项目成本降低总额复合挂钩，体现项目对组织的贡献大小和管理水平的高低。项目内的二次分配应以项目经理等项目管理班子的成员为主体，主要体现责任与贡献。为了充分发挥二次分配在整个项目分配中的激励作用，在全面实现经营目标的前提下，二次分配与一次分配相比，其在分配总量中的权重应大于50%。

1.3 房 地 产 市 场

1.3.1 房地产市场的含义及特点

1. 房地产市场的含义

市场是连接商品生产者与消费者的桥梁。房地产市场是整个商品市场中的一个领域，它有广义和狭义之分。狭义的房地产市场指房地产商品进行交易活动的地方或场所。广义的房地产市场包括进行土地的出让、转让、抵押、开发、房地产买卖、租赁、互换以及一些与房地产有关的开发、建设、修缮、装饰、信托、融资和评估等劳务活动的场所及领域。

2. 房地产市场的特点

房地产市场作为市场体系的基本组成部分，具有市场的一般规律性，如受价值规律、竞争规律、供求规律等的制约。由于房地产商品本身具有区别于其他商品的独特属性，房地产业在国民经济中又具有特殊重要的地位，这就导致了房地产市场具有一系列区别于一般市场的基本特点。下面我们从房地产市场的四个关键要素即市场供给、市场需求、市场交易和市场价格来说明房地产市场的特点。

（1）市场供给

由于房地产商品的供给在短期内很难有较大的增减，因此市场供给缺乏弹性；由于房地产的位置、环境、数量、档次的差异，市场供给具有非同质性；由于土地的有限性、不可再生性，以及房地产投资规模巨大，使房地产市场具有高度的垄断性，进而导致房地产市场供给主体间的竞争不充分。

（2）市场需求

房地产是人类生存、发展的基本物质条件，是一种基本需求，市场的需求首先具有广泛性；与市场供给的非同质性相吻合，需求者购置房地产时通常有不同的目的和设想，因而需求具有多样性；同时，购置房地产的开支巨大，通常需要借助金融信贷机构来进行融资。

（3）市场交易

由于房地产市场上的商品本身不能移动，交易是房地产产权的流转及其再界定；房地产交易通常需要经过复杂和严密的法律程序，耗费时间比较长，交易费用通常也比较多；加之市场信息的缺乏，市场交易通常需要估价师或房地产经纪人等专业人员提供服务。

（4）市场价格

房地产商品的不可移动性，使房地产价格与其所处的地理位置关系极大；其次由于人口的不断增长和经济社会的不断发展，房地产价格总体呈向上波动的趋势；但现实价格是在长期考虑下而个别形成的，因此也不容忽视涉及交易主体的个别因素的影响。

以上四个方面是房地产市场的主要特点，但对于某一国家或地区的房地产市场，还要受其社会经济环境的影响，尤其是受到社会体制的规定。如不同的社会体制形成了不同的土地所有制，我国的土地出让制度同样导致了我国房地产市场的一些独特性。

3. 房地产市场的分类

房地产市场按照不同标准、不同方法，可作出不同的分类。

（1）按组成要素不同划分

1）土地使用市场。是指国家对城市土地使用权的有偿出让和获得土地使用权者将开发的土地使用权有偿转让的市场。

2）房产市场。是指房产的转让、租赁、抵押等交易的市场，包括房屋现货和期货的交易市场。

3）房地产金融市场。是指通过银行等金融机构，用信贷、抵押贷款、住房储蓄、发行股票、债券、期票，以及开发企业运用商品房预售方式融资等市场。

4）房地产劳务市场。是指物业管理，室内外装饰、维修、设计等活动的市场。

5）房地产技术信息市场。是指为房地产投资者提供技术和信息服务的市场。

（2）根据房地产流通顺序划分

1）一级房地产市场。又称土地一级市场（土地出让市场），是土地使用权出让的市场，即国家通过其指定的政府部门将城镇国有土地或将农村集体土地征用为国有土地后出让给使用者的市场。一级房地产市场是由国家垄断的市场。

2）二级房地产市场。又称增量房地产市场。是指生产者或者经营者把新建、初次使用的房屋向消费者转移，主要是生产者或者经营者与消费者之间的交易行为。

3）三级房地产市场。又称存量房地产市场。是购买房地产的单位和个人，再次将房地产转让或租赁的市场。也就是房地产再次进入流通领域进行交易而形成的市场，也包括房屋的交换。

二、三级房地产市场是一级房地产市场的延伸和扩大，起促进市场繁荣的作用。

（3）按交易方式划分

按照房地产交易方式的不同，可将房地产市场分为买卖市场、租赁市场、调换市场、抵押市场和典当市场。

1）房地产买卖市场。房地产买卖是最典型的房地产交易形式，房地产买卖市场包括房产所有权和土地使用权的买卖市场。

2）房地产租赁市场。房地产租赁是指出租人将土地使用权同地上建筑物、其他附着物出租给承租人使用，由承租人向出租人支付租金的行为。进行这种房地产租赁活动的市场称为房地产租赁市场。

3）房地产调换市场。房地产调换是房屋所有人或使用人之间，在相互自愿的基础上，采用等价或不等价加补偿的方式相互交换房地产的行为。它一般分为所有权调换和使用权调换两种形式。该项活动所形成的领域即为房地产调换市场。

4）房地产抵押市场。房地产抵押是指抵押人用其合法的房地产以不转移占有的方式向抵押权人提供债务履行担保的行为。债务人不履行债务时，抵押权人有权依法以抵押的房地产拍卖所得的价款优先受偿。抵押人是指以房地产作为本人或第三人履行债务担保的企业法人、个人和其他经济组织。抵押权人是指接受房地产抵押作为履行债务担保责任的法人、个人和其他经济组织。抵押物是指由抵押人提供并经抵押权人认可的作为债务人履行债务担保的房地产。该项活动所形成的领域即为房地产抵押市场。

5）房地产典当市场。房地产典当是房地产权利特有的一种流通方式，它是指房地产权利人即出典人在一定期限内，将其所有的房地产，以一定典价将权利过渡给承典人的行为。房地产设典的权利为房屋所有权。进行房地产典当活动的领域称为房地产典当市场。

1.3.2 房地产市场的功能

房地产市场的功能可以分为以下几个方面：

1. 配置存量房地产资源

由于土地资源的有限性和房地产建设周期的相对长期性，导致房地产供给滞后于房地产需求的变化。要想让有限的资源在众多想拥有房地产的机构和人之间进行合理分配，必须要通过市场机制的调节作用，使交易在买卖双方都能接受的市场均衡价格条件下成交。

2. 显示房地产市场需求变化

根据价值规律，当市场需求旺盛，房地产的价格将会上升，反之将会下降。当然，这里的需求不仅包括消费需求，也包括投资需求。同时需要注意的是，价格变化的表征作用必须是在房地产市场良性发展的前提下才能够发挥，当房地产市场价格快速增长，直至出现泡沫的时候，市场上更多的是投机商在运作，这种市场状态下的价格不能准确反映需求的真实情况。

3. 指导供给以适应需求的变化

在良性市场状态下，当市场上某类房地产紧缺时，根据价值规律，这类房地产的价格相对来说就会出现上升趋势。当房地产供应商发现或预测到这一事实后，就会根据市场情况确定或调整自己的投资方向以迎合这种需求，以期获得较高的利润水平。当然，由于房地产建设周期少则一年多则几年，等到大量这种供给行为成为有效的供给时，有可能市场需求出现了新的变化。这也是导致房地产均衡相对性和暂时性的原因。

4. 指导政府制定科学的土地供给计划

在我国，城市土地属于国家所有，这就为政府通过制定科学的土地供给计划来适时满足全体社会成员生产和生活的需要、调节房地产市场的供求关系提供了最可靠的保证。然而，制定土地供给计划首先要了解房地产市场，通过对市场提供的房地产存量、增量、交易价格和数量、空置率、吸纳率、市场发展趋势等市场信号的分析研究，才能制定出既符合市场需要、可操作性强，又能体现政府政策和意志的土地供给计划。

5. 引导需求适应供给条件的变化

市场可以引导消费的潮流，使之适应供给条件的变化，这甚至有利于政府调整城市用地结构、提高城市土地的使用效率。例如，随着建筑技术的发展，在地价日渐昂贵的城市中心区建造高层住宅的综合成本不断降低，导致高层住宅的供给量逐渐增加，价格相对于多层住宅逐渐下降，使城市居民纷纷转向购买高层住宅，从而减少了城市中心区对多层住宅需求的压力，也使减少多层住宅的供给成为很自然的事。

1.3.3　房地产市场的运行机制

房地产市场和其他商品市场一样，是由价格机制、供求机制和竞争机制的综合作用共同构成市场机制，其中的核心是价格机制。

1. 房地产市场的价格机制

房地产市场的价格机制是房地产市场机制中的基本机制。所谓价格机制，是指在竞争过程中，与供求相互联系、相互制约的市场价格的形成和运行机制。价格机制包括价格形成机制和价格调节机制。价格机制是在市场竞争过程中，价格变动与供求变动之间相互制约的联系和作用。价格机制是市场机制中最敏感、最有效的调节机制，价格的变动对整个房地产市场有十分重要的影响。房地产商品价格的变动，会引起商品供求关系变化，而供求关系的变化，又反过来引起价格的变动。

根据价值规律，房地产商品的价值是其价格形成的基础，价格应围绕价值上下波动。当价格高于价值时，房地产业的投资利润率高于社会平均投资利润率，房地产投资者就会加大投资，同时其他行业的资金也会流入房地产市场，导致房地产市场供给增加。当出现供大于求的局面时，房地产商品的价格就会下跌，投资收益率降低，进而会导致投资商减少房地产投资，直至供需均衡。从需求的角度来说，当房价上涨，导致需求减少，时常出现供大于求的局面，导致房价下跌，刺激需求，直至供需均衡。反之亦然。

2. 房地产市场的供求机制

房地产市场的供求机制是调节房地产市场供给与需求矛盾，使之趋于均衡的机制。供求机制是指商品的供求关系与价格、竞争等因素之间相互制约和联系而发挥作用的机制。供求关系受价格和竞争等因素的影响，而供求关系的变动，又能引起价格的变动和竞争的开展。供求机制是市场机制的主体。供求连接着生产、交换、分配、消费等环节，是生产者与消费者关系的反映与表现。供求运动是市场内部矛盾运动的核心，其他要素（如价格、竞争、货币流通等）的变化都围绕供求运动而展开。

当房地产市场出现供不应求的时候，房价会上升，于是吸引更多的投资，使房地产市场趋于均衡，但由于房地产开发周期的长期性和市场信息的不对称性，这种投资不会在市场均衡点戛然而止，继续的投资和商品供应导致市场供过于求，进而价格下跌，当投资的减少对商品数量已经有明显影响的时候，市场上的需求会消化掉市场供给，进一步的需求会导致商品供不应求，于是价格上升，市场又趋于均衡，如此反复，供求和价格相互作用。同时因为投机的存在，会延缓这种变化周期，所以房地产投机起到了延缓剂的作用。

3. 房地产市场的竞争机制

竞争机制是市场机制的内容之一，是商品经济活动中优胜劣汰的手段和方法。竞争机制是商品经济最重要的经济机制。它反映竞争与供求关系、价格变动、资金和劳动力流动等市场活动之间的有机联系。它同价格机制和信贷利率机制等紧密结合，共同发生作用。竞争包括买者和卖者双方之间的竞争，也包括买者之间和卖者之间的竞争。竞争的主要手段，在同一生产部门内主要是价格竞争，以较低廉的价格战胜对手。在部门之间，主要是资金的流入或流出，资金由利润率低的部门流向利润率高的部门。竞争机制充分发挥作用的标志是优胜劣汰。

房地产市场的竞争分为价格竞争和非价格竞争。在价格竞争过程中，为了获得竞争优势，投资者要不断扩大生产规模以致达到经济规模，进而通过降低成本来降低价格。在非价格竞争过程中，投资者主要通过技术、质量、宣传、服务等手段吸引购买者。在人们消费多元化的今天，价格对于购买者的吸引力有所减弱，而产品质量、售后服务等已经很大程度上影响着消费者的消费倾向。

1.3.4 房地产市场交易

房地产市场上进行交易的商品不仅有各种各样的、不同用途的建筑物，还包括与其相关的各种权利和义务关系的交易。交易方式不仅有买卖、租赁，还有抵押、典当及其他的让渡方式。房地产市场供给与需求的有效对接形成房地产市场交易。

1. 房地产市场供给

从微观经济角度来看，房地产市场供给是指生产者在某一特定时期内，在每一价格水平上愿意而且能够租售的房地产商品量。在生产者的供给中既包括了新生产的房地产商品（俗称增量房），也包括过去生产的存货（俗称存量房）。在现实经济生活中，新增商品房供给又包括销售的现房和期房（达到一定标准的预售房）。在商品房供给中以供给方式划分，又可以分为出售的商品房供给和出租的商品房供给两种。

从宏观经济角度来看，房地产供给是指房地产总供给，即在某一时期内全社会或某一地区内房地产供给的总量，包括实物总量和价值总量。

房地产供给要具备两个条件：一是出售或出租的愿望，这主要取决于价格为主的交易条件；二是供给能力，这主要取决于房地产开发商的经济实力和经营管理水平，两者缺一不可。

（1）房地产市场供给的特点

房地产商品是一种特殊商品，所以房地产市场供给具有自身的一些显著特点。

1）城市土地供应的刚性和一级市场的垄断性

城市土地是指作为城市房地产基础的土地，它的供给分自然供给和经济供给两类。自然供给是指自然界提供的天然可利用的土地，它是有限的，因此是刚性的。经济供给是指在自然供给基础上土地的开发利用和多种用途的互相转换。土地的经济供给，由于受自然供给刚性的制约，其弹性也是不足的。因此从总体上说，城市土地的供给是有限的、刚性的。中国城市土地属于国家所有，国家是城市土地所有权市场的唯一供给主体，因此城市土地一级市场是一种垄断性市场。

房地产供给的这一特点，决定了其受土地供应量、供应方式和供应结构的制约特别明显。国家把住土地供应的龙头，便可以达到有效调节房地产供给总量和供给结构的目的，因而土地供应也就成为政府实施宏观调控的重要手段。

2）房地产供给的层次性

房地产供给一般分为三个层次：现实供给层次、储备供给层次和潜在供给层次，这三个供给层次是动态变化的。

现实供给层次是指房地产产品已经进入流通领域，可以随时出售和出租的房地产。通常也称其为房地产上市量，其主要部分是现房，也包括已经具备预售条件的期房。房地产的现实供给是房地产供给的主导和基本层次，它是房地产供给方的行为状态，并不等于房地产商品价值的实现。房地产商品价值的实现取决于供给和需求的统一。

储备供给层次是指房地产生产者出于一定的考虑将一部分可以进入市场的房地产商品暂时储备起来不上市。这是生产者的主动商业行为，与人们说的空置房是有区别的，空置房主要是指生产者想出售而一时出售不了的房地产商品。

潜在供给层次是指已经开工和正在建造，以及竣工但未交付使用等尚未上市的房地产产品，还包括一部分过去属于非商品房地产，但在未来可能改变其属性而进入房地产市场的房地产产品。

认真分析房地产供给的这三个层次，对于科学地把握供给状况和预测未来供给都具有重要意义。

3）房地产供给的滞后性

房地产商品的生产周期长，一般要二、三年，甚至数年。较长的生产周期决定了房地产供给的滞后性，这种滞后性又导致了房地产供给的风险性。即使房地产开发计划在目前是可行的，但在数年后房屋建成投入市场时，也可能因市场发生变化，而造成积压和滞销。因此，科学地预测市场供求变化趋势，对开发商投资决策极为重要。

4）房地产供给的时期性

房地产供给的时期一般可分为特短期、短期和长期三种。

所谓特短期又称市场期，是指市场上房地产生产资源固定不变，从而房地产供给量固定不变的一段时期。

所谓短期是指在此期间，土地等房地产生产的固定要素不变，但可变要素是可以变动的时期。因此所谓短期是可以对房地产供给产生较小幅度变化影响的一段时间。

所谓长期是指在此期间，不但房地产行业内所有的生产要素可以变动，而且可以与社会其他行业的资本互相流动，从而对房地产供给产生较大幅度影响的一段时期。在长期内，土地供应量会变动，房屋供应量变动更大。

（2）影响房地产市场供给的因素

影响和决定房地产市场供给的因素是多方面的，主要有以下因素：

1) 房地产市场价格

房地产市场价格是影响房地产供给的首要因素，因为在成本既定的情况下，市场价格的高低将决定房地产开发企业是否盈利和盈利多少。一般而言，当价格低于某一特定水平，则不会有房地产供给，高于这一水平，才会产生房地产供给，而且供应量随着价格的上升而增加，随价格的降低而减少。

2) 土地价格和城市土地的数量

土地价格是房地产成本的重要组成部分，中国城市中目前土地费用约占商品房总成本的30%左右。土地价格的提高，将提高房地产的开发成本，对此房地产开发商一般会采用两种可选对策。一是增加容积率，使单位建筑面积所含的地价比重下降，消化地价成本的上升，从而有利于增加房地产供应。二是缩小生产规模和放慢开发进度，从而会引起房地产供给的减少。

城市房地产的供给能力，在很大程度上取决于能够供给城市使用的土地数量。一般来说，一个国家经济发展水平越高，特别是农业生产力越高，则可提供给城市使用的土地就越多。换言之，城市土地的供给水平必须与经济发展，特别是农业发展水平相适应。改革开放以来，中国农业发展迅速，为城市土地的扩大创造了条件。但也应看到，中国人多地少，人地矛盾十分尖锐，对于不恰当地过多占用耕地，必须加以制止。

3) 资金供应量和利率

由于房地产的价值量大，开发建设需投入大量资金，除自有资本金投入外、还需银行等金融机构开发贷款的支持。据统计，房地产开发资金中直接和间接来自银行贷款的约占60%，依存度很高。因此，国家的货币政策对房地产供给的影响极大。若货币供应量紧缩，对企业的开发贷款减少，建设资金紧缺，必然导致房地产供给量下降；反之，当货币供应量扩大，对企业的开发贷款增加，建设资金充裕，则房地产供给量上升。同时，房地产开发贷款利率的高低也会对房地产供给带来重大影响。若银行的贷款利率提高，会增加利息成本，在销售价格不变的情况下势必减少利润，影响其开发积极性，导致供给量减少，反之则相反。所以，银行的信贷政策是调节房地产供给的重要因素。

4) 税收政策

税收是构成房地产开发成本的重要因素，我国目前各种税费约占房地产价格的10%～15%。如果实行优惠税收政策，减免税收和税收递延，就会降低房地产开发成本，使同量资金的房地产实物量的供给增加，会提高开发商盈利水平，从而吸引更多的社会资本从事房地产开发，最终会增加房地产的供给量。反之，若增加税费，则会直接增加房地产开发成本，使同量资金的房地产实物量的供给减少，会降低开发商盈利水平，使开发商缩小其投资规模，甚至将资本转移到其他行业中去，从而会导致房地产的供给量减少。

5) 建筑材料供应能力和建筑能力

建筑材料如钢材、木材、水泥、平板玻璃以及建筑陶瓷等，其供应能力是制约房地产开发规模和水平的物质基础。建筑能力包括建筑技术水平、装备水平、管理水平以及建筑队伍的规模等因素，是决定房地产供应水平的直接因素。改革开放以来，中国建材工业和建筑业有了长足的发展，技术水平、装备水平、管理水平及职工队伍素质都有很大的提高，建筑材料供应能力和建筑能力基本上已能满足房地产生产的需要，但近年来也出现过建筑材料供应紧张的状况。所以，房地产供给水平也必须与建筑材料的供应能力相适应。

6）房地产开发商对未来的预期

这种预期包括对国民经济发展形势、通货膨胀率、房地产价格、房地产需求的预期，以及对国家房地产信贷政策、税收政策和产业政策的预期等，其核心问题是房地产开发商对盈利水平即投资回报率的预期。若预期的投资回报率高，开发商一般会增加房地产投资，从而增加房地产供给；若预期的投资回报率低，开发商一般会缩小房地产投资规模或放慢开发速度，从而会减少房地产供给。

2. 房地产市场需求

从微观经济的角度看，房地产需求是指房地产消费者（包括生产经营性消费主体和个人消费者），在特定的时期内、一定的价格水平上，愿意购买而且能够购买的房地产商品量。这里所说的需求不同于通常意义的需要，而是指有支付能力的需求，即有效需求。从宏观经济的角度看，房地产需求是指社会对房地产市场的总需求，在某一时期内全社会或某一地区内房地产需求总量，包括实物总量和价值总量。

（1）房地产市场需求的特点

由于房地产商品是与土地密切联系的特殊商品，因此与一般商品的需求相比较，房地产需求具有显著的特点。

1）房地产需求的整体性

这是由地产和房产需求的不可分割性所决定的。由于房地产是地产与房产的结合体和统一物，土地是房屋的物质载体，而房屋是地基的上层建筑，二者不可分割，因而房地产需求既包含了对房产的需求，也包含了对地产的需求，是对房地产统一体的需求，决不可以也不可能把二者分离开来。这就决定了房地产商品空间的固定性、效用的长期性和价值量的巨额性，由此引发房地产需求的特殊性和对房地产市场需求分析的复杂性。

2）房地产需求的区域性

由于房地产空间的固定性、具有不动产的特性，其位置不可移动，这就决定了房地产需求的区域性强，主要表现在两方面。一方面，一定地域或一个城市房地产市场需求绝大部分来自本地区或本区域内的工商企业和居民的需求，即使外地居民或海外居民有购房需求也必须迁移到该地区才能形成实际需求。不像一般商品可以运输到凡是有需求的全国各地甚至海外销售。另一方面，在同一城市的不同地段房地产市场需求也可以有很大差异，如在市中心地区、次中心地区和城市郊区，人口密集度、地区级差和房价等不同，都会形成不同的房地产需求。房地产需求的这种明显的区域性，要求房地产企业在投资决策时，要认真分析本区域的房地产市场需求，使供给与地区需求相适应；同时，也要求地区政府在处理供求关系时，必须根据地区市场需求，组织本区域内房地产供给和需求的总量平衡。

3）房地产需求的层次性

这里所说的需求的层次性主要是针对住宅房地产而言的，包括两层含义：

第一层，是指住宅的功能性需求层次。住宅作为生活资料，可以满足人们生存性需求、享受性需求和发展性需求。随着社会经济增长和收入增加，在满足基本生存需要的基础上，享受性需求和发展性需求会越来越上升到主要地位。因此，适应这种需求的变化趋势，住宅的设计、房型、设施、科技含量、环境与品位也要不断提高。

第二层，是指住房消费需求的结构性层次。由于居民的收入结构和购房承受能力是区分为不同层次的，因而相应的住宅消费需求结构也划分为不同层次。从档次结构看可以分为高档住房、中档住房和低档住房；从价位结构看可以分为高价位住房、中价位住房和低价位住房等。住房消费需求结构的这种层次性，要求供给结构与之相适应，从而达到二者之间的结构平衡。如果高档房、高价位房建设过多，超过高收入家庭的比例，可能因卖不出去而造成空置积压；而如果中低档次、中低价位房建设不足，则又有可能形成供不应求，导致中低收入家庭的住房需求得不到满足。现实经济生活中这两种情况都会阶段性存在。

4）房地产需求的多样性

房地产需求是多种多样的，根据其需求的性质大致可分为三种类型：

第一类是生产性需求。是指物质生产部门和服务部门为满足生产经营需要而形成的对房地产商品的需求，其需求的主体是各类企事业单位和个体工商业者。如，工厂的厂房、商店的商铺、办公用房、服务行业用房以及其他生产经营性用房等产生的需求。这类需求直接同社会生产经营活动有关，是房地产作为生产要素存在而形成的需求。房地产开发商要从生产性需求出发，提供符合需求的这类物业。

第二类是消费性需求。是由人们的居住需要而形成的房地产需求，主要是住宅房地产需求，其需求的主体是居民家庭。这类需求具有广泛性和普遍性，居住消费需求占整个房地产市场需求的绝大部分，一般占总需求的70％～80％左右。按住宅的分类，居住消费需求又可以分为：花园别墅需求、高层住房需求、多层住房需求、大中小各类房型的需求和各种不同档次的住房需求等。如何根据住宅消费需求的不同层次性，开发建设不同的居住物业，始终是房地产供应商需要认真研究的课题。

第三类是投资性需求。是指人们购置房地产不是为了直接生产和消费，而是作为一种价值形式储存，在合适的时候再出售或出租，以达到保值增值的目的。它本质上属于获利性的投资行为，房屋转售是为了获取差价收入，房屋出租是为了获得租金收入。在市场经济条件下，房地产投资性需求的产生有其必然性，它是由房地产的资产功能引申出来的，房地产作为不动产不仅是价值量大的超耐用品，而且土地又是稀缺资源，有升值的趋势，是良好的投资工具，投资者看中的正是这种投资风险较小，收益稳定，因而受到青睐。

（2）影响房地产市场需求的因素

在市场经济条件下，影响房地产市场需求有多种主客观因素，分析这些因素，对于扩大市场需求，正确进行投资决策，积极组织供求平衡有重要意义。

1）国民经济发展水平

一个国家或一个地区的经济发展水平是影响房地产需求的决定性因素。一般来说，房地产需求水平与国民经济发展水平呈现出一种正相关的关系，即一个国家或地区经济发展水平高，相应促使其房地产需求的水平也比较高，反之则相反；一个国家或地区某一时期国民经济发展速度快，这个时期房地产需求增长也比较快，反之则相反。

2）居民收入水平和消费结构

居民收入水平与房地产需求呈正方向变动的关系。从住宅消费需求的角度分析，在住房价格既定的前提下，居民的收入水平和消费结构对住房需求具有决定性作用。

首先，居民收入水平的提高直接拉动居住消费需求的增加。中国城镇居民长期以来受收入水平低的制约，居住水平和居住质量都比较低。改革开放以后随着收入较大幅度增加，改善住房条件的愿望十分迫切，促使住宅的需求数量和质量急速提高，从而成为房地产市场发展的强大推动力量。

其次，居民收入水平的提高，还促使居民的消费结构发生重大的质的变化，主要表现在恩格尔系数下降，即花费在食品方面支出的比重减少，而花费在"住"和"行"上的比重增加。

3）房地产价格

房地产商品与其他商品一样，价格和需求量之间存在着反方向变动的关系，即在其他条件不变的情况下，房地产价格提高，会限制消费者对房地产的需求量；反之，房地产价格下降，会促使消费者对房地产商品的需求量上升。可见，房地产价格的高低对其需求量的多少，有着重要的调节作用。但由于房地产是与土地相联系的一种特殊商品，其价格和需求都有一定的特点，因而房价对需求的影响必然呈现出极为复杂的情况。

4）城市化水平

城市化是社会经济发展的必然趋势。城市化包括城市数量的增加、规模的扩大和城市人口的增多等。城市化水平的高低也是影响房地产需求的重要因素，主要体现在：

①伴随城市数量的增加和规模的扩大，必然要加快城市建设，例如，建更多的工厂，办更多的商店、银行、学校、医院以及基础设施建设，从而对各类房地产提出更多更大的需求。

②城市人口的增多，既增加了对城市住宅的巨大需求，又增加了安排就业对生产经营性房地产的需求。

③城市建设的发展，需要进行旧区改造和实施重大建设工程，由此必然要进行旧城区的拆迁，引致拆迁户的大量住房需求。

5）国家有关经济政策

房地产需求还受到国家有关经济政策的制约。国家的土地政策、财政政策、货币政策和住房政策，对房地产的生产性需求和消费性需求都会产生相当大的影响。

国家的土地政策和财政政策的调整，会对房地产价格产生重大影响，进而影响房地产需求。同时房地产税收政策的变动还会增加或减少购房者的负担，发挥抑制或促进居民购房需求的作用。例如，在房地产市场需求不振时，降低契税税率，减少购房负担，可以鼓励居民买房。

国家利率政策的调整，也会对房地产生产性需求、投资性需求和消费性需求产生重大影响。首先是贷款利率的升高或降低，会影响投资成本和收益率，从而抑制或促进生产性需求和投资性需求。其次是贷款利率的升高或降低也会影响房地产消费性需求。

国家的住房政策也是影响住房需求的重要因素。中国原有的实物福利分房制度，抑制对商品住房的需求；而改革以后实施住房分配货币化政策，则促使居民购买商品房，扩大了对商品住房的需求。

6）消费者对未来的预期

这是一种消费心理对房地产需求的影响，带有主观的色彩，但在一定程度上也反映了对房地产价格和需求的科学预测。其中，主要是对未来经济发展形势的预测，若预测乐观，对房地产需求就会增加，反之，则相反。

同时，也取决于对未来房价变化的预测。一般消费者都存在"买涨不买跌"的心理，当房价上升时，若消费者预期房价还会上涨，即使目前价格偏高，但今后存在上升空间，未来收益会促使消费者需求提前释放，形成现实需求增长。这种情况在投资性需求方面表现得尤为明显，因为投资性购房者的目的是投资获利，预期房价上涨吸引其投资买房。而当房价下跌时，若消费者预期还会下跌，则他们往往会持币待购，迟迟不肯入市，导致延期消费。

1.4 房地产经营方式

1.4.1 房地产投资

1. 房地产投资的类型

房地产投资，是指资本所有者将其资本投入到房地产业，包括房地产开发、经营、中介服务、物业管理等，以期在将来获取预期收益的一种经济活动。

按照房地产投资形式划分，房地产投资分为直接投资和间接投资。

房地产直接投资是指投资者直接投资于房地产开发或购买房地产的活动。间接投资是指投资者投资于与房地产相关的证券市场的行为。本书所指投资主要指前者。

房地产直接投资又可分为房地产开发投资和置业投资。

房地产开发投资是指房地产开发公司、商品房建设公司及其他房地产开发法人单位和附属于其他法人单位实际从事房地产开发或经营活动单位统一开发的包括统筹待建、拆迁还建的住宅、厂房、仓库、饭店、宾馆、度假村、写字楼、办公楼等房屋建筑物和配套的服务设施，土地开发工程（如道路、给水、排水、供电、供热、通信、平整场地等基础设施工程）的投资。不包括单纯的土地交易活动。

房地产置业投资是指购置物业已满足自身生活居住或生产经营需要，并在不愿意持有该物业时可以获取转售收益的一种投资活动，在较长时期内持续地获取稳定收益，并且获得房地产保值、增值效益。置业投资的对象可以是开发后新建成的物业，也可以是房地产市场上的二手货。这类投资的目的一般有两个：一是满足自身生活居住或生产经营的需要；二是作为投资将购入的物业出租给最终的使用者，获取较为稳定的经常性收入。置业投资一般从长期投资的角度出发，可获得保值、增值、收益和消费四个方面的利益。

2. 房地产投资的特征

同一般投资相比，房地产投资具有以下特征：

（1）房地产投资对象的固定性和不可移动性

房地产投资对象是不动产，土地及其地上建筑物都具有固定性和不可移动性。不仅地上的位置是固定的，而且地上建筑物及其某些附属物一旦形成，也不能移动。这一特点给房地产供给和需求带来重大影响，如果投资失误会给投资者和城市建设造成严重后果，所以投资决策对房地产投资更为重要。

（2）房地产投资的高投入和高成本性

房地产业是一个资金高度密集的行业，投资一宗房地产，少则几百万，多则上亿元的资金。这主要是由房地产本身的特点和经济运行过程决定的。房地产投资的高成本性主要源于以下几个原因：一是土地开发的高成本性；二是房屋建筑的高价值性；三是房地产经济运作中交易费用高。

（3）房地产投资的回收期长和长周期性

整个房地产投资的实际操作，就是房地产整个开发过程。对每一个房地产投资项目而言，它的开发阶段一直会持续到项目结束，建设开发期是相当漫长的。房地产投资过程中间要经过许多环节，从土地使用权的获得、建筑物的建造，一直到建筑物的投入使用，最终收回全部投资资金需要相当长的时间。

（4）房地产投资的高风险性

由于房地产投资占用资金多，资金周转期又长，而市场是瞬息万变的，因此投资的风险因素也将增多。加上房地产资产的低流动性，不能轻易脱手，一旦投资失误，房屋空置，资金不能按期收回，企业就会陷于被动，甚至债息负担沉重，导致破产倒闭。

（5）房地产投资的强环境约束性

建筑物是一个城市的构成部分，又具有不可移动性。因此，在一个城市中客观上要求有一个统一的规划和布局。城市的功能分区，建筑物的密度和高度，城市的生态环境等都构成外在的制约因素。房地产投资必须服从城市规划、土地规划、生态环境规划的要求，把微观经济效益和宏观经济效益、环境效益统一起来。只有这样，才能取得良好的投资效益。

（6）房地产投资的低流动性

房地产投资成本高，不像一般商品买卖可以在短时间内马上完成交易，通常要一个月甚至更长的时间才能完成；而且投资者一旦将资金投入房地产买卖中，其资金很难在短期内变现。所以房地产资金的流动性和灵活性都较低。当然房地产投资也有既耐久又能保值的优点。房地产商品一旦在房地产管理部门将产权登记入册，获取相应的产权凭证后，即得到了法律上的认可和保护，其耐久保值性能要高于其他投资对象。

1.4.2　土地的有偿使用

国有土地有偿使用是指国家将一定时期内的土地使用权提供给单位和个人使用，而土地使用者按照土地有偿使用合同的规定，一次或分年度向国家缴纳土地有偿使用费的行为。具体表现形式有国有土地使用权出让、国有土地使用权转让、土地使用权出租、土地使用权抵押。

1. 国有土地使用权出让

土地使用权出让是指国家以土地所有者的身份将土地使用权在一定年限内让与土地使用者，并由土地使用者向国家支付土地使用权出让金的行为。土地使用权出让应当签订出让合同。

国有土地使用权出让具有四个特征：

（1）国有土地使用权以出让方式取得。

（2）出让国有土地使用权直接依法律的规定原始取得。

（3）出让国有土地使用权取得性质为有偿和有期限，即以支付出让金为取得土地使用权的代价，土地使用权的行使有一定的期限限制。

（4）出让国有土地使用权在存续期间内其权能近似于所有权。

国有土地使用权出让最基本的缔约方式是拍卖、招标、挂牌出让和协议四种。

商业、旅游、娱乐和商品住宅等各类经营性用地，必须以招标、拍卖或者挂牌方式出让。

2. 国有土地使用权转让

国有土地使用权转让是指首次从国家取得土地使用权的个人或者集体将其土地使用权以有偿方式在一定时期内转让，租借给他人的经济行为。通常是指城市土地使用权的转让。转让的内容包括出售、交换和赠予。土地使用权转让必须签订合同，受让方还必须到土地行政主管部门申请登记。

国有土地使用权转让条件，除一般的民事行为生效要件外，尚须如下特别要件。

对于以出让方式取得的国有土地使用权转让，应符合下列条件：

1) 按照出让合同约定支付全部土地出让金，并取得国有土地使用权证；

2) 按照出让合同约定进行投资开发，属于房屋建设工程的，完成开发投资总额的25%以上，属于成片开发土地的，形成工业用地或者其他建设用地条件；

3) 转让房地产时房屋已经建成的，还应当持有房屋所有权证书。

对于以划拨方式取得的国有土地使用权转让，应符合下列条件：

1) 土地使用者为公司、企业、其他经济组织和个人；

2) 领有国有土地使用证；

3) 具有地上建筑物、其他附着物合法的产权证明；

4) 经有批准权的人民政府审批。

3. 土地使用权出租

土地使用权出租是指土地使用者将土地使用权单独或者随同地上建筑物、其他附着物租赁给他人使用，由他人向其支付租金的行为。原拥有土地使用权的一方称为出租人，享有土地使用权的一方称为承租人。

土地使用权出租不是单一的出租土地，而是出租人将土地使用权连同地上建筑物及其他附着物租赁给承租人使用、收益，承租人以支付租金为代价取得对土地及地上建筑物、其他附着物的使用及收益的权利。出租人和承租人的租赁关系由双方通过订立租赁合同确定。

土地使用权出租的法律特征：

1) 必须设定在法律允许的地块上

用于出租的地块必须符合有关法律规定的条件，土地使用权出租必须设定在法律允许的地块上，如出让、转让土地使用权等有偿方式取得的土地使用权，符合条件的可以出租，划拨取得的土地使用权不得擅自出租。

①出让土地使用权的出租条件是出租人对土地的开发必须达到法律规定的或土地使用权出租合同约定的标准。

②划拨土地使用权的出租条件是划拨土地使用权一般不得出租，符合下列条件的，经市、县人民政府土地行政主管部门和房产管理部门批准，其划拨土地使用权和地上建筑物、其他附着物所有权可以出租：土地使用者为公司、企业、其他经济组织和个人；领有国有土地使用证；具有地上建筑物、其他附着物合法的产权证明；签订土地使用权出让合同。

2) 土地使用权出租应当签订租赁合同

租赁土地使用权必须以书面形式订立租赁合同，并到有关部门进行登记，并且不得违背国家法律、行政法规和土地使用权出让合同的规定。

3）土地使用者出租土地使用权须依法申请

土地使用者需要出租土地使用权的，必须持有国有土地使用证以及地上建筑物、其他附着物产权证明等合法证件，向所在市、县人民政府土地行政主管部门提出书面申请。

4）地上建筑物、其他附着物随之出租

出租土地使用权，其地上建筑物、其他附着物随之出租；出租地上建筑物、其他附着物使用权，其使用范围内的土地使用权随之出租。

4. 土地使用权抵押

在我国，土地使用权抵押是指土地使用权人作为债务人（抵押人），在法律许可的范围内不转移土地的占有，而将其土地使用权作为债权的担保，在债务人不履行债务时，债权人（抵押权人）有权依法将该土地使用权变价并从所得价款中优先受偿的法律行为。

土地使用权的抵押是一种不动产权利的抵押，它有以下特点：

（1）用于抵押的土地使用权必须是通过有偿出让或转让方式取得的合法土地使用权，并且是已办理土地登记手续的土地使用权。

（2）土地使用权抵押权设定本身并不发生土地使用权转移，即土地使用权抵押后，土地使用者可继续对土地进行占有、收益，只有在债务不能履行时，抵押权人才能依照法定程序处分土地使用权，此时土地使用权才发生转移。

（3）土地使用权抵押时，其地上建筑物及其他附着物随之抵押。地上建筑物及其他附着物抵押时，其使用范围内的土地使用权也随之抵押，也就是说，土地使用权与地上建筑物及其他附着物必须同时抵押。

（4）土地使用权抵押不得违背土地使用权出让合同的规定。

（5）土地使用权人将土地抵押后，并不丧失转让权，但在转让土地使用权时，应告知抵押权人。

1.4.3　房地产中介服务

房地产中介服务，是指房地产咨询、房地产价格评估、房地产经纪等活动的总称。

其中，房地产咨询是指为房地产活动当事人提供法律法规、政策、信息、技术等方面服务的经营活动；房地产价格评估是指对房地产进行测算，评定其经济价值和价格的经营活动；房地产经纪，是指向进行房地产开发、转让、抵押、租赁的当事人（以下简称当事人）有偿提供居间介绍、代理等服务的营业性活动。但国有土地使用权出让的经纪活动除外。

从事上述活动的专业人员依次称为房地产咨询人员、房地产价格评估人员和房地产经纪人。

设立房地产中介服务机构必须具备法定条件，依据《城市房地产管理法》及《城市房地产中介服务管理规定》，设立房地产中介服务机构应具备下列条件：

1. 有自己的名称和组织机构。设立房地产中介服务机构首先必须确定名称，有了名称才可能为社会所承认，才能与其他服务机构相区别，这也是《民法通则》和《公司法》的有关规定所要求的。组织机构是一个房地产中介服务机构对内管理有关事务及对外代表该机构从事民事活动机构的总称。没有组织机构，也就无法从事正常的中介业务活动。

2. 有固定的服务场所。房地产中介服务机构必须有一个服务场所，该服务场所应相对固定。

3. 有必要的财产和经费。没有财产和经费，房地产中介服务机构也就没有从事中介活动所必需的物质基础，也就无法就自己的民事活动对外独立承担责任。至于财产和经费到底应有多少，应根据不同的中介服务机构及其所从事的不同中介服务项目来确定。依据《公司法》的有关规定，从事科技开发、咨询、服务性的有限责任公司，其注册资本不得少于 10 万元人民币。

4. 有足够数量的专业技术人员。房地产中介服务具有很强的专业性，如果没有足够数量的专业技术人员作后盾，中介服务的质量也就难以保证，从而失去其应有的价值，不利于房地产业的健康发展。

1.4.4 物业经营管理

物业经营管理又称物业资产管理，是指为了满足业主的目标，综合利用物业管理、设施管理、房地产资产管理、房地产组合投资管理的技术、手段和模式，以收益性物业为对象，为业主提供的贯穿于物业整个寿命周期的综合性管理服务。

传统物业管理活动仅对房屋及配套的设施设备和相关场地进行维修、养护、管理。物业经营管理，强调为业主提供价值管理服务，满足其物业投资收益或企业发展战略及主营业务发展目标的要求。物业经营管理活动既包括了以保证物业正常使用的运行操作管理，也包括了将物业作为一种收益性资产所进行的资本投资决策、市场营销、租赁管理、成本控制、物业价值和经营绩效评估等经营活动。

物业经营管理活动的管理对象通常为收益型物业，主要包括写字楼、零售商业物业、出租型别墅或公寓、工业物业、酒店和休闲娱乐设施等。这些收益型物业通常以出租的方式出租给承租户使用，投资者可以获得经常性的收益，这类物业是房地产信托基金和机构投资者进行商业房地产投资的主要物质载体。

本 章 小 结

概述部分的知识是整本教材内容展开的基础。本章从房地产的概念和特征入手，讲述了房地产经营与管理的概念、特征和原则。房地产经营与管理的领域是房地产市场，包括进行土地的出让、转让、抵押、开发、房地产买卖、租赁、互换以及一些与房地产有关的开发、建筑、修缮、装饰、信托、融资和评估等劳务活动的场所和领域，具有价格机制、供求机制、竞争机制三大机制。房地产市场中的房地产交易包括房地产市场的供给与需求两方面。投资者对房地产的经营方式一般包括房地产投资、土地有偿使用、房地产中介服务和物业经营。通过本章内容的学习，使学生掌握房地产经营与管理的整体知识结构，为后续章节内容的学习奠定基础。

练习题

一、单项选择题

1. 狭义的土地是指（　　　）。

A. 地球陆地表面及其上下一定范围的空间　B. 地表

C. 自然资源以及地表　　　　　　　　　　D. 地球

2. 土地的利用价值一般不会消失，这种特性称为不可毁灭性或恒久性。指的是房地产的（　　　）特性。

A. 位置固定性　　　B. 使用耐久性　　　C. 异质性　　　D. 高价值型

3. 房地产不仅是人类最基本的生产要素，也是最基本的生活资料。指的是房地产的（　　　）特性。

A. 位置固定性　　　　　　　　　B. 使用耐久性

C. 异质性　　　　　　　　　　　D. 投资与消费的双重性

4. 下列关于房地产经营与管理的特征，说法错误的是（　　　）。

A. 房地产经营与管理的作用是客观的，不受人为因素的影响。

B. 房地产经营与管理作用的发挥对外依赖于行业及市场的准确预测和把握。

C. 房地产经营与管理作用的发挥对内依赖组织全体员工的深刻理解和共同努力。

D. 房地产经营与管理过程中应重视核心竞争力、现金流、领导者意旨与个人情感、组织信誉等在经营管理过程中的作用。

5. 下列（　　　）不是房地产经营与管理过程中应该重点注意的因素。

A. 核心竞争力　　　　　　　　　B. 现金流量

C. 领导者意旨与个人情感　　　　D. 个人信誉

6. 下列不属于项目经理部组建的"三个一次性"的是（　　　）。

A. 项目经理部是一次性的施工生产临时的组织机构

B. 项目员工是为项目而设立的一次性员工

C. 项目是一次性的成本管理中心

D. 项目经理是一次性的授权管理者

7. 由于房地产市场上的商品本身不能移动，所以交易是（　　　）的流转及其再界定。

A. 房屋　　　　　B. 土地　　　　　C. 房地产产权　　D. 合同

8. 下列不属于房地产市场价格特点的是（　　　）。

A. 房地产商品的不可移动性，使房地产价格与其所处的地理位置关系极大

B. 由于人口的不断增长和经济社会的不断发展，房地产价格总体呈向上波动的趋势

C. 现实价格是在长期考虑下而个别形成的，因此也不容忽视涉及交易主体的个别因素的影响

D. 房地产市场价格由政府统一规划，通过宏观调控来实现

9. 由于房地产商品的供给在短期内很难有较大的增减，因此市场供给（　　　）。

A. 缺乏弹性　　　　　　　　　　B. 非同质性

C. 高度的垄断性　　　　　　　　D. 竞争不充分

10. 房地产是人类生存、享受、发展的基本物质条件，是一种基本需求。市场的需求首先具有（　　）特点。

　　A. 缺乏弹性　　　　　　　　　　　B. 广泛性

　　C. 多样性　　　　　　　　　　　　D. 需要借助金融信贷机构来进行融资

11. 下列不属于房地产市场供给特点的是（　　）。

　　A. 市场供给的垄断性　　　　　　　B. 房地产供给的层次性

　　C. 房地产供给的滞后性　　　　　　D. 房地产供给的时期性

12. 由于土地资源的有限性和房地产建设周期的相对长期性，导致房地产供给滞后于房地产需求的变化。要想让有限的资源在众多想拥有房地产的机构和人之间进行合理分配，必须要通过市场机制的调节作用，使交易在买卖双方都能接受的市场均衡价格条件下成交，这显示了房地产市场的（　　）功能。

　　A. 配置存量房地产资源　　　　　　B. 显示房地产市场需求变化

　　C. 指导供给以适应需求的变化　　　D. 指导政府制定科学的土地供给计划

13. 随着建筑技术的发展，在地价日渐昂贵的城市中心区建造高层住宅的综合成本不断降低，导致高层住宅的供给量逐渐增加，价格相对于多层住宅逐渐下降，使城市居民纷纷转向购买高层住宅，从而减少了城市中心区对多层住宅需求的压力，也使减少多层住宅的供给成为很自然的事。上述描述显示了房地产市场的（　　）功能。

　　A. 显示房地产市场需求变化　　　　B. 指导供给以适应需求的变化

　　C. 指导政府制定科学的土地供给计划　　D. 引导需求适应供给条件的变化

14. 房地产市场的（　　）是房地产市场机制中的基本机制，是指在竞争过程中，与供求相互联系、相互制约的市场价格的形成和运行机制。

　　A. 价格机制　　　　B. 供求机制　　　　C. 垄断机制　　　　D. 竞争机制

15. 房地产供给是指生产者在某一特定时期内，在（　　）价格水平上愿意而且能够租售的房地产商品量。

　　A. 一定范围内的　　B. 所有　　　　C. 每一　　　　　D. 平均

16. 下列不属于房地产直接投资的是（　　）。

　　A. 开发房地产销售　　　　　　　　B. 租赁他人房地产经营

　　C. 出租房地产　　　　　　　　　　D. 购买房地产抵押证券

17 下列不属于房地产投资特征的是（　　）。

　　A. 房地产投资对象的固定性和不可移动性

　　B. 房地产投资的高投入和高成本性

　　C. 房地产投资的回收期短

　　D. 房地产投资的高风险性

18. 房地产投资必须服从城市规划、土地规划、生态环境规划的要求，把微观经济效益和宏观经济效益、环境效益统一起来。只有这样，才能取得良好的投资效益。体现的是房地产投资的（　　）特征。

　　A. 房地产投资对象的固定性和不可移动性

　　B. 房地产投资的强环境约束性

　　C. 房地产投资的回收期长和长周期性

D. 房地产投资的高风险性

19. 商业、旅游、娱乐和商品住宅等各类经营性用地不得采用（　　）方式出让。

A. 招标　　　　　　B. 拍卖　　　　　　C. 挂牌　　　　　　D. 协议

20. 下列不属于房地产中介服务机构应该具备的条件的是（　　）。

A. 有自己的名称和组织机构

B. 有固定的服务场所

C. 有必要的财产和经费

D. 全部从业人员必须取得注册房地产估价师、注册房地产经纪人或注册咨询师资格

二、多项选择题

1. 下列属于房地产构成要素的是（　　）。

A. 房屋　　　　　　B. 土地　　　　　　C. 相应权益　　　D. 产权人

E. 房地产交易

2. 下列属于房地产特征的是（　　）。

A. 位置的固定性或不可移动性　　　　　B. 使用的短暂性

C. 异质性　　　　　　　　　　　　　　D. 高价值性

E. 市场的透明性

3. 下列关于房地产业的地位和作用说法正确的是（　　）。

A. 可以为国民经济的发展提供重要的物质条件

B. 可以改善人们的居住和生活条件

C. 可以提高人们的经济收入

D. 可以改善投资环境，加快改革开放的步伐

E. 通过综合开发，避免分散建设的弊端，有利于城市规划的实施

4. 房地产经营包括两层含义，分别是（　　）。

A. 国家对房地产行业的宏观调控

B. 房地产商品本身的经营

C. 房地产企业的经营

D. 房屋所有权人对所拥有房屋的维护

E. 房屋出租

5. 下列属于房地产经营与管理原则的有（　　）。

A. 坚持以静态管理和优化组合为基本特征的项目管理思路

B. 坚持项目经理部组建的"三个一次性"科学定位

C. 坚持项目经理责任制和项目成本核算制

D. 必须坚持经营风险与施工风险相结合的原则

E. 坚持建立内部要素市场，为项目部提供最佳有偿服务的原则

6. 按组成要素不同划分，房地产市场可以划分为（　　）。

A. 房地产买卖市场　　　　　　　　　B. 土地使用市场

C. 房产市场　　　　　　　　　　　　D. 房地产金融市场

E. 房地产劳务市场

7. 房地产市场的功能可以表述为（　　）。

A. 配置存量房地产资源   B. 显示房地产市场供给变化

C. 指导供给以适应需求的变化   D. 指导政府制定科学的土地供给计划

E. 引导需求适应供给条件的变化

8. 房地产市场的运行机制包括 （   ）。

A. 价格机制   B. 供求机制

C. 垄断机制   D. 竞争机制

E. 引导机制

9. 影响房地产市场需求的因素是 （   ）。

A. 国民经济发展水平   B. 居民收入水平和消费结构

C. 房地产价格   D. 城市化水平

E. 消费者的消费习惯

10. 房地产中介包括 （   ）。

A. 房地产开发   B. 房地产估价

C. 房地产经纪   D. 房地产咨询

E. 房地产抵押

思考题

1. 房地产的概念及其特征是什么？
2. 房地产业的地位和作用如何？
3. 简述房地产经营与管理的含义、特征及原则。
4. 简述房地产市场的功能及运行机制。
5. 房地产经营的主要方式有哪些？

实训题

实训题目：房地产经营方式调查

实训方式：把学生分成 5 人左右的小组，由教师确定各组的调查范围，例如以城市分区为界限，调查区域范围内有哪些具体的房地产经营方式，将调查到的房地产经营项目做具体描述，形成调研报告，全班同学在老师组织下交流经验。

2　房地产行政管理

学习目标

了解：房地产行政管理的含义、必要性、原则；房地产权的概念、关系、类型、取得方式。

熟悉：房地产行政管理的内容、手段、管理体制和组织形式、房地产权属登记的任务、原则和权属登记制度的特点。

掌握：房地产开发企业设立程序和条件、资质管理的内容、企业变更、终止和年检的要求、房地产权登记管理的种类和程序、房地产权属档案管理工作的机构设置和具体的工作内容。

2.1　房地产行政管理概述

2.1.1　房地产行政管理的含义

房地产行政管理指国家通过授权的房地产行政机关，运用行政手段、经济手段和法律手段，按照国家有关房地产的法律、法规、方针、政策，对房地产业的经济活动进行的计划、组织、指挥、控制、协调等一系列活动。

为了能够更好地理解房地产行政管理的含义，我们从以下几个方面做进一步说明：

1. 房地产行政管理的主体

房地产行政管理的主体是各级人民政府的房地产行政主管部门，它代表国家和地方政府对房地产业行使统一的行政管理职能。

2. 房地产行政管理的客体

房地产行政管理的客体是城市范围内的全部房屋和土地，所有从事房地产开发、经营、中介等经济活动的单位和个人，以及房地产产业活动的全过程。

3. 房地产行政管理的依据

房地产行政管理的依据是国家宪法、法律及房地产法规和规章。依法管理是房地产行政管理的基本准则。

4. 房地产行政管理的机制

房地产行政管理的机制是对房地产经济所进行的计划、组织、指挥、控制、协调、监督等一系列组织活动。每一项组织活动都是行政管理过程中不可缺少的环节，每个环节的相互联结和有效实施，构成了房地产行政管理的运行机制。

5. 房地产行政管理的目的

房地产行政管理的目的是充分运用国家权力，通过计划、组织、指挥、控制、协调、监督和改革等环节，作用、影响于房地产全行业；同时建立房地产经济活动的正常秩序，保障各方经济参与者的合法权益，合理配置房地产资源，并有效地使用房地产财富，促进房地产经济的持续稳定发展。

2.1.2 房地产行政管理的必要性

随着我国经济的快速发展，房地产行业在国民经济中占据的地位越来越重要，在这个过程中，加强房地产行政管理具有十分重要的意义和作用。

1. 房地产行政管理是国家行政管理和城市管理的重要组成部分

房地产行政管理是国家权力在房地产经济领域的实现，是国家对社会经济实施行政管理的一个主要方面。房地产行政管理与城市管理有密切的联系，搞好房地产行政管理，使城市房地产得到合理的配置与使用，对于管理好城市具有决定性的影响。

2. 房地产行政管理是发展房地产业的重要条件

我国的房地产经济，必须坚持经济效益与社会效益相统一的原则，坚持为国家建设和人民生活服务的方针，这是国家对城市房地产经济活动的基本要求。为实现这些要求，人民政府必须建立相应的管理机构，采取强有力的行政管理，以制定切实可行的政策法规，加强对房地产经济活动的指导与调节，培育和完善房地产市场，开展公平的房地产商品交换，促进房地产的开发与经营，从而有力地推动房地产经济的发展。否则，不仅会影响房地产的开发与经营，而且会妨碍房地产经济的发展。

3. 房地产行政管理是实现政府管理的重要方式

房地产业必须置于国家的秩序和宏观条件下，不能放任自流，实现这一目的，需要通过政府行政职能进行，只有加强房地产行政管理，才能使得房地产各方面经济活动井然有序。

4. 房地产行政管理是保障国家、集体以及个人房地产合法权益的重要保证

房地产业涉及的金额较大，各种经济活动纷繁复杂，关系到各方面当事人的财产权。因此，就需要相关主管部门根据具体的规章制度和政策，并针对经济活动的实际，保证各项工作的顺利进行和执行，从而使得国家、集体以及个人的合法权益得到有效的保障。

5. 房地产行政管理是保证房地产税收的重要环节

根据现行的办法，房产交易契税和印花税由房地产行政主管部门代收后转交财政部门。房产税和土地使用税，则是根据房地产行政主管部门提供的单位和个人占有房屋的数量及其价值、使用土地面积及其等级等数据，由税务部门分别收取税金。由此可见，房地产行政管理，是保证国家房地产税收的重要环节。

2.1.3 房地产行政管理的内容

房地产行政管理作为政府部门在市场经济条件下管理房地产市场的一种有效形式，具体包括城市建设用地管理，城市房屋拆迁管理，房地产开发建设管理，房地产交易市场管理，房地产权产籍管理，房地产中介服务管理，物业管理政策与制度、房地产金融政策与制度、房地产税收政策与制度的管理。

1. 城市建设用地管理具体包括我国现行的土地管理制度建设、国有土地使用权出让管理、国有土地使用权划拨管理、集体所有土地的征收管理、闲置土地处置与土地储备管理等。

2. 城市房屋拆迁管理具体包括城市房屋拆迁管理工作程序、城市房屋拆迁补偿与安置、城市房屋拆迁实施、项目转让、城市房屋拆迁估价、城市房屋拆迁行政裁决、城市房屋拆迁单位管理等。

3. 房地产开发建设管理具体包括房地产开发项目制度管理、房地产开发企业管理、房地产开发项目管理、房地产开发项目招投标管理、房地产开发项目建设施工、监理管理、房地产开发工程质量监督管理等。

4. 房地产交易市场管理具体包括房地产交易中的基本制度管理、商品房销售管理、房地产转让管理、房屋租赁管理、房地产抵押管理、住房置业担保管理等。

5. 房地产权产籍管理具体包括房地产权关系管理、房地产权登记管理、房地产产籍管理、房地产测绘管理等。

6. 房地产中介服务管理具体包括房地产中介服务收费管理、房地产估价师执业资格制度管理、房地产中介服务行业组织管理等。

7. 物业管理政策与制度具体包括物业管理相关法规政策、物业服务企业管理、物业管理的实施、物业服务收费管理等。

8. 房地产金融政策与制度具体包括房地产经营融资管理、自营性个人住房贷款管理、住房公积金制度等。

9. 房地产税收政策与制度具体包括房产税、城镇土地使用税、耕地占用税、土地增值税、契税、营业税、城市维护建设税和教育费附加、企业所得税、印花税等。

2.1.4 房地产行政管理的原则与手段

1. 房地产行政管理的原则

(1) 依法管理的原则

房地产行政管理属于政府职能,政府行使行政管理权必须依照法律来进行。作为行政职能部门的房地产管理机关,应当以身作则,坚持依法行政,把自己的管理活动完全纳入法制轨道,做到有法可依,有法必依,执法必严,违法必究,并自觉地依照法律和法规办事。

房地产管理机关的各项行政行为都必须符合法律,依法管理既可约束当事人服从管理,又能得到国家强制力的保证。

(2) 统一管理的原则

房屋是建设在土地上的附着物,土地是房屋的载体,没有土地就没有房屋,房屋和土地是连在一起不可分割的。目前,我国城市的土地全部属于国家所有,房屋则分别属于国家、集体、个人所有。无论单位或个人,谁要取得房屋的所有权,必须取得土地的使用权,在无限期使用条件下,土地使用权一般随房屋所有权或使用权转移而转换。在土地有期限使用条件下,土地使用期限到期之后,房屋将随着土地使用权的收回而发生转移,即归土地所有者所有。

(3) "双重身份"的协调原则

在我国,城市土地归国家所有,部分房屋财产归全民所有。这样,国家和政府就拥有房地产所有者的身份,同时国家和政府又凭借权力,通过房地产行政主管部门实现其组织,推行政务。这样,国家和政府又拥有房地产行政管理者的身份。对于这种双重身份的客观现实，必须加以承认，在实行管理中加以协调、妥善处置。在城市土地进行有偿转让时，政府和政府所委托的部门是以土地所有者的身份出现，它与土地使用权的转让者与被转让者之间的关系，在法律上应处于平等的地位。

（4）国家调控房地产市场的原则

房地产业是国家的支柱产业之一，房地产商品又是关系国计民生的重要商品。由于城市化的发展趋势，城市人口急剧增加，致使城市土地需求和房屋需求逐年增长，形成需求大于供给，在城市中心地段更加明显。如果国家对房地产市场不实行有效的计划管理和价格调控，就可能造成房价、地价飞涨，使城市经济发展受到损害。在培育完善房地产市场的过程中，必须对房地产市场的商品流向和交易价格进行调控，不断强化市场管理，使房地产市场沿着健康的轨道向前发展。

（5）不直接经营房地产的原则

我国政治体制改革的主要任务是实行党政分开，政企分开。要逐步转变政府职能，由直接管理经济变为间接管理经济。城市房地产行政主管机关应转变职能，由直接管理房地产经济变为间接管理房地产经济，把原来直接管理的部分房地产划出去，交给由政府组建的企业或事业单位独立经营。

把直接管理的部分房地产从行政主管机关划出去，一方面可以使企业单位独立自主地进行经营，另一方面，有利于房地产行政主管机关从事研究发展房地产经济的方针、政策与宏观调控等问题，总结房地产经营与改革的经验，制定行政管理的法规和规章，推进房地产的经济改革与发展。如果房地产行政主管机关不将直接管理的房地产划出去，而是继续经营房地产，其结果不仅会妨碍政府行政职能的正常发挥，削弱房地产行政管理，而且会影响房地产经营单位的积极性，使房地产行政管理与房地产经营管理都不能搞好。因此房地产行政主管机关要集中加强对全市房地产的宏观管理，充分发挥政府的职能作用，切实把房地产行政管理工作做好。

2. 房地产行政管理的手段

自改革开放以来，房地产经济迅速向市场经济模式转换，房地产行政管理的手段也开始规范化。目前，房地产行政管理手段主要有行政、经济、法律、教育四种。

（1）行政手段

行政手段是国家通过行政机构，采取带强制性的行政命令、指示、规定等措施，来调节和管理经济的手段。行政手段在现实生活中是很常见的，比如工商局的检查，税务的查税，政府的命令等。在房地产行政管理中，行政手段是一种主要手段，它的根本特点是依靠权力直接指挥、干预社会经济活动，具有明显的强制性。

房地产行政管理运用行政手段组织房地产专业化协作，社会化大生产。它是有计划发展房地产经济的重要保证。行政机关制定的方针、政策、计划、措施和机关内部按照民主集中制原则制定的规章、制度、发布的指令，所采取的行政管理手段都必须符合经济规律的要求。行政管理者要具备较高的领导素质和民主作风，要密切联系群众，了解业务情况，使行政管理从实际出发，符合实际情况，必须要把行政手段和"长官意志"、"命令主义"、"瞎指挥"严格地区别出来，只有通过科学的行政手段才会有真正的权威。

运用行政手段要掌握合理的范围和限度，防止单纯使用行政手段所带来的弊端，如管理水平受领导者水平的影响、不便于分权等。因而，要不断通过房地产经济体制改革，努力提高房地产行政管理的决策水平，使房地产行政手段建立在科学决策的基础上。

（2）法律手段

法律手段是指国家依靠法律的强制力量来规范经济活动，保障经济政策目标的手段。法律手段是国家通过立法和司法，调节和规范经济活动的强有力形式。运用法律手段对房地产行业进行宏观调控的作用在于，把房地产经济主体行为、房地产经济运行秩序、国家对房地产经济的宏观调控等纳入法制轨道，依法调控，增强宏观调控行为的合法性和权威性。为了进一步提高宏观调控政策的约束力，对需要长时间坚持的政策也应将其纳入法制轨道，使重要政策转变为法律，以加大执行的力度。

法律手段具有以下特点：

1）权威性。法律作为一种社会行为规范，是上升为国家意志的统治阶级意志，对所有房地产经济行为和行为主体具有普遍的约束力，比行政手段具有更高的权威性。

2）强制性。法律手段是凭借国家政权力量强制实施，违者必究，比行政手段的强制性更严厉。

3）规范性。法律是以明确、不能产生任何歧义的语言严格规范房地产经济行为，是所有房地产经济组织和个人行为的统一准则。

4）稳定性。法律一经制定颁布，便具有相对稳定性和严肃性，不得因人而异、随时随意更改。

运用法律手段进行行政管理，要求管理者知法、守法、依法行政，并有必要建立正规的房地产法律咨询机构，为广大行为主体服务。

（3）经济手段

经济手段是国家为了实现经济政策目标所采取的方法，它包括发展经济的工具和方法两个方面。最高层次的经济手段可以划分为：财政手段、金融手段、行政管理手段、经济法制手段和制度约束。经济手段在作用方式上表现为利用利益引导机制间接影响被管理者行为，凝聚实现管理目标的组织力量，调动社会成员的积极性，使社会成员将个人利益与公共利益进行有机的统一，促进经济效益与社会效益协调发展。

经济手段具有以下特点：

1）间接性。经济手段不像行政手段那样进行直接干预，而是利用经济杠杆作用对各个方面的经济利益进行调节来实行间接控制的。不同的生产关系有不同的利益关系，不同的组织和不同的组织成员也有不同的利益关系，经济手段就是要调节不同的利益关系。使之与整体组织有效运转相协调。

2）利益性。这是经济手段最根本的特性，经济手段的核心在于贯彻物质利益原则，注重等价交换原则，要求按照物质利益原则，把组织成员的物质利益关系与其工作成果相联系。

3）关联性。一种经济手段的变化不仅会引起社会多方面经济关系的连锁反应，而且会导致其他各种经济手段的相应调整，它不仅影响到当前，而且会波及今后。

4）制约性。在宏观管理中，它表现为国家运用各种经济杠杆来制约企业及各种具有独立经济利益组织的各种活动；在微观管理中，它表现为各种组织通过各种经济方法来制约组织成员的活动。

5）技术性。运用经济手段需制定各种经济技术指标，这要求以广泛的技术知识为基础。

制定合理的定额标准是经济方法实施的基础，标准是否合理直接影响经济方法的效果。

6）公开性。经济手段需要相应的经济立法，制定各种条例、规章制度及其他管理方法的配合。经济方法应当公开，以便进行对比和激励，充分调动组织成员的积极性。

经济手段在具体执行时，行政管理部门主要通过价格杠杆如房价总水平调控、财税杠杆如房地产税收的征免与税率的高低、货币杠杆如房地产贷款利率的高低等来实现管理目标。

（4）教育手段

教育手段是指教育者将教育内容作用于受教育者所借助的各种形式与条件的总和，它包括物质手段、精神手段等。

在房地产行政管理过程中，教育手段融于行政手段、经济手段和法律手段之中，使行政管理对象从主观上认识问题的实质，主动接受管理。

行政手段、法律手段、经济手段、教育手段都是进行房地产行政管理所不可缺少的。它们要相辅相成，有机结合，综合使用。经济手段是保证房地产经济正常运行的内在因素，对调节经济利益、协调经济发展，具有特别重要的意义。因此建立以经济手段为主，辅以行政手段、法律手段和教育手段的房地产行政管理体系是房地产行政管理建设的目标。

2.1.5 房地产行政管理体制

1. 房地产行政管理体制的涵义

房地产行政管理体制是指政府房地产行政机构的设置、行政职权划分及为保证行政管理顺利进行而建立的一切规章制度的总称。所以，从本质上说，房地产行政管理体制就是房地产行政管理的政体及其管理制度的集中反映，从运行状态上说，它就是房地产行政管理机构、管理权限、管理制度、管理工作、管理人员等有机构成的一个管理系统。

房地产行政管理体制的涵义包括以下几个要点：

（1）房地产行政管理体制的核心是各级房地产行政机构的权力和职责的划分。任何行政管理体制的建立、改革与完善，都是围绕着行政职权的划分或分配进行的。所以，行政职权是构成行政管理体制的基本要素，行政职权的划分或分配在行政管理体制中占有重要地位。

（2）房地产行政机构是行政管理体制的载体或组织形式。如果没有一定的行政机构，行政人员就无法施行行政职权，行政管理职能就不能发挥作用，行政管理体制也就失去了存在的形式。因此，房地产行政管理体制的建立、改革和完善，总是伴随着房地产行政机构的建立、改革和完善而进行的。

（3）一定的规章制度和法律程序是房地产行政管理体制不可缺少的组成部分。没有一定的规章制度和法律程序，行政职权就不能很好地使用，行政机构就不能很好地运行，行政管理体制也就失去了意义。因此，建立健全必要的规章制度和法律程序是建立和完善房地产行政管理体制不可缺少的一环。

（4）房地产行政管理体制具有明显的社会性。房地产行政管理受其他许多因素的影响，因而不同社会制度的国家房地产行政管理体制具有明显的本质区别。即使社会制度相同的国家，由于国情的不同，也不一定采取同一模式。

2. 房地产行政管理体制的主要内容

（1）房地产行政权力体制

所谓房地产行政权力体制，是指一个国家的房地产行政机关与其他的国家房地产机关、政党组织，群众团体等之间的权力分配关系及其制度的总称。其中心内容是指国家房地产行政机关在该国行政体制中所拥有的职权范围和权力地位，对此通常通过法律作出明确规定。

一个国家房地产行政权力体制的合理化、科学化程序是衡量该国房地产行政体制合理化、科学化程度的主要标志。房地产行政机关在该国行政权力结构体系中的权力地位，直接影响着行政管理活动的权限、范围和效应。

（2）房地产政府行政首脑体制

所谓房地产政府行政首脑体制，是指房地产最高行政权力的代表者与其实际执行者之间权力关系的制度，国家与地方之间的房地产最高行政权力的配置关系。

（3）房地产行政中央政府体制

房地产行政中央政府体制是指国家代表统治阶级领导和管理全国房地产行政工作的最高行政机关的职权划分、组织形式及管理方式等制度的总称。它是行政管理体制的核心部分，直接影响着房地产行政管理的性质和效率，关系整个国家机器的运转状况。

（4）房地产行政区划体制

房地产行政区划体制是指国家为实现有效的房地产行政管理，依据一定的原则，将全国房地产行政划分为若干层次的区划单位，并建立相应的行政机关的一种制度。

2.1.6 房地产行政组织

行政组织是行使国家行政权力、管理国家行政事务和社会公共事务的机构体系。狭义是指国家行政机关，广义包括国家立法、司法等机关中管理行政事务的机构，也包括企业、事业及社会团体中管理行政事务的机构。在现代社会中，各国普遍设置掌握国家行政权力的行政组织。如中华人民共和国国务院及省、自治区、直辖市以及市、地、县、乡等各级政府及其办事机构。这里所说的房地产行政组织主要指国家房地产行政机构，同时是实施房地产行政管理的主体。

1. 房地产行政组织的构成要素

（1）行政目标

房地产行政组织要有明确的行政目标。总目标确定后，将其按层级进行分解，依次确定所属各组织的分目标。

（2）机构设置

机构是房地产行政组织的实体，是行使行政权力的载体，依据法律设置机构是行政组织构成的基础。

（3）权责划分

确定房地产行政组织的权责，明确组织间的隶属关系和平行关系，以及行政组织的权责划分。

（4）职位配置

房地产行政组织中实行的职位分类，包括合理确定职级、职等、职系等，明确每个公务人员的职责。

（5）人员结构

公务人员是房地产行政组织中的主角，合理的行政组织应由具有一定素质和合理知识结构的公务人员组成。

（6）管理方式

房地产行政组织通过一定的管理方式，对管理对象施加定向影响，体现行政组织的功能，实现行政目标。

（7）运行程序

行政是有一定办事程序的动态过程，房地产行政组织的运行程序，应采取科学的方法，以提高行政效率。

（8）法律规范

有效的房地产行政组织具有健全的规章制度和法律规范，以保证行政组织依法办事。

2. 房地产行政组织的特点

（1）政治性

房地产行政组织是国家行政的代表，是国家政治体制的组成部分，是实现政府行政职能的机构，一般具有较强的政治性。

（2）社会性

房地产行政组织承担着管理房地产事务的职能。房地产行政组织直接或间接干预和管理房地产经济等事务。

（3）服务性

房地产行政组织是国家行政的组成部分，要适应和服务于房地产经济行业，为房地产经济的稳定和发展服务。

（4）整体性

房地产行政组织是一个规模庞大和结构复杂的社会系统。房地产行政组织按不同层次、不同业务部门、不同区域以及不同管理功能和程序，设置相应的组织结构，具有隶属和制约关系的完整权责分配体系。

（5）适应性

房地产行政组织的建立、调整受各国的房地产发展历史条件、房地产经济发展水平等诸因素制约和影响，各国都根据房地产行政管理的实际需要，建立相应的行政组织，并适应客观需要不断进行调整。

（6）法制性

房地产行政组织是依法代表国家行使房地产行政权力的机构，行政领导依法由选举或任命产生，一般公务人员的任用也要根据有关法律或法规；房地产行政组织在行使行政权过程中按法律规定进行管理。

3. 房地产行政管理的设置原则

（1）适应房地产行政目标原则

房地产行政组织必须与房地产行政职能相适应，并根据行政目标调整。

（2）完整统一原则

房地产行政组织是行使国家房地产行政权力的主体，各级各类房地产行政组织构成一个完整的统一体。

（3）分权管理原则

房地产行政组织是一个庞大复杂的权力体系，必须实行分权管理。

（4）管理幅度与层次适度原则

管理幅度和层次要根据房地产行政组织的管理对象和内容确定合理结构。

（5）职、责、权一致的原则

房地产行政组织是一个权责体系，在行政过程中职务、权力、责任三者互为条件，有效的房地产行政组织须明确规定各个机构和成员的职责范围，授予相应的行政权力，规定其责任，并建立严格的监督、考核、奖罚、升降等制度。

（6）经济效能原则

房地产行政组织以国家财政经费为其活动资金，以少量的行政经费支出获得最大社会效益是房地产行政组织的目标之一。

4. 房地产行政组织的类型

房地产行政组织是一个庞大复杂的组织体系，其行政机构的设置，应上下对口，保持一致。上级房地产行政机关主管哪些业务，设置哪些机构，下级房地产行政机关也设置相应机构，以便上下呼应，协调一致工作，把房地产行政管理工作不断推向前进。

就一个大中城市来说，一般应建立市、区（县）、街（镇）三级房地产行政管理机构，市、区（县）设房地产管理局，街（镇）设房地产管理所或管理处。

2.2 房地产开发企业

2.2.1 房地产开发企业的设立

1. 房地产开发企业设立的条件和程序

（1）房地产开发企业的设立条件

房地产开发企业是指按照城市房地产管理法的规定，以营利为目的，从事房地产开发和经营的企业。房地产开发与其他商品的开发相比，具有投资大、周期长、盈利高、风险高的特点。根据《城市房地产管理法》第 29 条和《城市房地产开发经营管理条例》的规定，设立房地产开发企业应当具备以下条件：

1）有自己的名称、组织机构

名称是房地产开发企业人格化和与其他企业相区别的重要标志，也是设立房地产开发企业的一个必备条件。

组织机构的作用在于对内管理企业事务，对外代表企业从事民事活动，它是使企业正常运行的重要保证。房地产开发企业的组织机构依其种类的不同而有所差异。但一般来说，主要包括：股东会，是企业的最高权力机关，是决策机构，决定企业重大事务。董事会、经理层，董事会是企业的执行机构，贯彻执行决策机构的决议和指示，经理由董事会聘用，管理企业的日常业务活动。监事会，是企业的监督机构，对执行机构的活动进行监督，房地产企业如果人数较少或者规模较小的，可以只设一至两名监事而不设监事会。

2）有固定的经营场所

房地产开发企业和其他企业一样也应当有自己的经营场所，可以是自有的也可以是租赁的。

3）有符合法律规定的注册资本

房地产开发企业实施经营活动应当有自己的注册资本，注册资本的要求应当符合《城市房地产开发经营管理条例》第五条之规定：有 100 万元以上的注册资本。按照该条规定，省、自治区、直辖市人民政府可以制定高于 100 万元注册资本的规定。例如，《北京市房地产开发行业管理规定》规定的注册资金为：在城近郊区从事房地产开发经营的，注册资金为 1000 万元以上（含 1000 万元），在远郊区、县从事房地产开发经营的，注册资金为 500 万元以上（含 500 万元）。

4）有符合法律规定的专业技术人员

房地产开发企业的设立，应当有相当数量符和专业水平要求的施工、规划、设计等方面的工程技术人员以及财务、会计、统计、营销等方面的经济管理人员。依据《城市房地产开发经营管理条例》第五条规定，设立房地产开发企业应当具备下列条件：有 4 名以上持有资格证书的房地产专业、建筑工程专业的专职技术人员，2 名以上持有资格证书的专职会计人员。省、自治区、直辖市人民政府可以根据本地方的实际情况，对设立房地产开发企业专业技术人员的条件作出高于前款的规定。

5）法律、法规规定的其他条件

设立房地产开发企业，除了应遵循以上条件以外，还应当符合《公司法》、《公司登记管理条例》等的相关规定。

（2）设立房地产开发企业的程序

新设立的房地产开发企业，应当自领取营业执照之日起 30 日内，持下列文件到登记机关所在地的房地产开发主管部门备案：

1）营业执照复印件；

2）企业章程；

3）验资证明；

4）企业法定代表人的身份证明；

5）专业技术人员的资格证书和聘用合同。

房地产开发主管部门应当在收到备案申请后 30 日内向符合条件的企业核发《暂定资质证书》，暂定资质的条件不低于四级资质的条件。

2. 房地产开发有限责任公司的设立条件和程序

（1）有限责任公司的设立条件

根据我国《公司法》第二十三条的规定，设立有限责任公司，应当具备下列条件：

1）主体：股东必须符合法定资格及人数要件。

《公司法》第二十四条规定："有限责任公司由 50 人以下股东出资设立。"有限责任公司股东人数的下限为 1 名股东，这名股东可以是 1 名自然人股东，也可以是 1 名法人股东，一名股东设立的有限责任公司为一人有限责任公司。

2）财产：股东出资必须达到法定资本最低限额，这是设立有限责任公司的出资条件。

根据《公司法》第二十六条的规定，有限责任公司注册资本的最低限额为人民币三万元。法律、行政法规对有限责任公司注册资本的最低限额有较高规定的，从其规定。

3) 章程：设立有限责任公司的股东应当共同制定公司章程。《公司法》第二十五条规定：有限责任公司章程应当载明下列事项：

① 公司名称和住所；

② 公司经营范围；

③ 公司注册资本；

④ 股东的姓名或者名称；

⑤ 股东的出资方式、出资额和出资时间；

⑥ 公司的机构及其产生办法、职权、议事规则；

⑦公司法定代表人；

⑧ 股东会会议认为需要规定的其他事项。

《公司法》所列举的前七个事项都属于公司章程必须记载的事项，这一规定属于强制性规范，不记载或者记载违法者，章程无效。

4) 组织机构：设立有限责任公司应有公司名称，建立符合有限责任公司要求的组织机构。依《公司法》的规定，有限责任公司的内部组织机构分为股东会、董事会和监事会等。其中，股东会由全体股东组成，是公司的权力机构；董事会对股东会负责；监事会由股东代表和适当比例的公司职工代表组成。另外，股东人数较少或规模较小的有限责任公司可以不设董事会，只设一名执行董事，也可以不设监事会，只设一至两名监事。

5) 住所：设立有限责任公司应当有公司住所。《公司法》第二十三条关于住所的规定取消了原来关于设立有限责任公司必须具备"固定的生产经营场所和必要的生产经营条件"的限制，而只要求具备有公司住所的条件即可，这实际上降低了公司设立的标准，另一方面也有利于一人公司制度的顺利执行。

(2) 有限责任公司的设立程序

有限责任公司是一种封闭性的法人，其设立方式只能以发起设立为限，不得采用募集设立方式，所以，相对于股份公司的设立而言，有限责任公司的设立程序比较简单，一般而言要经过以下步骤：

1) 订立公司章程。公司章程是公司设立的基本文件，只有严格按照法律要求订立公司章程，并报经主管机关批准后，章程才能生效，也才能继续进行公司设立的其他程序。

2) 申请公司名称预先核准。《公司登记管理条例》第十七条规定："设立公司应当申请名称预先核准。法律、行政法规或者国务院决定规定设立公司必须报经批准，或者公司经营范围中属于法律、行政法规或者国务院决定规定在登记前须经批准的项目的，应当在报送批准前办理公司名称预先核准，并以公司登记机关核准的公司名称报送批准。"采用公司名称的预先核准制，可以使公司的名称在申请设立登记之前就具有合法性、确定性，从而有利于公司设立登记程序的顺利进行。设立有限责任公司，由全体股东指定的代表或者共同委托的代理人向公司登记机关申请公司名称预先核准。申请名称预先核准，应当提交下列文件：①有限责任公司的全体股东或者股份有限公司的全体发起人签署的公司名称预先核准申请书；②全体股东或者发起人指定代表或者共同委托代理人的证明；③国家工商行政管理总局规定要求提交的其他文件。

3) 法律、行政法规规定需经有关部门审批的要进行报批，获得批准文件。一般来说，有限责任公司的设立只要不涉及法律、法规的特别要求，直接注册登记即可成立。但我国

《公司法》第六条第二款的"但书"规定，法律、行政法规规定设立公司必须报经批准的，应当在公司登记前依法办理批准手续。所以，对于法律、法规规定必须经过有关部门的批准才能设立公司的，应当向主管部门提出申请，获得批准文件。

4) 股东缴纳出资并经法定的验资机构验资后出具证明。股东必须按照章程的规定，缴纳所认缴的出资。股东的出资应当按照法律的规定，采取法定的出资形式，并经法定的验资机构出具验资证明。

5) 向公司登记机关申请设立登记。根据《公司登记管理条例》的规定，设立有限责任公司，应当由全体股东指定的代表或者共同委托的代理人向公司登记机关申请设立登记。设立国有独资公司，应当由国务院或者地方人民政府授权的本级人民政府国有资产监督管理机构作为申请人，申请设立登记。申请设立有限责任公司的，应当向公司登记机关提交下列文件：①公司法定代表人签署的设立登记申请书；②全体股东指定代表或者共同委托代理人的证明；③公司章程；④依法设立的验资机构出具的验资证明，法律、行政法规另有规定的除外；⑤股东首次出资是非货币财产的，应当在公司设立登记时提交已办理其财产权转移手续的证明文件；⑥股东的主体资格证明或者自然人身份证明；⑦载明公司董事、监事、经理的姓名、住所的文件以及有关委派、选举或者聘用的证明；⑧公司法定代表人任职文件和身份证明；⑨企业名称预先核准通知书；⑩公司住所证明；⑪国家工商行政管理总局规定要求提交的其他文件。法律、行政法规或者国务院决定规定设立有限责任公司必须报经批准的，应当提交有关批准文件。

6) 登记发照。对于设立申请，登记机关应当依法进行审查。对于不符合《公司法》规定条件的，不予登记；对于符合《公司法》规定条件的，依法核准登记，发给营业执照。营业执照的签发日期为有限责任公司的成立日期。公司可以凭登记机关办理的营业执照申请开立银行账户、刻制公司印章、申请纳税登记等。只有获得了公司登记机关颁发的营业执照，公司设立的程序才宣告结束。

根据我国《公司法》和《公司登记管理条例》的规定，设立有限责任公司的同时设立分公司的，应当自决定做出之日起 30 日内向分公司所在地的公司登记机关申请登记；法律、行政法规或者国务院决定规定必须报经有关部门批准的，应当自批准之日起 30 日内向公司登记机关申请登记。分公司的公司登记机关准予登记的，发给《营业执照》。公司应当自分公司登记之日起 30 日内，持分公司的《营业执照》到公司登记机关办理备案。

3. 房地产开发股份有限公司的设立条件和程序

(1) 股份有限公司的设立条件

1) 发起人符合法定资格，达到法定人数。发起人的资格是指发起人依法取得的创立股份有限公司的资格。股份有限公司的发起人可以是自然人，也可以是法人，但发起人中须有过半数的人在中国境内有住所。设立股份有限公司，必须有 5 个以上的发起人。

国有企业改建为股份有限公司的，发起人可以少于 5 人，但应当采取募集设立的方式。

2) 发起人认缴和向社会公开募集的股本达到法定最低限额。股份有限公司的资本最低限额为 1000 万元人民币。对有特定要求的股份有限公司，注册资本最低限额需要高于 1000 万元的，由法律、行政法规另行规定。

3) 股份发行、筹办事项符合法律规定。股份发行是指股份有限公司在设立时为了筹集公司资本，出售和募集股份的行为。设立阶段的股份发行分为发起设立发行和募集设立发行两种。发起设立发行是由公司发起人认购应发行的全部股份；募集设立发行是发起人只认购应发行股份总数的 35％，其余部分向社会公开募集。

股份有限公司的资本划分为股份，每一股的金额相等。股份发行实行公开、公平、公正的原则，同股同权、同股同利。同次发行的股份，每股的发行条件和价格应当相同。

发起人向社会公开募集股份时，必须依法经国务院证券管理部门批准，并公告招股说明书，制作认股书，由依法批准设立的证券经营机构承销，由银行代收并保存股款。招股说明书应载明下列事项：发起人认购的股份数；每股的票面金额和发行价格；无记名股票的发行总数；认股人的权利、义务；本次募股的起止期限及未募足时认股人可撤回所认股份的说明。

4）发起人制定公司章程，并经创立大会通过。公司章程不仅是公司设立的基础，也是公司及其股东的行为准则。发起人制定公司章程后，以募集方式设立有限责任公司的，必须经由认股人组成的创立大会决议通过。

5）有公司名称，建立符合股份有限公司要求的组织机构。公司名称必须符合企业名称登记管理的有关规定，并标明"股份有限公司"字样。股份有限公司的组织机构对公司内部行使管理权，对外代表公司。股份有限公司的组织机构是股东大会、董事会、监事会和经理。股东大会是由股东组成的公司权力机构，公司的一切重大事项都由股东大会作出决议；董事会是执行公司股东大会决议的执行机构；监事会是公司的监督机构，对董事、经理和公司的活动行使监督权；经理由董事会聘任，主持公司的日常生产经营管理工作，组织实施董事会的决议。

6）有固定的生产经营场所和必要的生产经营条件。

（2）股份有限公司的设立程序

股份有限公司的设立指的是为正式成立股份有限公司、取得法人资格而依法进行的一系列筹建准备行为。股份有限公司的设立程序因发起设立和募集设立的不同而有所区别。

第一种：发起设立的程序

1）发起人之间以书面形式订立发起人协议。发起人协议通常包括以下一些主要内容：发起人的姓名及住所；公司拟发行的股份类别，每股的面值、发行价；每个发起人的认购数额、出资类别；发起人缴纳股款、交付现物、转让财产权利的时间和方式以及发起费用的预算、开支和每一个发起人的发起费用的负担等。

2）发起人订立书面协议以后就应该按照协议的规定缴纳出资认购股份。发起人缴纳出资的方式主要有现金缴纳或者用实物、工业产权、非专利技术、土地使用权来抵充股款。以现金之外的其他财产或财产权利出资的需要由有关的中介机构进行评估，并且要依法办理有关的财产权利的转移手续。

3）发起人交付全部出资以后，应当选举董事会和监事会，并由董事会向公司登记机关报送设立公司所必需的批准文件、公司章程、验资证明等文件，申请设立登记。

第二种：募集设立的程序

1）发起人首先要做的是与前述的发起设立的程序中前两步相同的工作，有所区别的是，在发起设立中，发起人要认购全部的股份，而在募集设立中，发起人只认购全部股份中的一部分，我国《公司法》规定认购数额应不少于首期发行股份数的 35％。

2）制定招股说明书。招股说明书是向非特定的社会公众发出的认购股份的书面说明，该说明书在发出以前应当经过国务院证券管理部门的批准。

3）向国务院递交募股申请。申请时，还必须同时报送《公司法》规定的一些文件，比如公司章程、经营估算书、发起人的姓名、认购的股份数等。

4）募股申请经国务院主管部门批准以后，发起人应该公告招股说明书，并制作认股书。公告招股说明书是应该根据所要募集的范围在相应的报刊杂志上予以公告。同时，发起人必须制作认股书，认股书应载明《公司法》所要求的内容，由认股人填写有关事项，比如认购的股数、金额、认股人的住所等。

5）发起人应该同依法设立的证券经营机构签订承销协议，并与银行签订代收股款的协议。发起人要募集股份，必须通过证券经营机构进行，而且必须与银行签订代收股款的协议，由银行代为收取和保存认股人缴纳的股款。

6）取得验资证明。发起人在股款募足以后，必须请中立的机构或专家出具证明全部股份已经如数缴纳的文件，这一文件是申请公司注册的必备文件。

7）召集由认股人组成的创立大会。创立大会的工作主要是选举董事会、监事会成员，并审议发起人的募股情况，作出设立公司与否的决定。

8）由创立大会选举的董事会向公司登记机关报送有关文件，申请设立登记。董事会应该在创立大会结束后的法定日期内向公司的登记机关报送《公司法》要求的相关文件，申请设立公司。

2.2.2 房地产开发企业的资质管理

为了规范日益繁荣的房地产市场秩序，加强对房地产开发企业的管理，国家要求房地产开发企业必须要根据自身的实际情况申请资质等级，以证明其经营能力和资信度。

1. 房地产开发企业资质等级

根据《房地产开发企业资质管理规定》，房地产开发企业按照企业条件分为一、二、三、四这四个资质等级。

各资质等级企业的条件如下：

（1）一级资质：

1）注册资本不低于5000万元；

2）从事房地产开发经营5年以上；

3）近3年房屋建筑面积累计竣工30万平方米以上，或者累计完成与此相当的房地产开发投资额；

4）连续5年建筑工程质量合格率达100%；

5）上一年房屋建筑施工面积15万平方米以上，或者完成与此相当的房地产开发投资额；

6）有职称的建筑、结构、财务、房地产及有关经济类的专业管理人员不少于40人，其中具有中级以上职称的管理人员不少于20人，持有资格证书的专职会计人员不少于4人；

7）工程技术、财务、统计等业务负责人具有相应专业中级以上职称；

8）具有完善的质量保证体系，商品住宅销售中实行了《住宅质量保证书》和《住宅

使用说明书》制度;

9）未发生过重大工程质量事故。

（2）二级资质：

1）注册资本不低于 2000 万元；

2）从事房地产开发经营 3 年以上；

3）近 3 年房屋建筑面积累计竣工 15 万平方米以上，或者累计完成与此相当的房地产开发投资额；

4）连续 3 年建筑工程质量合格率达 100%；

5）上一年房屋建筑施工面积 10 万平方米以上，或者完成与此相当的房地产开发投资额；

6）有职称的建筑、结构、财务、房地产及有关经济类的专业管理人员不少于 20 人，其中具有中级以上职称的管理人员不少于 10 人，持有资格证书的专职会计人员不少于 3 人；

7）工程技术、财务、统计等业务负责人具有相应专业中级以上职称；

8）具有完善的质量保证体系，商品住宅销售中实行了《住宅质量保证书》和《住宅使用说明书》制度；

9）未发生过重大工程质量事故。

（3）三级资质：

1）注册资本不低于 800 万元；

2）从事房地产开发经营 2 年以上；

3）房屋建筑面积累计竣工 5 万平方米以上，或者累计完成与此相当的房地产开发投资额；

4）连续 2 年建筑工程质量合格率达 100%；

5）有职称的建筑、结构、财务、房地产及有关经济类的专业管理人员不少于 10 人，其中具有中级以上职称的管理人员不少于 5 人，持有资格证书的专职会计人员不少于 2 人；

6）工程技术、财务等业务负责人具有相应专业中级以上职称，统计等其他业务负责人具有相应专业初级以上职称；

7）具有完善的质量保证体系，商品住宅销售中实行了《住宅质量保证书》和《住宅使用说明书》制度；

8）未发生过重大工程质量事故。

（4）四级资质：

1）注册资本不低于 100 万元；

2）从事房地产开发经营 1 年以上；

3）已竣工的建筑工程质量合格率达 100%；

4）有职称的建筑、结构、财务、房地产及有关经济类的专业管理人员不少于 5 人，持有资格证书的专职会计人员不少于 2 人；

5）工程技术负责人具有相应专业中级以上职称，财务负责人具有相应专业初级以上职称，配有专业统计人员；

6）商品住宅销售中实行了《住宅质量保证书》和《住宅使用说明书》制度；

7）未发生过重大工程质量事故。

《城市房地产开发经营管理条例》规定，各省、自治区、直辖市人民政府可以根据本地方的实际情况，对设立房地产开发企业的注册资本和专业技术人员的条件作出高于前款的规定。

2. 房地产开发企业资质管理

（1）房地产开发企业备案

新设立的房地产开发企业应当自领取营业执照之日起30日内，持下列文件到房地产主管部门备案：

1）营业执照复印件；

2）企业章程；

3）验资证明；

4）企业法定代表人的身份证明；

5）专业技术人员的资格证书和劳动合同；

6）房地产开发主管部门认为需要出示的其他文件。

房地产开发主管部门应当在收到备案申请后30日内向符合条件的企业核发《暂定资质证书》。

《暂定资质证书》有效期1年。房地产开发主管部门可以视企业经营情况延长《暂定资质证书》有效期，但延长期限不得超过2年。

自领取《暂定资质证书》之日起1年内无开发项目的，《暂定资质证书》有效期不得延长。

（2）房地产开发企业资质核定

房地产开发企业应当在《暂定资质证书》有效期满前1个月内向房地产开发主管部门申请核定资质等级。房地产开发主管部门应当根据其开发经营业绩核定相应的资质等级。申请《暂定资质证书》的条件不得低于四级资质企业的条件。临时聘用或者兼职的管理、技术人员不得计入企业管理、技术人员总数。

申请核定资质等级的房地产开发企业，应当提交下列证明文件：

1）企业资质等级申报表；

2）房地产开发企业资质证书（正、副本）；

3）企业资产负债表和验资报告；

4）企业法定代表人和经济、技术、财务负责人的职称证件；

5）已开发经营项目的有关证明材料；

6）房地产开发项目手册及《住宅质量保证书》、《住宅使用说明书》执行情况报告；

7）其他有关文件、证明。

（3）房地产开发企业资质审批

房地产开发企业资质等级实行分级审批制度。

1）一级资质由省、自治区、直辖市人民政府建设行政主管部门初审，报国务院建设行政主管部门审批。

2）二级资质及二级资质以下企业的审批办法由省、自治区、直辖市人民政府建设行政主管部门制定。

经资质审查合格的企业，由资质审批部门发给相应等级的资质证书。资质证书由国务院建设行政主管部门统一制作。资质证书分为正本和副本，资质审批部门可以根据需要核发资质证书副本若干份。

任何单位和个人不得涂改、出租、出借、转让、出卖资质证书。

企业遗失资质证书，必须在新闻媒体上声明作废后，方可补领。

企业发生分立、合并的，应当在向工商行政管理部门办理变更手续后的 30 日内，到原资质审批部门申请办理资质证书注销手续，并重新申请资质等级。

企业变更名称、法定代表人和主要管理、技术负责人，应当在变更 30 日内，向原资质审批部门办理变更手续。

企业破产、歇业或者因其他原因终止业务时，应当在向工商行政管理部门办理注销营业执照后的 15 日内，到原资质审批部门注销资质证书。

(4) 房地产开发企业资质年检

房地产开发企业的资质实行年检制度。

1) 对于不符合原定资质条件或者有不良经营行为的企业，由原资质审批部门予以降级或者注销资质证书。

2) 一级资质房地产开发企业的资质年检由国务院建设行政主管部门或者其委托的机构负责。

3) 二级资质及二级资质以下房地产开发企业的资质年检由省、自治区、直辖市人民政府建设行政主管部门制定办法。

4) 房地产开发企业无正当理由不参加资质年检的，视为年检不合格，由原资质审批部门注销资质证书。

5) 房地产开发主管部门应当将房地产开发企业资质年检结果向社会公布。

(5) 各级房地产开发企业承担业务的范围

1) 一级资质的房地产开发企业承担房地产项目的建设规模不受限制，可以在全国范围承揽房地产开发项目。

2) 二级资质及二级资质以下的房地产开发企业可以承担建筑面积 25 万平方米以下的开发建设项目，承担业务的具体范围由省、自治区、直辖市人民政府建设行政主管部门确定。

各资质等级企业应当在规定的业务范围内从事房地产开发经营业务，不得越级承担任务。

企业未取得资质证书从事房地产开发经营的，由县级以上地方人民政府房地产开发主管部门责令限期改正，处 5 万元以上 10 万元以下的罚款；逾期不改正的，由房地产开发主管部门提请工商行政管理部门吊销营业执照。

企业超越资质等级从事房地产开发经营的，由县级以上地方人民政府房地产开发主管部门责令限期改正，处 5 万元以上 10 万元以下的罚款；逾期不改正的，由原资质审批部门吊销资质证书，并提请工商行政管理部门吊销营业执照。

(6) 房地产开发企业资质等级的注销和降级

企业有下列行为之一的，由原资质审批部门公告资质证书作废，收回证书，并可处以

1 万元以上 3 万元以下的罚款:

    1) 隐瞒真实情况、弄虚作假骗取资质证书的;

    2) 涂改、出租、出借、转让、出卖资质证书的。

企业开发建设的项目工程质量低劣,发生重大工程质量事故的,由原资质审批部门降低资质等级;情节严重的吊销资质证书,并提请工商行政管理部门吊销营业执照。

企业在商品住宅销售中不按照规定发放《住宅质量保证书》和《住宅使用说明书》的,由原资质审批部门予以警告、责令限期改正、降低资质等级,并可处以 1 万元以上 2 万元以下的罚款。

企业不按照规定办理变更手续的,由原资质审批部门予以警告、责令限期改正,并可处以 5000 元以上 1 万元以下的罚款。

各级建设行政主管部门工作人员在资质审批和管理中玩忽职守、滥用职权、徇私舞弊的,由其所在单位或者上级主管部门给予行政处分;构成犯罪的,由司法机关依法追究刑事责任。

2.2.3 房地产开发企业的变更、终止和年检

1. 房地产开发企业的变更

房地产开发企业变更是指房地产开发企业成立后,企业组织形式、企业登记事项的变化。引起企业变更的原因有:

(1) 企业名称变更。企业变更名称的,应当自变更决议或者决定作出之日起 30 日内申请变更登记。

(2) 企业住所变更。企业变更住所的,应当在迁入新住所前申请变更登记,并提交新住所使用证明。

(3) 企业法人变更。企业变更法定代表人的,应当自变更决议或者决定作出之日起 30 日内申请变更登记。

(4) 企业注册资本变更。企业变更注册资本的,应当提交依法设立的验资机构出具的验资证明。企业增加注册资本的,有限责任公司股东认缴新增资本的出资和股份有限公司的股东认购新股,应当分别依照《公司法》设立有限责任公司缴纳出资和设立股份有限公司缴纳股款的有关规定执行。股份有限公司以公开发行新股方式或者上市公司以非公开发行新股方式增加注册资本的,还应当提交国务院证券监督管理机构的核准文件。企业法定公积金转增为注册资本的,验资证明应当载明留存的该项公积金不少于转增前企业注册资本的 25%。

企业减少注册资本的,应当自公告之日起 45 日后申请变更登记,并应当提交企业在报纸上登载企业减少注册资本公告的有关证明和企业债务清偿或者债务担保情况的说明。

(5) 公司经营范围变更。公司变更经营范围的,应当自变更决议或者决定作出之日起 30 日内申请变更登记;变更经营范围涉及法律、行政法规或者国务院决定规定在登记前须经批准的项目,应当自国家有关部门批准之日起 30 日内申请变更登记。

企业的经营范围中属于法律、行政法规或者国务院决定规定须经批准的项目被吊销、撤销许可证或者其他批准文件,或者许可证、其他批准文件有效期届满的,应当自吊销、撤销许可证、其他批准文件或者许可证、其他批准文件有效期届满之日起 30 日内申请变

更登记或者依照《中华人民共和国公司登记管理条例》第六章的规定办理注销登记。

（6）企业类型变更。企业变更类型的，应当按照拟变更的公司类型的设立条件，在规定的期限内向企业登记机关申请变更登记，并提交有关文件。

（7）股东和股权变更。有限责任公司股东转让股权的，应当自转让股权之日起 30 日内申请变更登记，并应当提交新股东的主体资格证明或者自然人身份证明。有限责任公司的自然人股东死亡后，其合法继承人继承股东资格的，企业应当依照前款规定申请变更登记。

（8）企业经营期限变更。是指企业在营业期限快到时，办理的执照有效期的一个续期（营业期限为长期的企业可不用办理该变更手续）。

（9）有限责任公司的股东或者股份有限公司的发起人改变姓名或者名称的，应当自改变姓名或者名称之日起 30 日内申请变更登记。

（10）企业合并、分立变更登记。因合并、分立而存续的企业，其登记事项发生变化的，应当申请变更登记；因合并、分立而解散的公司，应当申请注销登记；因合并、分立而新设立的企业，应当申请设立登记。公司合并、分立的，应当自公告之日起 45 日后申请登记，提交合并协议和合并、分立决议或者决定以及公司在报纸上登载公司合并、分立公告的有关证明和债务。

2. 房地产开发企业终止

房地产开发企业终止是指已经设立的房地产开发企业依法失去企业法人资格，使其不再享有企业法人的法定权利和承担企业法人的法定义务。

根据《企业法》第 19 条规定，企业由于下列原因之一者即可终止：

（1）公司章程规定的营业期限届满或者公司章程规定的其他解散事由出现；

（2）股东会决议解散；

（3）违反法律、法规被责令撤销；

（4）政府主管部门依照法律法规的规定决定解散；

（5）依法被宣告破产。

总之，企业终止时，应当保护其财产，并对其财产和债权、债务关系进行清理；按有关规定向企业登记机关办理歇业注销登记，缴销营业执照，还必须依法进行公告，以保护债权人、债务人的合法权益，稳定社会经济秩序。

3. 房地产开发企业年检

房地产开发企业年检是指工商行政管理机关依法按年度对企业进行检查，确认企业继续经营资格的法定制度。凡领取《中华人民共和国企业法人营业执照》、《中华人民共和国营业执照》、《企业法人营业执照》、《营业执照》的有限责任公司、股份有限公司、非公司企业法人和其他经营单位，均须参加年检。当年设立登记的企业，自下一年起参加年检。

根据《企业年度检验办法》第五条的规定，年检起止日期为每年的 3 月 1 日至 6 月 30 日（地震灾区截至 9 月 30 日）。登记主管机关在规定的时间内，对企业上一年度的情况进行检查。

（1）年检的主要内容

1）企业登记事项执行和变动情况；

2）股东或者出资人的出资或提供合作条件的情况；

3）企业对外投资情况；

4）企业设立分支机构情况；

5）企业生产经营情况。

（2）年检的基本程序

1）企业申领、报送年检报告书和其他有关材料；

2）登记主管机关受理审核年检材料；

3）企业交纳年检费；

4）登记主管机关加贴年检标识和加盖年检戳记；

5）登记主管机关发还企业营业执照。

（3）年检应提交的文件

1）年检报告书；

2）营业执照正、副本；

3）企业法人年度资产负债表和损益表；

4）其他应当提交的材料。

2.2.4 房地产开发企业组织机构

1. 房地产开发企业的组织机构原则

房地产开发企业是以营利为目的，从事房地产开发经营、维修、服务和管理的企业。开发企业实现其职能，需要建立健全一个高效运行的组织机构。建立组织机构主要遵循的原则包括：

（1）高效率原则。企业组织机构的目的是实现企业的各级目标而保证总目标。组织系统是否科学，组织运用是否恰当，组织制度是否合理，都是以是否达到目标来判断和评价。提高组织效率与企业的生存发展有着直接的关系。

（2）能级原则。为注重人的合理、有效利用，可根据每个人能力大小、水平高低，依次划分为决策层、管理层、操作层三个层次，并使每一个层次的权力、责任相对称，以做到人尽其才。

（3）管理幅度和管理层次对应原则。要根据上级主管人员的能力，下属人员的素质，工作的复杂性，管理手段的先进性和合理性确定管理者的管理幅度，并根据企业规模和管理者的不同管理幅度来确定管理层次。在合理的管理幅度和分层管理的条件下，才能充分发挥管理人员的能力，并使企业内部机构得以精简，从而提高组织的工作效率。

（4）协调原则。房地产开发企业在经营与管理过程中需要与相关单位、部门发生多种需要协调的关系，企业内部各部门、各单位之间也存在多种相互联系、相互制约的关系，因此组织系统的设计要做到组织内部各要素得到最优的配置。

（5）弹性原则（动态原则）。组织机构不是一成不变的，企业自身的特点和外部环境都决定了企业由于受多种因素的影响和制约，其组织机构必须保持有弹性，要根据企业生存发展和客观需要及环境的变化而灵活做出反应，要有进行调整的余地和准备。

2. 房地产开发企业组织机构设置及其职责

（1）常见的组织结构形式

1）职能组织形式

职能组织形式具有职责单一、明确、关系简单、便于协调等优点。缺点在于每一个部门可能有多个矛盾的指令源。如图 2-1 所示，A（A 代表最高指挥层）可以对 B1、B2、B3（B 代表职能部门或管理层）下达指令；B1、B2、B3 可以对 C5、C6（C 代表执行层）下达指令，则 C5、C6 有多个指令源。

2）线形组织形式

线形组织形式是企业职能部门和下属执行层在组织结构中处于服从地位。这种组织形式的优点在于系统中每一个工作部门只有一个指令源，避免了由于矛盾的指令而影响组织系统的运行。缺点是系统中由于指令路径过长，会造成组织系统运行的困难。如图 2-2 所示，A（A 代表最高指挥层）可以对 B1、B2、B3（B 代表管理层或执行层）下达指令；B2 可以对 C7、C8、C9（C 代表执行层）下达指令；虽然 B1 和 B3 比 C7、C8、C9 高一个组织层次，但是，B1 和 B3 并不是 C7、C8、C9 的直接上级，它们不允许对 C7、C8、C9 下达指令。在该组织结构中，每一个工作部门的指令源是唯一的。

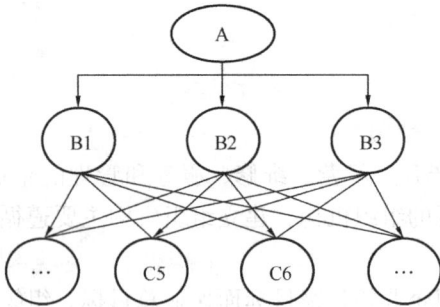

图 2-1　职能组织结构

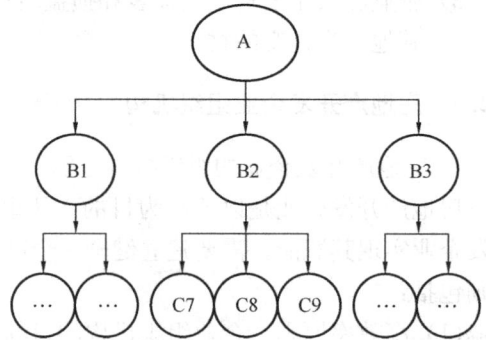

图 2-2　线形组织结构

3）矩阵式组织形式

房地产开发企业在同一个时间内开发较多项目或项目所在地域比较分散时采用矩阵式组织形式。矩阵式组织形式把企业职能原则和项目对象原则结合起来，形成了一种纵向企业职能机构和横向项目机构相互交叉的"矩阵"型组织形式，解决了以实现企业目标为宗旨的长期稳定的企业组织专业分工与具有较强综合性和临时性的一次性项目组织的矛盾。

在矩阵组织中，企业的永久性专业职能部门和临时性项目管理组织交互起作用。纵向（X），职能部门负责人对各项目中的本专业人员下达指令；横向（Y），项目经理对参加本项目的各种专业人员下达指令，并按项目实施的要求把他们有效地组织协调起来，为实现项目目标共同配合工作，如图 2-3 所示。因此，其指令源有两个。

组织结构形式反映了一个组织系统中各子系统之间或各元素（各工作部门）之间的指令关系。组织分工反映了一个组织系统中各子系统或各元素的工作任务分工和管理职能分工。组织结构形式和组织分工都是一种相对静态的组织关系。而工作流程

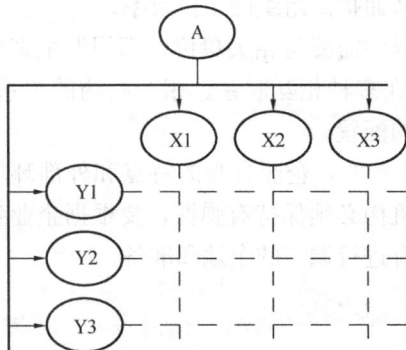

图 2-3　矩阵组织结构

组织则可以反映一个组织系统中各项工作之间的逻辑关系，是一种动态关系。在房地产企业活动中，其管理工作的流程、信息处理的流程，以及设计工作、物资采购和施工的流程组织都属于工作流程组织的范畴。组织工具是组织基本理论应用的手段，基本的组织工具有组织结构图、任务分工表和工作流程图等。

（2）房地产开发企业的职能部门及其职责

房地产开发企业内部职能部门一般包括规划设计部门、工程部、销售部、财务部、办公室等主要部门。

1）规划设计部：负责进行对开发区的可行性研究；组织开发区总体规划方案的编制和审定；审定市政综合图、市政专业厂（站）的设计方案；组织审查开发区详细规划的总平面图、立面图和管网图；审查住宅、公共建筑的方案设计或初步设计；解决在规划的设计和实施中出现的问题；审查单项工程的施工图；负责办理用地手续，拟定拆迁安置和补偿计划的组织实施，进行土地开发成本核算；办理施工许可证等。

2）工程部：负责开发任务管理；负责编制开发区工程施工总设计；组织工程前期准备工作；组织工程建设招标承包；办理水、电、气、热等专业工程项目的报批；监督工程质量；协调解决工程建设中的问题，组织工程验收；负责材料、设备的供应；负责工程概预算等工作。

3）销售部：负责房屋的预售、销售和租赁；负责物业管理；负责收集市场信息、广告宣传等工作。

4）财务部：负责编制开发公司的财务中长期计划和综合计划；负责编制并贯彻财务收支计划；负责统计和统计分析工作；加强对资金筹集、使用的管理；进行开发成本核算；对本单位的经济活动进行分析、财务收支进行审计等工作。

5）办公室：负责房地产开发公司的日常行政事务；代表公司对外参与活动；负责教育、宣传、培训工作；负责干部管理、劳动工资及保险等工作。

房地产开发企业根据企业自身的实际需要，还可以设置物业部、公关部等相关业务职能部门。

2.3 房地产权、权属档案管理

2.3.1 房地产权的概念

1. 产权的法律概念

产权即财产权，是指存在或设定于一切客体之上或之中的完全权利。这里的权利是根据法律的规定或以产权人的意志而实现的权利，即财产所有者依法对其财产所享有的占有、使用、收益、处分的权利。其中，对财产权起决定作用的是占有权，如果没有占有权，财产权就成为一个空壳，其次是使用权、收益权和处分权。占有权和占有在概念上是不一样的，前者是权利，占有的法律表现；后者是事实，即对物实际控制的事实状态，不能形成权利。其他权利，如使用权、收益权和处分权的存在都要以占有权为前提。使用权是对物品进行利用的权利。收益权是所有权在经济上得以实现的形式，所有人可以根据自己的意志和利益，取得物的全部收益；也可以仅保留部分收益权利，即按照法律或合同的规定实行不同的分配。收益权往往同使用权联系在一起，收益往往是因为对物的使用而产生的；同时，收益权也可以是一个独立的权利，产权人不行使对物的使用权也可以全部或部分享有对物的收益权利。处分权是指在法律规定的范围内，处理物或财产的权利。处分权是财产权的最根本的权利，它的行使可以决定物的归属、产权的存在和消灭或转移。所以，处分权一般都属于所有人，或者说，所有人一般都保留对物的最终处分的权利。可见，产权的核心是所有权，同时也包括与所有权相联系的其他相对独立的权利。

2. 房地产权的特征

房地产权是财产权在房地产中的具体化，即存在于土地和房屋中的，以其所有权为核心的一系列排他性权利集合体。房地产权的特征，一方面反映了产权的基本特征，另一方面体现了土地和房屋的产权特征。

(1) 排他性。对一种资源产权界定的完整程度是以产权的排他性来衡量的，房地产权也是如此。排他性包括使用权的排他性和拥有权的自由转让性两个方面。使用权的排他性是指房地所有者在被允许的范围内，对房地产的使用拥有的不受限制的选择权利，以保证其所有者获得稳定的经济预期。房地产的自由转让性是指房地产所有者所拥有的权利在法律允许的条件下是可以自由转让的，以使房地产资源投入最有价值的使用，从而达到资源优化配置的目的。由此，房地产权的排他性表明：房地产所有人在不违反法律或第三人权利的范围内，有使用权和自由处分权，并排除他人的一切干涉，其权利是不可侵犯的。

(2) 主体的特定性。房地产权关系需要具体地界定当事人对房地产作为财产的法律手续，因此必须采取房地产权利的人格化形式，即法人。如我国土地属于国家和农村集体经济组织所有，国家是国有土地所有权的唯一的和统一的主体；农村集体经济组织是农村集体土地所有权的主体，除国家和农村集体经济组织外，任何组织或个人都不能成为土地所有权的主体。由于土地所有权主体是特定的，自然地产生了土地所有权的不可流转性。

(3) 法定性。房地产权是以法律的形式来明确规定人们对房地产享有的各种权利，以及对这些权利的限制及破坏、处罚等。换言之，房地产权关系实际上是房地产权主体之间或产权行为主体之间的经济关系的法律体现，必须是法律上记载和承认的（或认可的）方能成立（或行使），即必须以法律来确认及保障其实施。土地或房屋被他人非法占有时，无论转入何人、何组织控制，所有权人都可以向其主张权利，所以房地产的产权是不受侵犯的，受国家法律保护。

(4) 可分离性。房地产权是产权主体拥有的对财产的一组权利，而不是一种权利。房地产权的内容包括所有权、使用权和他项权利等。这些产权要素是可以界定、可以分离的，因而能在不同的行为主体之间进行分配或配置，形成多种不同的产权组合形式（产权结构）。如土地所有权和土地使用权的相分离，并形成各自相对独立的产权主体，土地使用权可以依法进行有偿转让。

(5) 房地产权必须在经济上得以实现。房地产权不仅要以法律的认可和保障为前提，而且产权必须在经济上得以实现，方能体现产权的完整意义。如果只有产权在法律上的合法性，而不能在经济上得到实现，房地产的产权只能是一种空壳。

(6) 土地和房屋产权主体的一致性。土地是房屋的载体，也就是说房屋是定着于土地而存在的，即房是依地而建的。房地产就是指土地和与其相连的，并在空间上紧密结合为一体的房屋建筑物的结合体。同时，在城市，土地价值的体现往往又通过房屋的开发、建设和出售、租赁来体现。由此可见，房和地的产权主体必须是一致的。《城市房地产管理法》和《城镇国有土地使用权出让和转让暂行条例》等法律、法规都明确指出：土地使用权转让时，其地上建筑物、其他附着物所有权随之转让；土地使用者转让地上建筑物、其他附着物所有权时，其使用范围内的土地使用权随之转让；房地产转让、抵押时，房屋的所有权和该房屋占有范围内的土地使用权同时转让、抵押。可见，保持土地和房屋产权主体的一致性，是房地产权确认和保障的基础。

2.3.2 房地产权关系

房地产权关系指在房地产开发、经营、服务、管理和使用过程中发生的人与人之间的财产关系。房地产权关系是人与人之间的关系，不是人与物的关系。它是人们在进行房地产开发、经营、服务、管理和使用过程中所发生的一种社会关系，一种由房地产法律规范调整而具有权利义务内容的社会关系，它不仅体现产权关系主体双方的意志，而且还要体现国家的意志。当产权关系主体双方的意志符合国家意志时，其产权关系才能得到国家法律的确认和保护，才能得以实现。因此，房地产法律规范的存在是房地产权关系形成和存在的前提，所以说，房地产权关系是以房地产权为内容而依法发生的权利、义务关系。

1. 我国房地产权关系特征

根据我国的国情和社会制度，作为不动产的房地产权关系具有以下基本特征：

（1）房地产权关系的确定、变更和消灭，一般要置于国家的控制之下。房地产是人类进行社会物质生产的基本条件和不可替代的生产要素，是宝贵而有限的资源或资产。它的占有、使用及其利益分配是否合理，直接关系到国家和全民的利益。所以，房地产权关系的确立、变更和消灭，必须在国家控制下实现。国有土地使用权的出让，必须由国家垄断；土地使用权的转让、出租和抵押，也要在国家法律和政策允许的范围内，按法定程序进行。房屋的买卖、租赁必须到政府主管机关办理手续，任何单位和个人都不得私自进行房屋的买卖或租赁活动。

（2）房地产权关系的相对稳定性。为了对土地和房屋进行合理利用和使用，国家法律维护房地产权的相对稳定原则，对土地使用权出让年限按其用途不同，规定为 40 年、50 年和 70 年。房屋的产权关系也相应维护其相对的稳定性。

（3）房地产权关系的确定一般都要采用书面形式。房地产是不动产，其位置相对不能移动，也就是说，房地产不同于其他生产要素，它的位置不会随着房地产的交易，即产权的变更而移动。房地产的交易是产权的移转，不可能是实物的移转。所以，在房地产交易中，产权的确立和变更，都是以书面形式来表现这种转移的合法性。如土地使用权转让、出租、抵押和土地征收，以及房屋买卖、租赁、典当等引起房地产权的确立、变更，都是通过办理房地产权属登记、颁发产权证书等书面形式来完成的。同时，产权关系双方还通过签订合同的方式，将产权关系双方的权利义务关系记载下来，以保护产权主体双方的利益，确保房地产权关系的确立、变更和终止的有效性和严肃性。

房地产权关系按法律规范调整的性质可分为不对等的产权关系和对等的产权关系。不对等的产权关系一般是指国家依照法律规定在房地产权管理中所形成的权利义务关系，它不是相互对等的，而是国家居于支配地位的自上而下地调整各种产权关系。国家可以依据国家的意志、全民的利益，用法律形式确认国有土地或公有房屋的所有权，并以强制力保证其存在不受侵犯，对侵犯公有财产的行为给以法律制裁。例如土地征收是国家为了公共利益的需要，依法把集体所有土地转为国家所有土地的一项措施。土地被征收的产权单位，即农村集体经济组织，必须服从国家需要，不得阻挠。由此可见，不对等的房地产权关系一般发生在所有权的特定主体与非特定主体之间，以及国家作为产权的管理者与产权各主体之间的产权管理关系中。对等的房地产权关系主要发生在房地产权流转中主体双方的权利义务关系中。例如在房地产权移转中，国家不是作为管理者的身份出现，而是作为产权主体的一方参与产权关系的活动。所以，在房地产权流转过程中，国家作为产权主体的一方与另一个产权主体是处在同等地位，即产权主体双方都有按照自己的意志作一定行为的权利和请求他人作一定行为或不作一定行为的权利。同时，当其产权受到侵害时，都有要求法律给予保护的权利。房地产买卖、租赁和土地使用权的出让和转让中的产权主体双方的权利义务关系，基本上都是对等的。

2. 房地产权关系构成

任何法律关系都是由主体、客体和内容三个基本要素构成的，房地产权关系也是由这三个要素构成的。

(1) 房地产权关系的主体。房地产权关系的主体是指房地产权关系的参加者，并且在这些关系中享有权利和承担义务的人。在房地产所有权关系中，国家是国有土地所有权的主体，农村集体经济组织是集体土地所有权主体；国家是国有或全民所有房屋所有权的唯一主体，集体经济组织，包括合作社、"三资"企业等，是集体所有房屋的所有权主体；在房地产使用权关系中，双方可以是国家机关、企事业单位、经济组织、社会团体和公民，也可以是"三资"企业。可以说，房地产使用权关系主体是极其广泛的，几乎没有什么限制。房地产他项权利总是不同程度地附着于所有权或部分附着于使用权的权利，因此，房地产他项权利产权主体一般同房地产所有权或使用权的产权主体一致。

(2) 房地产权关系的客体。房地产权关系的客体，就是指房地产权关系体的权利义务所指向的对象，也是主体权利义务的载体。房地产权是物权，房地产权关系的客体是房地产权主体的权利义务所指向的对象——土地和房屋。如果没有土地和房屋，房地产权关系主体的权利义务就无法实现。当然，土地、房屋能否作为某一产权主体的客体，都应当由房地产法律规范作出规定。

(3) 房地产权关系的内容。房地产权关系的内容同一般法律关系的内容一样，是指产权主体所享有的权利和义务。这里的权利和义务是相互联系和相互依存的。

不同类型的房地产权关系，其内容不同；同一类型的房地产权关系，也因主、客体的不同，其权利、义务的内容和范围也不会完全一样。但是，房地产权关系的各种不同内容，都总是取决于房地产所有权关系的内容，包括房地产使用权关系的内容也是由其所有权关系的内容派生出来的。由于房地产权关系中权利和义务的内容在性质上不同，从而决定了其权利和义务的实现也是各不相同的。例如作为房地产权关系主体中的一方，房地产的所有权人可以依据法律规定，以合同形式，将自己拥有的房地产使用权转让给他人，因而其负有在一定期限内向对方提供土地或房屋使用权的义务，同时也享有监督和检查对方的合理使用行为，并在使用或租赁期满时将使用权收回的权利。作为房地产权关系中主体的另一方，房地产的使用者，依法或在合同规定的范围、期限内，对一定数量的土地或房屋享有使用权；同时，它在合同规定的范围内，负有支付地租或房屋租金并保护且按规定用途合理使用的义务。

3. 房地产权关系的产生、变更和消灭

（1）房地产权关系的产生。房地产权关系的产生是指由于一定的法律事实的出现，使特定的产权关系主体之间形成一定的权利义务关系。例如土地使用权出让、转让合同、房屋租赁合同的签订，行政划拨用地申请的批准等，都可以使特定主体之间形成相应的权利、义务关系。房地产权关系的产生一般是由法律事实引起的，即必须是法律规定的，或是依法行使的事实，如权属登记、颁发产权证书和合同公证等行为，使产权关系主体之间形成权利义务关系。

（2）房地产权关系的变更。房地产权关系的变更是指由于某种法律事实的出现，使产权关系的构成要素发生变化，包括主体变更、内容变更和客体变更等。房地产权关系主体的变更，主要指权利主体和义务主体的变化，如国家征收土地可以使集体土地所有权主体由农村集体经济组织变为国家；房屋买卖可以使房屋所有权人发生变化，由权利主体甲——卖方，变为权利主体乙——买方；土地使用权转让也可以使权利主体和义务主体发生变化等。房地产权关系内容变更，一般指主体享有的权利和义务的性质或范围发生变化。如国家制度、法规政策的变化，以及合同的修改等都可以使产权主体双方的权利义务范围发生变化。房地产权关系客体的变更，一般可以是客体的数量、质量的变化，也可以是性质范围的变化。如乱占滥用土地，引起土地的沙化、盐渍化，导致土地的质量由好变劣。

（3）房地产权关系的消灭。房地产权关系的消灭指其产权关系主体间的权利和义务关系的终止。由于一定客观现象的出现，可以造成产权主体间的权利和义务关系终止。如合同期满，该合同主体双方的权利和义务关系随即终止；国家建设征收农民宅基地，可以导致使用宅基地的农民与集体经济组织之间的宅基地使用法律关系自行消灭；城市旧城改建，也可以使这一地区租赁房屋的租赁关系终止；国家有关法律和政策的规定，也可以导致房地产权关系的终止。如《土地管理法》第19条定：凡用地单位已经撤销和迁移的，未经批准机关同意，连续两年未使用的，不按批准用途使用的，都可以由土地管理部门报县级以上人民政府批准，收回用地单位的土地使用权，注销土地使用证。随即终止了该产权关系主体之间的一切权利义务关系。

房地产权关系的发生、变更和消灭，一般是由法律事实引起的，没有事实关系，也谈不上法律关系。法律事实有的是基于人的意志活动，有的是属于自然发生的现象。它包括行政行为、当事人行为、司法行为和事件，即自然现象和社会现象。房地产权关系的产生、变更和消灭都不是孤立的现象，它们相互之间都存在着因果关系。如某一种房地产权关系的产生就可能导致另一种房地产权关系的变更和消灭；某一种房地产权关系的变更和消灭，也会伴随着另一种产权关系的产生。

4. 房地产权关系的保护

我国《宪法》和《民法通则》都明确规定：公民的合法财产受法律保护，禁止任何组织和个人侵占、哄抢、破坏或者非法查封、扣押、冻结、没收。房地产权关系一经形成，就具有法律效力，受国家法律的保护。一般认为，法律关系保护是指国家用强制力量保证依法建立的权利义务关系能够得以实现的措施。房地产权关系保护还不同于其他法律关系保护，它不像其他法律关系保护那样，只有在法律规范的实施遇到障碍时才产生法律关系保护，而是产权关系一旦形成，就通过法律的、行政的和技术的各项措施来防止或避免侵权行为的发生，所以，房地产权关系的法律保护是自始至终的，从产权关系形成之日起，国家就通过产权调查、登记发证，以法律文书的形式来确认产权关系，维护产权人的合法权益。房地产权关系发生变更或消灭时，当事人必须到主管机构办理产权变更或消灭的变更登记手续，换领或注销其产权证，以保护产权变更的合法性。为此房地产权保护的主要措施有：

（1）对侵权行为的排除。一切妨碍产权人对土地和房屋的合理占有、使用、收益和处分的行为，或者侵犯产权人实现依法建立的权利和义务关系的行为，都是侵权行为。当产权人或产权的权利义务关系主体受到侵权时，可以通过政府主管部门或司法机关请求保护。其主要措施有：确权，恢复原状、归还房屋或土地，排除妨碍和赔偿损失等。当事人对行政处罚决定不服的，可以在接到处罚决定通知之日起 15 日内向人民法院起诉。法院通过对当事人依法提起诉讼的侵权案件和检察院依法提起的公诉案件进行审判，保护房地产权关系主体权利的行使和义务的履行。

（2）确界。确界是指对界址的确认，包括对界址拐点、界址线和埋设界桩的确认。确界是权属登记的前提条件，是防止侵权行为的重要措施。确界首先要以有关法律和政策为依据；其次要有相关双方的认可；第三要进行测量，并保证其具有精确性和复原的条件；第四要保持界址点、界址线的鲜明和稳定。

（3）权属登记、核发证书。权属登记的目的是确定房地产权的合法性，产权证书是产权合法性的凭据。因此，权属登记是产权保护措施的最核心内容。除此，房地产权主体双方签订的合同或协议书，双方现场指界书等都可以作为确定产权关系的凭据。

总之，房地产权关系是一种比较复杂的法律关系，具有综合性和多样性的特点，对其保护的措施和方法必须是多种多样的。不仅有行政的、法律的，而且还要有经济的和技术的措施。这些措施是相互配合和综合运用的。

2.3.3 房地产权类型及他项权利

房地产权类型是指按房地产权属的一定属性划分的房地产权类别。划分房地产权类别有利于理顺房地产权关系，有利于房地产权管理，是房地产使用制度改革的基础性工作和前提条件。

1. 房地产权类型体系

按一定分类标准和统一规定的原则，把房地产权的各种类型，有规律分层次地排列组合在一起，称为房地产权类型体系。在房地产权类型体系中，首先按照我国房地产权属的性质分为房屋产权和土地产权；再其次按所有权和使用权的性质分为国家所有、集体所有或个人所有，以及同所有权性质相对应的使用权形式。其类型体系如下图 2-4 所示。

2. 房地产他项权利

房地产他项权利的实质是对其所有权人和使用权人行使所有权和使用权的一种限制。他项权利划分为用益物权和担保物权。用益物权是指以物的使用收益为标的的他物权，主要包括地上权、地役权、典权、经营权和用益权等形态；担保物权是指以确保债务清偿为目的而于债务人的特定物或权利上设定的定限物权，主要包括抵押权、质权、留置权等形态。他项权利的设定和行使不能超越国家法律法规所允许的范围。本书主要介绍以下他项权利：

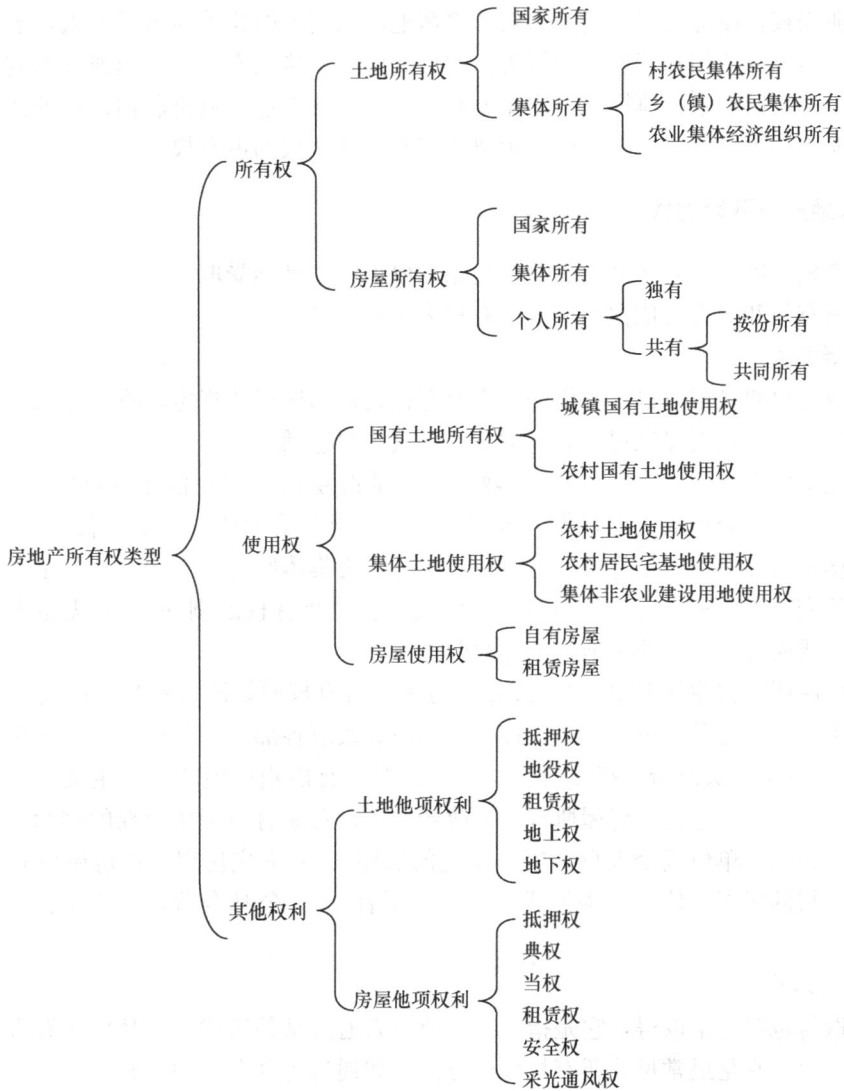

图 2-4　房地产权类型示意图

（1）抵押权。房屋所有权及以出让方式取得的土地使用权可以设定抵押权。抵押开始，抵押权人即取得房屋或土地的抵押权，抵押人（产权人）和抵押权人（债权人）要订立抵押契约，规定还款期限及利息，到期还清债务的，抵押权即消失。抵押人破产的，抵押权人享有以抵押物作价或从拍卖房地产价中优先得到清偿的权利。

（2）地役权。《中华人民共和国民法通则》对相邻或相隔的土地或房屋（不动产）的通行、取水和排水等权利，用相邻关系的形式作了规定。这里把这种在他人使用的土地或所有的房屋上取得通行、取水和排水的权利称为地役权。一般认为，相邻关系是通过法律规定的，不必经相邻各方约定而对房地产权进行限制；同时，为了取得通过他人土地或院落、走道出入的权利，要向他人交纳一定的费用。

（3）租赁权。我国的房屋及经出让的国有土地使用权可以出租，承租人对所承租的房屋或土地享有租赁权，这是我国的一种较为特殊的房地产他项权利。

（4）典当权，简称典权。它是产权人将房地产以商定的典价典给承典人，承典人在典期内享有房地产的使用和管理权的行为。在典期内，承典人不收取付出典价的利息，而出典人也不收取房屋租金。典期满，房屋所有人，即出典人退回典价收回房产的产权。超过典期，出典人如不赎回或无力赎回，承典人享有房地产权的占有权。

2.3.4 房地产权取得方式

房地产权取得主要有两种方式：一是原始取得；二是继受取得。它们是以是否按原所有权人的所有权和意志为依据而取得所有权来区分的。

1. 原始取得

原始取得也叫最初取得，它指房地产所有权是根据法律的规定，不以原所有人的所有权和意志为根据，而直接取得所有权的方式。其主要包括：

（1）土地所有权原始取得：1）没收。在土地改革过程中，依法没收官僚资产阶级、地主阶级和反革命分子的土地，作为国有土地或者分配给无地和少地的农民所有。2）我国农业合作化过程中，农民将自己的土地入社后转为集体所有的土地。社会主义改造是土地所有制的变革，而不是对原所有人——农民，土地所有权的剥夺。3）无主土地。没有土地所有人或所有人不明的土地，依法收归国有。

（2）房屋所有权原始取得：1）没收。与土地所有权原始取得一样，政府依法没收了官僚资本和反革命分子的房产，以及接收原国民党政府各部门及其所属机构的房产作为公有房产。2）社会主义改造。指20世纪50年代对私有出租房屋的社会主义改造。这部分房屋是按国家政策规定进行房屋所有制的改革，不是对原有房屋所有权的继承。3）新建。国家投资建设的、单位或个人自筹资金新建的房屋。4）无主房屋。指房屋所有人不明或者没有所有权的房屋，依法归国家或集体组织所有。5）公私合营，单位撤、并、转和调整的房产。

2. 继受取得

继受取得也叫传来取得，它是指房地产所有人通过某种法律行为从原所有人处取得的房地产所有权。它是最常见的所有权取得方式，如通过各种合同关系和继承关系取得的房地产所有权。房地产所有权的继受取得的时间可依据协议或为合同签订生效之日。房地产所有权继受取得的方式主要有：

（1）土地所有权继受取得。我国法律规定，土地不能买卖、赠与、遗赠。土地所有权的继受取得方式主要是征收土地，即把集体所有土地通过国家征收转为国家所有，以及因土地被征收作建设用地而撤销了村民小组、农民迁移他地或转业，剩余土地归国家所有；通过统征、预征，一定范围内的全部集体所有土地转为国家所有等。

（2）房屋所有权继受取得。房屋所有权的继受取得是以房屋的买卖、继承等方式为主。所以，常见房屋的继受取得的法律事实多为民事法律行为，即根据法律或合同规定，从房屋的原所有权人处取得房屋所有权。房屋所有权继受取得需要有完备的法定程序和手续。

常见的房屋所有权继受取得的方式有：买卖房屋、产权交换、遗赠、赠与和继承等。

2.3.5 房地产权属登记管理

房地产权属登记，是指房地产行政管理部门代表政府对房地产所有权和使用权以及由上述权利产生的房地产他项权利进行登记，从而依法确认房地产权归属关系的行为。《城市房地产管理法》第 60 条规定："国家实行土地使用权和房屋所有权登记发证制度"，从此可以看出，中国的房地产权属登记包括两种类型，即土地使用权登记和房屋所有权登记。

1. 房地产权属登记管理的任务

（1）房地产权属登记、发证

房地产权属登记发证工作是权属登记管理的主要、经常性的工作。登记发证工作包括国有土地范围内的房屋登记发证、集体土地范围内的房屋登记发证和土地登记发证。

（2）房地产测绘

房地产测绘是一项技术性工作，是根据房地产权属登记管理的需要，应用测绘技术，绘制出以产权为核心、产权的单元界址为基础，以房屋及房屋所占用的平面位置、房屋状况、面积为重点的房地产图。房地产图经过房地产行政管理部门审核后，纳入房地产权属档案统一管理。房地产测绘必须严格执行有关的测量技术规范。申请产权初始登记的房屋、自然状况发生变化的房屋和房屋权利人或者其他利害关系人要求测绘的房屋，房屋权利申请人、房屋权利人或者其他利害关系人应当委托房地产测绘单位进行房地产测绘，使房地产图和房地产自然状况保持一致。

（3）房地产权属档案管理

房地产权属档案管理，首先要做好现有产权档案资料的管理，要针对资料的收集、整理、鉴定、立卷、归档、制定目录索引和保管等各个环节建立一整套制度，以便档案的科学管理和方便查阅利用；其次是在初始档案的基础上，根据产权管理提供的产权转移、变更情况，对产权档案进行不断修正和补充，以保持产权档案资料的完整、准确，使图、档、卡、册与实际情况保持一致。

除了以上三种任务外，房地产权属登记管理工作还要为征地、房屋拆迁、落实私房政策的房产审查和处理权属纠纷提供依据。

2. 房地产权属登记管理的原则

（1）房屋所有权与该房屋所占用的土地使用权实行权利主体一致的原则

根据《房屋登记办法》"办理房屋登记，应当遵循房屋所有权和房屋占用范围内的土地使用权权利主体一致的原则"，房屋所有权人和该房屋占用的土地使用权人，必须同属一人（包括法人和自然人）。

（2）房地产权属登记的属地管理原则

房地产是坐落在一定自然地域上不可移动的资产，因此，房地产权属登记管理必须坚持属地管理原则，即只能由市、县房地产管理部门负责所辖区范围内的房地产权属登记管理工作；房地产权利人也只能到房屋所在地的市、县房地产管理部门办理权属登记。

3. 我国房地产权属登记制度的特点

我国现行的房地产权属登记制度主要有以下特点：

（1）房地产权属登记由不同登记机关分别登记向一个部门统一登记过渡

房屋所有权与所占用土地的使用权是不可分割的，但由于我国对房地产事项由房屋与土地分部门管理，所以房地产权属登记一般是土地使用权和房屋所有权登记分别在土地管理机关和房地产管理机关进行。但近年来，我国大部分县级以上地方人民政府由一个部门统一负责房屋和土地登记工作，并可以制作、颁发统一的房地产权证书。

（2）房地产权属登记为房地产权利动态登记

当事人对房地产权利的取得、变更、丧失均须依法登记，不经登记，不发生法律效力，不能对抗第三人。房地产权属登记，不仅登记房地产静态权利，而且也登记权利动态过程，使第三人可以根据登记情况，推知该房地产权利状态。

（3）房地产权属登记采取实质性审查

房屋登记机构应当查验申请登记材料，并根据不同登记申请就申请登记事项是否是申请人的真实意思表示、申请登记房屋是否为共有房屋、房屋登记簿记载的权利人是否同意更正，以及申请登记材料中需进一步明确的其他有关事项询问申请人。询问结果应当经申请人签字确认，并归档保留。房屋登记机构认为申请登记房屋的有关情况需要进一步证明的，可以要求申请人补充材料。在办理房屋所有权初始登记、在建工程抵押权登记、因房屋灭失导致的房屋所有权注销登记和法律、法规规定的应当实地查看的其他房屋登记时，房屋登记机构应当实地查看。房屋登记机构实地查看时，申请人应当予以配合。

（4）房地产权属登记具有公信力

依法登记的房地产权利受国家法律保护，权属证书是权利人依法拥有房地产权利的唯一合法凭证。房地产权利一经登记机关在登记簿上注册登记，该权利对抗善意第三人在法律上有绝对效力。

（5）房地产权属登记实行强制登记制度

房地产权利初始登记后，涉及权利转移、设定、变更等，权利人必须按照规定申请登记，若不登记，房地产权利便得不到法律的有效保护，且要承担相应的责任。

（6）颁发权利证书

房地产权属登记机关对产权申请人申请登记的权利，按程序登记完毕后，还要给权利人颁发权属证书。权属证书为权利人权利之凭证，由权利人持有和保管。

4. 房地产权属登记的种类

房地产权属登记包括房屋登记和土地登记。根据《房屋登记办法》，房屋登记包括国有土地范围内的房屋登记和集体土地范围内的房屋登记；根据《土地登记办法》，土地登记包括国有土地使用权（包括国有建设用地使用权和国有农用地使用权）登记和集体土地使用权（包括集体建设用地使用权、宅基地使用权和集体农用地使用权）登记。

（1）国有土地范围内房屋登记

国有土地范围内房屋登记包括房屋所有权登记、抵押权登记、地役权登记、预告登记和其他登记。

1）房屋所有权登记

房屋所有权登记包括房屋所有权初始登记、转移登记、变更登记、注销登记四种类型。

① 房屋所有权初始登记

因合法建造房屋申请房屋所有权初始登记的，应当提交登记申请书、申请人身份证明、建设用地使用权证明、建设工程符合规划的证明、房屋已竣工的证明、房屋测绘报告和其他必要材料。

房地产开发企业申请房屋所有权初始登记时，应当对建筑区划内依法属于全体业主共有的公共场所、公用设施和物业服务用房等房屋一并申请登记，由房屋登记机构在房屋登记簿上予以记载，不颁发房屋权属证书。

② 房屋所有权转移登记

当房屋发生买卖、互换、赠与、继承、受遗赠、房屋分割或合并导致所有权发生转移、以房屋出资入股、法人或者其他组织分立或合并导致房屋所有权发生转移或法律、法规规定的其他情形之一时，当事人应当在有关法律文件生效或者事实发生后申请房屋所有权转移登记。

申请房屋所有权转移登记，应当提交登记申请书、申请人身份证明、房屋所有权证书或者房地产权证书、证明房屋所有权发生转移的材料和其他必要材料。

③ 房屋所有权变更登记

当房屋发生房屋所有权人的姓名或者名称变更、房屋坐落的街道、门牌号或者房屋名称变更、房屋面积增加或者减少、同一所有权人分割或合并房屋的和法律或法规规定的其他情形之一的，权利人应当在有关法律文件生效或者事实发生后申请房屋所有权变更登记。

申请房屋所有权变更登记，应当提交登记申请书、申请人身份证明、房屋所有权证书或者房地产权证书、证明发生变更事实的材料和其他必要材料。

④ 房屋所有权注销登记

经依法登记的房屋发生房屋灭失、权利人放弃所有权或法律、法规规定的其他情之一的，房屋登记簿记载的所有权人应当自事实发生后申请房屋所有权注销登记。

申请房屋所有权注销登记的，应当提交登记申请书、申请人身份证明、房屋所有权证书或者房地产权证书、证明房屋所有权消灭的材料和其他必要材料。

2）抵押权登记

以房屋设定抵押的，当事人应当申请抵押权登记。申请抵押权登记，应当提交登记申请书、申请人的身份证明、房屋所有权证书或者房地产权证书、抵押合同、主债权合同和其他必要材料。对符合规定条件的抵押权设立登记，房屋登记机构将抵押当事人和债务人的姓名或者名称、被担保债权的数额和登记时间等事项记载于房屋登记簿上。

当抵押当事人和债务人的姓名或者名称、被担保债权的数额或登记时间发生变化或者发生法律、法规规定变更抵押权的其他情形之一的，当事人应当申请抵押权变更登记。申请抵押权变更登记，应当提交登记申请书、申请人的身份证明、房屋他项权证书、抵押人与抵押权人变更抵押权的书面协议和其他必要材料。

经依法登记的房屋抵押权因主债权转让而转让，应申请抵押权转移登记。主债权的转让人和受让人应当提交登记申请书、申请人的身份证明、房屋他项权证书、房屋抵押权发生转移的证明材料和其他必要材料。

经依法登记的房屋抵押权发生主债权消灭、抵押权已经实现、抵押权人放弃抵押权、法律、法规规定抵押权消灭的其他情形之一的，权利人应当申请抵押权注销登记。申请抵押权注销登记，应当提交登记申请书、申请人的身份证明、房屋他项权证书、证明房屋抵押权消灭的材料和其他必要材料。

以在建工程设定抵押的，当事人应当申请在建工程抵押权设立登记。申请在建工程抵押权设立登记，应当提交登记申请书、申请人的身份证明、抵押合同、主债权合同、建设用地使用权证书或者记载土地使用权状况的房地产权证书、建设工程规划许可证和其他必要材料。已经登记的在建工程抵押权变更、转让或者消灭的，当事人应当提交登记申请书、申请人的身份证明、登记证明、证明在建工程抵押权发生变更、转移或者消灭的材料和其他必要材料，申请变更登记、转移登记、注销登记。在建工程竣工并经房屋所有权初始登记后，当事人应当申请将在建工程抵押权登记转为房屋抵押权登记。

3）地役权登记

在房屋上设立地役权的，当事人可以申请地役权设立登记。申请地役权设立登记，应当提交登记申请书、申请人的身份证明、地役权合同、房屋所有权证书或者房地产权证书和其他必要材料。对符合规定条件的地役权设立登记，房屋登记机构应当将有关事项记载于需役地和供役地的房屋登记簿，并可将地役权合同附于供役地和需役地房屋登记簿。

已经登记的地役权变更、转让或者消灭的，当事人应当提交登记申请书、申请人的身份证明、登记证明、证明地役权发生变更、转移或者消灭的材料和其他必要材料，申请变更登记、转移登记、注销登记。

4）预告登记

当事人存在预购商品房、以预购商品房设定抵押、房屋所有权转让、抵押或法律、法规规定的其他情形之一的，当事人可以申请预告登记。预告登记后，未经预告登记的权利人书面同意处分该房屋申请登记的，房屋登记机构应当不予办理。预告登记后，债权消灭或者自能够进行相应的房屋登记之日起三个月内，当事人申请房屋登记的，房屋登记机构应当按照预告登记事项办理相应的登记。预售人和预购人订立商品房买卖合同后，预售人未按照约定与预购人申请预告登记，预购人可以单方申请预告登记。

5）其他登记

权利人、利害关系人认为房屋登记簿记载的事项有错误的，可以提交登记申请书、申请人的身份证明和证明房屋登记簿记载错误的材料，申请更正登记。利害关系人申请更正登记的，还应当提供权利人同意更正的证明材料。

房屋登记机构发现房屋登记簿的记载错误，不涉及房屋权利归属和内容的，应当书面通知有关权利人在规定期限内办理更正登记；当事人无正当理由逾期不办理更正登记的，房屋登记机构可以依据申请登记材料或者有效的法律文件对房屋登记簿的记载予以更正，并书面通知当事人。

对于涉及房屋权利归属和内容的房屋登记簿的记载错误，房屋登记机构应当书面通知有关权利人在规定期限内办理更正登记；办理更正登记期间，权利人因处分其房屋权利申请登记的，房屋登记机构应当暂缓办理。

利害关系人认为房屋登记簿记载的事项错误，而权利人不同意更正的，利害关系人可以持登记申请书、申请人的身份证明、房屋登记簿记载错误的证明文件等材料申请异议登记。

（2）集体土地范围内的房屋登记

依法利用宅基地建造的村民住房和依法利用其他集体所有建设用地建造的房屋，可以依照《房屋登记办法》的规定申请房屋登记，法律、法规对集体土地范围内房屋登记另有规定的，从其规定。

房屋登记机构对集体土地范围内的房屋予以登记的，应当在房屋登记簿和房屋权属证书上注明"集体土地"字样。

办理集体土地范围内房屋的地役权登记、预告登记、更正登记、异议登记等房屋登记，可以参照适用国有土地范围内房屋登记的有关规定。

（3）土地登记

土地登记是指将国有土地使用权、集体土地所有权、集体土地使用权和土地抵押权、地役权以及依照法律法规规定需要登记的其他土地权利记载于土地登记簿并公示的行为。

国有土地使用权，包括国有建设用地使用权和国有农用地使用权；集体土地使用权，包括集体建设用地使用权、宅基地使用权和集体农用地使用权（不含土地承包经营权）。

1）土地总登记

土地总登记，是指在一定时间内对辖区内全部土地或者特定区域内土地进行的全面登记。

土地总登记应当发布通告。通告的主要内容包括土地登记区的划分、土地登记的期限、土地登记收件地点、土地登记申请人应当提交的相关文件材料和需要通告的其他事项。

对符合总登记要求的宗地，由国土资源行政主管部门予以公告。公告的主要内容包括土地权利人的姓名或者名称、地址、准予登记的土地坐落、面积、用途、权属性质、使用权类型和使用期限、土地权利人及其他利害关系人提出异议的期限、方式和受理机构、需要公告的其他事项。

公告期满，当事人对土地总登记审核结果无异议或者异议不成立的，由国土资源行政主管部门报经人民政府批准后办理登记。

2）初始登记

初始登记，是指土地总登记之外对设立的土地权利进行的登记。具体包括如下情形：

① 依法以划拨方式取得国有建设用地使用权的，当事人应当持县级以上人民政府的批准用地文件和国有土地划拨决定书等相关证明材料，申请划拨国有建设用地使用权初始登记；

② 依法以出让方式取得国有建设用地使用权的，当事人应当在付清全部国有土地出让价款后，持国有建设用地使用权出让合同和土地出让价款缴纳凭证等相关证明材料，申请出让国有建设用地使用权初始登记；

③ 划拨国有建设用地使用权已依法转为出让国有建设用地使用权的，当事人应当持原国有土地使用证、出让合同及土地出让价款缴纳凭证等相关证明材料，申请出让国有建设用地使用权初始登记；

④ 依法以国有土地租赁方式取得国有建设用地使用权的，当事人应当持租赁合同和土地租金缴纳凭证等相关证明材料，申请租赁国有建设用地使用权初始登记；

⑤ 依法以国有土地使用权作价出资或者入股方式取得国有建设用地使用权的，当事人应当持原国有土地使用证、土地使用权出资或者入股批准文件和其他相关证明材料，申请作价出资或者入股国有建设用地使用权初始登记；

⑥ 以国家授权经营方式取得国有建设用地使用权的，当事人应当持原国有土地使用证、土地资产处置批准文件和其他相关证明材料，申请授权经营国有建设用地使用权初始登记；

⑦ 农民集体土地所有权人应当持集体土地所有权证明材料，申请集体土地所有权初始登记；

⑧ 依法使用集体土地进行建设的，当事人应当持有批准权的人民政府的批准用地文件，申请集体建设用地使用权初始登记；

⑨ 集体土地所有权人依法以集体建设用地使用权入股、联营等形式兴办企业的，当事人应当持有批准权的人民政府的批准文件和相关合同，申请集体建设用地使用权初始登记；

⑩ 依法使用集体土地进行农业生产的，当事人应当持农用地使用合同，申请集体农用地使用权初始登记；

依法抵押土地使用权的，抵押权人和抵押人应当持土地权利证书、主债权债务合同、抵押合同以及相关证明材料，申请土地使用权抵押登记；

在土地上设定地役权后，当事人申请地役权登记的，供役地权利人和需役地权利人应当向国土资源行政主管部门提交土地权利证书和地役权合同等相关证明材料；

3）变更登记

变更登记，是指因土地权利人发生改变，或者因土地权利人姓名或者名称、地址和土地用途等内容发生变更而进行的登记。具体包括如下情形：

① 依法以出让、国有土地租赁、作价出资或者入股方式取得的国有建设用地使用权转让的，当事人应当持原国有土地使用证和土地权利发生转移的相关证明材料，申请国有建设用地使用权变更登记；

② 因依法买卖、交换、赠与地上建筑物、构筑物及其附属设施涉及建设用地使用权转移的，当事人应当持原土地权利证书、变更后的房屋所有权证书及土地使用权发生转移的相关证明材料，申请建设用地使用权变更登记。涉及划拨土地使用权转移的，当事人还应当提供有批准权人民政府的批准文件；

③ 因法人或者其他组织合并、分立、兼并、破产等原因致使土地使用权发生转移的，当事人应当持相关协议及有关部门的批准文件、原土地权利证书等相关证明材料，申请土地使用权变更登记；

④ 因处分抵押财产而取得土地使用权的，当事人应当在抵押财产处分后，持相关证明文件，申请土地使用权变更登记；

⑤ 土地使用权抵押期间，土地使用权依法发生转让的，当事人应当持抵押权人同意转让的书面证明、转让合同及其他相关证明材料，申请土地使用权变更登记；

⑥ 已经抵押的土地使用权转让后，当事人应当持土地权利证书和他项权利证明书，办理土地抵押权变更登记；

⑦ 经依法登记的土地抵押权因主债权被转让而转让的，主债权的转让人和受让人可以持原土地他项权利证明书、转让协议、已经通知债务人的证明等相关证明材料，申请土地抵押权变更登记；

⑧ 因人民法院、仲裁机构生效的法律文书或者因继承、受遗赠取得土地使用权，当

事人申请登记的，应当持生效的法律文书或者死亡证明、遗嘱等相关证明材料，申请土地使用权变更登记；

⑨ 权利人在办理登记之前先行转让该土地使用权或者设定土地抵押权的，应当依照本办法先将土地权利申请登记到其名下后，再申请办理土地权利变更登记；

⑩ 已经设定地役权的土地使用权转移后，当事人申请登记的，供役地权利人和需役地权利人应当持变更后的地役权合同及土地权利证书等相关证明材料，申请办理地役权变更登记；

土地权利人姓名或名称、地址发生变化的，当事人应当持原土地权利证书等相关证明材料，申请姓名或者名称、地址变更登记；

土地的用途发生变更的，当事人应当持有关批准文件和原土地权利证书，申请土地用途变更登记。

4）注销登记

注销登记，是指因土地权利的消灭等而进行的登记。具体包括如下情形：

① 依法收回的国有土地、依法征收的农民集体土地和因人民法院、仲裁机构的生效法律文书致使原土地权利消灭，当事人未办理注销登记的土地，可直接办理注销登记；

② 因自然灾害等原因造成土地权利消灭的，原土地权利人应当持原土地权利证书及相关证明材料，申请注销登记；

③ 非住宅国有建设用地使用权期限届满，国有建设用地使用权人未申请续期或者申请续期未获批准的，当事人应当在期限届满前十五日内，持原土地权利证书，申请注销登记；

④ 已经登记的土地抵押权、地役权终止的，当事人应当在该土地抵押权、地役权终止之日起十五日内，持相关证明文件，申请土地抵押权、地役权注销登记。

5）其他登记

其他登记，包括更正登记、异议登记、预告登记和查封登记。

① 更正登记：国土资源行政主管部门发现土地登记簿记载的事项确有错误的，应当报经人民政府批准后进行更正登记，并书面通知当事人在规定期限内办理更换或者注销原土地权利证书的手续。当事人逾期不办理的，国土资源行政主管部门报经人民政府批准并公告后，原土地权利证书废止；土地权利人认为土地登记簿记载的事项错误的，可以持原土地权利证书和证明登记错误的相关材料，申请更正登记。利害关系人认为土地登记簿记载的事项错误的，可以持土地权利人书面同意更正的证明文件，申请更正登记。

② 异议登记：土地登记簿记载的权利人不同意更正的，利害关系人可以申请异议登记。

③ 预告登记：当事人签订土地权利转让的协议后，可以按照约定持转让协议申请预告登记。

④ 查封登记：国土资源行政主管部门应当根据人民法院提供的查封裁定书和协助执行通知书，报经人民政府批准后将查封或者预查封的情况在土地登记簿上加以记载。

5. 房地产权属登记的程序

房地产权属登记包括房屋登记和土地登记，两者的登记程序有很多不同之处，下面进行分别说明。

（1）房屋登记程序

1）申请

① 申请房屋登记，申请人应当向房屋所在地的房屋登记机构提出申请，并提交申请登记材料。

② 申请登记材料应当提供原件。不能提供原件的，应当提交经有关机关确认与原件一致的复印件。

③ 申请人应当对申请登记材料的真实性、合法性、有效性负责，不得隐瞒真实情况或者提供虚假材料申请房屋登记。

④ 申请房屋登记，应当由有关当事人双方共同申请，但《房屋登记办法》另有规定的除外。

⑤ 共有房屋，应当由共有人共同申请登记。未成年人的房屋，应当由其监护人代为申请登记。

⑥ 申请房屋登记的，申请人应当使用中文名称或者姓名。申请房屋登记的，申请人应当按照国家有关规定缴纳登记费。

2）受理

申请人提交的申请登记材料齐全且符合法定形式的，应当予以受理，并出具书面凭证。申请人提交的申请登记材料不齐全或者不符合法定形式的，应当不予受理，并告知申请人需要补正的内容。

3）审核

① 房屋登记机构应当查验申请登记材料，并根据不同登记申请就申请登记事项是否是申请人的真实意思表示、申请登记房屋是否为共有房屋、房屋登记簿记载的权利人是否同意更正，以及申请登记材料中需进一步明确的其他有关事项询问申请人。询问结果应当经申请人签字确认，并归档保留。

② 房屋登记机构认为申请登记房屋的有关情况需要进一步证明的，可以要求申请人补充材料。

③ 办理房屋所有权初始登记、在建工程抵押权登记、因房屋灭失导致的房屋所有权注销登记和法律、法规规定的应当实地查看的其他房屋登记，房屋登记机构应当实地查看。房屋登记机构实地查看时，申请人应当予以配合。

4）记载于登记簿

登记申请符合下列条件的，房屋登记机构应当予以登记，将申请登记事项记载于房屋登记簿：

① 申请人与依法提交的材料记载的主体一致；

② 申请初始登记的房屋与申请人提交的规划证明材料记载一致，申请其他登记的房屋与房屋登记簿记载一致；

③ 申请登记的内容与有关材料证明的事实一致；

④ 申请登记的事项与房屋登记簿记载的房屋权利不冲突；

⑤ 不存在本办法规定的不予登记的情形。

登记申请不符合前款所列条件的，房屋登记机构应当不予登记，并书面告知申请人不予登记的原因。

自受理登记申请之日起，房屋登记机构应当于下列时限内，将申请登记事项记载于房屋登记簿或者作出不予登记的决定：

① 国有土地范围内房屋所有权登记，30 个工作日，集体土地范围内房屋所有权登记，

60 个工作日;

② 抵押权、地役权登记,10 个工作日;

③ 预告登记、更正登记,10 个工作日;

④ 异议登记,1 个工作日。

公告时间不计入前款规定时限。因特殊原因需要延长登记时限的,经房屋登记机构负责人批准可以延长,但最长不得超过原时限的一倍。法律、法规对登记时限另有规定的,从其规定。

房屋登记簿应当记载房屋自然状况、权利状况以及其他依法应当登记的事项。

5)发证

① 房屋登记机构应当根据房屋登记簿的记载,缮写并向权利人发放房屋权属证书。

② 房屋权属证书是权利人享有房屋权利的证明,包括《房屋所有权证》、《房屋他项权证》等。

③ 申请登记房屋为共有房屋的,房屋登记机构应当在房屋所有权证上注明"共有"字样。

④ 预告登记、在建工程抵押权登记以及法律、法规规定的其他事项在房屋登记簿上予以记载后,由房屋登记机构发放登记证明。

⑤ 房屋权属证书、登记证明与房屋登记簿记载不一致的,除有证据证明房屋登记簿确有错误外,以房屋登记簿为准。

⑥ 房屋权属证书、登记证明破损的,权利人可以向房屋登记机构申请换发。房屋登记机构换发前,应当收回原房屋权属证书、登记证明,并将有关事项记载于房屋登记簿。

⑦ 房屋权属证书、登记证明遗失、灭失的,权利人在当地公开发行的报刊上刊登遗失声明后,可以申请补发。房屋登记机构予以补发的,应当将有关事项在房屋登记簿上予以记载。补发的房屋权属证书、登记证明上应当注明"补发"字样。

⑧ 在补发集体土地范围内村民住房的房屋权属证书、登记证明前,房屋登记机构应当就补发事项在房屋所在地农村集体经济组织内公告。

房屋登记机构认为必要时,可以就登记事项进行公告。

(2)土地登记程序

1)申请

① 土地登记应当依照申请进行,但法律、法规和《土地登记办法》另有规定的除外;

② 土地登记应当由当事人共同申请,但《土地登记办法》有特殊规定的,从其规定;

③ 两个以上土地使用权人共同使用一宗土地的,可以分别申请土地登记;

④ 申请人申请土地登记,应当根据不同的登记事项提交相应材料;

⑤ 未成年人的土地权利,应当由其监护人代为申请登记;

⑥ 申请办理未成年人土地登记的,除提交《土地登记办法》第九条规定的材料外,还应当提交监护人身份证明材料;

⑦ 委托代理人申请土地登记的,还应当提交授权委托书和代理人身份证明。

2)受理

对当事人提出的土地登记申请,国土资源行政主管部门应当根据下列情况分别作出处理:

① 申请登记的土地不在本登记辖区的,应当当场作出不予受理的决定,并告知申请

人向有管辖权的国土资源行政主管部门申请；

② 申请材料存在可以当场更正的错误的，应当允许申请人当场更正；

③ 申请材料不齐全或者不符合法定形式的，应当当场或者在五日内一次告知申请人需要补正的全部内容；

④ 申请材料齐全、符合法定形式，或者申请人按照要求提交全部补正申请材料的，应当受理土地登记申请。

3）审核

① 国土资源行政主管部门受理土地登记申请后，认为必要的，可以就有关登记事项向申请人询问，也可以对申请登记的土地进行实地查看；

② 国土资源行政主管部门应当对受理的土地登记申请进行审查，并按照规定办理登记手续；

③ 国土资源行政主管部门在办理土地所有权和土地使用权登记手续前，应当报经同级人民政府批准。

4）记载于登记簿

土地登记簿是土地权利归属和内容的根据，应当载明下列内容：

① 土地权利人的姓名或者名称、地址；

② 土地的权属性质、使用权类型、取得时间和使用期限、权利以及内容变化情况；

③ 土地的坐落、界址、面积、宗地号、用途和取得价格；

④ 地上附着物情况。

土地登记簿应当加盖人民政府印章。土地登记簿采用电子介质的，应当每天进行异地备份。

5）发证

土地权利证书是土地权利人享有土地权利的证明。土地权利证书记载的事项，应当与土地登记簿一致；记载不一致的，除有证据证明土地登记簿确有错误外，以土地登记簿为准。

土地权利证书由国务院国土资源行政主管部门统一监制，具体包括国有土地使用证、集体土地所有证、集体土地使用证、土地他项权利证明书。

2.3.6 房地产权属档案管理

房地产权属档案是城市房地产行政主管部门在房地产权属登记、调查、测绘、权属转移、变更等房地产权属管理工作中直接形成的有保存价值的文字、图表、声像等不同形式的历史记录，是城市房地产权属登记管理工作的真实记录和重要依据，是城市建设档案的组成部分。

1. 房地产权属档案管理部门

国务院建设行政主管部门负责全国城市房地产权属档案管理工作。省、自治区人民政府建设行政主管部门负责本行政区域内的房地产权属档案的管理工作。直辖市、市、县人民政府房地产行政主管部门负责本行政区域内的房地产权属档案的具体管理工作。房地产权属档案管理业务上受同级城建档案管理部门的监督和指导。

市（县）人民政府房地产行政主管部门应当根据房地产权属档案管理工作的需要，建立房地产权属档案管理机构，配备专职档案管理人员，健全工作制度，配备必要的安全保护设施，确保房地产权属档案的完整、准确、安全和有效利用。从事房地产权属档案管理的工作人员经过业务培训后，方可上岗。

2. 房地产权属档案管理的内容

房地产权属登记管理部门应当建立健全房地产权属文件材料的收集、整理、归档制度。

（1）收集

下列文件材料属于房地产权属档案的归档范围：

1）房地产权利人、房地产权属登记确权、房地产权属转移及变更、设定他项权利等有关的证明和文件；

2）房屋及其所占用的土地使用权权属界定位置图、房地产分幅平面图、分丘平面图、分层分户平面图等；

3）房地产产权登记工作中形成的各种文件材料，包括房产登记申请书、收件收据存根、权属变更登记表、房地产状况登记表、房地产勘测调查表、墙界表、房屋面积计算表、房地产登记审批表、房屋灭籍申请表、房地产税费收据存根等；

4）反映和记载房地产权属状况的信息资料，包括统计报表、摄影片、照片、录音带、录像带、微缩胶片、计算机软盘、光盘等；

5）其他有关房地产权属的文件资料，包括房地产权属冻结文件、房屋权属代管文件、历史形成的各种房地产权证、契证、账、册、表、卡等。

（2）整理

每件（宗）房地产权属登记工作完成后，权属登记人员应当及时将整理好的权属文件材料，经权属登记负责人审查后，送交房地产权属档案管理机构立卷归档。任何单位和个人都不得将房地产权属文件材料据为已有或者拒不归档。国家规定不得归档的材料，禁止归档。

（3）归档

1）归档的有关房地产权属的资料，应当是原件；原件已存城市建设档案馆或者经房地产管理部门批准认定的，可以是复印、复制件。复印、复制件应当由经办人与原件校对、签章，并注明校对日期及原件的存放处。

2）归档的房地产权属资料，应当做到书写材料合乎标准、字迹工整、内容规范、图形清晰、数据准确、符合档案保护的要求。

3）房地产权属档案管理机构应当按照档案管理的规定对归档的各种房地产权属档案材料进行验收，不符合要求的，不予归档。

（4）检索

1）房地产权属档案管理机构对归档的房地产权属文件材料应当及时进行登记、整理、分类编目、划分密级、编制检索工具。

2）房地产权属档案应当以丘为单元建档。丘号的编定按照国家《房产测量规范》标准执行。

3）房地产权属档案应当以房地产权利人（即权属单元）为宗立卷。卷内文件排列，应当按照房地产权属变化、产权文件形成时间及权属文件主次关系为序。

（5）更新

房地产权属档案管理机构应当掌握房地产权属变化情况，及时补充有关权属档案材料，保持房地产权属档案与房地产权属现状的一致。

（6）保管

1）房地产权属档案管理人员应当严格执行权属档案管理的有关规定，不得擅自修改房地产权属档案。确需变更和修改的，应当经房地产权属登记机关批准，按照规定程序进行。

2）房地产权属档案应当妥善保存，定期检查和鉴定。对破损或者变质的档案，应当及时修复；档案毁损或者丢失，应当采取补救措施。未经批准，任何人不得以任何借口擅自销毁房地产权属档案。

3）保管房地产权属档案应当配备符合设计规范的专用库房，并按照国家《档案库房技术管理暂行规定》实施管理。

4）房地产权属档案管理应当逐步采用新技术、新设备，实现管理现代化。

5）房地产权属档案管理机构应当与城市建设档案管理机构密切联系，加强信息沟通，逐步实现档案信息共享。

6）房地产权属档案管理机构的隶属关系及档案管理人员发生变动，应当及时办理房地产权属档案的交接手续。

7）房屋自然灭失或者依法被拆除后，房地产权属档案管理机构应当自档案整理归档完毕之日起15日内书面通知城市建设档案馆。

（7）利用

1）房地产权属档案管理机构应当充分利用现有的房地产权属档案，及时为房地产权属登记、房地产交易、房地产纠纷仲裁、物业管理、房屋拆迁、住房制度改革、城市规划、城市建设等各项工作提供服务。

2）房地产权属档案管理机构应当严格执行国家档案管理的保密规定，防止房地产权属档案的散失、泄密；定期对房地产权属档案的密级进行审查，根据有关规定，及时调整密级。

3）查阅、抄录和复制房地产权属档案材料应当履行审批手续，并登记备案。涉及军事机密和其他保密的房地产权属档案，以及向境外团体和个人提供的房地产权属档案应当按照国家安全、保密等有关规定保管和利用。

4）向社会提供利用房地产权属档案，可以按照国家有关规定，实行有偿服务。

本 章 小 结

本章围绕房地产行政管理具体工作，阐述了房地产行政管理的含义、必要性、内容、原则和手段，同时介绍了房地产行政管理体制和组织形式。针对房地产开发企业资质管理，具体涉及了房地产企业的设立、资质管理、企业变更、终止和年检、房地产企业组织管理等内容。针对房地产权管理的整体内容，在介绍房地产权概念、产权关系、产权类型、产权取得方式等内容的基础上，系统阐述了权属登记管理的任务、原则、登记制度的特点、登记的种类和程序、房地产权属档案管理等内容。通过本章内容的学习，学生能够全面认识房地产行政管理工作，把握房地产企业资质管理的各环节和组织设置，具备权属登记和权属档案管理工作的具体操作技能。

练习题

一、单项选择题

1. 房地产行政管理的手段不包括（   ）。

A. 行政手段   B. 法律手段   C. 经济手段   D. 政治手段

2. 房地产行政管理的（   ）是各级人民政府的房地产行政主管部门，它代表国家和地方政府对房地产业行使统一的行政管理职能。

A. 主体   B. 客体   C. 依据   D. 机制

3. 房地产行政管理的的（   ）是城市范围内的全部房屋和土地，所有从事房地产开发、经营、中介等经济活动的单位和个人，以及房地产产业活动的全过程。

A. 主体   B. 客体   C. 依据   D. 机制

4. 房地产行政管理的（   ）是国家宪法、法律及房地产法规和规章。

A. 主体   B. 客体   C. 依据   D. 机制

5. 房地产行政管理的（   ）是对房地产经济所进行的计划、组织、指导、协调、控制、监督等一系列组织活动。

A. 主体   B. 客体   C. 依据   D. 机制

6. 房地产业必须置于国家的秩序和宏观条件下，不能放任自流，实现这一目的，需要通过政府行政职能进行，只有加强房地产行政管理，才能使得房地产各方面经济活动井然有序。体现的是房地产行政管理的（   ）。

A. 房地产行政管理是国家行政管理和城市管理的重要组成部分

B. 房地产行政管理是发展房地产业的重要条件

C. 房地产行政管理是实现政府管理的重要方式

D. 房地产行政管理是保证房地产税收的重要环节

7. 下列不属于房地产行政管理原则的是（   ）。

A. 依法管理的原则   B. 统一管理的原则

C. "双重身份"的协调原则   D. 直接经营房地产的原则

8. 房地产行政管理体制的核心是（   ）。

A. 依法管理

B. 房地产开发公司

C. 各级房地产行政机构的权力和职责的划分

D. 房地产行政管理部门

9. （   ）是指一个国家的房地产行政机关与其他国家的房地产机关、政党组织，群众团体等之间的权力分配关系及其制度的总称。

A. 房地产行政权力体制   B. 房地产政府行政首脑体制

C. 房地产行政中央政府体制   D. 房地产行政区划体制

10. （   ），是指房地产最高行政权力的代表者与其实际执行者之间权力关系的制度，国家与地方之间的房地产最高行政权力的配置关系。

A. 房地产行政权力体制   B. 房地产政府行政首脑体制

C. 房地产行政中央政府体制   D. 房地产行政区划体制

11. ( )是指国家代表统治阶级领导和管理全国房地产行政工作的最高行政机关的职权划分、组织形式及管理方式等制度的总称。

A. 房地产行政权力体制   B. 房地产政府行政首脑体制

C. 房地产行政中央政府体制   D. 房地产行政区划体制

12. ( )是指国家为实现有效的房地产行政管理，依据一定的原则，将全国房地产行政划分为若干层次的区划单位，并建立相应的行政机关的一种制度。

A. 房地产行政权力体制   B. 房地产政府行政首脑体制

C. 房地产行政中央政府体制   D. 房地产行政区划体制

13. 根据我国《公司法》和《公司登记管理条例》的规定，设立有限责任公司的同时设立分公司的，应当自决定做出之日起( )日内向分公司所在地的公司登记机关申请登记。

  A. 15   B. 30   C. 60   D. 半年

14. 房屋所有权与该房屋所占用的土地使用权实行权利主体( )的原则。

  A. 一致   B. 不一致   C. 相分离   D. 相排斥

15. 下列不属于房地产权特征的是( )。

  A. 排他性   B. 主体固定性   C. 法定性   D. 可分离性

16. 下列不属于房地产他项权利的是( )。

  A. 抵押权   B. 地役权   C. 租赁权   D. 交易权

17. 当事人存在预购商品房、以预购商品房设定抵押、房屋所有权转让、抵押或法律、法规规定的其他情形之一的，当事人可以申请( )。

  A. 预告登记   B. 初始登记   C. 转移登记   D. 变更登记

18. 房屋登记机构对集体土地范围内的房屋予以登记的，应当在房屋登记簿和房屋权属证书上注明( )字样。

  A. 集体所有   B. 国家所有   C. 集体土地   D. 国有土地

19. ( )是指在一定时间内对辖区内全部土地或者特定区域内土地进行的全面登记。

  A. 土地总登记   B. 初始登记   C. 变更登记   D. 注销登记

20. 房屋自然灭失或者依法被拆除后，房地产权属档案管理机构应当自档案整理归档完毕之日起( )书面通知城市建设档案馆。

  A. 10 日内   B. 15 日内   C. 30 日内   D. 60 日内

二、多项选择题

1. 房地产行政管理的必要性有( )。

A. 房地产行政管理是国家行政管理和城市管理的重要组成部分

B. 房地产行政管理是发展房地产业的重要条件

C. 房地产行政管理是实现政府管理的前提条件

D. 房地产行政管理是保障国家、集体以及个人房地产合法权益的重要保证

E. 房地产行政管理是保证房地产税收的重要环节

2. 下列属于年检应提交的文件是( )。

A. 年检报告书

B. 营业执照正、副本

C. 企业年检缴费证明

D. 企业法人年度资产负债表和损益表

E. 其他应当提交的材料

3. 房地产行政管理的法律手段具有的特点是( )。

A. 权威性　　　　　B. 强制性　　　　　C. 规范性　　　　　D. 稳定性

E. 教育性

4. 房地产行政管理的经济手段具有的特点是( )。

A. 公开性　　　　　B. 直接性　　　　　C. 服务性　　　　　D. 关联性

E. 制约性

5. 房地产行政组织的构成要素有( )。

A. 行政目标　　　　B. 机构设置　　　　C. 权责划分　　　　D. 职位配置

E. 人员数量

6. 房地产行政组织的特点有( )。

A. 政治性　　　　　B. 经济性　　　　　C. 服务性　　　　　D. 整体性

E. 适应性

7. 引起企业变更的原因有( )。

A. 企业名称变更　　　　　　　　　B. 企业住所变更

C. 企业法人变更　　　　　　　　　D. 企业注销变更

E. 公司经营范围变更

8. 根据我国的国情和社会制度，房地产权关系具有的基本特征包括( )。

A. 房地产权关系的确定、变更和消灭，一般要置于国家的控制之下

B. 房地产权关系具有相对稳定性

C. 房地产权关系的确定一般都要采用书面形式

D. 房地产权关系随着经济体制的不同而不同

E. 房地产产权关系一经确定，不得变更

9. 房地产权属登记管理的任务包括( )。

A. 房地产权属登记、发证

B. 房地产测绘

C. 房地产权属档案管理

D. 为征地、拆迁房屋、落实私房政策的房产审查和处理权属纠纷提供依据

E. 真正实现"居者有其屋"

10. 房地产权属登记管理的原则包括( )。

A. 房屋所有权与该房屋所占用的土地使用权实行权利主体一致的原则

B. 房地产权属登记的及时性原则

C. 房地产权属登记的动态性原则

D. 房地产权属登记的被动管理原则

E. 房地产权属登记的属地管理原则

11. 房屋所有权登记包括房屋所有权的(　　)。

A. 初始登记　　　　　B. 转移登记　　　　　C. 他项权利登记　　　D. 变更登记

E. 注销登记

12. 自受理登记申请之日起,房屋登记机构应当在规定的时限内,将申请登记事项记载于房屋登记簿或者作出不予登记的决定,下列说法正确的是(　　)。

A. 国有土地范围内房屋所有权登记,30个工作日

B. 抵押权、地役权登记,10个工作日

C. 预告登记、更正登记,10个工作日

D. 异议登记,10个工作日

E. 集体土地范围内房屋所有权登记,60个工作日

13. 土地权利证书由国务院国土资源行政主管部门统一监制,具体包括(　　)。

A. 国有土地所有证　　　　　　　　B. 集体土地所有证

C. 国有土地使用证　　　　　　　　D. 集体土地使用证

E. 土地他项权利证明书

14. 办理房屋登记申请,下列说法正确的有(　　)。

A. 申请房屋登记,申请人应当向房屋所在地的房屋登记机构提出申请,并提交申请登记材料

B. 申请登记材料应当提供原件,不能提供复印件

C. 登记机关应当对申请登记材料的真实性、合法性、有效性负责

D. 申请房屋登记,必须由有关当事人双方共同申请

E. 共有房屋,应当由共有人共同申请登记

15. 房地产权属档案管理的内容包括(　　)。

A. 测绘　　　　　　　B. 资料收集　　　　　C. 资料归档　　　　　D. 资料整理

E. 资料检索

思考题

1. 房地产行政管理的内容有哪些?

2. 简述房地产开发企业设立的条件和程序。

3. 各级资质的房地产开发企业应该具备哪些资质条件?

4. 房地产权属登记的特点有哪些?

5. 房地产权属登记的种类有哪些?

6. 房地产权属档案管理的工作内容有哪些?

3 房地产市场调查与经营预测

学习目标

了解：房地产市场调查的类型和调查内容；房地产市场调查问卷；房地产经营预测的概念。

熟悉：房地产市场调查的方法和相关知识；房地产市场调查的程序；房地产市场调查问卷的内容、设计；调查资料的整理分析与审核；房地产市场预测的内容和方法。

掌握：房地产市场预测的程序；运用专家判断法、企业集合意见法、类推法等定性分析方法和平均数预测法、指数平滑法、趋势外推法等方法进行房地产市场预测；运用调查资料撰写房地产市场调查报告。

3.1 房地产市场调查概述

3.1.1 房地产市场调查的含义

1. 市场调查

市场调查是指对与企业营销决策相关的信息进行有计划、系统地收集、整理、分析，并把分析结果向投资者沟通的过程。在全球市场一体化、消费者需求个性化、产品生命周期短期化的市场环境下，企业间的竞争日益激烈，对市场的深度调查研究，成为企业在竞争中取胜的基础。

2. 房地产市场调查

房地产市场调查是指运用科学的方法，有目的、有计划、系统地判断、收集、整理、分析研究房地产市场过去及现在的各种基本状况及影响因素，为房地产投资者预测未来发展情况和科学决策提供可靠依据。

房地产市场调查有广义和狭义两层含义。从广义上讲，房地产市场调查是对房地产市场营销全过程有关的信息情报资料进行系统收集、整理、分析，并提出市场营销建议的过程。它包括对商品或劳务从生产者到消费者这一过程中全部商业活动的资料、情报和数据等信息的收集。从狭义上讲，房地产市场调查是以科学的方法，系统地收集、记录、分析有关房地产消费者市场资料（包括消费者购买和使用商品的动机、事实、反馈的意见等）并提出分析结果的过程。

房地产市场调查的成果是房地产开发经营企业制定决策的重要依据，因此房地产市场调查是房地产开发经营企业在竞争中取胜的基础。

3.1.2 房地产市场调查的原则

房地产市场调查作为一项与信息相关的工作，必须符合以下基本原则：

1. 及时

所谓及时，是指要及时收集各类资料、及时加工处理、及时反馈、及时使用等要求。在房地产市场调查过程中要强调调查的时效性，主要指要尽量提高调查的速度。房地产市场调查必须及时，这是因为：首先，房地产市场的信息都具有时效性；其次是因为市场的环境变化非常迅速，要求信息的处理与分析能与之同步；再次是因为房地产开发经营企业的经营决策和市场营销活动都必须要以房地产市场调查的结果作为依据。

2. 准确

所谓准确，是指在房地产市场调查过程中，对信息的收集、加工、处理、分析都必须做到真实、精确。真实即要求房地产市场调查过程中收集的信息资料应该尽量减少误差。只有提供了准确的信息，房地产开发经营企业才能正确地做出决策。

3. 全面

所谓全面，是指在房地产市场调查过程中，能够做到全面地进行信息的收集、处理、分析，形成系统化的信息资料。全面的、系统化的信息资料能够更科学、更准确地反映房地产市场的发展状况及变化趋势，更有利于指导房地产开发经营企业作出正确的投资决策。

4. 适用

所谓适用，是指房地产市场调查过程中所收集、处理、分析的信息资料都必须要满足房地产开发经营企业的要求。具体要求：首先，房地产市场调查过程中，信息资料的收集、处理、分析的方法要适当；其次，房地产市场调查过程中提供的信息资料要符合实际需要。现代社会是信息社会，房地产开发企业的经营决策者面临大量的信息资料，不适用的信息资料将会严重干扰房地产开发经营者的决策行为。因此，要根据不同层次、不同目的使用者的需要，提供与之相适应的信息资料。

3.1.3 房地产市场调查的内容

房地产市场调查主要是指对房地产市场运行环境的调查。房地产市场运行环境是指影响房地产市场运行的各种因素的总和。包括宏观调查和微观调查。

1. 宏观调查

宏观调查的内容包括影响房地产市场的整个社会的政治环境、经济环境、文化环境、社会环境、金融环境、法律制度环境、技术环境、资源环境、自然环境等的调查。

（1）经济环境。包括经济发展水平、科学技术发展水平、自然资源和能源、国民生产总值和国民收入、投资规模、人口数量及其构成分布、居民收入与消费结构，以及商业、服务业、对外贸易发展情况和市场物价等。

（2）政治环境。包括政治体制、政府的有关经济政策，如工农业生产政策、工商业政策、外贸政策、市场管理政策、银行信贷与税收政策等；政府有关法令和规章制度，如工商法、环境保护法、商品检验法、有关市场调查的多种法令条例等。对于涉外项目，还需包括国家间的关系和国际法规等。

（3）社会环境。指一定时期、一定范围内的人口数量及其文化、教育、职业、性别、年龄等结构，家庭的数量及其结构，各地的风俗习惯和民族特点等。

（4）文化环境。包括居民受教育程度、居民职业构成、各民族的特点和分布及宗教信仰、道德风俗、生活习惯、社会审美观念等。

（5）金融环境。是指房地产所处的金融体系和支持房地产业发展的金融资源。金融体系包括金融政策、金融机构、金融产品和金融监管。金融资源指房地产权益融资的金融服务种类和金融支持力度等。

（6）法律制度环境。是指与房地产业有关的现行法律法规与相关政策，包括土地制度、产权制度、税收制度、住房制度、交易制度等。

（7）技术环境。是指一个国家或地区的技术水平、技术政策、新产品开发能力及技术发展动向。如建筑材料、施工技术和工艺、建筑设备、节能减排技术等。

（8）资源环境。是指影响房地产市场发展的土地、能源、环境和生态等自然资源条件。

（9）自然环境。包括地理位置、气候和其他重要的自然条件，以及交通运输状况等。

2. 微观调查

微观调查亦称房地产市场专项调查，是根据房地产市场预测的需要，为达到一定的目的，而在特定范围内选定专项内容进行调查。房地产专项调查的内容因项目的不同而不同，主要包括房地产市场供给指标、房地产市场需求指标、房地产市场竞争指标和房地产市场监测与预警指标四种类型：

（1）房地产市场供给指标：包括新竣工量、灭失量、存量、空置量、房屋施工面积、房屋新开工面积。

（2）房地产市场需求指标：包括人口数量、家庭人口规模、家庭可支配收入、家庭总支出等。

（3）房地产市场竞争指标：主要是进行项目竞争能力调查，包括：房地产项目竞争能力调查，即拟建房地产项目的房屋质量和价格与市场上竞争能力较强的项目进行比较评价；项目的性能在市场竞争中所具备的优势；同类房地产企业的开发水平和经营特点，诸如这些企业的开发规模、类型、管理水平、销售利润、价格策略、推销方式以及物业服务水平等方面的指标。

（4）房地产市场监测与预警指标：除以上指标以外为进一步实现对房地产市场的掌控，还可以调查土地转化率、开发强度系数、住房价格合理性指数和房价租金比指标。

3.1.4 房地产市场调查程序

房地产市场调查是一项复杂而细致的工作，要有计划，按步骤进行。房地产市场调查一般分为四个阶段，为前期准备阶段、调查实施阶段、结论形成阶段、跟踪反馈阶段。

1. 前期准备阶段

市场调查前期准备阶段需做好以下三项工作：选定调查目标、分析市场情况、制定调查计划。

（1）选定调查目标

在进行房地产市场调查前，必须选定调查的目标，做到有的放矢。调查的目标可能是为了试探市场对房地产开发经营企业新产品的接受程度，也可能是了解决企业目前面临的重要问题，如近期销售业绩下降，或是为企业重大经营决策提供依据。

（2）做市场状况分析

调查目标确定后，市场调查人员应根据目前掌握的资料对房地产开发经营企业的经营或营销活动进行初步分析，找出问题所在。房地产开发经营企业面临的问题一般有两类：

一类是企业出现了明显的困难，如楼盘出现严重滞销；一类是企业出现了潜在的危机，如企业近期的销售额明显下降，销售难度越来越大。对出现的问题进行初步分析之后，可拟定出一系列的假设，从而使调查的范围进一步缩小，为企业节约人力、物力成本。

（3）确定对拟定目标市场调查的具体内容，制定调查计划

调查计划是房地产市场调查的一个行动纲领，应做到详尽而周密，确保整个市场调查工作能够有条不紊地进行。

2. 调查实施阶段

调查实施阶段需要做好以下工作：

（1）确定调查资料来源

调查资料主要包括两大类，即初级资料和次级资料。初级资料即第一手资料，是调查者为实现一定的调查目标而通过实地调查所取得的各种资料，如问卷调查所获得的资料。次级资料即第二手资料，是指经过他人的收集、整理，能为当前市场调查项目所利用的各种资料，如政府的文件，咨询机构的报告等。

（2）拟定调查规模和方案

为保证调查工作的有效性和真实性，应该进行现场调查，但考虑到资金成本和时间成本，调查规模不宜太大。根据调查规模确定调查方案。调查规模和方案均要符合项目的调查需要。

（3）确定调查方法和技术

房地产市场调查的方法众多，如问卷调查法、观察法、实验法等。在调查过程中要视具体情况选择不同的方法，通常是多种调查方法相结合。

（4）设计调查表或调查问卷

在房地产市场调查中，调查表或调查问卷的设计是整个调查工作的核心，其设计的好坏直接影响调查的结果，进而影响市场分析的结果。因此，调查表或调查问卷设计一定要具有科学性和合理性。

（5）组织现场工作，招聘和培训现场统计人员

组织现场工作，即进行实地调查，是房地产市场调查人员根据调查计划和调查方案，运用房地产市场调查的各种方法获取所需资料的过程。为确保调查工作的质量，应选择优秀的市场调查人员，并在调查前加以培训。资料收集工作结束后，应该对所收集的资料进行分类整理，审查资料的真实性和有效性，便于下一步进行分析。

3. 结论形成阶段

通过调查获得的资料，大多是零散的，不能直接说明问题。必须通过整理和进行分析得出结论，撰写出市场调查报告，才能为房地产企业项目投资经营决策提供服务。在结果分析阶段需要做好以下工作：

（1）资料的整理

房地产市场调查所获得的资料必须经过整理才能用于分析。首先，要对调查所得的资料进行审核，仔细推敲和详细检查资料，保证资料的客观性、完整性和可靠性。其次，要对调查所得资料进行分类，了解各组事物或现象的不同特征。最后，要对各类资料加以汇总、统计，系统地制成各种统计表、统计图。

（2）资料的分析

资料的分析包括定性分析和定量分析。定性分析主要是通过所获得的资料，根据分析人员的经验来进行分析的。必要时可以请相关行业企业专家组成专家组进行分析。定量分析则是通过对一系列指标的计算，从而得出结论。分析中所用的统计指标按照其反映社会经济现象和过程的性质特点不同，可以分为绝对指标（或称总量指标）、相对指标、集中趋势与离散趋势测定指标（或称平均指标）等。

（3）调查报告的撰写

调查资料经过分析整理后，必须撰写出调查报告，提交给房地产市场调查的委托者或房地产开发经营企业的决策者，作为其经营决策的参考。调查报告的基本结构一般包括：

1）调查的目的与范围；

2）调查的方式方法；

3）资料的整理分析；

4）结论与配套建议；

5）附录，如各类统计图表。

（4）跟踪反馈阶段

房地产市场调查报告提交完，标志着整个调查工作告一段落，可以认为房地产市场调查工作已基本完成。然而在有些情况下，为了了解调查结果是否准确、可靠，找到调查工作的误差原因，为以后更好地服务房地产企业积累经验，调查人员应当对调查结果进行跟踪调查。跟踪调查可以获得反馈信息，了解调查数据是否真实、可靠，调查报告所下的结论是否准确，以及对策建议的执行效果如何等。在执行期间，若房地产市场环境发生了变化，调查人员可以根据情况对原调查报告提出一些修改意见。

3.2 房地产市场调查组织及调查方案

3.2.1 房地产市场调查组织

1. 房地产市场调查组织的含义

在实施房地产市场调查活动之前要做到成竹在胸，所以调查人员应当依据调查研究的目的和调查对象的实际情况，对调查工作的各个方面和全部过程做出总体安排，以提出具体的调查步骤，制定合理的调查工作流程，这项工作就是房地产市场调查组织。

要做好房地产市场调查组织工作，就必须设计好房地产市场调查方案，事先制定出一个科学、严密、可行的组织工作方案，并确定良好的组织措施，使所有参加调查工作的人员都依此执行。

2. 房地产市场调查组织的意义

房地产市场调查组织的意义有以下两点：

（1）市场调查组织工作是把房地产调查工作落到实处的具体安排，是房地产调查工作的具体开展。

（2）市场调查组织工作能够适应现代市场调查发展的需要。

现代市场调查已由单纯的资料收集活动发展到把调查对象作为整体来反映的调查活

动。与此相适应，市场调查过程也应被视为是市场调查设计、资料收集、资料整理和资料分析、报告撰写的一个完整工作过程。任何一项工作有了疏漏都会影响最后的调查结果。所以做好房地产市场调查组织工作至关重要。

3.2.2 房地产市场调查方案

房地产市场调查方案是房地产市场调查工作具体落实的指导文件，它涉及房地产市场调查的各个方面。

1. 房地产市场调查方案制定原则

（1）科学性原则

房地产市场调查方案在制定时一定要遵循科学性原则。要采用科学方法收集评价信息，以事实为根据和基础进行分析判断。要把握评价信息的客观性、全面性，切忌依据片面的信息作结论。

（2）可操作性原则

房地产市场调查方案的制定要有利于调查目标的实现，调查内容、调查对象、调查方法具有可操作性。否则，市场调查将无从进行。

（3）经济性原则

市场调查需要花费的人力、物力较多。在房地产市场调查中，尽可能在保证调查质量的基础上以最少的人力、物力和时间完成市场调查。因此，调查方案的制定应该注意经济性，从调查对象、调查地点、问卷的设计都要合理安排，尽量减少不必要的开支。

2. 房地产市场调查方案的组成

房地产市场调查方案作为开展市场调查的行动纲领，应该涉及房地产市场调查的各个方面，一份完整的市场调查方案一般包括以下几个方面的内容：

（1）确定市场调查的目的

明确调查目的是调查设计的首要问题，只有确定了调查目的，才能确定调查的范围、内容、方法。目的不同，项目调查的方法、对象、时间和地点等一系列内容都不同。在确定房地产市场调查目的的时候，主要从三个方面来分析：

1）分析房地产企业目前的状况，从而确定调查的动机。

2）通过市场调查，想要了解的是什么？即明确调查的内容。

3）通过市场调查得出解决问题的办法。

确定调查目的，就是明确在调查中要解决哪些问题、通过调查要得出什么样的结论、取得这些资料有什么用途等问题。衡量一个调查设计是否科学的标准，主要就是看方案的制定是否体现调查目的的要求，是否符合实际。

（2）确定调查对象和调查单位

明确了调查目的之后，就要确定调查对象和调查单位，确定向谁调查以及由谁来具体提供资料。调查对象就是根据调查目的、任务确定调查的范围以及所要调查的总体，它是由某些性质上相同的许多调查单位所组成的。调查单位就是所要调查的社会经济现象总体中的个体，即调查对象中的一个一个的具体单位或个人。

（3）确定市场调查的项目

调查项目是指对调查单位所要调查的主要内容。确定调查项目就是要明确向被调查者了解些什么问题，调查项目一般就是调查单位的各个标志的名称。在确定市场调查项目时，一般应该注意以下几个问题：

1）调查项目必须围绕调查目的

脱离开调查目的而确定的调查项目是没有意义的，所设置的调查项目都要为调查目的服务。通过调查项目的设置能更好地为调查目的的实现奠定基础。

2）调查项目表述一定要准确，切忌模棱两可

房地产市场调查中，在有必要的情况下，可以在调查项目后面附上说明，保证被调查者明确该项目的调查内容。由于在具体调查中参与的人对调查目的和调查项目的了解程度不同，会导致收集的资料参差不齐。通过对调查项目的说明，使每个参与的人都明确各自工作的目标和要求，更有利于调查目标的实现。

3）调查项目之间应该具有一定的相关性

在设置调查项目时一定要注意所选项目之间的相关性，不相关的调查项目不利于整个调查活动的开展，也会造成企业人力、物力的浪费。要明确相关性的项目类型和项目特点，必要时应该明确具体的项目是哪些。

（4）制订调查提纲和调查表

当调查项目确定后，可将调查项目科学地分类、排列，构成调查提纲或调查表，方便调查登记和汇总。调查提纲和调查表是收集资料的直接工具，它们的质量将会直接影响到收集资料的完整性和准确性，从而影响调查结果。因此，我们必须掌握调查提纲和调查表的设计技巧，保证它们的科学性和可操作性。房地产市场调查表是记载需要调查的影响房地产企业经营决策有关因素和项目的表格化文件。调查表设计的是否完善，直接影响到调查效果。房地产市场调查表的一般格式见表3-1：

×××市某房地产楼盘市场调查表

表3-1

楼盘名称：　　　　　　　　调查时间：　　　　　　　调查人员：

序号	调查项目	调查结果		
1	开发商			
2	投资商			
3	地址		电话	
4	总占地		建设总面积	
5	容积率		绿化率	
6	代理销售商			
7	楼盘广告词			
8	工程进度			
9	交楼日期			
10	楼高及每层房数			
11	装修标准			
12	价格	商品房均价：　元/m²，最高价：　元/m²，最低价：　元/m²		
		商铺均价：　元/m²，最高价：　元/m²，最低价：　元/m²		
		车库均价：　元/m²，最高价：　元/m²，最低价：　元/m²		

序号	调查项目	调查结果		
13	销售情况	本次销售：推　套，售　套，销售率：　%余货：　套		
		热销户型：		
		滞销户型：		
14	户型分布			
15	主力户型点评			
16	广告推介户型			
17	付款方式			
18	优惠措施			
19	展销期			
20	样板房点评			
21	本期实卖点			
22	主流客户			
23	现场人气			
24	项目最新动态			
25	项目周边情况			
26	物业管理			
27	配套设施	□公园　　□篮球场　　□羽毛球馆　　□网球馆　　□乒乓球馆 □足球场		
		□保龄球馆　　□高尔夫球场　　□溜冰场　　□游泳池 □健身房　　□棋牌室		
		□儿童游乐场　　□银行　　□诊所　　□邮局　　□幼儿园 □学校　　□超市		
28	配套分析			

（5）确定调查时间和调查工作期限

调查时间是指调查资料所属的时间。如果所要调查的是时期现象，就要明确规定资料所反映的是调查对象从何时起到何时止的资料。如果所要调查的是时点现象，就要明确规定统一的标准调查时点。

另外，一份完整的调查活动方案还应包括调查工作的期限安排，即各项工作开始和完成的时间，以及它们的先后顺序，即我们平时所说的进度表。通过设计调查活动的进度表可以帮助调查者控制调查活动的开展，保证如期完成。进度表也是管理者考核调查工作的一项标准。

（6）确定调查地点

在调查方案中，还要明确规定调查地点。一般根据调查对象和调查单位的分布和抽样方式确定调查地点，另外还需考虑经济性。

（7）确定调查方式和方法

在调查方案中，明确规定调查组织方式和方法。收集调查资料的方式有普查、重点调查、典型调查、抽样调查等。具体调查方法有方案法、访问法、观察法和实验法等。在调查时，采用何种方式、方法不是固定和统一的，而是取决于调查对象和调查任务。各种调查方式和方法都有各自的优点和缺点。在房地产市场调查中，应根据调查项目的具体情况选择一种或者多种方法结合使用。

（8）确定调查资料整理和分析方法

采用实地调查方法收集的原始资料大多是零散的、不系统的，只能反映事物的表象，无法深入研究事物的本质和规律性，这就要求对大量原始资料进行加工汇总，使之系统化、条理化。

通过市场调查活动得到的资料根据其性质可以分为定性资料和定量资料。定性资料的分析方法主要有归纳分析法、比较分析法、结构分析法；定量资料分析方法主要有描述性统计分析方法（如方差分析、平均值分析）和因果统计分析方法（如回归分析、相关分析、时间序列分析）。这些方法在后续内容有详细介绍。

（9）确定调查报告提交的方式

调查活动结束后一般都需要提交调查报告，作为调查活动的成果。在制定调查报告时也要确定调查报告的要求，一般包括以下几个方面：

1）调查报告提交的形式，如文本、电子文本等；

2）调查报告的数量；

3）调查报告的基本内容；

4）调查报告的图表、附录。

（10）制订调查的组织计划

调查的组织计划，是指为确保实施调查的具体工作计划，主要包括调查的组织领导、调查机构的设置、人员的选择和培训、工作步骤及善后处理等。必要时候，还必须明确规定调查的组织方式。

（11）市场调查活动费用的预算

开展市场调查活动必然会有一定的费用支出，在制作调查方案时应该编制整个调查活动的经费预算。在编制预算时尽量将可能出现的费用都考虑进去，以免调查活动中出现经费不足，进而影响调查活动的开展。另外企业经营的宗旨就是希望以最小的成本获得最大的效益。在保证实现调查目的前提下，尽量节约调查活动费用。同时预算编制要实事求是，不能随意多报、乱报或者漏报。

3.3 房地产市场调查方法及调查问卷

3.3.1 房地产市场调查方法

市场调查的方法比较多，一般可以根据调查对象、调查内容和调查目的，分别采用以下几种方法或同时采用几种方法结合应用。

1. 普查法。普查法是专门组织的一次全面调查，用以搜集不能用通常调查法取得的一些较全面的精确资料。普查法的特点是准确、全面，但要花费大量人力、物力、财力和进行大量的准备工作。

2. 直接调查法。直接调查法是将所调查的内容，通过当面走访、电话、书面等形式向被调查者询问，以获得所需的资料。

（1）走访调查。这是一种当面听取别人意见的方法。可采用个别采访、小组访问及座谈会等形式进行调查。走访调查法的优点是：当面听取意见，直接接触实际情况，具有直观性，通过直接交谈，互相启发，还可以向被访问者解释某些问题，具有启发性和灵活性。其缺点是：访问人员的主观偏见常常影响调查资料的准确性；如果在较大范围内调查，成本会较高。

（2）网络调查。通过网络调查可以建立不同时期资料库，定期或不定期关注网络上房地产交易情况；再辅以电话询问和现场查证，效果会更好。该方法经济迅速、情报及时，是较普遍使用的一种方法，但要避免信息的不真实。

（3）书面调查，又称函件通讯调查。将设计好的调查表寄给被调查者，让对方填好寄回。这种方法的优点是：调查的范围广，对样本能进行地区上的合理分配；按设计标准答卷，可避免调查人员的主观意志影响，被调查人有充分的时间回答并能与周围人员交换意见，有较大的代表性。缺点是：回收率低，使设计的样本在地区分配上产生误差；调查时间较长；对询问的事项，由于文字表达可能使被调查者有误解之处。

3. 间接调查法。间接调查法是一种通过分析产品与用户之间内在联系，了解市场需求及发展趋势，达到调查目的的方法。

4. 抽样调查法。抽样调查法是按随机原则，从总体（市场）中选取一部分进行调查，用以推算全部总体的一种调查，是一种应用最广、最重要的调查方法。其特点：一是具有随机性，抽样调查完全排斥人的主观选择，在总体中每一个单位被抽取的机会是均等的，抽中与否纯粹是偶然的；二是从数量上推算全体，即通过对部分单位的调查研究，计算综合指标，从数量上推算全体。

抽样调查又因抽样方法的不同分为单纯随机抽样、机械抽样、分层抽样、分群抽样等方法。

（1）单纯随机抽样法。对所有调查对象都不做有目的选择，而单纯运用抽签的方法从总体中抽出有限的个体。这种方法简便易行，在随机抽样的过程中，总体中的任何个体都有相同的机会作为调查对象。

（2）机械抽样法，又称等距抽样法。其具体步骤是：1）对总体中全部个体进行编号（如1、2、⋯n）；2）依一定间隔等距抽出所需的样本。这种方法比单纯的随机抽样法误差小，它能使样本均匀地分布在总体中，实际工作中机械抽样法应用较广。

（3）分层抽样法，又称同类抽样法。它是将总体中的各单位先按性质分类，然后在分类中采用单纯随机抽样法或机械抽样法抽取所需要调查的单位。这种方法实质上是把科学分组和抽样原理相结合，增强调查对象的代表性。

（4）分群抽样法，又称为分群随机抽样法。分群抽样法与分层抽样法不同，在调查单位分布稀疏地区，或总体异质性很高，并且难度很大而不能订立统一标准来进行分层的情况下，只能采用调查若干区域的办法，就是分群随机抽样法。分群抽样时，所选定的某些区域应保持某些共性，例如人口数目、民族构成，但所调查的目标要广泛一些。

5. 实验调查法。当要推出一种新产品时，调查的项目选择一定的地点、对象、规模，开展小范围实验，对其结果进行全面分析和评价，看有无推广价值，应该如何改进才最有效等。此方法优点是能获得比较正确的试验资料，但时间长、费用高，同时还有一定的局限性，不利于实验结果的比较。

3.3.2 房地产市场调查问卷

1. 房地产市场调查问卷的概念

房地产市场调查问卷，又称房地产市场调查表或询问表，是调查者根据一定的调查目的和要求，按照一定的理论假设而精心设计的，由各种不同的调查项目、一系列问题和备选答案及相关说明所组成的一份调查表格，是实现房地产市场调查目的的一种方法和手段。

调查问卷是调查者依据心理学原理，精心设计各种问题并以询问的形式在问卷中列出来，许多问题还给出了多种可能的答案，提供给被调查者进行选择。这种形式有助于被调查者能够及时、准确地获取调查的内容，从而能提高调查的系统性和准确性。

在问卷调查中，调查者事先将设计好的调查项目、调查问题和答案规范地罗列在问卷中，并确定了相应的计算机编号，这就使调查结束后的数据处理的结果变得方便快捷，也能够使调查者依据数据处理的结果进行深入的统计分析和定量研究，从而提高了调查的科学性。

2. 房地产市场调查问卷的设计原则

（1）目的性原则。即要求在问卷设计时要围绕调查目的而进行，且重点突出。

（2）简明性原则。即问卷内容要简明、调查时间要简短、形式要简单易懂、易沟通。

（3）可接受性原则。即问题的设计要能够比较容易让被调查者接受。

（4）顺序性原则。即问卷设计的问题要讲究排列顺序，使问卷条理清楚。

（5）匹配性原则。即设计问卷时要考虑到被调查者的回答是否便于统计和数据分析。

3. 房地产市场调查问卷的结构

相对于类型多样的问卷来说，每一份具体的调查问卷的基本结构则是相对固定的。房地产市场调查问卷的基本结构一般包括问卷标题、前言说明、调查内容、编码样本特征资料、作业证明记载、结束语等几个部分，其中调查内容是问卷的核心部分，是每一份问卷都必不可少的内容，而其他部分根据设计者的需要可有所取舍。

（1）问卷标题

问卷的标题是对调查主题的高度概括，即调查表的总标题，一般位于问卷的上端居中，使被调查者对所要回答什么方面的问题有一个大致的了解。标题应简明扼要，易于引起回答者的兴趣。问卷标题要开门见山标示出问卷的主题，直接点明调查的主题和内容，使人一目了然，并激发被访者的兴趣和增强心理准备。例如"某小区物业管理服务满意度调查"、"居民住宅消费状况调查"、"关于普通商品房消费需求的调查"等。

但实际中，问卷标题往往被设计者忽略，要么没有标题，要么标题不能切中调查问卷的主题，从而使被访者一头雾水，甚至造成理解偏差，最后直接影响到问卷调查的质量。例如简单采用"问卷调查"这样的标题，它容易引起回答者因不必要的怀疑而拒答。

（2）前言说明

前言说明相当于是给被访者的一封简短介绍信，主要说明此次调查的目的、意义、选择方法以及填答说明等，一般放在问卷的开头。前言是调查者与被调查者之间良好沟通的桥梁，写好前言是问卷调查成功的保证之一。但有些简要的问卷可以省略书面的前言部分，可以通过调查员的口头介绍来代替前言说明。说明词在问卷调查中非常重要，它可以消除被调查者的顾虑，激发他们参与调查的意愿。例如，"尊敬的先生/女士：您好！为了更好地服务于市民，建造最经济、最适合我们居住的房子，需要您提供此方面的意见和想法，涉及您的个人信息，我们会为您保密。非常感谢您的配合！"

（3）填写要求

填写要求又称填写说明，是对图表的要求、方法、注意事项等的总的说明。一般是以文字和符号对要作答的题目提出要求，目的在于规范和帮助受访者对问题的回答。填写说明可以集中放在问卷前面，也可以分散到各有关问题之前。

（4）调查主题内容

调查主题内容是由若干问题与备选答案表达出调查者所要了解的基本内容，是调查问卷必不可少的主体部分，主要包括各类问题及其回答方式。这些问题蕴含着大量调查者所需要了解的信息，例如事实、知识、观点、态度动机以及行为可能性预测等。调查内容是以提问的形式提供给被调查者作答，问题及其回答方式设计的好坏直接关系到整个调查问卷的质量。这部分内容设计的好坏关系到能否很好地完成信息资料的收集，以实现调查目标。

问卷中所要调查的问题一般分为三大类：第一类是事实、行为方面的问题，了解市场中已发生或正在发生的客观现象、人们的行为和结果；第二类是观点、态度和动机等方面的问题，主要是了解被调查者的主观认识，消费偏好等；第三类是未来的可能行为，主要是了解被调查者未来的一种态度，而不是一种准确的行为预测。这三类问题性质、作用不同，使用的询问方式和询问技术也不一样。

（5）编码

编码是将调查问卷中的调查项目以及备选答案给予统一设计的代码，并以此为依据对问卷进行数据处理。

编码既可以在问卷设计的同时就设计好，称为预编码，也可以等调查工作完成以后再进行，称为后编码。在实际调查中，常采用预编码。编码一般应用于大规模的问卷调查中。因为在大规模问卷调查中，调查资料的统计汇总工作十分繁重，借助于编码技术和计算机，则可以大大简化这一工作。

（6）样本特征资料

样本特征资料是调查问卷所要搜集的基本资料，它记录各种不同样本的基本情况特征，被调查者往往对这部分比较敏感。对个体消费者而言，如性别、年龄、职业、受教育程度、收入状况等；对企业组织而言，如企业类型、人员规模、职员平均收入等。这些项目，哪些应该列入，应根据调查目的和要求而定。

（7）结束语

结束语是在调查内容完成之后，简短地对被调查者的合作表示感谢，或征询一下被调查者对该问卷的看法和感受。另外，问卷还可以包括调查过程记录和被访者联系方式记录等信息。调查过程记录是用来记录调查的完成情况和需要复查校订的问题，格式和要求比较灵活，并便于问卷的复查、校对、修正等。调查访问员和调查人员均在上面签名并注明访问日期。被访问者联系方式记录是以适当的方式记录下被访者的电话、电子邮件或者通信地址等。

4. 房地产市场调查问卷整理与分析

当房地产问卷调查活动结束后，一个很重要的工作就是对问卷调查资料的再整理和分析，它甚至比调查问卷的其他环节都重要。

（1）问卷资料的整理

房地产市场调查问卷整理与分析是对收集到的资料加以整理、分析及统计计算，把复杂、零散、多种资料集中处理、分类，使问卷资料更利于使用和理解。通俗地说，问卷整理就是运用各种方法将问卷收集到的资料转变为定量的结果，为分析研究房地产项目可行性奠定基础。

（2）问卷资料分析

对问卷资料进行分析是保证房地产市场调查工作的关键环节，通过做资料分析工作，检查问卷内容和信息是否有明显的不真实、缺失、逻辑性错误等问题，以保证后续工作的质量。

1）问卷分析内容

① 完整性分析：完整性分析的内容包括问卷是否填写完成，有无遗漏及大面积空白。如果有则要酌情处理，可以作为无效问卷处理。

② 真实性分析：这是问卷分析工作中很重要的一项工作，问卷在设计时可能设定了特定区域或人群，填写过程中是否按要求在特定人群和区域完成，需要进行真实性分析，只有真实的问卷才是有效问卷，反之会造成很严重的后果。

③ 一致性分析：一致性分析的重点是分析审核问卷是否存在逻辑性错误，是否有前后数据矛盾的现象存在。

④ 及时性分析：为了保证房地产调查问卷的资料能反映最真实的现状，要求问卷填写的时间及填写的内容必须是最新的。在问卷分析时要注意分析是否为最新资料。

2）问卷分析方法

问卷分析的方法比较灵活，根据不同房地产项目调查问卷可以采用不同方法，主要有以下几种：

① 经验分析法：根据过去积累的经验，判断调查表中的内容和数据是否准确、真实，如周边房价每平方米都在 8000 元左右，而调查表中有个别项目房价每平方米在 4000 元左右，此项填写肯定有问题。

② 逻辑分析法：分析调查表在不同问题中的逻辑关系，分析是否存在明显的逻辑矛盾。

③ 数据分析法：对调查表中的数据进行计算、累加、相对数和绝对数进行计算比较分析。

3.4 房地产市场调查报告

房地产市场调查报告是调查活动过程的最终成果，也是调查过程的历史记录和总结。在前面的内容中我们已经学习了要完成一个调查工作需要做好的各项工作，如果要想把以上过程完整地呈现出来必须通过调查报告来实现。如果过程很完整，报告没有体现出来或者体现的不够好，也会影响整个调查工作。在撰写调查报告时，编者应该提前与委托人沟通，了解他们更关注报告的哪几个方面，在撰写时好把握重点。同时报告的编写者也要严守职业道德、如实撰写。

3.4.1 房地产市场调查报告含义及作用

房地产市场调查报告就是对调查到的房地产资料进行系统整理、筛选加工、分析计算的基础上，总结出房地产调查成果的文本资料。调查报告的作用如下：

1. 房地产市场调查报告是调查者完成调查工作后对调查结果的表述

调查者通过对房地产项目进行调查策划、收集市场信息，并对收集到的市场信息进行处理，最终形成某种结果，而这种结果的形成必须对一些相关内容进行准确细致的描述，如调查项目、背景信息、调查方法的评价、视觉辅助手段、结果摘要、结论、建议等，就需要有一种书面的载体来承担此项任务。于是，调查报告就成了最好的选择。当然，作为一项正式的市场调查项目，提交市场调查报告更是调查者履行项目委托合同或协议义务的重要体现。

2. 房地产市场调查报告是委托方签订项目合同最终希望获取的结果

通常情况下，房地产市场调查的委托方对一个市场调查项目最为关心的就是房地产调查报告。市场调查报告作为一种市场信息工作，其主要目的是为企业的经营管理，特别是房地产市场营销提供各种信息资料，作为决策和行为的依据。从某种意义上讲，房地产市场调查项目的委托方提出项目的直接目的，就是获得满意的市场调查报告，为经验决策提供有价值的参考。

3. 房地产市场调查报告是衡量一项市场调查项目质量水平的重要标志

尽管房地产市场调查所采用的方法、技术、组织过程、资料处理等也是衡量市场调查质量的重要方面，但市场调查报告无疑是最重要的方面。市场调查报告是调查活动的有形产品。当一项房地产市场调查项目完成以后，调查报告就成为该项目的少数历史记录和证据之一，作为历史资料，它可能被重复使用，从而大大提高其存在的价值。

3.4.2 市场调查报告的内容

1. 报告封面
（1）调查报告标题。
（2）调查单位名称、地址、电话及网址等。
（3）调查报告时间。
2. 目录
（1）章节标题和副标题、页码。
（2）表格目录、标题和页码。
（3）图形目录、标题和页码。
（4）附录、标题和页码。
3. 摘要部分
（1）调查目标的简要概述。
（2）调查方法的简要概述。
（3）调查研究的主要发现简要概述。

　　（4）结论和建议的简要概述。

　　（5）市场主要趋势的简要概述。

　　（6）其他有关信息。

　　4．正文部分

　　（1）项目概况。

　　（2）调查目标。

　　（3）市场调查的类型和基本方法。

　　（4）分析研究和主要发现。

　　（5）结论和建议。

　　5．附录部分

　　（1）调查问卷。

　　（2）调查细节资料及来源。

　　（3）统计技术资料。

　　（4）其他相关资料。

3.4.3 市场调查报告编写的原则

　　调查人员在编写房地产市场调查报告时，要想形成一份好的报告，除了精心设计和组织安排报告的结构和格式外，一般须遵循以下几个原则：

　　1．客户导向原则

　　调查人员要切记：报告为客户写，为客户服务，替客户解决实际问题，通过报告实现与客户之间的有效沟通，满足客户咨询需求。

　　房地产市场调查报告是给客户阅读和使用，而不是给自己看的，更不是文学作品，所以必须高度重视其特定阅读者和使用者。从某种意义上来说，调查报告就是为阅读者和使用者而写的。为此，要充分注意阅读者和使用者的特征及其需要。在编写报告时，要注意这些事实：大多数经理人员很忙，他们大多很少精通市场调查和预测的某些技术和术语。如果存在多个阅读者和使用者，通常他们之间存在需要和兴趣方面的差异。经理人员和常人一样，不喜欢那种冗长、乏味、呆板的文字。

　　2．实事求是原则

　　房地产市场调查报告必须符合客观实际，以客户价值为第一目标，坚持科学调查、科学分析，得出结论。防止报告的片面性和误导，或者为其他商业利益弄虚作假。

　　3．突出重点原则

　　房地产市场调查报告在全面系统反映客观事实的前提下，突出重点，尤其突出调查目的，实现报告的针对性、适用性，提高报告的价值。

　　4．精心安排原则

　　整个房地产市场调查报告要精心组织，妥善安排报告的结构和内容，报告内容简明扼要，逻辑性强；文字要简短易懂，尽量少用专业性较强的术语；写作风格生动有趣，图表、数字表达准确。

　　总之，一份好的房地产市场调查报告，除了必须要以好的资料、内容为前提外，还必须配之以好的编写。为此，必须做好充分的写作准备，起草前要拟好详细的提纲，认真起草；广泛听取意见，反复修改，不断完善，最终形成优质的报告。有时，为了满足不同客户的要求，同时编写若干份不同的报告是必要的。

3.5 房地产经营预测相关知识

3.5.1 房地产经营预测的含义

房地产经营预测是在房地产市场调查的基础上，运用科学的方法，对拟开发房地产项目的供应与需求发展趋势以及相互联系的各种因素的变化，进行调查、分析、预见、判断和预测，其结果将为房地产项目投资决策和经营决策提供依据。要使预测结果正确反映客观实际，除了选择科学的预测方法外，预测工作者与管理工作者的合作是成功的关键。只有预测者具有丰富的业务知识，才有可能提供有价值的科学依据，同时管理者还必须确信预测工作者了解自己所预测的系统，包括对环境变化的敏感度，预测对象发展趋势受过去活动的影响程度多大，以及环境中可能影响最大的因素等，从而科学地实施这个预测，才能充分发挥房地产经营预测的作用。

3.5.2 房地产经营预测的分类

房地产经营预测范围十分广泛。按不同的分类标准，有不同的房地产经营预测类别，一般有以下类型：

1. **按经济活动范围划分**

按经济活动范围划分有宏观预测和微观预测。宏观预测是从国民经济的发展趋势来讲对房地产市场的总供给和总需求情况进行预测，如对全国的房地产市场进行预测。微观预测指较小范围的房地产市场预测，如某个城市、某类房屋或影响因素发展趋势的预测。

2. **按预测的性质划分**

按房地产市场预测的性质划分可分为探索性预测和常规性预测。探索性预测是企业以前从未做过的预测。例如对新开发的旅游地产项目的预测，市场上没有历史数据可以参考。常规性预测指房地产行业和企业经常进行的常规预测。

3. **按预测的时效划分**

按预测的时效划分可分为近期、短期、中期、长期预测。这些划分一般没有固定的标准，通常把一年内的预测叫近期预测，时间在1～2年的叫短期预测，近期与短期预测主要是解决变动性问题的预测；中期预测时间在2～5年，主要预测市场发展变化问题；长期预测在5年以上，属远景预测。

4. **按预测结果的标志划分**

按预测结果的标志划分可分为定性预测和定量预测。定性预测主要是对市场的性质、属性等进行预测。定量预测主要是对市场的发展状况、程度、范围等进行预测。

5. **按市场性质划分**

按市场性质划分可分为综合性预测和专项预测。综合性预测是指预测各地区整个市场的发展趋势，预测市场购买力情况和商品可供量情况的差距多少，提出措施和解决办法，以促进生产，指导消费；专项预测是指某一项需求（如吃、穿、用）的市场变化，或耐用消费品的需求变化，或对某种商品的品种、花色、样式进行预测等。

3.5.3 房地产经营预测的内容

房地产经营预测的内容非常广泛，市场的主体不同，预测的要求也就不同。房地产市场的种类有房地产中介市场、房地产资金市场、房地产产品市场等，其中产品市场又可以按产品类别、消费群体划分为不同层次、不同类型的市场。不同性质的市场在预测业务、预测范围、预测方法上存在差异。从房地产产品角度看，市场预测的主要内容如下：

1. 房地产开发项目的市场需求预测和社会购买力预测

产品需求预测是指对特定区域和特定时期内的拟投资房地产市场或整个房地产产品需求趋势、需求潜力、需求水平、需求结构等因素进行分析预测。市场需求预测首先应对影响市场需求变化的人口、收入、储蓄、投资、价格等因素进行分析研究，然后运用定性与定量分析相结合的预测方法，对未来市场整体需求情况作出判断。市场需求预测对房地产企业的投资决策、资源配置及战略决策具有重要影响，因此房地产市场需求预测是市场预测的重点。社会购买力预测则是指对一定时期内，国内和国际在房地产市场上用以购买房地产商品的货币支付能力的预测。社会购买力预测是市场预测的基础。

2. 房地产开发项目的供给预测

房地产项目市场供给预测是对一定时期和一定范围的市场供应量、供应结构、供应变动因素等进行分析预测。由于市场供给的大小，能够反映市场供应能力的大小，能否满足市场需求的需要，因而它是决定市场供求状态的重要变量。市场供给预测也是市场预测的重要内容。一般来说，要预测房地产商品的供应量和供应结构，应在房地产市场供给调查的基础上，运用合适的预测方法对新开发商品房的供应量、存量商品房的供应量等决定供应问题的变量进行因素分析、趋势分析和相关分析，在此基础上再对市场供应量和供应结构的变化情况做出预测推断。

3. 市场供求状态预测

市场供求状态预测又称市场供求关系变动预测，它是在市场需求预测和市场供给预测的基础上，将二者结合起来，用以判断房地产市场运行的走向和市场供求总量是否存在总量失衡，总量失衡是属于供不应求，还是属于供过于求；市场供求结构是否存在结构性失衡，哪些房地产商品供大于求，哪些房地产商品供不应求；市场供大于求是开发过剩，还是有效需求不足；市场供不应求是开发能力不够，还是资料投放过多，或投资过大等。市场供求状态预测的核心在于把握市场运行的供求态势，以便从中寻找对策。

4. 产品的营销预测

房地产产品的营销预测指利用房地产营销的历史数据和相关资料，对房地产产品的销售规模、销售结构、变化趋势、市场占有率、营销费用与营销利润等作出分析和预测，确定影响销量的因素和营销中存在的问题，为增加销售量提供方法。

5. 消费者购买行为预测

消费者购买行为预测，是在消费者调查研究的基础上，对消费者的消费能力、消费水平和消费结构进行预测分析，揭示不同消费特点和需求差异，判断消费者的购买习惯、消费倾向、消费嗜好等有何变化，研究消费者将购买哪种类型的房地产商品、购买多少、在哪个区域购买、由谁购买、如何购买等购买行为及其变化。消费者购买行为预测的目的在于为房地产市场目标选择、产品研发和营销策略的制订提供依据。

6. 房地产市场行情预测

房地产市场行情预测是对整个市场或某类房地产产品市场的形势和运行状态进行预测分析，提示房地产市场的景气状态是处于紧缩或疲软阶段；或提示某类商品房市场是否有周期波动规律，以及当前和未来周期波动的走向；或揭示某种商品房因供求波动而导致价格是上涨还是下降等。其目的在于掌握房地产市场周期波动的规律，判别市场的景气状态或走势，分析价格水平的变动趋向，为房地产企业经营决策提供依据。

7. 市场竞争格局预测

市场竞争格局预测是对开发同类商品房的同类企业的竞争进行预测分析，包括对商品房供应量的分布格局，开发区域格局，以及房屋的质量、成本、价格、品牌知名度和满意度、新型房屋的开发、市场开拓等要素构成的竞争格局及其变化态势进行分析、评估和预测。

3.5.4 房地产经营预测的程序

房地产经营预测程序与其他类经营预测程序大致相同，都要经过下面几个过程：

1. 确定预测目标，制定工作计划。预测目标是指所需预测的具体对象的项目和指标，即房地产项目的供给对象是什么？目标确定后，根据预测目标的难易程度，配置预测人员，编制预测费用预算，安排工作日程、制定预测计划。

2. 收集分析有关资料。资料是市场预测的依据，有了充分的资料，才能为市场预测提供可靠的数据。搜集有关资料是进行市场预测重要的基础工作，如果某些预测方法所需的资料无法收集或收集的成本过高，即便有理想的预测方法也无法应用。广泛收集好各类资料后，要注意对资料的分析，通过分析审查资料的真实性和可靠性，剔除偶然性因素造成的不正常情况。

3. 选择预测方法，进行预测。市场预测方法很多，但并不是每个预测方法都适合所有的预测问题。所以根据预测目的、要求、人员等条件选择合适的预测方法是预测的一项重要工作。为提高预测质量，一般采用几种预测方法，对比验证预测结果，并利用统计、数学方法建立预测模型进行预测。科学的预测应当注重在实践中检验预测方法的可靠性，预测模型的完备性，不断改进预测方式和方法，为今后的市场预测创造更加完善的条件。

4. 分析评价预测结果。由于预测只是对未来市场的估计和推测，很难与实际情况百分之百吻合。出现误差是不可避免的，但误差太大就失去了预测的意义。为了有效地指导决策，避免失误，对预测内容和数值进行分析，找出产生误差的原因，从统计检验和直观判断两个不同方面，对预测结果进行评价，以判定预测结果的可信程度。一般经过检验，如果误差不超过 5%，则可以认为是合适的预测结果。

5. 编写预测报告。预测报告是对预测工作的总结，也是向使用者作出的汇报。预测结果出来之后，要及时编写预测报告。报告的内容，除了应列出预测结果外，一般还应包括资料的收集与处理过程、选用的预测模型及对预测模型的检验、对预测结果的评价，以及其他需要说明的问题等。预测报告的表述，应尽可能利用统计图表及数据，做到形象直观、准确可靠。

6. 预测后评估。预测报告提交后，应了解预测方案的采用情况及采用的程度、实际效果，为下一次预测积累更丰富的经验。

3.6 房地产经营预测方法

房地产经营预测，因预测的对象、内容、期限不同，采用的方法也不同或不尽相同，每种预测方法都有其特定的用途。近几年来，预测技术发展很快，方法很多，概括起来主要有两大类：定性预测方法和定量预测方法。

3.6.1 定性预测方法

定性预测方法指预测者根据已经掌握的部分历史和现实资料，运用个人经验和主观判断能力对事物未来发展做出预测的方法。在实际工作中，常用的方法有房地产专家判断法、房地产企业集合意见法、类推法。

1. 房地产专家判断法

房地产专家判断法也叫直观法。它是试图将专家主观的见解变成能运用的定量预测。这种方法是用有组织的方式，将正在分析的许多专家的判断归纳起来。这种预测方法基本上依靠专家的人为判断，利用过去的资料做出对未来的预测。专家判断预测法包括德尔斐法和专家小组法，具体判断过程在第 4 章做详细介绍。

2. 房地产企业集合意见法

（1）集合意见法的含义

集合意见法是指房地产企业内部经营管理人员、业务人员根据自己的知识、经验，对房地产市场未来的走势提出个人的预测意见，最后再集合大家的意见做出市场预测的方法。集合意见法主要用于短期或近期的市场预测，房地产企业经营管理者和业务人员在日常工作中，积累了丰富的工作经验，拥有大量的资料，对市场情况比较熟悉，对他们的意见加以集中，可以对市场的未来情况作出预测。

（2）集合意见法预测步骤

采用集合意见法进行房地产市场预测的具体步骤如下：

1）市场预测组织者根据房地产企业经营管理的需要，向参加预测的人员提出预测的项目和预测的期限，并尽可能提供一些与预测相关的背景资料。

2）预测人员根据预测的要求，通过分析背景资料，根据个人经验和分析判断能力，提出各自的预测方案。在此阶段，各预测人员在提交方案之前做到不交流彼此的方案。预测人员在此过程中应该进行必要的分析，包括定性分析和定量分析。

3）市场预测组织者计算预测人员预测方案的期望值。方案期望值等于各种可能状态主观概率与状态值乘积之和。

4）将参与预测的预测人员进行分类，计算各类综合期望值。综合方法一般采用平均数、众数、加权平均数、中数等统计方法。

5）确定最后的预测值。市场预测组织者将各类预测人员的综合期望值通过加权平均数法计算出最后的预测值。

【例 3-1】 某房地产企业预测明年某种商品房的销售额，邀请了业务经理、业务员、会计员、管理人员各类人员进行预测。表 3-2 是每个人从不同角度提出的自己对销售额的期望值。

集体意见法计算表　　　　　　　　　单位：万元　**表 3-2**

预测人员	期望度	销售额	概率	期望值 （销售额×概率）	期望值合计
业务经理	最高值	1300	0.25	325	975
	中间值	950	0.5	475	
	最低值	700	0.25	175	
业务员	最高值	1400	0.3	420	1080
	中间值	1000	0.5	500	
	最低值	800	0.2	160	
会计员	最高值	1200	0.2	240	850
	中间值	850	0.6	510	
	最低值	500	0.2	100	
管理人员	最高值	1700	0.2	340	1260
	中间值	1300	0.5	650	
	最低值	900	0.3	270	

解：根据表 3-2 的资料，可算出 4 个预测人员的平均预测值为

（975＋1080＋850＋1260）/4＝1041.25（万元）

3. 类推法

（1）类推法的含义

类推法即类比推理，类推预测法是根据市场及其环境的相似性，从一个已知的产品或市场区域的需求和演变情况，推测其他类似产品或市场区域的需求及其变化与趋势的一种判断预测方法。任何事物的发展都有各自的规律性，但其间又有许多相似之处。例如，发展中国家的房地产市场的发展过程与发达国家经历的房地产市场发展过程，就有许多共同的规律性。把先发生的事件称为先导事件，后发生的事件称为迟发事件，当发现它们之间有某些相似之处，就可以利用先导事件的发展过程和特征来类推迟发事件的发展过程和特征，并类推迟发事件的发生和未来的发展，起到预测的作用。

类推法是由局部、个别到特殊的分析推理方法，具有极大的灵活性和广泛性，适用于新产品、新行业和新市场的需求预测。

（2）类推法的类型

根据预测目标和市场范围的不同，类推预测法可以分为产品类推预测、行业类推预测、地方类推预测三种。

1）产品类推预测法

产品类推预测法是从功能、结构、原材料、规格等方面的相似性，推测产品市场的发展可能出现的某些相似性。例如，某房地产企业开发的某种商品房销售情况很好，于是其他房地产企业就可以推测出这种商品房也可以作为他们开发的商品房，如果推向市场销量应该也很好。

2）行业类推预测法

行业类推预测法是依据相关和相近行业的发展轨迹，推测行业的发展需求趋势和价格变动趋势。如国家的农业扶持政策力度加大，农民的收入增加，可能会使农民工人数减少，农民工工资增加，建筑成本增加将会直接导致房价上涨。

3）地区类推预测法

现实生活中往往是经济发达地区的产品向经济欠发达地区转移。因为这种产品的转移存在着时差，在不同行业和地区之间都存在着这种转移。在进行预测时如果能找出领先和滞后的地区，并且分析出时差程度，可以很方便地预测许多事物的趋势。

类推法在对先导事件和被预测事件进行类比时，必须考虑各种相关因素。这些因素包括政治、经济、文化、技术、环境等。考虑的相关因素越周到，用类推法预测的结果就越准确。

3.6.2 定量预测方法

定量预测方法是指利用过去的历史资料和数据，按时间顺序排列，分析其发展趋势，预测未来产品需求量，故也称时间序列预测法。例如简单平均数法、移动平均数法、加权移动平均数法、趋势预测法、指数平滑法和季节指数法等。以下介绍其中几种常用的方法。

1. 简单移动平均数法

这种方法由于滚动引进数据而不断改变平均值，称为移动平均值。这个移动平均值的反应速度，是由调整移动平均中所包括的周期数和对每一周期的加权所控制的。

例如，选用相邻三个月的实际数 M_1，M_2，M_3，即令 $n=3$，则第四个月的预测值 F_4 为：

$$F_4 = \frac{M_1 + M_2 + M_3}{3}$$

【例3-2】 某房地产企业最近10年完成房地产开发面积分别为15、16、20、17、19、22、18、21、23、25万平方米，分别用3年、5年分段作移动平均，见表3-3。

简单移动平均值计算表 单位：万平方米 表3-3

年份	开发面积	F_{t+1} ($n=3$)	F_{t+1} ($n=5$)
2001	15		
2002	16		
2003	20		
2004	17	17.00	
2005	19	17.67	
2006	22	18.67	17.4
2007	18	19.33	18.8
2008	21	19.67	19.2
2009	23	20.33	19.4
2010	25	20.67	20.6
2011		23	21.8

2. 加权移动平均数法

移动平均数法计算较为简单，但缺点是预测值总是落后于实际值，有较为明显的偏差。原因是离预测期越近的数据，对预测期的影响越大，反之亦然。因此，可根据预测期的远近给几期内的数据以不同的权数进行计算，例如给上例中三个月的相邻的数据，分别取权数为1、2、3，则公式变为：

$$F_4 = \frac{M_1 + 2M_2 + 3M_3}{1+2+3} = \frac{M_1}{6} + \frac{M_2}{3} + \frac{M_3}{2}$$

上式为加权移动平均数法的计算公式。它与简单移动平均数法相比，能较准确地反映实际趋势，但最后一个月定的权数越大，风险也越大，越易受偶然因数影响。

【例 3-3】 以例 3-2 的数据为例。取 $n=3$，权数 $W_8=1$、$W_9=2$、$W_{10}=3$，则 11 月份可能完成的开发面积为：

$$S_{11} = \frac{1 \times 21 + 2 \times 23 + 3 \times 25}{1+2+3} = 23.67 (万平方米)$$

3. 简单指数平滑法

简单指数平滑法是利用历史资料进行预测应用最普遍的方法，能够消除利用加权移动平均数法计算上的缺点。指数平滑法是对用希腊字母 α 表示的单一加权因素，用不同的 α 值进行试算，可以更简便地改进预测精度。当时间数列无明显的趋势变化时，可采用简单指数平滑法预测。

其预测的公式是：

$$y_{t+1'} = S_t = ay_t + (1-a)y_{t'} \tag{3-1}$$

式中　$y_{t+1'}$——第 $t+1$ 期的预测值，即本期（t 期）的平滑值 S_t；

　　　y_t——第 t 期的实际值；

　　　$y_{t'}$——第 t 期的预测值，即上期的平滑值 S_{t-1}；

　　　a——平滑系数（$0 \leqslant a \leqslant 1$）。

鉴于 α 取值对预期值的直接影响：α 愈小预期值变化越小，反之预期值变化越大。α 值应根据实际值的变化来选择，实际值波动不大则平滑系数 α 应取较小值；若实际值波动较大，α 应取较大值，使预测值对实际值的变化能迅速得到反映，以减少偏差。

简单指数平滑法的步骤如下：

（1）确定初始值 S_0

第 0 期的预测值是推测第 t 期值的基础。由于 S_0 无法用数学公式进行推算，在实际工作中，如果时间序列的基数比较多时，初始值对预测值的影响较少，一般直接用时间序列的第 1 期的实际值来替代；如果时间序列的基数较少，可以选择时间序列的前几期数据的简单算数平均值作为第一期的预测值。

（2）选择平滑系数

在应用指数进行预测时，选择合适的加权系数 a 非常重要。通常来说，a 越大说明预测值越依赖于近期信息。另外，a 的取值遵循以下原则：如果预测目标的时间序列虽然有不规则的起伏变动，但整个长期发展趋势比较稳定，则 a 应取小一点，如 0.2～0.5，这时预测模型包含了较长的时间序列信息；当外部环境变化较大时，a 取值应大一点，如 0.6～0.9，这时模型能迅速地根据当前的信息对预测进行大幅度的修正；在原始资料缺乏时，

a 的取值可以大一点，这样可以迅速提高预测模型的自身适应能力。

实际上，a 是一个经验数据，因此在实际应用中，a 的取值通常是通过对多个 a 值进行试算比较而定，通过比较，哪个 a 值引起的预测误差小就采用哪个。

（3）通过公式推算预测值

【例 3-4】 通过表 3-4 某地区商品房销售额资料，运用指数平滑法预测 2014 年的销售额。具体推算数据见表 3-4

某地区商品房销售预测计算表   表 3-4

年份	销售额（y_1）亿元	S ($a=0.4$)	S ($a=0.8$)
		2513	2513
2004	2513	2513	2513
2005	2988	2703	2893
2006	3935	3196	3727
2007	4863	3863	4636
2008	6032	4730	5753
2009	7956	6021	7515
2010	10376	7763	9804
2011	17576	11688	16022
2012	20826	15343	19865
2013	29604	21048	27656
2014	24071	22257	24788

则 a 分别取 0.4 和 0.8 时，2014 年某地区商品房销售额的预测值分别为 22257 亿元和 24788 亿元。

例 3-4 中，第 0 期的数据取 2004 年的实际销售额。从上例的推算结果可以看出，a 取 0.8 时的预测结果比取 0.4 时的结果更加贴近实际数据，主要是因为我国从深化住房体制改革以来，房地产市场进入了一个快速发展的成长周期，故起伏比较大，因此 a 的值应相应大点。

4. 长期趋势法

长期趋势法适用的对象是价格无明显季节波动的房地产，适用的条件是拥有较长时期同类房地产项目的历史价格资料，并且所拥有的历史价格资料真实、可靠。

应用长期趋势法首先应建立直线趋势预测模型，直线趋势预测的表达式为：

$$\hat{y_t} = a + bt$$

式中 $\hat{y_t}$——预测值；

   t——时间序列编号；

a，b——常数。

要想用上式进行预测，必须想办法求出系数 a、b 的值，根据最小二乘法原理，设 y_t 为实际值，可以推导出求解待定参数的两个标准方程式，即

$$\Sigma y_t = na + b\Sigma t$$

$$\Sigma t y_t = a\Sigma t + b\Sigma t^2$$

式中 n——时间序列的项数或期数。

解标准方程式得：

$$a = \frac{1}{n}(\Sigma y_t - b\Sigma t)$$

$$b = \frac{n\Sigma ty_t - \Sigma t\Sigma ty_t}{n\Sigma t^2 - (\Sigma t)^2}$$

利用已有的时间序列数据，求出 a、b 两个参数，然后代入到直线趋势预测模型 $y_t = a + bt$ 中，便可得到与实际观察值相对应的趋势值。

【例 3-5】 表 3-5 是某地区商品房销售额资料，请运用长期趋势法预测 2014 年的销售额。

商品房销售趋势预测计算表　　　　　　　　　表 3-5

年份	销售额（y_t）/亿元	t	t^2	ty_t	$\hat{y_t}$
2003	2513	1	1	2513	−1509.85
2004	2988	2	4	5976	1169.21
2005	3935	3	9	11805	3848.27
2006	4863	4	16	19452	6527.33
2007	6032	5	25	30160	9206.39
2008	7956	6	36	47736	11885.45
2009	10376	7	49	72632	14564.51
2010	17576	8	64	140608	17243.57
2011	20826	9	81	187434	19922.63
2012	29604	10	100	296040	22601.69
2013	24071	11	121	264781	25280.75
合计	130740	66	506	1079137	

$$a = \frac{1}{11}(13074 - 2679.06 \times 66) \approx -4188.91$$

$$b = \frac{11 \times 1079137 - 66 \times 130740}{11 \times 506 - 66^2} \approx 2679.06$$

则直线趋势方程为　　　　　$\hat{y_t} = -4188.91 + 2679.06t$

则预测 2014 年的商品房销售额，因 $t = 12$，则 $\hat{y_t} = 27959.28$（亿元）。

在上述公式中，n 为时间序列的项数；Σt，Σt^2，Σy，Σty 的值可以从时间序列的实际值中求得。在手工计算的情况下，为了减少计算的工作量，可以使 $\Sigma t = 0$，会使计算过程更简便。

长期趋势法的操作步骤如下：

(1) 搜集类似房地产项目的历史价格资料，并进行检查、鉴别，以保证其真实、可靠；

(2) 整理上述搜集到的历史价格资料，将其化为同一标准，并按照时间的先后顺序将它们编排成时间序列，画出时间序列图；

(3) 观察、分析这个时间序列，根据其特征选择适当、具体的长期趋势法，找出类似房地产项目的价格随时间变化而出现的变动规律，得出一定的模式，以此模式去判断、预测房地产项目的价格变动趋势。

5. 因果预测法

因果预测法是利用不同事物之间的因果关系来预测未来的一种方法。包括回归分析法和相关分析法等。

回归分析法是因果预测法中的一种主要方法。回归分析法包括一元线性回归、多元线性回归和非线性回归分析。本教材只介绍一元线性回归分析法。

一元线性回归分析法亦称直线回归法，它应用于只有一个自变量的趋势预测。下面我们结合案例说明此法的分析步骤。

【例 3-6】 2006～2012 年某地区房地产市场需求量的历史数据如表 3-6 所示，按这个趋势发展，预测该地区 2013 年和 2014 年的房地产需求量。

房地产需求量统计表 　　　　　　　　　　　　　　　　　　　　表 3-6

年份	2006	2007	2008	2009	2010	2011	2012
需求量 （万件）	28	34	36	42	50	52	58

分析：

（1）先根据实际调查的定量资料（表 3-6）找出两个变量的关系，画出散布图（见图 3-1）。

（2）观察和研究这个散布图的数据点，可以找出该产品的时间和需求量之间存在的关系，描绘出趋势直线（见图 3-2）。

描绘的方法是使用等数目的点落在线的两边。

（3）按图 3-2，建立该趋势的直线方程：

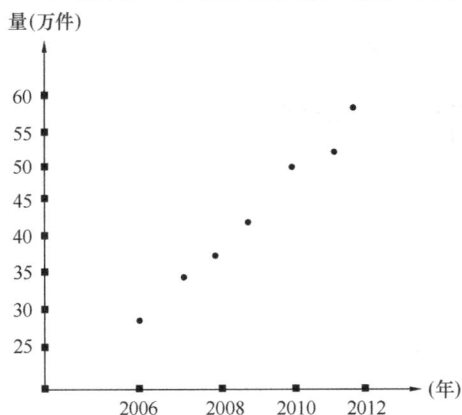

图 3-1 房地产数据散步图

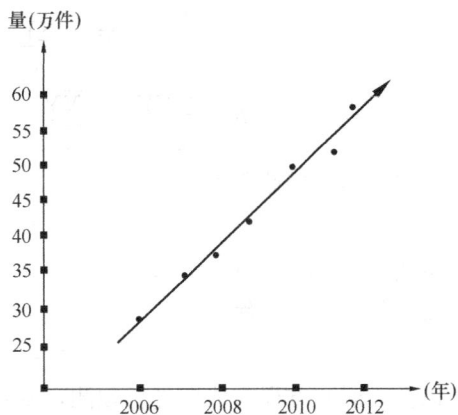

图 3-2 房地产数据趋势直线图

$$Y = a + bx$$

式中　Y——估算产品需求量（因变量）；

　　　a——趋势直线在 Y 轴上的截距；

　　　b——趋势直线的斜率；

x——自变量。

（4）用最小二乘法求出回归方程中的两个参数 a 与 b。用简化计算，以 2006 年为 0，2007 年为 1，以此类推列入表 3-7 中，数据代入方程式中，以寻求最佳配合趋势线的斜率和 Y 轴截距。

房地产一元线性回归预测计算表

表 3-7

数据点	年份（X）	需求量（Y）	$X \cdot Y$	X^2
1	0 (2006)	28	0	0
2	1 (2007)	34	34	1
3	2 (2008)	36	72	4
4	3 (2009)	42	126	9
5	4 (2010)	50	260	16
6	5 (2011)	52	260	25
7	6 (2012)	58	348	36
合　计	$\Sigma X = 21$	$\Sigma Y = 300$	$\Sigma X \cdot Y = 1040$	$\Sigma X^2 = 91$

上面（3）中回归方程的斜率为：

$$b = \frac{\Sigma XY - n\,\overline{XY}}{\Sigma X^2 - n\,\overline{X^2}}$$

式中　b——斜率；

$X(Y)$——自变量（因变量）数值；

$\overline{X}(\overline{Y})$——自变量（因变量）的平均值；

n——数据点的数目（本例 $n = 7$）。

本例：

$$\overline{X} = \frac{\Sigma X}{n} = \frac{21}{7} = 3$$

$$\overline{Y} = \frac{\Sigma Y}{n} = \frac{300}{7} = 42.86$$

则：

$$b = \frac{\Sigma XY - n\,\overline{XY}}{\Sigma X^2 - n\,\overline{X^2}} = \frac{1040 - 7 \times 3 \times 42.86}{91 - 7 \times 3^2} = 5$$

回归方程中的截距为：

$$a = \overline{Y} - b\,\overline{X}$$

本例：$a = \overline{Y} - b\,\overline{X} = 42.86 - 5 \times 3 = 27.86$

将 a 与 b 代入方程得：

$$Y = 27.86 + 5X$$

以上式回归方程为依据进行预测，则：

2013 年预测值：2013 年 X 值为 8，

$$Y = 27.86 + 5 \times 8 = 67.86 \text{（万件）}$$

2014 年预测值：2014 年 X 值为 9，

$$Y = 27.86 + 5 \times 9 = 72.86 \text{（万件）}$$

6. 产品寿命期分析法

产品的寿命期，主要是指产品的经济寿命期。产品的寿命期包括四个阶段，发展与引进期、成长期、成熟期和衰退期。

发展与引进阶段的特点是产销量小、增长慢、产品的成本高；成长期和成熟期销量迅速增加，产品的成本下降，利润上升，到衰退期，则由于销售量显著下降，费用相应增加，成本又会升高。产品寿命期成本（利润）高（低）→低（高）→高（低）的变化，可由曲线示意图反映出来，如图3-3所示。

产品寿命周期如何通过寿命周期曲线区分周期阶段，目前尚无理想的定量分析方法，基本上要靠经验和定性的分析判断。产品寿命期分析方法大体有以下几种：

（1）类比法。这种方法是参照类似产品的发展情况进行对比分析和判断。例如按照黑白电视机的销售资料来判断彩色电视机的发展趋势。

（2）销售增长率判断法。这种方法是用后期与前期销售情况的对比百分率，$\Delta Y/\Delta X$ 的数值作为标准划分寿命周期的各个阶段。如：

$\dfrac{\Delta Y}{\Delta X}$>10％时属于成长期；

$\dfrac{\Delta Y}{\Delta X}$在 1％～10％之间为成熟期；

$\dfrac{\Delta Y}{\Delta X}$<1％（或小于0），即连续下降趋势，表示该产品已进入衰退期。

（3）产品社会普及率判断法。许多耐用消费品根据一般经验数据来判断其寿命周期。大体是：

产品社会普及率在10％以下，属试销期；

产品社会普及率在10％～30％间，大体上处于成长期；

产品社会普及率在50％～70％间，大体上处于成熟期；

产品社会普及率在70％以上的，处于衰退期。

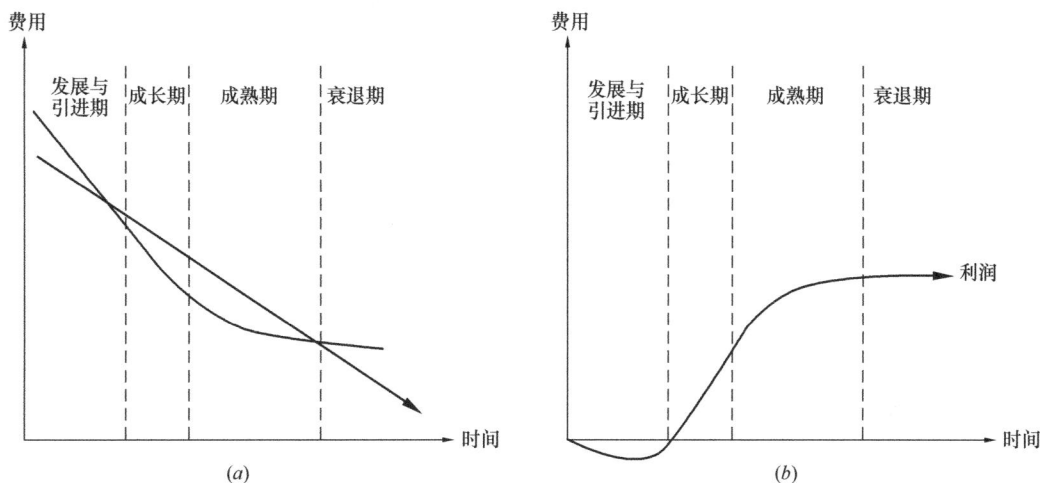

图3-3 产品寿命周期与成本、价格及利润变化曲线

（a）产品寿命周期与成本价格关系曲线；（b）产品寿命周期与利润关系曲线

本 章 小 结

　　房地产项目是否投资建设及立项建成后能否获得预期收益从根本上是由房地产项目所处的市场环境所决定的。房地产市场调查与预测就是根据房地产项目及房地产企业所处的各种环境，结合供求信息和发展趋势，科学研究如何让房地产企业合理规避风险，为房地产项目寻求最佳投资机会。本章通过对房地产市场调查组织及调查方案、房地产市场调查问卷、如何撰写房地产市场调查报告及房地产市场调查与经营预测等相关知识的阐述，使学生能熟练掌握房地产市场调查的关键知识点和技能，熟练运用各种定性与定量分析方法为房地产企业进行科学经营决策奠定基础。通过本章内容的学习，学生能掌握如何设计房地产调查问卷、组织房地产设计调查方案，运用各种预测方法对项目所面临的环境进行分析，并能够撰写房地产调查报告。

练习题

一、单项选择题

1. 房地产一级市场是指（　　）。

A. 新建商品房市场　　　B. 存量房地产市场　　　C. 土地市场　　　D. 二手房市场

2. 房地产是一种特殊商品，也称为（　　）。

A. 流动资产　　　　　　B. 交易资产　　　　　　C. 不动产　　　　D. 稳定产

3. 房地产市场类推法的类型不包括（　　）。

A. 市场类推预测　　　　　　　　　　　B. 国家类推预测

C. 地方类推预测　　　　　　　　　　　D. 个人类推预测

4. 房地产市场调查从广义上讲是对房地产市场（　　）全过程有关的信息情报资料进行系统收集、整理、分析，并提出市场营销建议的过程。

A. 营销　　　　　　　　B. 投资　　　　　　　　C. 租赁　　　　　D. 抵押

5. 房地产市场微观调查不包括（　　）。

A. 房地产市场需求指标　　　　　　　　B. 房地产市场竞争指标

C. 房地产市场调控指标　　　　　　　　D. 房地产市场供给指标

6. 房地产市场调查问卷的原则有（　　）。

A. 可控性原则　　　　　　　　　　　　B. 可接受性原则

C. 可持续性原则　　　　　　　　　　　D. 可操作性原则

7. 房地产市场主体不包括（　　）。

A. 中介服务企业　　　　　　　　　　　B. 中介服务者

C. 金融机构　　　　　　　　　　　　　D. 房地产评估人员

8. 房地产市场调查方案制定原则不包括（　　）。

A. 可控制性原则　　　　　　　　　　　B. 经济性原则

C. 科学性原则　　　　　　　　　　　　D. 可操作性原则

9. 市场调查报告就是对调查到的资料进行系统整理、筛选加工、分析计算的基础上，总结出调查成果的（　　）。

A. 文献资料　　　　　　B. 历史资料　　　　　　C. 参考资料　　　D. 文本资料

10. 房地产市场调查结果分析阶段的内容不包括（　　）。

A. 资料的分析　　　　　　　　　　　　B. 资料的总结

C. 调查报告的撰写　　　　　　　　　　D. 资料的整理

11. （　　）方法指预测者根据已经掌握的部分历史和现实资料，运用个人经验和主观判断能力对事物未来发展做出预测的方法。

A. 逻辑预测　　　　　　B. 主观预测　　　　　　C. 定性预测　　　D. 定量预测

12. 房地产市场调查问卷分析工作的具体内容不包括（　　）。

A. 真实性分析　　　　　B. 一致性分析　　　　　C. 准确性分析　　D. 及时性分析

13. 房地产产品的寿命期，主要是指产品的（　　）寿命期。

A. 经济　　　　　　　　B. 使用　　　　　　　　C. 销售　　　　　D. 社会存在

14. 房地产市场调查主要是指对房地产市场（　　）环境的调查。

A. 经济　　　　　B. 使用　　　　　C. 运行　　　　　D. 服务

15. 房地产需求预测是指对特定区域和特定时期内的拟投资房地产市场或整个房地产产品需求趋势、（　　）、需求水平、需求结构等因素进行分析预测。

A. 购买潜力　　　B. 需求欲望　　　C. 需求潜力　　　D. 购买欲望

16. 房地产市场调查中的书面调查又称为（　　）。

A. 函件通讯调查　　　　　　　B. 文字通讯调查

C. 信息通讯调查　　　　　　　D. 电话通讯调查

17. 房地产项目市场供给预测是对一定时期和一定范围的市场供应量、（　　）、供应变动因素等进行分析预测。

A. 供应目的　　　B. 供应结构　　　C. 供应能力　　　D. 供应承载力

18. 房地产市场调查报告的内容不包括（　　）。

A. 调查报告的基本内容　　　　B. 调查报告的时间

C. 调查报告的数量　　　　　　D. 调查报告的图表、附录

19. 房地产市场调查问卷分析的方法不包括（　　）。

A. 逻辑分析法　　　　　　　　B. 经验分析法

C. 数据分析法　　　　　　　　D. 具体分析法

20. 房地产市场调查的原则不包括（　　）。

A. 及时　　　　　B. 全面　　　　　C. 准确　　　　　D. 认真

二、多项选择题

1. 房地产市场按照权益让渡划分为（　　）。

A. 房地产租赁市场　　　　　　B. 房地产抵押市场

C. 房地产买卖市场　　　　　　D. 房地产服务市场

E. 房地产金融市场

2. 房地产市场的特征为（　　）。

A. 房地产市场是一个多方位的市场　　B. 房地产市场是不完全竞争市场

C. 房地产市场具有独立性　　　　　　D. 房地产市场具有滞后性

E. 房地产市场是一个投机性与投资性相结合的市场

3. 房地产市场的作用为（　　）。

A. 有利于房地产行业供求平衡　　　　B. 实现资源的优化配置

C. 促进房地产行业的良性循环　　　　D. 有利于调整消费结构

E. 有利于提高人民生活水平

4. 房地产市场调查问卷设计的原则有（　　）。

A. 简明性原则　　　　　　　　B. 真实性原则

C. 目的性原则　　　　　　　　D. 顺序性原则

E. 可接受性原则

5. 房地产市场调查问卷分析的方法包括（　　）。

A. 逻辑分析法　　　　　　　　B. 经验性分析法

C. 调查分析法　　　　　　　　D. 具体分析法

E. 数据分析法

6. 房地产市场经营预测的内容包括（　　）。

A. 市场供求状态预测

B. 市场竞争格局预测

C. 消费者购买行为预测

D. 房地产开发项目的市场需求预测和社会购买力预测

E. 产品的营销预测

7. 房地产市场的构成有（　　）。

A. 房地产市场主体   B. 房地产市场价格

C. 房地产市场规划   D. 房地产市场建设

E. 房地产市场客体

8. 房地产市场调查的方法有（　　）。

A. 直接调查法   B. 试点调查法

C. 实验调查法   D. 普查法

E. 间接调查法

9. 房地产市场供给指标包括（　　）。

A. 灭失量   B. 控制量

C. 存量   D. 房屋技术监测

E. 房屋施工面积

10. 房地产调查问卷分析工作的内容有（　　）。

A. 全面性分析   B. 完整性分析

C. 真实性分析   D. 及时性分析

E. 一致性分析

11. 房地产市场直接调查法包括（　　）。

A. 书面调查   B. 网络调查

C. 资料调查   D. 数据调查

E. 走访调查

12. 房地产市场的分类为（　　）。

A. 规划市场   B. 房产市场

C. 土地市场   D. 房地产金融市场

E. 房地产服务市场

13. 房地产房屋市场调查程序有（　　）。

A. 结果分析阶段   B. 调查实施阶段

C. 调查分析阶段   D. 调查跟踪阶段

E. 前期准备阶段

14. 房地产市场调查的宏观调查内容包括（　　）。

A. 技术环境   B. 经济环境

C. 法律制度   D. 资源环境

E. 自然环境

15. 房地产方案制定的原则包括（　　）。

A. 科学性原则　　　　　　　　B. 可控制性原则

C. 经济性原则　　　　　　　　D. 真实性原则

E. 可操作性原则

16. 房地产市场调查报告编写的原则有（　　）。

A. 突出重点原则　　　　　　　B. 实事求是原则

C. 精心安排原则　　　　　　　D. 认真负责原则

E. 客户导向性原则

17. 房地产调查方案的组成包括（　　）。

A. 制定调查提纲和调查表　　　B. 确定调查对象和调查单位

C. 确定市场调查的项目　　　　D. 确定市场调查的目的

E. 确定调查时间和调查期限

18. 房地产定性预测方法有（　　）。

A. 类推法　　　　　　　　　　B. 简单移动平均法

C. 类比法　　　　　　　　　　D. 房地产企业集合意见法

E. 房地产专家判断法

19. 产品寿命期包括（　　）。

A. 发展与引进　　　　　　　　B. 试用期

C. 成长期　　　　　　　　　　D. 成熟期

E. 衰退期

20. 房地产市场调查报告编写的原则有（　　）。

A. 客户导向　　　　　　　　　B. 全面具体

C. 实事求是　　　　　　　　　D. 精心安排

E. 力求准确

思考题

1. 什么是房地产市场调查？

2. 房地产市场调查的方法有哪些？

3. 房地产市场调查分为几个阶段？

4. 房地产市场的构成主体和客体分别是哪些？

5. 房地产市场的特征有哪些？

6. 房地产市场调查的原则有哪些？

7. 房地产经营预测的方法有哪些？

8. 房地产调查问卷分析工作的内容有哪些？

9. 房地产定性预测与定量预测的区别有哪些？

10. 房地产经营预测的程序是什么？

实训题

一、实训内容

1. 市场调查方案设计，撰写市场调查总体方案。

确定市场调查主题：依据具体情况，可以设置为房地产市场需求调查、房地产市场价格调查、房地产市场开发企业调查等调查主题。确定主题后根据给定的时间进行总体方案设计。

2. 市场调查项目：

（1）设计一个调查问卷，问卷中至少要设计调查 5 项与市场价格相关的因素。

（2）撰写市场调查与预测报告，预测时应至少用到两种以上的方法。

3. 对收集的数据进行整理、分析。

4. 根据调查结果写出调研报告。要求字数不少于 2000 字，语言简练、明确，叙述清楚，数据真实，结论有理、有据。

5. 提交一份房地产市场调查与预测报告。报告要附调查过程记录和活动记录及样本相关资料。

二、实训组织

1. 根据学生所在城市，将学生分为若干组（5～7 人一组），为每个组指定一个区域、一种类型的房地产项目。

2. 让学生自己选出组长，由组长把调查任务进行分工，确定每个组员要负责的内容。把调查任务分工制表交给老师，教师考核时要用。

3. 分阶段检查各项工作。如在初始阶段教师要检查学生设计好的调查问卷，在具体调查阶段要明确样表的数量和要求等。可以根据各阶段完成情况赋分。

4. 该实训任务在讲课过程中给学生布置下去，注意分阶段检查督促。

5. 学生用一周时间整理数据，编写预测报告。

6. 一周后进行考核，安排小组答辩和小组介绍环节。

4 房地产经营决策

学习目标

了解：房地产经营目标的概念、内容、意义，经营决策方法的概念。

熟悉：房地产经营决策的概念、分类，房地产经营目标的制定，房地产经营目标的内容。

掌握：房地产经营决策的程序，房地产经营决策的定性方法与定量方法。

4.1 房地产经营目标

4.1.1 房地产经营目标的概念

1. 经营目标

经营目标，是在一定经营时期内，企业生产经营活动预期要达到的成果，是企业生产经营活动目的的反映与体现。

企业经营目标，是在分析企业外部环境和企业内部环境的基础上，确定的企业各项经济活动的发展方向和奋斗目标，是企业经营思想的具体化。它是企业在既定的所有制关系下，作为一个独立的经济实体，在其全部经营活动中所追求的、并在客观上制约着企业行为的目的。

企业的经营目标不止一个，其中既有经济目标又有非经济目标；既有主要目标，又有从属目标。它们之间相互联系，形成了一个目标体系，其主要内容为经济收益和企业组织发展方向。它反映了一个组织所追求的价值，为企业各方面活动提供基本方向。它使企业能在一定的时期、一定的范围内适应环境趋势，使企业的经营活动保持连续性和稳定性。

2. 房地产经营目标

房地产经营目标，是指房地产企业根据外部经营环境和企业内部资源情况，在一个时期内确定的，关于企业生存和未来发展的带有全局性、整体性的总体目标。

房地产企业经营目标形成取决于房地产企业对房地产市场情况、国家政策、项目所在地的区域分析以及对开发项目的期望值，这个期望值往往用经营成果来体现。制订切合实际的经营目标，要从可行性，可操作性角度出发。

一个企业必须首先确定自己在未来某一特定时间内所要达到的目标，然后才能考虑如何进行计划并制定策略使自己的目标变为现实。明确合理的经营目标是正确经营的前提条件，经营目标可以分为主要的和次要的，战略的或具体的，近期的或长远的，决策的目的无疑是要完成经营目标。

房地产企业在确定经营目标时要明确四个问题：为什么要达到这个目标，即目标的必要性与可能性；结合企业实际情况选定主要目标；明确经营目标的目标值及条件；如何保证目标的实现。

3. 制定经营目标的意义

（1）经营目标是战略的体现

企业长期经营目标是企业发展战略的具体体现。许多企业在谈到企业长期经营目标时只是想到销售额要达到多少、利润要达到多少，有些过于狭隘。长期经营目标里，应该不仅包括产品发展目标、市场竞争目标，更应包括社会贡献目标、职工待遇福利目标、员工素质能力发展目标等。

（2）经营目标是价值评估的基础之一

不同的企业其经营目标是不同的，例如改革开放前我国的国有企业的经营目标就是能完成上级主管部门下达的经营任务；承包制下的国有企业只要能完成计划期内利润指标即可；市场经济下企业则既追求经济效益，也追求良好的社会形象。不同经营目标的背后实际上反映了不同的企业制度。

（3）经营目标是对企业内、外部环境系统分析的结果

制定经营目标不是简单轻松的事，需要企业各个部门密切配合、共同制定。需要对企业所在的城市、地区的客观环境有清晰的认识；需要对企业所在行业的未来发展有科学的预测；需要对企业在竞争市场中的地位有准确的定位。只有综合各种因素，全盘考虑，才能制定出一个有利于企业生存、发展的经营目标。

4. 制定房地产经营目标的必要性

房地产企业之所以要制定和实施经营目标，是由外部经营环境的变化、市场竞争的加剧和企业自身发展的要求所决定的。如果没有建立在认真调研基础上的对全局的整体预先谋划，企业很难合理配置各种要素和资源，很难把握市场机遇，很难使企业在激烈的竞争中生存和发展。

随着我国改革开放的全面深入和市场经济的发展，房地产业已经成为国民经济的基础产业和支柱产业。房地产日趋激烈的市场竞争和变化繁多的市场需求，不但给企业带来了大量机会，也同时增添了更多的困难和风险，这也对企业的经营者、决策者提出了更高的要求，增加了更大的责任。在这种形势下，企业的领导者必须做深入细致的研究，客观分析企业内部资源和外部环境变化，制定出正确的符合企业发展的经营目标，并严格执行实施，才能使企业的活力不断增强，才能在严酷激烈的竞争中得以生存，才能在巩固企业实力的基础上蓬勃发展。

4.1.2 房地产经营目标的制定

房地产经营目标的制定是一个系统工作，主要包括经营环境分析、企业能力分析、经营目标确立等过程。

1. 经营环境分析

（1）经营环境的含义

环境，是指同某个系统密切联系，但又不属于这个系统本身的因素。

经营环境，就是能够影响经营活动、经营效果甚至整个经营过程的外部因素条件的总和。随着社会、经济的发展和人们观念的更新，经营环境的含义不断发生变化。现在我们提到的环境，除了包括自然、地理、水文地质、基础设施等硬性条件外，还涵盖了政治、经济、社会、文化、风俗习惯、人力等领域；对于房地产经营来说，政府的干预、社会的

购买力等软性因素的影响更加突出。

房地产的经营环境，与房地产的开发环境、投资环境是密不可分的，是房地产企业在国家、地区、城市或街区内进行开发经营活动时，对房地产经营所要达到的目标产生有利或不利影响的外部环境因素的集合。对房地产企业而言，有些环境是可以控制的，而有些环境则必须接受和适应。

（2）经营环境的类型

经营环境是一个多层次、多因素的复杂系统，其中既有自然、地理环境系统，也有社会、政治、经济、文化等系统，还有人为的工作系统。从不同角度划分，可以将经营环境分类如下：

1）按照经营环境的范围划分，可分为狭义环境和广义环境。

狭义的环境主要指房地产开发经营项目所在具体区域的自然环境和经济环境。

广义的环境除了包含自然环境之外，还包括政治、经济、社会环境在内的综合环境。

2）按照经营环境的内容划分，可分为政治环境、社会环境、法律环境、经济环境、文化环境、自然环境、社会服务环境等。

政治环境是指一个国家或地区在一定时期内的政治背景，是各种不同因素的综合反映。政治环境主要包括国内政治环境和国际政治环境。国内政治环境包括政治制度、政党、政治性团体、国家的方针政策、政治气氛；国际政治环境主要包括国际政治局势、国际关系、目标国的国内政治环境等。

社会环境是在自然环境的基础上，人类通过长期有意识的社会劳动，加工和改造了的自然物质，创造的物质生产体系，积累的物质文化等所形成的环境体系，是与自然环境相对的概念。社会环境一方面是人类精神文明和物质文明发展的标志，另一方面又随着人类文明的演进而不断地丰富和发展，所以也有人把社会环境称为文化社会环境。社会环境广义包括整个社会经济文化体系，如生产力、生产关系、社会制度、社会意识、社会文化、风俗习惯、人的行为、法律和语言等；狭义仅指人类生活的直接环境，如家庭、劳动组织、学习条件和其他集体性社团等。

法律环境主要是法律意识形态及其与之相适应的法律规范、法律制度、法律组织机构等所形成的有机整体，它由两个层次构成：一个是外显的表层结构，即法律规范、法律制度、法律组织机构及法律设施；另一个是内化的里层结构，即法律意识形态。法律环境包括国家法律规范、国家司法机关和社会组织的法律意识。法律环境对组织及其管理活动的影响具有刚性约束的特征，这是由法的强制性所决定的。因此，组织及其管理活动要加强法制观念，特别要及时了解、熟悉与本组织活动相关的法律，切实做到在法律许可的范围内以法律许可的方式从事各项管理活动。

经济环境是指构成企业生存和发展的社会经济状况和国家经济政策，是影响消费者购买能力和支出模式的因素，它包括收入的变化、消费者支出模式的变化等。经济环境包括社会经济制度、经济发展水平、产业结构、劳动力结构、物资资源状况、消费水平、消费结构、国际经济发展动态等内容。

文化环境是指企业所处的社会结构、社会风俗和习惯、信仰和价值观念、行为规范、生活方式、文化传统、人口规模与地理分布等因素的形成和变动。文化环境是影响企业经营目标诸多变量中最复杂、最深刻、最重要的变量。社会文化是某一特定人类社会在其长期发展历史过程中形成的，它主要由特定的价值观念、行为方式、伦理道德规范、审美观念、宗教信仰及风俗习惯等内容构成，它影响和制约着人们的消费观念、需求欲望及特点、购买行为和生活方式，对企业营销行为产生直接影响。研究文化环境一般从教育状况、宗教信仰、价值观念、消费习俗几个方面入手。

自然环境是环绕人们周围的各种自然因素的总和，如大气、水、植物、动物、土壤、岩石矿物、太阳辐射等，这些是人类赖以生存的物质基础。通常把这些因素划分为大气圈、水圈、生物圈、土壤圈、岩石圈五个自然圈。研究自然环境主要研究生态环境、生物环境和地下资源环境，在地理学上常用气候、水文、地貌、生物、土壤五大要素衡量。

社会服务环境是指经营区域内能够提供的服务设施及服务条件，既包括金融、通信、交通、信息、生活服务等环境条件，也包括服务效率、服务效果、服务态度等内容。

3）按照经营环境的要素划分，可分为硬环境和软环境

硬环境主要指项目开发经营中，为创设良好的投资环境而建设的交通、电力、通信、供水、工业厂房等基础设施和生活服务设施。

其中基础设施是指为社会生产和居民生活提供公共服务的物质工程设施，是用于保证国家或地区社会经济活动正常进行的公共服务系统。它是社会赖以生存发展的一般物质条件。基础设施不仅包括公路、铁路、机场、交通、邮电、通信、水电煤气等公共设施，即俗称的基础建设；而且包括商业服务、文化教育、科研与技术服务、医疗卫生、园林绿化、环境保护、体育等社会事业等设施，即社会性基础设施。它们是国民经济各项事业发展的基础。

而生活服务设施是指在城市规划中设置在居住区内，主要为满足本居住区居民日常生活需要的各项公共建筑和设施。生活服务设施的内容因各地居民的政治、经济、社会、宗教、文化和风俗习惯等方面的差异而有所不同。我国城市居住区生活服务设施一般分为七类：教育、文体、卫生、商业、饮食、服务和行政经济管理。在居住区详细规划中，生活服务设施的项目一般分为居住区级和居住小区级两个等级。其具体项目属于居住小区（包括住宅组团）级的有：托儿所、幼儿园、小学、中学、医疗站、青少年活动站、老年活动室、粮店、菜店、副食店、百货店、饮食店、煤铺、理发店、修理门市部、自行车存车处、邮电所、储蓄所、居民委员会、房屋管理养护所、变电所、物资回收站等；属于居住区级的有：门诊所、医院、银行办事处、邮电支局、电影院、文化馆、青少年之家、老人文娱场所、综合食品店、菜市场、副食商店、中西药房、书店、百货商店、日用杂品店、饭店、旅馆、照相馆、理发馆、浴室、洗染店、综合修理部、街道办事处、粮油管理所、房屋管理所、公安派出所、婚姻介绍所等。此外，有些居住区内还应有热力点、煤气调压站和高压水泵站等设施。

在现代社会中，经济越发展，对基础设施的要求越高；完善的基础设施对加速社会经济活动，促进其空间分布形态演变起着巨大的推动作用。

软环境就是在经济发展中，相对于地理条件、资源状况、基础设施、基础条件等"硬件"而言的思想观念、文化氛围、体制机制、政策法规及政府行政能力水平和态度等。软环境是相对硬环境而言的一个概念，它是指物质条件以外的诸如政策、文化、制度、法律、思想观念等外部因素和条件的总和。在现有的环境下，这些因素又集中体现在机制上。软环境好，就会聚集更多的生产要素，其经济活动就会更有活力、更有效益。

4）按照经营环境所处的层次划分，可分为宏观环境、中观环境和微观环境。

（3）经营环境分析的原则

1）系统原则

经营环境包含的内容很多，是一个多层次、多因素、复杂变化的系统，因此应该运用系统分析的方法综合评价环境。既要有宏观层面的整体环境评价，也要有详细具体的局部分析；既要对硬环境进行客观分析，也要对软环境进行评价；既要对房地产的开发投资进行评价，也要对经营进行综合评价。只有这样，才能更好地把握影响环境的各种因素，使评价更加客观准确。

2）权变原则

房地产经营是一项复杂的工作，其构成要素多元，影响因素多样，不但每个要素、因素随时会发生变化，各因素之间的关联和整合方式也在不断变化。随着时间的推移，主要与次要、优势与劣势都可能发生转变。所以对于房地产经营环境应该用动态的、变化的观点进行分析。

3）相对原则

房地产经营活动本身就很复杂，由于房地产产品不可移动，产品的使用功能、价值变动受到地段、规划、周边设施的影响很大，具有明显的地域性，因此没有绝对的"好"或"坏"环境。环境的优劣程度往往要通过不同区域之间的相互比较才能体现。另外对于同一区域的经营环境，由于选择的参照体系不同，可能环境评价的结论也有所不同。一般来讲，参照的体现越细致具体，比较的对象越多、比较的范围越大，环境分析的结果越具体、准确、客观。

4）量化原则

宏观、定性的评价虽然能够对环境进行描述，但往往比较笼统，对于某个具体的项目而言，很难得出针对性的、具体的参考意见。另外由于评价者对环境的感知力不同，每个人所谓的好或坏之间是有差距的。所以定量的、具体的、详细的分析，能够更准确、更客观地帮助经营者、决策者得出令人信服的答案。

（4）经营环境分析的作用

对于房地产经营而言，经营环境是无法控制、无法改变的，因此了解、认识、正确评价经营环境，是确定房地产经营目标时必须首先明确的内容。充分把握经营环境，对于制定正确的房地产经营目标，做出房地产经营决策，确定房地产投资方案意义重大。房地产经营环境直接影响着房地产的经营方向、资源供给、市场细分、产品定位、建设进程和经营效果。

2. 企业能力分析

企业能力分析是指对企业的能力进行综合分析识别，尤其是对其关键能力、有效能力、竞争能力等方面进行分析，评估出企业的优势、劣势，并以此为基础制定经营目标。

企业能力分析的重点，是将现有企业能力与业务活动必需的能力相对比，找出两者的差距，并制定提高企业能力的战略计划，使企业业务计划得以顺利实现。为此，企业能力分析首先要明确企业能力的结构，即明确反映企业能力的因素有哪些。企业要根据自己的实际情况，对企业能力进行分类，便于系统地掌握企业的能力状况。其次，在分类基础上，切实掌握企业现有能力的实际情况，这关系到发展战略计划提出的合理性，是企业能力分析的关键。然后通过对企业能力评价，发现企业现有能力存在的问题，明确企业的优势和劣势。关于企业能力的评价，总的评价思路是将现有企业能力与按某基准所要求的企业能力相对照。评价的难点在于评价基准的选定。目前采用的基准有两种：一是主观基准，即由评价者设定的企业理想能力；二是客观基准，即竞争企业中或其他行业中的优秀企业的能力。

（1）企业能力分析的目的

企业能力分析的目的是明确企业的优势、不足，帮助企业确定长远以及近期的战略目标；分析战略目标的落实可能性，并判断是否需要进行修订；选择并确定企业通过什么方法实现目标以及目标改进的手段。

（2）企业能力分析的运用

企业在进行环境分析的基础上，应认真做好能力分析，预知企业现有能力与将来环境的适应程度，明确企业的优势和劣势，做到"知己知彼"，从而使企业的发展战略和新业务计划建立在切实可行的基础上。否则企业会丧失竞争能力，进而使新业务的开展也归于失败。因此，企业能力分析是制定企业发展战略的重要前提之一。

（3）企业能力分析的内容

1）资源能力分析

资源供应能力的强弱将影响企业的发展方向、速度，甚至企业的生存。企业获取资源的能力直接决定着企业战略的制定和实施。企业资源供应能力包括从外部获取资源的能力和从内部积蓄资源的能力。

企业从外部获取资源的能力取决于以下一些要素：

①企业所处的地理位置；

②企业与资源供应者的关系；

③资源供应者与企业讨价还价的能力；

④资源供应者前向一体化的趋势与能力；

⑤企业资源供应部门人员素质和效率。

企业内部积蓄资源的能力涉及行业整体能力和绩效，但内部资源的配置和利用则是最基本的。企业内部资源的蓄积包括有形资源和无形资源，它们形成企业的经营结构，企业经营结构必须保证在竞争市场上形成战略优势。

分析企业内部资源的蓄积能力可以从以下几个方面入手：

①投入产出比率分析；

②净现金流量分析；

③规模增长分析；

④企业前向一体化、后向一体化的能力和必要性；

⑤商标、专利、商誉分析；

⑥职工的忠诚度分析。

2）资产分析

①财务资产，包括企业的运营资金占注册资金的比例，流动资金量，是否可以接受长期的信贷业务，信用额度；

②实物资产，指企业是否拥有自己独立的生产线，设备先进程度，设计生产能力的强弱；

③运营资产，包括生产车间及机器的使用寿命，生产工艺流程的先进程度；

④人力资本，指员工的学历、素质，管理人员的学历，经验；

⑤管理架构；

⑥营销资产，包括公司的品牌、专有权、产品及其服务是否区别于其他对手。

3）竞争能力分析

①战略层面的竞争能力：公司创建战略远景的能力、沟通与激励能力、执行战略的能力、预测环境的能力、学习和创新能力等。

②职能部门层面的竞争能力：在财务、生产、营销等职能管理中，信息的沟通、管理，营销职能部门与客户的关系，分销渠道的建立和维护，忠实顾客的培养。

③经营运作层面的竞争能力：各部门的联系配合情况，日常经营工作协调和协同，能否做到相互监督、相互竞争。

④个人的竞争能力：管理者的专业管理知识与理念，员工的理论知识和实践能力。

⑤团队的竞争能力：企业内部各部门能否紧密沟通，员工与经理能否经常沟通，团队的目标是否清晰，分工是否明确，激励机制是否有效。

⑥企业的整体竞争能力：企业在所在城市的竞争力、在行业内的竞争力，产品的市场份额，产品、企业、品牌的知名度。

4）经营能力分析

企业对各种资源的分配及对资源的整合程度，运用了哪些有形资产和无形资产，投入的成本，产出的效果和效率，风险规避与控制。

5）创新能力分析

①技术创新：企业能否将科学的概念、理论应用转化成为用户开发的产品，通过生产、制造提供给消费者。

②产品创新：企业提供的产品是否能被用户认可，企业能否有效地说服用户接受自己的产品。

③管理创新：企业是否能有效地进行管理，并获得一定的财务回报。

企业能力也可以被分成四个层次：财务能力、关系及客户资源能力、经营能力、人员与基础设施能力。企业能力之间在相当程度上可以互相转化。

3. 经营目标的确立

（1）确立经营目标的方法——SWOT 分析法

SWOT 分析方法是一种企业战略分析、目标确定的方法，根据企业自身的既定内在条件和所在的外部环境进行综合分析，找出企业内在的优势、劣势，外部的机会、威胁，并确定企业的核心竞争力。其中，S 代表 strength（优势），W 代表 weakness（弱势），O 代表 opportunity（机会），T 代表 threat（威胁）。S、W 是内部因素，O、T 是外部因素。

SWOT 分析不仅来自于对企业内部因素的分析判断，还来自于对竞争态势的分析判断。企业的内部优势、弱点既可以相对于企业目标而言，也可以相对竞争对手而言；企业面临的外部机会与威胁，可能来自于与竞争无关的外部环境因素的变化，也可能来自于竞争对手力量与因素变化，或二者兼有，但关键性的外部机会与威胁应予以确认。

SWOT 分析的核心思想是通过对企业外部环境与内部条件的分析，明确企业可利用的机会和可能面临的风险，将这些机会和风险与企业的优势和缺点结合起来进行匹配，形成企业的未来目标，形成可行的战略，并确定进行控制时应采取的不同战略措施。

（2）SWOT 分析的结果

通过 SWOT 分析，就可以判定企业"能够做的"（即组织的强项 S 和弱项 W）和"可能做的"（即环境的机会 O 和威胁 T）之间的有机组合。

SWOT 分析有四种不同类型的组合：优势——机会（SO）组合、弱点——机会（WO）组合、优势——威胁（ST）组合和弱点——威胁（WT）组合。

1) 优势——机会（SO）组合

这种组合是一种发挥企业内部优势、充分利用外部机会的战略，是一种理想的战略模式。

当企业具有特定方面的优势，而外部有环境又为发挥这种优势提供有利机会时，可以采取该战略。例如经济发展使房地产市场有良好的前景、原材料供应商供应规模扩大、竞争对手有财务危机等外部条件出现时，配以企业自身实力增强、市场份额提高等内在优势，可成为企业收购竞争对手、扩大生产规模的有利条件。

2) 弱点——机会（WO）组合

这种组合是利用外部机会来弥补企业内部弱点，使企业变劣势为优势的战略。

当市场上存在外部机会，但由于企业存在一些内部弱点而妨碍其利用机会，可采取措施先克服这些弱点。例如，若企业目前的弱点是因原材料供应不足而导致房地产产品不能及时开发、企业的开发经营能力闲置；而且从成本角度看产品的单位成本在上升。在产品市场前景看好的背景下，企业可利用原材料供应商扩大规模、新技术设备降价、竞争对手财务危机等机会，通过购置原材料生产线、购买新技术、新设备，入股竞争企业或将其兼并等手段，来弥补目前的不足，实现纵向整合战略，重构企业价值链。通过克服这些弱点，企业可能进一步利用各种外部机会，降低成本，取得成本优势，最终赢得竞争优势。

3) 优势——威胁（ST）组合

这种组合是指企业利用自身优势，回避或减轻外部威胁所造成的影响。

如竞争对手利用拥有专利或新技术的优势大幅度降低成本，给企业很大成本压力；同时市场上原材料供应紧张，价格可能上涨；消费者又要求大幅度提高产品质量；企业还要支付高额环保成本等，这些都会导致企业成本状况进一步恶化，使之在竞争中处于非常不利的地位。但若企业此时拥有充足的现金、熟练的技术工人和较强的产品开发能力，开发绿色建筑、推广新技术产品是企业可选择的战略。企业可利用这些优势开发新型产品，简化施工工艺，提高原材料利用率，从而降低材料消耗和生产成本。目前房地产开发、房地产经营中新技术、新材料、新工艺的应用，既能降低成本，又能提高产品质量，是回避外部威胁影响的较好措施。

4) 弱点——威胁（WT）组合

这种组合是一种旨在减少内部弱点，回避外部环境威胁的防御性技术。

当企业处于内忧外患、面临生存危机时，降低成本也许是改变劣势的主要措施。当企业成本状况恶化、原材料供应不足、生产能力不够、设备老化，无法实现规模效益时，企业采取目标聚集战略或差异化战略，可以回避成本方面的劣势，并回避成本原因带来的威胁。

运用 SWOT 分析确立房地产经营目标，可发挥企业优势，利用机会克服弱点，回避风险，获取或维护成本优势，将企业的战略与目标建立在对内外部因素分析及对竞争势态的判断等基础上。只有全面客观地认识企业的优势、劣势、机会、威胁及正在面临或即将面临的风险，才能真正确立房地产企业的经营目标。

（3）确定经营目标应当注意的问题

1）制定经营目标所需的条件

要把经营目标建立在需要与可能的基础上，把握决策的条件。

所谓决策条件首先是指经营决策的环境，也就是决策是在什么样的内外经营形势下进行的。经营形势会对经营决策提出各种需求，这些需求都是确定经营目标的依据和注意事项。

2）实现经营目标所需要的条件

经营目标应当是在目前的内部、外部条件下允许的，能够实现的目标，尤其要明确实现目标时，哪些条件目前具备，哪些条件目前欠缺，能否采取其他措施来弥补、完善。

3）经营目标要明确具体

确定经营目标是经营决策的内容，同时又是经营决策的前提和依据。因此确定的经营目标不能含糊不清，目标虽应有一定的弹性，但是还要使目标具体化，否则在比较、选择、制定经营方案时会无所适从。

4）经营目标应有衡量实现程度的具体标准

衡量标准不能抽象空洞，不能只进行定性描述，难以量化。经营目标是成体系的、分层次的，是由不同层级、不同部门的目标组成的一个完整的目标系统体系。而且不同层级目标之间存在着目的与手段的关系，即本级目标所要解决的问题，应符合上一级目标的要求，但又不是上一级目标的直接搬用；同时它又能分解为下一级目标，使下一级经营决策有明确的目的，具有指导作用。

5）合理解决多目标问题

经营目标往往有许多个，有时目标体系中的个别目标还会互相矛盾，给经营方案的制定选择造成了困难。因此必须对多目标进行妥善处理。处理的原则是尽量减少目标个数，并明确主要目标和次要目标。取消那些根本实现不了的目标，放弃某些矛盾目标中的一方，把相差不多的目标、某些次要的目标合并成一个目标。

6）目标应既切实可行，又具有挑战性

目标过高或过低，都不利于企业的整体发展。目标如果过高，甚至超出了企业的能力范畴，无论如何努力都无法实现，目标就没有实际意义，在实践中不具有可行性和可操作性；目标如果过低，就会缺乏激励作用，只有高目标才能发挥出人的最大潜能。

4. 制定房地产经营目标的原则

（1）可行性原则

因为房地产开发、经营过程比较复杂，涉及的专业广，投资多、风险大，必须全面了解和分析企业内外部情况，努力使经营目标同企业实力和社会需要相协调。在选定目标前要认真进行可行性研究和测试，客观评估风险承受能力，提高目标的可实现程度。

（2）关键性原则

房地产企业的经营目标是多元化的，在一定的经营期内往往追求多个目标的共同实现。但多个目标之间不是同等重要的，有些是主要目标，有些是次要目标，必须在多个目标中首先明确哪些是关键的、首要的目标，即无论发生什么情况都一定要实现的目标。

（3）激励性原则

目标的实现依靠员工的努力，要使目标具有激励性，目标要定得明确；目标要具有先进性；要使每个员工对企业目标和员工个人目标之间的关系有一个清楚的了解和认识。

（4）调节性原则

企业经营目标一般只能在动态过程中形成，因此企业经营目标不应是一成不变的，而应当具有可调节性。应该根据情况变化和要求，及时调整和修订企业的经营目标，以保证经营目标对企业经营活动的指导意义。

5. 制定房地产经营目标的依据

（1）要以国家的长远规划和方针政策为依据

房地产关系到国计民生，是国家的基础产业、支柱产业，制定房地产经营目标时必须符合国家长远规划的发展要求，符合项目所在地城市规划的要求，符合现行法律法规制度。

（2）要以适应社会需要为依据

房地产产品为人们的生产生活提供有形的物质载体和空间，人类生产生活离不开房地产的支持。无论开发经营何种类型、何种功能的产品，一切都应以适应社会需要为依据，一切以满足市场需求为目标。

（3）要以分析竞争对手的经营情况为依据

由于房地产产品的特殊性，导致房地产开发经营投资巨大，周期长，风险远高于普通商品。在制定经营目标时，除了考虑企业自身的发展目标外，竞争对手的目标、策略是我们不能忽视的重要一环。充分了解自身与对手的情况，知己知彼，才能在激烈的竞争中取胜。

（4）要以本企业的实际情况为依据

每个企业经营管理中有所长，也有所短，制定经营目标时不能简单效仿成功企业的目标，要从本企业的实际情况出发，制定出适合的、可行的目标。

4.1.3 房地产经营目标的内容

1. 房地产经营目标的内容

从房地产产品再生产的角度分析，房地产经营的内容非常广泛。广义的房地产经营内容涵盖了房地产产品的生产、流通、消费、服务等环节。按照经营方式的不同，房地产经营可分为土地经营、房地产开发经营、房地产销售经营、房地产代理经营、房地产租赁经营、房地产抵押、典当与拍卖经营、房地产信托经营、物业管理、房地产中介服务经营等。由于房地产经营的内容不同，所以房地产经营目标也有所不同。

房地产经营目标不仅涉及房地产企业自身，也涉及社会经济发展的需要，对于房地产企业影响非常大。房地产经营目标选择正确，意味着能够客观分析企业的优势和不足；能够拥有或占领房地产开发经营中的优势区位；能够准确把握市场未来的发展。

一个企业往往有许多目标，有些是经济方面的，有些涉及社会、环境或政治方面。一般来说，房地产企业的经营目标应该涉及以下三方面内容：经济效益、社会效益、环境效益。制定房地产经营目标时应实现"三效统一"。

具体地讲，房地产经营目标应该包括：市场目标、物质和资金资源目标、人力资源目标、利润目标、职工积极性发挥目标、技术改进与发展目标、提高生产力目标、社会责任目标、环境保护目标等内容。

2. 房地产经营目标的选择

选择房地产经营目标应认真分析影响房地产经营目标实现的因素，包括房地产经营企业的自有资金、投资经验、风险承受能力、期望回报率、市场竞争情况等。

（1）按照市场定位的不同，房地产经营目标可以分为以下内容：

1）成长性目标

成长性目标是表明房地产企业未来进步和发展水平的目标。这种目标的实现，标志着企业的经营能力、经营水平有了明显提高。

成长性指标包括：销售额及其增长率；利润额及其增长率；资产总额；设备状况、生产能力；产品品种、产量等。其中，销售额与利润额是最重要的成长性指标。销售额是企业实力的象征，而利润额不仅反映了企业的现实经营能力，同时也表明了它的发展潜力。

2）稳定性目标

稳定性目标主要反映企业的经营安全状况，有无亏损或倒闭的危险，对风险的承受能力。

稳定性指标包括：经营安全率；利润率；支付能力。

3）竞争性目标

竞争性目标表明企业的竞争能力和企业形象。

竞争性指标包括：市场占有率；企业形象。其中，市场占有率是最重要的指标，它不仅表明企业的竞争能力，同时也能表明企业的稳定性。市场占有率过低的企业是极不稳定的，企业只有通过提高市场占有率，才能在激烈的市场竞争中站稳脚跟。

（2）按照处于行业生命周期的不同阶段，房地产经营目标可分为以下内容：

1）开拓市场目标

开辟新的市场，可以选择进入新的市场领域，或进入新的行业。

2）产品开发目标

更新楼盘或项目的设计，或进入旧房改造领域。

3）成本领先目标

控制总成本支出，提高楼盘的性价比，可以开发绿色、环保、节能型的楼盘。

4）集中化目标

全力拓展现有市场，通过品牌影响力和社会美誉度巩固、增强企业的地位。

5）差异化目标

通过规划、选址、设计、质量、品牌、管理等重新定位，满足差异化的需求。

6）超越目标

以经营同类产品、同类项目的竞争对手为目标，通过价格、质量、营销、管理等策略进行进攻，超越对手。

7）防御目标

通过增加项目的售后服务或功能、适度降价等手段与竞争对手竞争。

8）调整目标

对现有项目或楼盘的经营、销售进行调整。

9）转变目标

用新的项目代替现有项目，改变项目的市场定位。

10）紧缩目标

缩小楼盘开发规模、减少资金投入。

11）放弃目标

放弃现有的项目。

（3）按照竞争地位的不同，房地产经营目标可分为以下内容：

1）市场开发目标

进入新的区域经营，或开发新的市场份额。

2）市场渗透目标

通过提升服务质量，改进楼盘的销售技巧或增加产品的销量，提高影响力。

3）产品开发目标

更新楼盘的设计、材料、施工方法等，或进入旧城改造领域。

4）前向一体化目标

从房地产经营领域进入物业管理领域。

5）后向一体化目标

从房地产经营领域进入建材、设计、施工等领域。

6）横向一体化目标

通过联合经营、合资、收购其他房地产经营企业等方式，扩大自己的规模和竞争力。

7）多元化目标

从房地产经营领域，向房地产开发、施工等领域拓展。

（4）按照企业的战略目标不同，房地产经营目标可分为以下内容：

1）追求最大利润目标

最大利润包括短期和长期两层含义：短期最大利润往往通过提高价格来实现；长期最大利润往往通过扩大市场份额、进入更多领域来实现，这时追求最大利润不等于追求最高价格，有时企业为了拓展市场、扩大影响力、争取顾客，会采用低价策略。

2）扩大市场份额目标

市场份额反映了房地产企业的市场竞争力，是经营状况好坏的直接反映。用市场份额来衡量经营效果，有时比用销售额、投资收益水平衡量更加直接和准确。

3）价格稳定目标

稳定的价格能带来稳定的销量和稳定的收益，能够避免不必要的价格恶性竞争，以及由此带来的经营风险。

4）人员培训目标

房地产经营效果要依靠企业内部人员的努力才能实现，如果企业目标确定后，人员的技能、素质、思想与目标有差距，就必须进行专业培训和提高，这样既能实现经营目标，又能发挥职工的积极性。

5）社会贡献目标

企业作为社会单元的组成部分，在实现自身目标的同时，必须承担相应的社会责任，对社会做出贡献。比如依法纳税、提供就业岗位、参与城市建设与旧城改造、带动地方经济发展以及回报社会。

6）环境效益目标

通过建筑用地集约化利用与室外环境、节能与能源利用、节水与水资源利用、节材与材料资源利用、室内环境质量以及房地产企业的运营管理，实现环境效益，推动行业技术进步，引导绿色建筑的发展。

3. 房地产经营目标的目标值

由于房地产经营目标的多元化特征，衡量房地产经营目标时可从多个角度度量，可采用以下目标值进行评价：（1）产量和产值；（2）产品质量水平；（3）销售额和销售增长率；（4）利润额和利润增长率；（5）产品成本降低率；（6）生产能力及其利用率；（7）开发新产品项目；（8）设备更新率和平均役龄；（9）资金周转率和周转天数；（10）材料利用率；（11）投资收益率；（12）职工福利水平提高幅度等。

4.2　房地产经营决策的概念

4.2.1　房地产经营决策的概念

1. 房地产经营决策的概念

经营决策就是企业等经济组织决定企业的生产经营目标和达到生产经营目标的战略和策略，即决定做什么和如何做的过程。

房地产经营决策就是决策者为了达到某种目标，运用科学的理论、方法和手段，制定出若干行动方案，对这些方案进行有判断的选择，并予以实施，直到目标实现的过程。

房地产经营决策是由有关部门、房地产经营企业、个人或投资主体对经营项目的根本性问题做出判断和决定的过程，其中根本性问题包括：经营项目的取舍、经营地点的选择、容积率的确定、建筑高度的控制、建筑外观的呈现、建筑景观的要求、投入与产出比、风险及控制、经营方案的确定等重大问题。

房地产经营决策从简单意义上理解，就是从两个或以上的方案中选择一个最优或满意方案的过程，包括机会识别、分析问题、确定目标、拟订方案、实施方案、监督评价、后评估等决策过程。

2. 房地产经营决策遵循的原则

（1）系统原则

能够影响房地产经营效果的因素是多种多样、相互制约的，在进行决策时，首先要进行深入的调查研究，收集各方面的信息，进行科学的分析研究。

在收集各方信息的基础上，必须对以下问题做出系统性的回答：房地产经营项目是否符合城市规划的要求，未来的发展前景如何；企业是否拥有足够的资金，保证在经营期间内必须支付的投资；经营期限多长；能够获取多少可用于出售、出租的经营面积，其建筑面积与使用面积各为多少；项目所在地的楼市价格水平怎样，企业期望的售价或出租价平均能达到多少；各种配套设施能否满足经营的需要；当地的建筑、装饰、承包商能否满足经营项目的要求；企业是否拥有经营管理的专业人才；经营项目的竞争程度如何；经营项目拥有什么样的优势等。

遵循系统原则，就要全面考虑房地产经营各个环节的内容，不能疏忽遗漏。

（2）科学民主原则

经营决策中必须尊重房地产运行的客观规律，按照一定的科学程序决策，即先调研、再认证、后决策、再实施的顺序进行。决策不仅是领导层的事，还要听取员工的意见，依靠群众的智慧，同时参考技术、经济、管理等专家学者的建议，集思广益，实行民主化决策。

（3）三效统一原则

任何项目都必须以提高经济效益、社会效益、环境效益为中心，其中经济效益是"三效"中的根本。没有经济效益，企业将失去生存发展的动力，就没有社会效益和环境效益；可是如果一味追求经济效益，不注重整体环境质量，结果必定是失去市场竞争力和社会信誉，最终也无法实现预期的经济效益。

4.2.2 房地产经营决策的分类

1. 按决策问题在经营中所处的层次分划，可分为战略决策、战术决策。

战略决策是关系到企业生存发展的全局、长远的总体战略。战略决策主要研究房地产企业应该选择哪类经营业务，进入哪些经营领域等有关方向性的问题。

战术决策是在明确企业前进方向后，在战略决策的指导下，为实现整体战略目标，各职能部门根据专业特点制定的具体、详细的决策，包括开发决策、融资决策、营销决策、人力资源决策、管理服务决策等。

2. 按决策问题出现的重复程度划分，可分为程序化决策与非程序化决策。

（1）程序化决策

程序化决策又称常规性决策，是指对重复出现的、日常管理问题所作的决策。这类决策有先例可循，能按已规定的程序、处理方法和标准进行决策。它多属于日常的业务决策和可以规范化的技术决策。程序化可以根据既定的信息建立数学模型，把决策目标和约束条件统一起来，进行优化的一种决策，比如项目选址、采购运输等决策。

程序化决策可以用运筹学技术来完成。在这种程序化决策中，决策所需要的信息可以通过计量和统计调查得到，它的约束条件也是明确而具体的，并且都是能够量化的。对于这种决策，运用计算机信息技术可以取得非常好的效果。通过建立数学模型，让计算机代为运算，并找出最优的方案，都是在价值观念之外做出的，至少价值观念对这种决策的约束作用不是主导因素。

程序化决策的优点：1）便于论证决策。因为程序化决策的问题是重复出现的，对这类问题进行决策时可以通过功能性论证，即用大量试验来论证决策的可行性；或通过结构性论证，即直接论证。无论采用哪种方式，都是按照一定的程序、步骤进行，既提高了决策的可操作性，也提高了决策的准确性。2）提高决策效率。决策者根据市场需求并结合本企业的实际情况，设立合理的组织机构，聘请专家、顾问，按照一定的方式方法去收集信息，按照一定的程序处理信息，最后由决策者结合自己的经验做出决策，在日常事务管理中能显示其优越性。3）节约决策时间。市场变化很快，要求决策具有很强的时效性，如何节约时间、尽快做出决策，是每个决策者必须考虑的问题。程序化决策把日常事务制度化、程序化，把权力下放给下属，让他们依照程序办事，从而节约时间。

（2）非程序化决策

非程序化决策，是指对管理中新颖的问题所作的决策。这种决策没有常规可循，虽然可以参照过去类似情况的做法，但需要按新的情况重新研究，进行决策。它多属于战略决策和一些新的战术决策，这种决策在很大程度上依赖于决策者政治、经济、技术的才智和经验。

非程序化决策在决策所依赖的信息不完全，变量与变量之间的关系模糊、不确定的情况下发生。房地产经营决策的约束条件是由各种各样变量构成的，比如社会需求、消费偏好、个人收入、消费习惯等及其之间的复杂关系。变量的不确定性制约着约束条件的稳定性，而且这种决策的贯彻实施还会引起决策所影响对象的有意识反应，比如竞争对手采取与之相对应的措施，这就导致决策与决策实施结果之间关系的进一步复杂化。这种决策是无法通过建立数学模型来为决策人提供优化方案的。在这种决策中，变量更多的是人的意志因素。而人的意志和欲望多种多样，并且各自的评价又不同。所以，这种决策就不是一种可以在数理基础上完成的逻辑选择。

3. 按照决策采用的方法划分，可分为定性决策与定量决策。

（1）定性决策法

定性决策法又称主观决策法，是指在决策中主要依靠决策者或有关专家的智慧来进行决策的方法。决策者运用社会科学的原理并依据个人的经验和判断能力，采取一些有效的组织形式，充分发挥决策者各自丰富的经验、知识和能力，从对决策对象的本质特征的研究入手，掌握事物的内在联系及其运行规律，对企业的经营管理决策目标、决策方案的拟定以及方案的选择和实施做出判断。这种方法适用于受社会、经济、政治等非计量因素影响较大、所含因素错综复杂、涉及社会心理因素较多以及难以用准确数量表示的综合性问题。

定性决策方法有很多种，常用的有经理人员决策法、专家会议法、头脑风暴法、德尔斐法等。

（2）定量决策法

定量决策法常用于数量化决策，应用数学模型和公式来解决一些决策问题，即是运用数学工具、建立反映各种因素及其关系的数学模型，并通过对这种数学模型的计算和求解，选择出最佳的决策方案。对决策问题进行定量分析，可以提高常规决策的时效性和决策的准确性。运用定量决策方法进行决策也是决策方法科学化的重要标志。

定量分析法有许多，除了运筹学方法外，还有期望值法、决策树法、边际分析法、现值分析法等。

4. 按照决策问题所处条件不同划分，可分为确定型决策、风险型决策、不确定型决策。

4.2.3 房地产经营决策的程序

1. 房地产经营的科学决策程序

房地产经营决策正确与否，关系到企业的生存和发展，因此必须按照科学的决策程序进行。科学的决策程序一般为：先进行大量的调查、分析、预测工作，然后在经营目标的基础上确定各种备选方案，再从可行性、满意性和可能后果等多方面分析、权衡各备择方案，最后进行方案择优，执行该方案，并收集反馈信息。房地产经营决策的流程如图 4-1 所示。

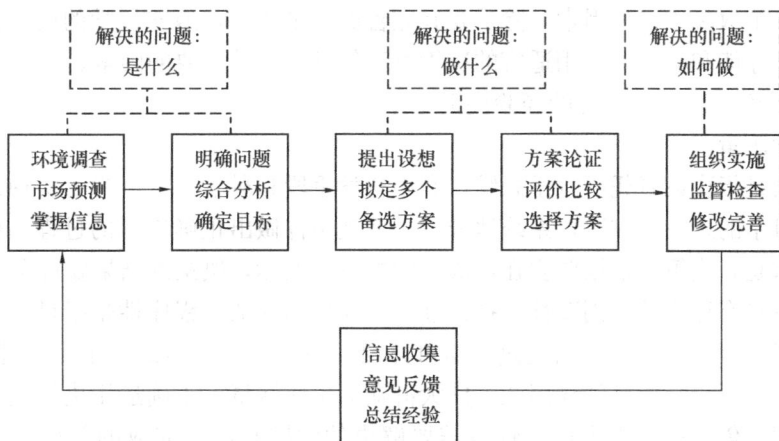

图 4-1 房地产经营决策流程图

决策是人们对行动方案做出决定的过程，是管理工作的要素，是管理过程的基础活动。决策是一个提出问题、分析问题、解决问题的完整的动态过程，必须遵循科学的决策程序，才能做出正确的决策。决策程序一般包括四个基本步骤：

（1）提出问题，确定目标

一切决策都是从问题开始。问题就是应有现象和实际现象之间出现的差距。决策者要善于在全面收集、调查、了解情况的基础上发现差距，确认问题，并能阐明问题的发展趋势和解决问题的重要意义。而目标是指在一定的环境和条件下，在预测的基础上所希望达到的结果。目标是决策的出发点和归宿，目标必须明确、合理，要在需要与可能的基础上，分清必须达到的目标和期望达到的目标。应当在优先保证实现必达目标的基础上，争取实现期望目标。目标应尽量具体，争取量化，以便与执行情况进行分析对比。

（2）拟定可行方案

可行方案是指具备实施条件、能保证决策目标实现的方案。解决任何一个问题，都存在多种途径，其中哪条途径有效，要经过比较，所以要制定各种可供选择的方案。拟定可行方案的过程是一个发现、探索的过程，也是淘汰、补充、修订、选择的过程。应当有大胆设想、勇于创新的精神，又要细致冷静、反复计算、精心设计。对于复杂的问题，可邀请有关专家共同商定。

（3）对方案进行评价和优选

对每一方案的可行性要进行充分的论证，并在论证的基础上做出综合评价。论证要突出技术上的先进性、实现的可能性以及经济上的合理性。不仅要考虑方案所带来的经济效益，也要考虑可能带来的不良影响和潜在的问题，更要考虑房地产经营的复杂性，考虑企业的风险承担能力，从多方案中选取一个较优的方案。如果存在一个能够将各种目标都实现的最优方案当然好，可如果不存在这种方案，就要选择一个满意方案，保证主要目标的实现。

（4）方案的实施与反馈

决策的正确与否要以实施的结果来判断，在方案实施过程中应建立信息反馈渠道，将每一局部过程的实施结果与预期目标进行比较，如果发现差异，就应迅速纠正，以保证决策目标的实现。把成功或失败的经验进行总结，可以为将来的决策提供有效的参考。

正确的决策取决于多种因素，除了要有完善的决策体系，遵守科学的决策程序外，决策者的经验、才能和素质，运用适宜的决策方法等都是至关重要的因素。

2. 科学的经营决策与传统的经验决策

（1）科学决策

科学决策是指决策者凭借科学思维，利用科学手段和科学技术，为了实现某种特定的目标，运用科学的理论和方法，系统地分析主客观条件做出正确决策的过程。科学决策的根本是实事求是，决策的依据要实在，决策的方案要实际，决策的结果要符合实际。

科学决策具有程序性、创造性、择优性、指导性的特征。程序性是指科学决策不是简单拍板，随意决策，更不是头脑发热，信口开河，独断专行，而是在正确的理论指导下，按照一定的程序，充分依靠领导团队、广大群众的集体智慧，正确运用决策技术和方法来选择行为方案。创造性是指决策是针对需要解决的问题和需要完成的新任务而做出的选择，是开动脑筋，运用逻辑思维、形象思维、直觉思维等多种思维进行创造性的劳动。择优性是指在多个方案的对比中寻求能获取较大效益的行动方案，择优是决策的核心。指导性是指在管理活动中，决策一经做出，就必须付诸实施，对整个管理活动、系统内的每一个人都具有约束作用，指导每一个人的行为方向。只有付诸实践，决策才有其实际意义。

（2）经验决策

经验决策是指决策者对决策对象的认识与分析，以及对决策方案的选择，完全凭借决策者在长期工作中所积累的经验和解决问题的惯性思维方式所进行的决策。这是领导者经常用的决策类型，是最传统、最常见的决策类型。

经验决策依靠领导者的知识、智慧、能力和经验。经验决策是历史的产物，并且随着历史的发展和人类的进步而逐渐丰富完善，对现代科学决策有着重要的借鉴作用。

（3）科学决策与经验决策的关系

经验决策的主体一般表现为个体，而科学决策是集体智慧的产物；经验决策主要凭借决策者的主体素质，科学决策则尽可能采用先进的技术和方法；经验决策考虑问题比较片面，科学决策往往系统完整；经验决策比较简单灵活，科学决策考虑的因素较复杂；经验决策方法单一，往往依靠个人的主观判断，科学决策的方法多样，可以从多角度分析评价；经验决策带有直观性，而科学决策不排斥经验，但注重在理论的指导下处理决策问题。因此，应该把经验决策与科学决策结合起来，实现决策的科学化。

3. 房地产经营决策应注意的问题

在决策过程中，可能会发生许多问题，这些问题不一定都作为决策的对象。必须经过筛选归纳，才能抓住主要矛盾，找出问题的症结。一般要注意以下几点：

（1）决策目标要量化明确

目标要有量的规定性，对无法定量考核的，要采用测量法进行定性分析，使其具有可衡量的标准。

（2）目标的完成要有时间限制

房地产经营项目的目标是在特定的时间、地域、环境下产生的，做决策必须以这些条件为依据。如果决策时间拖延过久，导致环境因素都发生新的变化，那么决策的依据就发生了改变，决策就没有必要了。

（3）目标实施与责任制结合

确定目标并不等于目标能够自动实现，没有各部门、各岗位的努力是不行的，必须把目标分解，任务到人，责任到岗。只有落实责任，尤其是经济责任制，目标才能实现。

4.3 房地产经营决策的方法

4.3.1 房地产经营决策方法概述

经营决策方法又称决策技术，是企业进行经营决策的科学手段，是为了实现经营目标而采取的决策手段和途径。

随着决策的实践和决策理论的发展，决策方法正朝着定性和定量两种方向发展，并交替运用，相互补充，成为科学决策的两大支柱。当前采用的经营决策方法常用的主要有两大类：一类是定性分析方法，也称决策软技术；另一类是定量分析方法，也称决策硬技术。由于决策的软技术和硬技术各有优缺点，因此，目前我国和世界大多数企业都两种方法同时采用，既优势互补，又提高了决策效果。

4.3.2 定性决策方法

1. 头脑风暴法

头脑风暴（Brain-storming）法又称智力激励法、BS法、自由思考法，是由美国创造学家A·F·奥斯本于1939年首次提出，于1953年正式发表的一种激发性思维的方法。此法经各国创造学研究者的实践和发展，至今已经成为一个发明创造的技法，深受众多企业和组织的青睐。

在群体决策中，由于群体成员心理相互作用影响，易屈于权威或大多数人意见，形成所谓的"群体思维"。群体思维削弱了群体的批判精神和创造力，损害了决策的质量。为了保证群体决策的创造性，提高决策质量，管理上发展了一系列改善群体决策的方法，头脑风暴法是较为典型的一个。

头脑风暴法分为直接头脑风暴法（通常简称为头脑风暴法）和质疑头脑风暴法（也称反头脑风暴法）。前者是在专家群体决策尽可能激发创造性，产生尽可能多的设想的方法；后者则是对前者提出的设想、方案逐一质疑，分析其现实可行性的方法。

采用头脑风暴法组织群体决策时，要集中有关专家召开专题会议，主持者以明确的方式向所有参与者阐明问题，说明会议的规则，尽力创造融洽轻松的会议气氛。主持者一般不发表意见，以免影响会议的自由气氛，由专家们"自由"提出尽可能多的方案。这种决策方法有四项原则：各自发表自己的意见，对别人的建议不作评论；不必深思熟虑，建议越多越好；鼓励独立思考、奇思妙想；可以补充完善已有的建议。头脑风暴法的特点是：针对解决的问题，相关专家或人员聚在一起，在宽松的氛围中，敞开思路，畅所欲言，寻求多种决策思路。倡导创新思维。时间一般在1～2小时，参加者以10人以内为宜。

2. 名义小组技术

名义小组技术（Nominal Group Technique），又称名义群体法、NGT法、名义团体技术、名义群体技术、名义小组法等。名义小组技术与召开传统会议一样，群体成员都出席会议，但群体成员首先进行个体决策；在决策过程中对群体成员的讨论或人际沟通加以限制，群体成员应该是独立思考的。在集体决策中，如果对问题的性质不完全了解，而且意见分歧严重，可以采用名义小组法。在这种方法下，小组成员互不通气，也不在一起讨论、协商，小组只是名义上的。这种名义上的小组可以有效地激发个人的创造力和想象力。

管理者先选择一些对要解决的问题有研究或者有经验的人作为小组成员，并向他们提供与决策问题相关的信息。小组成员各自先不通气，请他们独立思考，要求每个人尽可能把自己的备选方案和意见写下来，然后再按次序让他们一个接一个地陈述自己的方案和意见。在此基础上，由小组成员对提出的全部备选方案进行投票，根据投票结果，赞成人数最多的备选方案即为所要的方案，并提交管理者作为决策参考。

3. 德尔菲法

德尔菲法（Delphi Method）由美国兰德公司于 20 世纪 50 年代初发明，最早用于预测，后来推广应用到决策中，主要应用于听取专家对某一问题的意见。运用这一方法的思路是：根据问题的特点，选择和邀请做过相关研究或有相关经验的专家，将与问题有关的信息分别提供给专家，请他们各自独立发表自己的意见，并写成书面材料。管理者收集并综合专家们的意见后，将综合意见反馈给各位专家，请他们再次发表意见。如果分歧很大，可以开会集中讨论；否则，管理者分头与专家联络。如此反复多次，最后形成代表专家组意见的方案。

（1）德尔菲法的实施过程

1）拟定决策提纲

先把需要决策的内容写成几个提问的问题，问题的含义必须提的十分明确，不论谁回答，对问题的理解都不应两样，而且最好只能以具体明确的形式回答。

2）选定决策专家

选择的专家一般是指有名望的或从事该项工作多年的专家，最好包括多方面的有关专家，选定人数一般以 20～50 人为宜，一些重大问题的决策可选择 100 人以上。

3）征询专家意见

向专家发出第一次征询表，要求每位专家提出自己决策的意见和依据，并说明是否需要补充资料。

4）修改决策意见

决策的组织者将第一次决策的结果及资料进行综合整理、归纳，使其条理化，发出第二次征询表，同时把汇总的情况一同寄去，让每一位专家看到全体专家的意见倾向，据此对所征询的问题提出修改意见或重新做一次评价。

5）确定决策结果

征询、修改以及汇总反复进行三四轮，专家的意见就逐步集中和收敛，从而确定出专家们趋于一致的决策结果。

德尔菲法的优点是每个人的观点都会被收集，群体的意志不会被声音最大或地位最高的人控制，而且管理者可以保证在征集意见以便做出决策时，没有忽视重要观点。

（2）德尔菲法的特点

1）匿名性。征询和回答是用书信的形式"背靠背"进行的，应答者彼此不知道具体是谁，这就可以避免相互的消极影响。

2）反馈性。征得的意见经过统计整理，重新反馈给参加应答者。每个人可以知道全体的意见倾向以及持与众不同意见者的理由。每一个应答者有机会修改自己的见解，而且无损自己的威信。

3）收敛性。征询意见过程经过几轮重复，参加应答者就能够达到大致的共识，甚至比较协调一致。也就是说，统计归纳的结果是收敛的、趋于一致的，而不是发散的。

4.3.3 定量决策方法

定量决策方法是建立在数学分析基础上的一种决策方法。它的基本思想是把决策的常量与变量以及变量与目标之间的关系，用数学公式表达出来，即建立数学模型，然后根据决策条件，通过计算求得决策答案。

无论用何种定量决策方法决策，其决策准则应该一致，即：收益最大或损失最小。

1. 确定型决策方法

确定型决策是指影响决策的因素和结果都是明确的、肯定的。确定型决策的实质是定型决策，是指未来事件发生的条件，即自然状态为已知情况下的决策。自然状态指各种可行方案可能遇到的客观情况和状态，是决策者不能控制的因素，如天气的变化、市场供求状况等。确定型决策不仅表现为对未来发生条件的确定，而且在已知条件下选出的最优方案也是确定的。因为未来的情况完全确定，供决策者选择的每种方案都有一个明确的结果，所以这时只需比较各个方案的优劣，一般根据已知条件，直接计算出各个方案的损益值，进行比较，就可以选出比较满意的方案。

确定型决策适用的条件：信息比较充分完备；只存在一个确定的目标；未来的自然状态已知；每种状态下的各种方案和不同方案的结果都可以确定。

下面主要介绍确定性决策的两种常用方法：线性规划法、盈亏平衡分析法。

（1）线性规划法

在房地产经营管理中，经常会遇到两类问题：一是如何合理安排使用有限的资金、劳动力、设备等资源，以得到最大的效益（如经营利润），即有限投入下产出最大；二是为了达到预定的目标，如何组织生产经营、合理安排流程，使消耗的资源成本（人力、材料、资金、机械设备等）最少，即确定产出下投入最小。线性规划法可以较好地解决这些问题，尤其在房地产开发经营中，有关项目地段的选择、设计方案的比选优化、融资方案的比较、施工中资源的合理安排、租售方案的择优确定等决策方面，有着较好的应用效果。

【例 4-1】 某铁器加工厂要制作 A、B 两种钢架，生产这两种钢架要消耗某种圆钢，生产每种钢架所需的圆钢及所占设备如表 4-1 所示。该厂每周能得到的圆钢量为 160kg，每周设备最多能开 15 个台班。根据市场需求，A 钢架每周产量不应超过 4t。已知该厂生产每吨 A、B 两种产品的利润分别为 5 万元及 2 万元，问该厂应该如何安排两种产品的产量，使每周的获利最大？

生产钢架所需圆钢及设备情况表　　　　　　　　　　　　表 4-1

	每吨产品的消耗		每周资源总量
	A	B	
圆钢（kg）	30	20	160
设备/台班	5	1	15

解：

设该厂每周安排生产 A 钢架的产量为 x_1（t），B 钢架的产量为 x_2（t），则每周能获得的利润总额为

$$Z=5x_1+2x_2 \tag{4-1}$$

但生产量的大小要受到圆钢供应量及设备的限制，还要受到市场需求量的制约，即 x_1、x_2 要满足以下条件：

$$30x_1+20x_2 \leqslant 160$$
$$5x_1+x_2 \leqslant 15 \tag{4-2}$$
$$x_1 \leqslant 4$$

同时要求 x_1、x_2 还应是非负的数：

$$x_1 \geqslant 0, \ x_2 \geqslant 0 \tag{4-3}$$

这样就建立了一个数学模型，即要求一组变量 x_1、x_2 的值（整数），满足约束条件（4-2）及非负条件（4-3），同时使目标函数（4-1）取得最大值。通常将这样的极值问题称为规划问题。

美国数学家丹齐格（George Bernard Dantzig）提出了用单纯形法求解线性问题的有效方法，得出 $x_1=2$（t），$x_2=5$（t），每周可获最大利润 20 万元。

（2）盈亏平衡分析法

盈亏平衡分析法是根据项目正常年份的产品产量或销售量、固定成本、可变成本、税金等数据，来研究产量、成本、利润之间变化与平衡关系的方法，也称量—本—利分析方法。

盈亏平衡分析的目的主要是找出不确定因素变化的临界值，断定投资方案对不确定因素变化的承受能力，为决策提供依据。具体分析方法在本教材第五章做详细阐述。

2. 风险型决策

风险型决策是指决策者对决策对象的自然状态和客观条件比较清楚，也有比较明确的决策目标，但是在未来的决定因素可能出现的结果不能做出充分肯定的情况下，根据各种可能结果的客观概率做出的决策，所以实现决策目标必须冒一定风险。

风险型决策适用的条件：信息不太完备；存在一个确定的目标；知道未来有几种状态，但未来会出现什么样的自然状态未知，可以估计其发生的概率；可以计算确定每种状态下的各种方案和不同方案的结果。

进行风险型决策时，一般先预计在未来实施过程中可能出现的各种自然状态，如市场销售状况可能有好、中、坏三种，并估计这三种状态可能出现的概率；然后根据决策目的提出各种决策方案，并按每个方案计算出在不同的自然状况下的损益值，成为条件损益；最后分别计算出每个方案的损益期望值，进行比较，择优选用。

风险型决策主要介绍两种常用方法：期望值法、决策树法。

（1）期望值法

在概率和统计学中，一个随机变量的期望值（expected value）或期待值是变量的输出值乘以其机率的总和，换句话说，期望值是该变量输出值的平均数。人们对未来可能会遇到好几种不同的情况，每种情况出现的可能目前无法确知，但是可以根据以前的资料来推断各种自然状态出现的概率。在这样的条件下，人们计算的各种方案在未来的经济效果只

能是考虑到各种自然状态出现的概率的期望值，与未来的实际收益不会完全相等。

期望值法的思路是：假定各种自然状态出现的概率，然后求出各方案的期望损益值，最后选择收益值最大或期望损失值最小的方案作为最优决策方案。

期望值法的计算公式为：

解：
$$E(d_i) = \sum_{j=1}^{m} x_{ij} P(\theta_j)$$
(4-4)

式中　$E(d_i)$ ——第 i 个方案的期望值；

X_{ij} ——第 i 个方案在第 j 种状态下的损益值；

$P(\theta_j)$ ——第 j 种状态发生的概率；

m——可能出现的状态数量。

以期望值为标准的决策方法一般适用于几种情况：概率的出现具有明显的客观性质，而且比较稳定；决策不是解决一次性问题，而是解决多次重复的问题；决策的结果不会对决策者带来严重的后果。

【例 4-2】 某房地产公司为实现下一经营年度的经营目标，准备在一块建设用地上开发居住小区，现有两个方案可供选择：A 方案为大面积开发，需投资 5000 万元；B 方案为小面积开发，需投资 1800 万元。两方案的建设经营期均为 5 年，根据市场预测，下一经营年度商品住宅需求状况及年收益见表 4-2，试用期望值法进行方案选择。

需求状况及收益表 （单位：万元/年）**表 4-2**

自然状态 损益值 方案	市场需求量大 $P(\theta_1) = 0.75$	市场需求量小 $P(\theta_2) = 0.25$
A 方案，大面积开发	2100	−420
B 方案，小面积开发	700	300

解：

用公式（4-12）分别计算两个方案在未来 5 年内净收益的期望值。

$E(A) = [2100 \times 0.75 + (-420) \times 0.25] \times 5 - 5000 = 2350$ 万元

$E(B) = (700 \times 0.75 + 300 \times 0.25) \times 5 - 1800 = 1200$ 万元

$E(A) > E(B)$，所以选择大面积开发的 A 方案。

（2）决策树法

决策树分析法是常用的风险分析决策方法，该方法是一种用树形图来描述各方案在未来收益的计算、比较以及选择的方法，其决策是以期望值为标准的。

1）决策树法的原理

它利用了概率论的原理，并且利用一种树形图作为分析工具。其基本原理是用决策点代表决策问题，用方案分枝代表可供选择的方案，用概率分枝代表方案可能出现的各种自然状态，用结果点代表某种方案在某种状态下的结果，并将损益值写在结果点的后方。经过对各种方案在各种结果条件下损益值的计算比较，可为决策者提供决策依据。

2）决策树的构成

决策树由决策结点、方案分枝、状态结点、概率分枝和结果点五个要素构成。决策树的基本结构如图 4-2 所示。

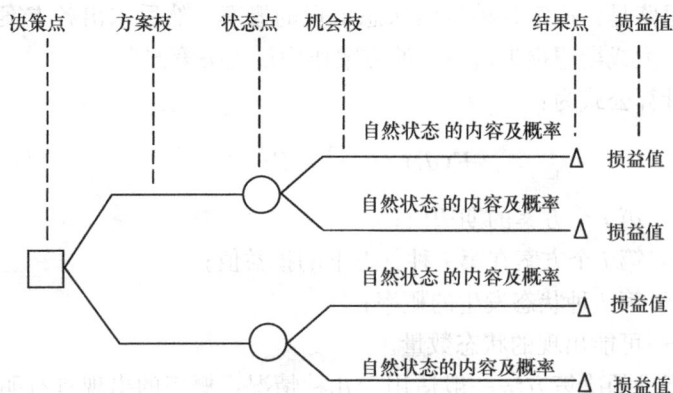

图 4-2　决策树基本结构图

如果一个决策树只在树的根部有一决策点，则称为单级决策；若一个决策不仅在树的根部有决策点，而且在树的中间也有决策点，则称为多级决策。

3）绘制决策树的步骤

①画决策树。顺序是从左向右。先画出决策点，从决策点引出方案枝，方案枝的数量与备选方案的数目相等。方案枝的右端是状态点，从状态点引出机会枝，机会枝的数目与自然状态数相等。在每个机会枝上面标出自然状态的内容及概率。在机会枝的末端画结果点，并在结果节点的右边标上损益值。

②在决策点和状态点上标明序号，顺序是从左向右，从上到下。

③用公式计算各方案的期望值。

④把期望值写在各状态点的上方并进行比较。

⑤选择最优方案，并在其他没有选中的方案枝上画×或∥，表示剪去不用。

⑥得出结论。

【例 4-3】　某房地产企业根据行情的预测，针对不同情况采取了不同的房地产经营策略，其损益值见表 4-3，试用决策树法进行决策。

需求状况及收益表　　　　　　　　　　（单位：万元）表 4-3

损益值　　自然状态 方案	行情好 $P(\theta_1)=0.3$	行情一般 $P(\theta_2)=0.5$	行情差 $P(\theta_3)=0.2$
A	120	40	20
B	50	70	30
C	40	50	60

解：

首先画出决策树，并进行标注，如图 4-3 所示。

计算各方案的期望值：

$E(A)=120\times0.3+40\times0.5+20\times0.2=60$ 万元

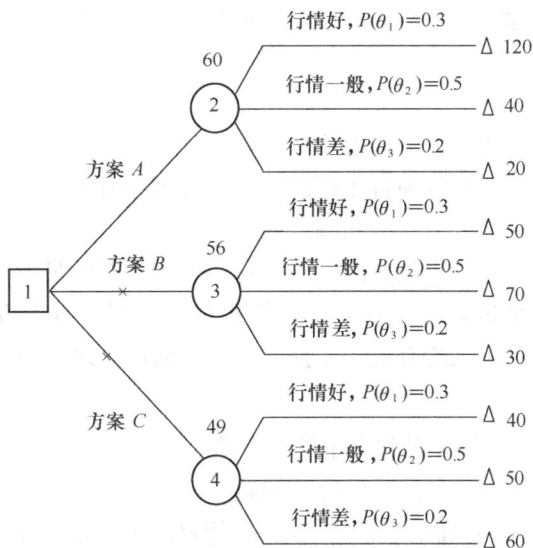

图 4-3　房地产经营策略决策树

E （B）＝50×0.3＋70×0.5＋30×0.2＝56 万元

E （C）＝40×0.3＋50×0.5＋60×0.2＝49 万元

在决策树上标注期望值。经过比较，A 方案的期望值最大，选择 A 方案，并在没有选中的方案枝 B、方案枝 C 上画×，保留方案 A。

4）决策树法的优缺点

决策树法是管理人员和决策分析人员经常采用的一种行之有效的决策工具。它具有下列优点：

①决策树列出了决策问题的全部可行方案和可能出现的各种自然状态，以及各可行方法在各种不同状态下的期望值。

②能直观地显示整个决策问题在时间和决策顺序上不同阶段的决策过程。

③在应用于复杂的多阶段决策时，阶段明显，层次清楚，便于决策机构集体研究，可以周密地思考各种因素，有利于做出正确的决策。

当然决策树法也不是十全十美的，它也有缺点：

①使用范围有限，无法适用于一些不能用数量表示的决策；

②对各种方案的出现概率的确定有时主观性较大，可能导致决策失误。

3. 不确定型决策

不确定型决策方法又称非确定型决策、非标准决策或非结构化决策，是指决策者无法确定未来各种自然状态发生的概率，是在不稳定条件下进行的决策。不确定型决策所处的条件和状态都与风险型决策相似，不同的只是各种方案在未来将出现哪一种结果的概率不能预测。只要可供选择的方案不止一个，决策结果就存在不确定性，因而结果不确定。

不确定型决策适用的条件：信息严重缺乏；存在一个确定的目标；知道未来有几种状态，但未来会出现什么样的自然状态未知，甚至连发生的概率都无法估计；可以计算确定每种状态下的各种方案和不同方案的结果。

不确定型决策的主要方法有：乐观法、悲观法、等可能性法、乐观系数法和后悔值法。

（1）乐观法

乐观法也称好中求好法、大中取大法、冒险法。

它的思路是决策者不知道各种自然状态中任一种可能发生的概率，决策的目标是选最好的自然状态下确保获得最大可能的利润。

乐观法在决策中的具体运用是：首先确定每一可选方案的最大利润值；然后在这些方案的最大利润中选出一个最大值，与该最大值相对应的那个可选方案便是决策选择的方案。由于根据这种准则决策也能有最大亏损的结果，因而称之冒险投机的准则。

$$r=\max_i \{\max_j \mu_{ij}\} \tag{4-5}$$

式中　μ_{ij}——第 i 种方案在第 j 种状态下的损益值，$i=1，2，\cdots，m$，$j=1，2，\cdots，n$。

这种方法适用于把握大、风险小的决策问题。

【例 4-4】　某建材厂需要确定下一年度 PVC 管材的生产量，经过市场调研预测，PVC 管材的市场需求有多、中、少三种情况，可采取的生产方案有 A、B、C、D 四种，各生产方案可能获得的收益可以相应地计算出来，如表 4-4 所示。应如何决策才能使建材厂的收益最大。

各方案在不同需求下的收益　（单位：万元）**表 4-4**

损益值　　　自然状态 方案	$S1$ 需求多	$S2$ 需求中等	$S3$ 需求少
A	90	40	10
B	50	30	70
C	60	80	20
D	50	50	50

解：

使用乐观法进行决策

$$r=\max_i \{\max_j \mu_{ij}\} =\max_i \{90，70，80，50\} =90$$

最大的收益值是 90 万元，与其对应的生产方案为 A 方案。

（2）悲观法

悲观法也称坏中求好法、小中取大法、瓦尔德决策准则。

由于决策者不知道各种自然状态中任一种状态发生的概率，决策的目标是避免最坏的结果，追求风险最小。运用悲观法进行决策时，首先要确定每一可选方案的最小收益值，然后从这些方案最小收益值中，选出一个最大值，与该最大值相对应的方案就是决策所选择的方案。其计算公式为：

$$r=\max_i \{\min_j \mu_{ij}\} \tag{4-6}$$

这种方法适用于把握小、风险大的决策问题。

仍采用例 4-4 的数据，如果用悲观法决策，则：

$$r = \max_i \{ \min_j \mu_{ij} \} = \max \{ 10, 30, 20, 50 \} = 50$$

最大的收益值是 50 万元，与其对应的生产方案为 D 方案。

（3）等可能法

等可能法也称拉普拉斯决策准则。采用这种方法，是人为假定自然状态中任何一种发生的可能性是相同的，通过比较每个方案的损益平均值来进行方案的选择，在利润最大化目标下，选择平均利润最大的方案，在成本最小化目标下选择平均成本最小的方案。计算公式为：

$$r = \max_i \left\{ \frac{1}{n} \sum_{j=1}^n \mu_{ij} \right\} \qquad (4\text{-}7)$$

仍采用例 4-4 的数据，如果用等可能法计算：

$$r = \max_i \{ 47, 50, 53, 50 \} = 53$$

最大的收益值是 53 万元，与其对应的生产方案为 C 方案。

（4）乐观系数法

乐观系数法也称折中法、折中系数法、拆赫威斯决策法，是由决策者确定一个乐观系数 α，运用乐观系数计算出各方案的乐观期望值，并选择期望值最大的方案。α 的取值范围为 $(0 < \alpha < 1)$，用以表示其趋向于冒险的程度，进行决策。为乐观系数究竟在 $(0, 1)$ 区间内取什么值，取决于决策者的态度。在决策者很难确定是冒险还是保守时，可以取 $\alpha = 1/2$。其计算公式为：

$$r = \min_i \{ \alpha \max_j (\mu_{ij}) + (1-\alpha) \min_j (\mu_{ij}) \} \qquad (4\text{-}8)$$

上例中，如果取 $\alpha = 0.6$ 时，

$$r = \max_i \{ \alpha \max_j (\mu_{ij}) + (1-\alpha) \min_j (\mu_{ij}) \} = \max_i \{ 58, 54, 56, 50 \} = 58$$

最大的收益值是 58 万元，与其对应的生产方案为 A 方案。

以上四种方法可以合并到一张表中分析，如表 4-5 所示。

计算结果汇总表　　　　　　　　　　　　　　　　　　表 4-5

自然状态损益值 方案	S1	S2	S3	各方案确定的效应值			
				乐观法	悲观法	等可能法	乐观系数法 $\alpha=0.6$
A	90	40	10	90	10	47	58
B	50	30	70	70	30	50	54
C	60	80	20	80	20	53	56
D	50	50	50	50	50	50	50
选取的效应值				90	50	53	58
决策方案				A	D	C	A

（5）后悔值法

后悔值法也称最大最小后悔值法、萨凡奇决策法，当决策者不知道各种自然状态中任一种发生的概率时，决策目标是确保避免较大的机会损失。

运用最小最大后悔值法时，首先要将决策矩阵从损益矩阵转变为机会损失矩阵；然后

确定每一可选方案的最大机会损失；再次，在这些方案的最大机会损失中，选出一个最小值，与该最小值对应的可选方案便是决策选择的方案。计算公式为：

$$r = \min_i\{\max_j[\mu'_{ij}]\} \qquad (4\text{-}9)$$

式中　μ'_{ij}——第 i 种方案在第 j 种状态下的后悔值，$i=1，2，\cdots，m$；$j=1，2，\cdots，n$。

仍采用例 4-4 的数据，用后悔值法决策，决策过程及结果如表 4-6 所示。

后悔值决策表

表 4-6

后悔值　　　　　自然状态　方案	S1 需求多	S2 需求中等	S3 需求少	各方案最大后悔值
A	0	40	60	60
B	40	50	0	50
C	30	0	50	50
D	40	30	20	40
最大后悔值最小者	40			
对应的决策方案	D			

本 章 小 结

房地产经营决策在房地产经营管理中发挥着重要作用。本章从房地产经营目标、房地产经营决策的概念及房地产经营决策的方法三个角度阐述了房地产经营决策的相关知识。房地产经营目标：主要介绍了房地产经营目标的概念，从经营环境分析、企业能力分析、经营目标确立等过程讲述了如何制定房地产经营目标，讲述了房地产经营目标的内容、如何选择及衡量经营目标的目标值。房地产经营决策的概念：主要介绍了房地产经营决策的概念，决策时应遵循的原则，经营决策的类型，以及房地产经营决策的程序。房地产经营决策的方法：主要从定性与定量两个角度详细阐述了房地产经营决策的方法。定性方法讲述了头脑风暴法、名义小组技术及德尔菲法；定量方法重点讲述了确定型决策、风险型决策及不确定型决策的具体方法。

练习题

一、单项选择题

1. 以下哪项不属于房地产经营环境中的硬环境（　　）。

A. 交通　　　　　　 B. 供水　　　　　　 C. 思想观念　　　　 D. 街道办事处

2. 人力资本分析属于企业能力分析中的（　　）。

A. 资源能力分析　　 B. 资产分析　　　　 C. 竞争能力分析　　 D. 经营能力分析

3. 利用外部机会来弥补企业内部弱点，使企业变劣势为优势的战略是（　　）。

A. SO 组合　　　　 B. WO 组合　　　　 C. ST 组合　　　　 D. WT 组合

4. 在房地产经营决策中，对重复出现的、日常管理问题所作的决策称为（　　）。

A. 战略决策　　　　 B. 战术决策　　　　 C. 非程序化决策　　 D. 程序化决策

5. 房地产企业在确定经营目标时要明确四个问题：①为什么要达到这个目标；②结合企业实际情况选定主要目标；③明确经营目标的目标值及条件；④如何保证目标的实现。这四个问题的正确排序是（　　）。

A. ②①④③　　　　 B. ①②③④　　　　 C. ①②④③　　　　 D. ④②①③

6. 房地产广义的环境除了包含自然环境之外，还包括政治环境、经济环境与（　　）。

A. 法律环境　　　　 B. 技术环境　　　　 C. 社会环境　　　　 D. 产业环境

7. 企业能力分析是指对企业的能力进行综合分析识别，尤其要对其关键能力、有效能力及（　　）等方面进行分析。

A. 生存能力　　　　 B. 发展能力　　　　 C. 盈利能力　　　　 D. 竞争能力

8. 房地产经营的内容涵盖了房地产的生产、流通、消费、（　　）等环节。

A. 销售　　　　　　 B. 服务　　　　　　 C. 盈利能力　　　　 D. 竞争能力

9. 能够反映房地产企业未来进步和发展水平的目标是（　　）。

A. 成长性目标　　　 B. 稳定性目标　　　 C. 竞争性目标　　　 D. 经营性目标

10. 衡量经营效果时，有时（　　）比销售额、投资收益水平衡量更加直接和准确。

A. 销售利润　　　　 B. 顾客需求　　　　 C. 市场份额　　　　 D. 品牌效应

11. 职能部门根据专业特点制定的开发决策、融资决策、营销决策、人力资源决策、管理服务决策等决策属于房地产经营决策中的（　　）。

A. 战略决策　　　　 B. 战术决策　　　　 C. 经营决策　　　　 D. 部门决策

12. 房地产经营决策的约束条件是由社会需求、消费偏好、个人收入、消费习惯等各种变量构成的，导致这种决策往往是（　　）。

A. 定性决策　　　　 B. 定量决策　　　　 C. 程序化决策　　　 D. 非程序化决策

13. 能够发挥企业内部优势、充分利用外部机会的战略模式是 SWOT 分析中的（　　）。

A. WO 组合　　　　 B. ST 组合　　　　 C. SO 组合　　　　 D. WT 组合

14. 盈亏平衡点 BEP 通常用全部销售收入等于全部成本时的产量衡量，在这个点时，（　　）。

A. 利润为正   B. 利润为负   C. 利润为零   D. 利润为最大

15. 当决策者不知道各种自然状态中任一种发生的概率，决策的目标是确保避免较大的机会损失，这时采用的决策方法称为（   ）。

A. 乐观法   B. 悲观法   C. 等可能法   D. 后悔值法

二、多项选择题

1. 房地产经营环境分析的原则包括（   ）。

A. 系统原则   B. 定性分析原则   C. 权变原则   D. 稳定原则

2. 房地产经营决策必须实现"三效统一"，三效是指（   ）。

A. 经济效益   B. 经营效益   C. 社会效益   D. 环境效益

3. 制定房地产经营目标的原则包括（   ）。

A. 可行性原则   B. 关键性原则   C. 激励性原则   D. 调节性原则

4. 衡量房地产经营目标的目标值包括（   ）。

A. 经营安全率   B. 产量和产值   C. 产品成本降低率   D. 资金周转天数

5. 企业能力分析的目的体现在以下方面（   ）。

A. 确定企业如何降低成本   B. 确定长远以及近期的战略目标

C. 确定企业用什么方法与对手竞争   D. 确定企业通过什么方法实现目标

6. 房地产企业在确定经营目标时要明确的问题包括（   ）。

A. 目标的必要性与可能性   B. 结合企业实际情况选定主要目标

C. 明确经营目标的目标值及条件   D. 如何保证目标的实现

7. 最大利润包括短期利润和长期利润两层含义，长期最大利润的实现往往通过（   ）来实现。

A. 追求最高价格   B. 扩大市场份额

C. 进入更多领域   D. 争取最大销量

8. 房地产经营决策中的根本性问题包括（   ）。

A. 经营项目的取舍   B. 容积率的确定

C. 经营地点的选择   D. 物业方案的确定

9. 房地产经营决策的程序一般应该包括（   ）。

A. 提出问题，确定目标   B. 拟定可行方案

C. 对方案进行评价和优选   D. 方案的实施与反馈

10. 以下哪些方法属于房地产经营决策中的风险型决策方法（   ）。

A. 乐观系数法   B. 期望值法

C. 线性规划法   D. 决策树法

思考题

1. 简述房地产经营目标的制定过程。

2. SWOT 分析不同类型的组合分别适合制定什么样的经营战略？

3. 头脑风暴法与德尔菲法的区别是什么？

4. 如何区分确定型决策、风险型决策与不确定型决策？

5. 简述房地产经营决策的程序。

计算题

1. 某建材公司生产能力为年产产品 3 万件，产品售价 3000 元/件，总成本费用 7800 万元，其中固定成本 3000 万元，成本与产量呈线性关系。请用盈亏平衡分析法全面分析该建材厂的经营状况。

2. 某投资者以 25 万元购买了一个商铺单位 2 年的经营权，第一年的净现金流量可能为 22 万元、18 万元、14 万元；概率分别为 0.2、0.6、0.2；第二年净现金流量可能为 28 万元、22 万元、16 万元，概率分别为 0.15、0.7、0.15。问该商铺的投资是否可行。

实训题

在你所在的城市或你熟悉的地区，寻找一家房地产企业或一个房地产项目，运用 SWOT 分析法，分析它的优势、劣势、机会、威胁；分析它目前采用的是 SWOT 分析结果中的哪种组合，并说明具体内容。

5 房地产开发项目经济评价

学习目标

了解：房地产开发项目财务分析的作用；房地产投资项目不确定性分析的概念、不确定性分析的方法；区分动态和静态评价指标。

熟悉：不同投资类型房地产项目的特点及房地产开发项目的财务评价内容和步骤；财务评价的静态和动态评价指标的计算过程和评价标准。

掌握：运用财务评价指标和方法，对房地产开发项目进行财务分析；运用盈亏平衡分析方法对房地产项目进行不确定性分析；通过财务分析和不确定性分析对房地产项目进行可行性评价；能独立运用各种方案对不同投资方案进行评价和选择。

房地产投资风险大，投资者需要慎重做出投资决策，一旦决策失误，投资者就会遭受重大损失。投资决策是开发投资过程中最重要的一项工作。一般对房地产开发项目进行评价，目的是考察项目的预期目标和实际状况，通过分析项目的现金流量情况，选择合适的项目方案，获得最佳的经济效益。投资项目的经济评价根据评价角度不同可以分为财务评价和国民经济评价。财务评价是站在房地产开发商的角度，以现行市场价格、实际工资、官方汇率及各项财税制度进行分析、计算投资项目实际支付的费用和取得的效益，并分析其财务可行性的工作。国民经济评价，是从国家的整体经济出发，以能反应实际价值的影子价格、影子工资、影子汇率，计算投资项目的费用和效益并消除各项内部转移支付，然后进行经济可行性分析的工作。本章主要介绍财务评价的内容。

5.1 房地产开发项目财务评价

5.1.1 财务评价内容

财务评价是根据国家现行财税制度和价格体系，分析、计算项目直接发生的财务效益和费用，编制财务报表，计算评价指标，考察项目的盈利能力、清偿能力等财务状况，据以判断项目的财务可行性。投资项目财务评价方法是与财务评价的目的和内容相联系的。财务评价的主要内容包括：盈利能力评价和清偿能力评价。财务评价的方法有：以现金流量表为基础的动态获利性评价和静态获利性评价，以资产负债表为基础的财务比率分析和考虑项目风险的不确定性分析等。

分析一个项目能否盈利，主要通过分析项目的财务评价指标得出结论。对房地产投资项目进行财务评价的指标如表 5-1 所示。

房地产投资项目财务评价指标　　　　　　　　　　　　**表 5-1**

类　　型		指 标 名 称
盈利能力指标	静态指标	静态投资回收期
		投资利润率
		投资利税率
	动态指标	财务净现值
		财务内部收益率
		动态投资回收期
偿债能力指标	静态指标	偿债备付率
		借款偿还期

通过以上财务评价指标，从项目的盈利能力、偿债能力等多方面考察建设项目的可行性，判断出项目对投资者和财务主体的贡献，从而得出最终财务评价结论。

5.1.2　财务评价的程序

投资项目的财务评价是在项目市场研究和技术研究的基础上进行的。项目在财务上的生存能力取决于项目的财务效益、费用的大小及项目在时间上的分布情况。财务评价的目的是利用有关的基础数据，通过编制财务报表及计算相应的评价指标来判断项目的可行性。其基本程序及内容如下：

1. 收集、整理及计算有关数据

根据项目市场调研和技术研究结果及现行价格体系、财税制度进行财务分析，获得项目投资、销售收入、生产成本、利润、税金及项目计算期等一系列财务基础数据，并将所得数据编制成辅助财务报表。

2. 编制基本财务报表

由辅助报表经过计算分别编制反映项目财务盈利能力、清偿能力等的基本财务报表。

3. 财务评价指标的计算与评价

根据基本财务报表计算各财务评价指标，并分别与对应的评价标准或基准值进行对比，对项目的盈利能力、清偿能力等各项财务状况作出分析和评价。

4. 得出结论

由上述财务评价得出分析结果，对投资项目的财务可行性做出最终判断。

5.1.3　房地产投资项目静态评价指标

由于项目财务评价的目的在于确保项目决策的正确性和科学性，尽可能减少房地产开发项目的投资风险，提高房地产开发项目的经济效益，因此选择财务评价指标十分重要。

静态评价指标指在经济分析中，不考虑资金时间价值的财务经济分析指标。采用静态评价指标对投资方案进行评价时，由于没有考虑资金的时间价值，因此它主要适用于对方案的粗略评价。工期较短的小型项目和在初步可行性分析阶段的大中型房地产投资项目可以考虑使用静态指标进行财务分析。静态评价指标包括静态投资回收期、投资利润率、投资利税率、偿债备付率等。

1. 静态投资回收期（P_t）

(1) 静态投资回收期的含义

静态投资回收期又叫静态投资偿还期，是指收回项目全部投资的时间，或者说是项目开始盈利的时间。项目的投资是用项目的净收益来回收的，即用项目投产后所获得的收益来抵偿项目的投资，这里的净收益主要是指利润。因此投资回收期就是项目的净收益额用于抵偿全部投资所需要的时间。

静态投资回收期是在不考虑资金时间价值的情况下，以项目每年的净收益，抵偿项目全部投资（全部投资既包括固定资产投资，也包括流动资金投资）所需要的时间。

表达式：
$$\sum_{t=0}^{P_t} (CI - CO)_t = 0 \qquad (5-1)$$

式中 P_t——静态投资回收期；

CI——现金流入量；

CO——现金流出量；

$(CI-CO)_t$——第 t 年的财务净现金流量。

公式：P_t＝（累计净现金流量开始出现正值的年份－1）

$$+\frac{上年累计净现金流量绝对值}{当年净现金流量} \qquad (5-2)$$

【例 5-1】 某房地产项目财务现金流量表的数据如表 5-2 所示，请计算该项目的静态投资回收期。

累计财务净现金流量表　　　　　　　　　　　　单位：万元　**表 5-2**

计算期	0	1	2	3	4	5	6	7	8
1. 现金流入	—	—	—	800	1200	1200	1200	1200	1200
2. 现金流出	—	600	900	500	700	700	700	700	700
3. 净现金流量	—	−600	−900	300	500	500	500	500	500
4. 累计净现金流量	—	−600	−1500	−1200	−700	−200	300	800	1300

解： 根据公式，可得：

$$P_t = (6-1) + \frac{|-200|}{500} = 5.4 \ (年)$$

即该项目在不考虑资金时间价值的前提下需要 5.4 年回收投资额。

(2) 使用静态投资回收期评价方案的步骤

1) 确定行业的基准投资回收期 P_c

基准投资回收期是国民经济各部门、各地区根据具体经济情况，按照行业和部门的特点，结合相关制度和规定颁布的，是行业或部门根据多年实践，测算出的投资回收期。基准投资回收期一般要根据市场的变化，定期或不定期进行修订。它是对投资方案计算静态、动态投资回收期进行评价的重要参考标准。

2) 计算项目的静态投资回收期 P_t

3) 比较 P_c 与 P_t

$P_t \leqslant P_c$：项目可以考虑接受；

$P_t > P_c$：项目不可行。

2. 投资利润率

投资利润率也称为投资收益率，是指在项目达到设计能力后，其每年的利润总额与项目投资总额的比率。这个比值反映了投资回收期内单位投资所能带来的利润。将计算的投资利润率与行业基准投资利润率相比较，如果计算的投资利润率大于等于基准投资利润率，可以考虑接受，反之则不予接受。

投资利润率的计算公式

$$投资利润率 = \frac{年利润总额或年平均利润额}{项目投资总额} \times 100\%$$ (5-3)

利润总额＝经营收入（含销售、出租、自营）－经营成本－运营费用－销售税金

销售税金＝营业税＋城市维护建设税＋经营资金

投资利润率可以根据损益表中的有关数据计算求得。

【例 5-2】 某项目投资与收益情况如表 5-3 所示，试计算其投资利润率。

某项目投资收益情况表　　　　单位：万元　**表 5-3**

年序	0	1	2	3	4	5
投资	−200					
利润		15	20	25	25	30

解：根据公式得：

$$投资利润率 = \frac{(15+20+25+25+30)/5}{200} \times 100\% = 11.5\%$$

即项目的投资利润率为 11.5%，它说明项目在建成投产后，每百元投资每年能产生的利润为 11.5 元。

投资利润率指标的优点是计算简便，能够直观地衡量项目的经营成果，可适用于各种投资规模的评价。投资利润率的缺点是没有考虑投资利润率的时间因素，因此忽视了资金时间价值的重要性；计算的主观随意性太强，如对于如何计算投资资金占用、如何确定利润，都带有一定的不确定性和人为因素，因此不能作为主要的决策依据。

3. 投资利税率

投资利税率是项目的年利润总额与销售税金之和与项目总投资之比。

计算公式为：

$$投资利税率 = \frac{年利税总额}{项目投资总额} \times 100\%$$ (5-4)

公式中的年利税总额，可以选择正常生产年份的年利润总额与销售税金之和，也可以选择生产期平均年利润总额与销售税金之和。

年利税总额＝年产品销售收入－年总成本费用

项目投资总额包括固定资产投资、建设期利息及流动资金。

计算出的投资利税率与行业平均投资利税率进行比较，若大于行业平均投资利税率，则认为项目可以接受，反之则不可行。

4. 偿债备付率

偿债备付率是指项目在借款偿还期内，用于还本付息的资金与当期应还本付息金额的

比率。其计算公式为：

$$偿债备付率 = \frac{可用于还本付息资金}{当期应还本付息资金} \qquad (5-5)$$

可用于还本付息资金包括可用于还款的折旧和摊销、在成本中列支的利息费用、可用于还款的利润等。当期应还本付息金额包括当期应还贷款本金及计入成本的利息。偿债备付率可以按年计算，也可以按整个借款期计算。

偿债备付率表示用于还本付息的资金偿还债务资金的保障程度。对于一般房地产置业投资项目，该指标值应该大于等于1.2。当偿债备付率小于1.2时，表示当期资金来源不足以偿付当期债务，需要通过短期借款来偿还已到期债务。

【例5-3】 某房地产企业使用1000万元投资建设某项目，其中包含无形资产和其他资产200万元，项目的资本金900万元，向银行借款300万元，半年计息一次，年利率8%。约定从投产的第3年末开始还款，3年还清。还款方式为本金等额偿还，利息照付。项目的流动资金为200万元，第3年年初投入，固定资产的残值为40万元，无形资产、其他资产无残值。5年内直线折旧和摊销。项目实施情况见表5-4。

项目建设和运营情况表 单位：万元 **表5-4**

项 目	计 算 期						
	1	2	3	4	5	6	7
建设投资（不含建设期利息）	800	200					
其中：资本金	500	200					
贷 款	300						
流动资金			200				
营业收入（不含税）			500	600	600	600	600
营业税金及附加			51	61	61	61	61
经营成本			100	140	140	140	140

企业所得税率为25%，设基准折现率为10%，试评价项目的盈利能力和偿债能力。

解：（1）项目盈利能力分析

将项目建设和运营情况表转变为项目的现金流量表，见表5-5。

项目现金流量表 单位：万元 **表5-5**

序号	项 目	计 算 期						
		1	2	3	4	5	6	7
1	现金流入			500	600	600	600	840
1.1	营业收入			500	600	600	600	600
1.2	资产回收							240
2	现金流出	800	200	351	201	201	201	201
2.1	投资	800	200	200				
2.2	营业税金及附加			51	61	61	61	61
2.3	经营成本			100	140	140	140	140
3	净现金流量（2-1）	-800	-200	149	399	399	399	639

（2）项目偿债能力分析

1）计算应付利息

由实际利率的换算公式

$$i = \left(1 + \frac{r}{m}\right)^m - 1 = \left(1 + \frac{8\%}{2}\right)^2 - 1 = 8.16\%$$

①第1年应计利息为：$300 \times \frac{1}{2} \times 8.16\% = 12.24$（万元）

②第2年应计利息为：$(300 + 12.24) \times 8.16\% = 25.48$（万元）

③在本金等额偿还方式下，投产后3年内每年偿还的本金为：

$$\frac{300 + 12.24 + 25.48}{3} = 112.57（万元）$$

④第3年应付利息为：$(300 + 12.24 + 25.48) \times 8.16\% = 27.56$（万元）

⑤第4年应付利息为：$(300 + 12.24 + 25.48 - 112.57) \times 8.16\% = 18.37$（万元）

⑥第5年应付利息为：$(300 + 12.24 + 25.48 - 112.57 - 112.57) \times 8.16\% = 9.19$（万元）

2）计算折旧和摊销

直线折旧法也称为平均年限法，是按照固定资产预计使用年限平均分摊固定资产折旧额的方法。计算年折旧额的公式为：

$$年折旧率 = \frac{1 - 预计净残值率}{预计年限} \times 100\%$$

$$年折旧额 = 固定资产原值 \times 年折旧率$$

①年折旧额 $= \dfrac{800 + 12.24 + 25.48 - 40}{5} = 159.54$（万元）

②年摊销额 $= \dfrac{200}{5} = 40$（万元）

3）计算总成本费用

①第3年总成本为：$100 + 159.54 + 40 + 27.56 = 327.1$（万元）

②第4年总成本为：$140 + 159.54 + 40 + 18.37 = 357.91$（万元）

③第5年总成本为：$140 + 159.54 + 40 + 9.19 = 348.73$（万元）

4）计算利润

①第3年利润为：$500 - 327.1 - 51 = 121.9$（万元）

②第4年利润为：$600 - 357.91 - 61 = 181.39$（万元）

③第5年利润为：$600 - 348.73 - 61 = 190.27$（万元）

5）计算所得税及净利润

①第3年所得税为：$121.9 \times 25\% = 30.475$（万元）

②第3年净利润为：$121.9 - 30.475 = 91.43$（万元）

③第4年所得税为：$181.39 \times 25\% = 45.35$（万元）

④第4年净利润为：$181.39 - 45.35 = 136.04$（万元）

⑤第5年所得税为：$190.27 \times 25\% = 47.57$（万元）

⑥第5年净利润为：$190.27 - 47.57 = 142.70$（万元）

6）计算偿债备付率

①第 3 年偿债备付率为：$\dfrac{91.43+27.56+159.54+40}{112.57+27.56}=2.27$

②第 4 年偿债备付率为：$\dfrac{136.04+18.37+159.54+40}{112.57+18.37}=2.7$

③第 5 年偿债备付率为：$\dfrac{142.7+9.19+159.54+40}{112.57+9.19}=2.9$

由于各年的偿债备付率均大于 1，说明项目的清偿能力较强。

5. 借款偿还期

借款偿还期，是指根据国家财税规定及投资项目的财务状况，用可以作为偿还贷款的项目收益来偿还项目借款的本金和利息所需要的时间。其中可以作为偿还贷款的项目收益包括项目生产运营后的利润、折旧、摊销及其他收益。

借款偿还期是反映项目偿还借款能力的重要指标。

公式：
$$I_d = \sum_{t=0}^{P_d}(B+D+R_0-B_r)_t \tag{5-6}$$

式中 I_d——投资借款本金和利息之和；

P_d——借款偿还期；

B——第 t 年可用于还款的利润；

D——第 t 年可用于还款的折旧和摊销；

R_0——第 t 年可用于还款的其他收益；

B_r——第 t 年企业的留存收益。

借款偿还期只要满足贷款机构要求的期限，就可认为项目是具有借款偿还能力的。该指标适用于按最大偿还能力和尽快还款的原则还款的项目。

在实际应用中，借款偿还期可以通过借款还本付息表推算，以年为单位。

公式：$P_d=$（借款偿还开始出现盈余的年份-1）$+\dfrac{\text{盈余当年应偿还借款额}}{\text{盈余当年可用于还款的余额}}$ (5-7)

【例 5-4】 已知某项目借款还本付息相关数据见表 5-6。试计算该项目的借款偿还期。

某项目借款还本付息表 单位：万元 **表 5-6**

序号	项 目	建设期		生产期			
		1	2	3	4	5	6
1	年初借款累计	0	412	1054.72	754.72	354.72	0
2	本年新增借款	400	600				
3	本年应付利息（$i=6\%$）	12	42.72	63.28	45.28	21.28	
4	本年偿还本金			300	400	354.72	
5	还本资金来源			300	400	440	
5.1	利润总额			200	310	350	
5.2	用于还款的折旧和摊销费			150	150	150	
5.3	还款期企业留存收益			50	60	60	
6	年末借款累计	412	1054.72	754.72	354.72	0	

其中，各年的利息计算如下：

第 1 年利息 $I_1=\dfrac{1}{2}\times400\times6\%=12$（万元）

第 2 年利息 $I_2=\left(400+12+\dfrac{1}{2}\times600\right)\times6\%=42.72$（万元）

第 3 年利息 $I_3=1054.72\times6\%=63.28$（万元）

第 4 年利息 $I_4=754.72\times6\%=45.28$（万元）

第 5 年利息 $I_5=354.72\times6\%=21.28$（万元）

解：根据公式

$$P_d=(5-1)+\frac{354.72}{440}=4.8\text{（年）}$$

该项目的借款偿还期为 4.8 年。

5.1.4　房地产投资分析的动态评价指标

动态评价指标是指考虑资金时间价值的反映房地产项目整个寿命期内总的盈利能力、清偿能力的技术经济指标，包括财务净现值、财务净现值率、财务内部收益率、动态投资回收期等。与静态评价指标相比，动态评价指标更加注重考察项目在其计算期内各年现金流量的具体情况，反映了资金运动的真实状况。因而能更加直观地反映项目的盈利能力。在进行房地产项目财务分析时，一般以动态评价指标作为主要指标，以静态评价指标作为辅助指标。

1. 财务净现值

财务净现值是指把项目计算期内各年的净现金流量，用投资基准收益率（基准折现率），折算到建设期初的现值之和，用符号 $FNPV$ 表示。

（1）计算公式

$$FNPV=\sum_{t=0}^{n}(CI-CO)_t(1+i_c)^{-t}=0 \tag{5-8}$$

或

$$FNPV=\sum_{t=0}^{n}(CI-CO)_t(P/F,i_c,t)=0$$

式中　　　　　　$FNPV$——财务净现值；

$(CI-CO)_t$——第 t 年的净现金流量；

i_c——投资基准折现率；

$(1+i_c)(P/F,i_c,t)^{-t}$——第 t 年的折现系数；

n——项目的计算期（1，2，3，……n）。

（2）评价标准

根据公式计算出 $FNPV$ 后，其结果有三种情况：$FNPV>0$；$FNPV=0$；$FNPV<0$。

当 $FNPV>0$ 时，说明该房地产项目用净效益抵偿了基准折现率的水平，而且还会有盈余，即项目的盈利能力超过其投资收益期望水平，方案可行。

当 $FNPV=0$ 时，说明可以考虑接受。因为这种情况说明投资方案实施后的投资水平恰好等于基准折现率，即其盈利能力达到所期望的最低财务盈利水平。

当 $FNPV<0$ 时，说明投资方案实施后的投资收益水平达不到基准折现率，即盈利水平比较低，没有达到期望收益水平，甚至有可能出现亏损，说明方案不可行。

（3）财务净现值与折现率的关系

对于具有常规现金流量（在计算期内，方案的净现金流量序列的符号只改变一次的现金流量）的投资方案，其净现金流量的大小与折现率的高低有直接的关系。比如，如果已知某投资方案各年的净现金流量，则该方案的净现值的大小就完全取决于所选用的折现率。折现率越大，净现值就越小；折现率越小，净现值就越大。即：随着折现率的逐渐增大，净现值将由大变小，由正变负。

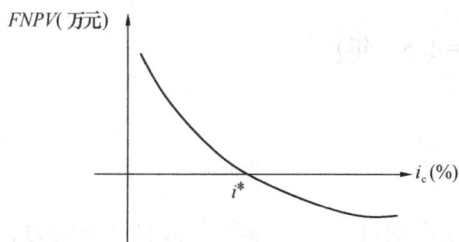

图 5-1　财务净现值与折现率的关系

从图 5-1 中可以发现，$FNPV$ 随着 i 的增大而减小，在 i^* 处，曲线与横轴相交，说明如果选定 i^* 为折现率，则 $FNPV$ 恰好等于零。在 i^* 的左边，即 $i<i^*$ 时，$FNPV>0$；在 i^* 的右边，即 $i>i^*$ 时，$FNPV<0$。

【例 5-5】　已知某投资方案现金流量见表 5-7，设 $i_c=8\%$，试计算财务净现值（$FNPV$）。

各年净现金流量　　　　　　　　　单位：万元　**表 5-7**

年份	1	2	3	4	5	6	7
净现金流量（万元）	−4200	−4700	2000	2500	2500	2500	2500

解：财务净现值（$FNPV$）评价

根据公式，可以得到：

$FNPV=-4200(P/F,8\%,1)-4700(P/F,8\%,2)+2000(P/F,8\%,3)+2500(P/F,8\%,4)+2500(P/F,8\%,5)+2500(P/F,8\%,6)+2500(P/F,8\%,7)=$
$-4200\times0.9259-4700\times0.8573+2000\times0.7938+2500\times0.7350+2500\times0.6806+2500\times0.6302+2500\times0.5835=242.76$ 万元 >0

由于 $FNPV=242.76$ 万元 >0，所以该方案在经济上可行。

2. 财务净现值率

由于财务净现值没有考虑投资额的大小，因而不能直接反映资金的使用效率。为了考察资金的利用效率，通常采用财务净现值率作为净现值的辅助指标。

财务净现值率（$FNPVR$），是房地产项目的财务净现值与投资总额现值之比。

公式：
$$FNPVR=\frac{FNPV}{I_p} \tag{5-9}$$

式中　I_p——全部投资的现值。

$$I_p=\sum_{t=1}^{n}I_t(1+i_c)^{-t} \tag{5-10}$$

式中　n——年份数；

　　　i_c——投资基准收益率。

【例 5-6】　某企业拟购买一台设备，其购置费用为 35000 元，使用寿命为 4 年，第 4

年末的残值为 3000 元。在使用期内，每年的收入为 19000 元，经营成本为 6500 元。若给出标准折现率为 10％，试计算该设备购置方案的财务净现值率。

解： 绘制现金流量图，如图 5-2 所示。

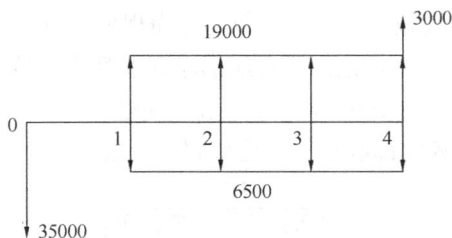

图 5-2　设备购置方案的现金流量图

先计算其财务净现值

$$FNPV = -35000 + (19000 - 6500)(P/A，10\%，3) + (19000 - 6500 + 3000)$$
$$(P/F，10\%，4)$$
$$= -35000 + 31086.25 + 10586.5$$
$$= 6672.75(元)$$

根据净现值率的公式计算：

$$FNPVR = FNPV/I_p = 6672.75/35000 = 0.1907$$

净现值率的适用范围：主要用于对多个独立方案进行比选时的优劣排序。

3. 财务内部收益率

财务内部收益率（$FIRR$）是一个重要的财务动态分析指标，又称为财务内部报酬率，是指项目在整个计算期内各年净现金流量现值之和等于零时的折现率。它反映拟建项目的实际投资收益水平。

（1）计算公式

$$\sum_{t=1}^{n} (CI - CO)_t (1 + FIRR)^{-t} = 0 \tag{5-11}$$

（2）评价标准

根据财务净现值与折现率的关系，以及财务净现值指标在方案评价时的判别标准，可以很容易地导出用财务内部收益率指标评价投资方案的判别标准：

$FIRR > i_c$，$FNPV > 0$：方案可以考虑接受

$FIRR = i_c$，$FNPV = 0$：方案可以考虑接受

$FIRR < i_c$，$FNPV < 0$：方案不可行

财务内部收益率与财务净现值的表达式基本相同，但计算程序却截然不同。在计算财务净现值时，预先设定折现率，并根据此折现率将各年净现金流量折现成现值，然后累加得出净现值。在计算内部收益率时，要经过多次测算，使得净现金流量现值累计等于零。财务内部收益率的计算比较繁杂，因此在实际应用中一般是采用电子计算机或计算器完成。如手工计算时，应先采用试算法，后采用内插法，求得内部收益率的近似解。

运用试算法计算财务内部收益率的基本步骤是：

1）先估计一个折现率 i_0。

2）根据估计的折现率 i_0，对拟建项目整个计算期内各年财务净现金流量进行折现，并得出财务净现值 $FNPV$。

3）若 $FNPV>0$，则适当使 i_0 继续增大，直至正数财务净现值接近零为止；若 $FNPV<0$，则适当使 i_0 继续减小，直至负数财务净现值接近零为止。

4）找到两个折现率 i_1 和 i_2，他们所对应的净现值都比较接近零，即 $FNPV_1>0$，$FNPV_2<0$，其中 i_2-i_1 一般不超过 $2\%\sim5\%$。

5）采用插入法求出财务内部收益率的近似解，其公式为：

$$FIRR = i_1 + \frac{FNPV_1}{FNPV_1 + |FNPV_2|}(i_2 - i_1) \tag{5-12}$$

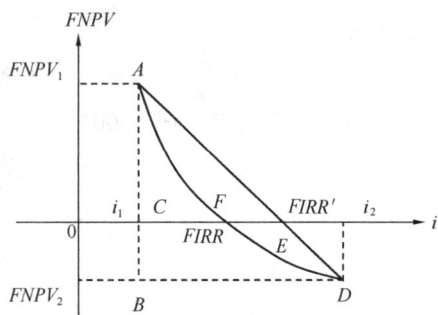

（3）插入法的计算公式推导过程如下

由图 5-3 可以看出，在 i_1 和 i_2 之间，净现值与折现率的关系如弧 AD 所表示，它在 F 处与横轴相交，从而财务内部收益率为 $FIRR$。现在我们用直线 AD 近似替代弧 AD（在 i_2-i_1 很小时这样做误差不大），然后用几何方法求出直线 AD 与横轴的交点处的折现率 $FIRR'$，用 $FIRR'$ 作为 $FIRR$ 的近似值。

求 $FIRR'$ 的方法如下：

根据几何原理：

图 5-3 $FIRR$ 的近似计算图

$$\because \triangle ACE \backsim \triangle ABD$$

$$\frac{AC}{AB} = \frac{CE}{BD}$$

$$\frac{FNPV_1}{FNPV_1 + |FNPV_2|} = \frac{FIRR' - i_1}{i_2 - i_1}$$

$$FIRR' - i_1 = \frac{FNPV_1}{FNPV_1 + |FNPV_2|}(i_2 - i_1)$$

$$FIRR \approx FIRR' = i_1 + \frac{FNPV_1}{FNPV_1 + |FNPV_2|}(i_2 - i_1)$$

【例 5-7】 某项目的净现金流量情况如表 5-8 所示，当基准收益率 $i_c=12\%$ 时，试用内部收益率法判断该项目的经济性。

某项目的现金流量表   单位：万元   表 5-8

年序	0	1	2	3	4	5
净现金流量	−100	20	30	20	40	40

解：此项目的净现值计算公式为：

$$FNPV = -100 + 20(P/F, i, 1) + 30(P/F, i, 2) + 20(P/F, i, 3) \\ + 40(P/F, i, 4) + 40(P/F, i, 5)$$

设 $i_1=12\%$，$i_2=15\%$，计算相应的 $FNPV_1$、$FNPV_2$。

$$
\begin{aligned}
FNPV_1(i_1) &= -100+20(P/F，12\%，1)+30(P/F，12\%，2)+20(P/F，12\%，3)\\
&\quad +40(P/F，12\%，4)+40(P/F，12\%，5)\\
&= -100+20\times0.8929+30\times0.7920+20\times0.7118+40\times0.6355\\
&\quad +40\times0.5674\\
&= 4.126(万元)
\end{aligned}
$$

$$
\begin{aligned}
FNPV_2(i_2) &= -100+20(P/F，15\%，1)+30(P/F，15\%，2)+20(P/F，15\%，3)\\
&\quad +40(P/F，15\%，4)+40(P/F，15\%，5)\\
&= -100+20\times0.8686+30\times0.7651+20\times0.6575+40\times0.5710\\
&\quad +40\times0.4972\\
&= -4.015(万元)
\end{aligned}
$$

用线性插值公式计算 $FIRR$

$$
\begin{aligned}
FIRR &= i_1+\frac{FNPV_1}{FNPV_1+\mid FNPV_2\mid}(i_2-i_1)\\
&= 12\%+\frac{4.126}{4.126+\mid -4.015\mid}(15\%-12\%)\\
&= 13.5\%
\end{aligned}
$$

因为 $FIRR>i_c=12\%$，所以项目在经济效果上是可以接受的。

（4）内部收益率的优点和不足

内部收益率考虑了资金的时间价值以及在项目整个寿命期内的经济状况。能够直接衡量项目真正的投资收益率，不需要事先确定一个基准收益率，而只需要知道基准收益率的大致范围即可。不足是需要大量的与投资项目有关的数据，计算比较麻烦，对于具有非常规现金流量的项目来讲，其内部收益率往往不是唯一的，在某些情况下甚至不存在。内部收益率只反映了未回收资金的收益率，不能反映全部投资的收益率。

4. 动态投资回收期 P_t'

动态投资回收期是指在考虑资金时间价值的基础上，按照给定的利率收回全部投资所需的时间。它是针对静态投资回收期的不足，考虑资金的时间价值，用动态投资回收期对技术方案进行比选的指标。

（1）计算公式

$$
\sum_{t=0}^{P_t'}(CI-CO)_t(1+i_c)^{-t}=0 \tag{5-13}
$$

式中　P_t'——动态投资回收期。

采用公式比较复杂，因此在实际应用中往往根据现金流量表，用下列近似公式计算：

$$
\begin{aligned}
P_t' =&（累计净现金流量现值开始出现正值的年份数-1）\\
&+\frac{上一年累计净现金流量现值绝对值}{当年净现金流量现值}
\end{aligned} \tag{5-14}
$$

（2）评价标准

$P_t'>n$，动态投资回收期超过方案的寿命期，不可行；

$P_t'\leqslant n$，动态投资回收期小于方案的寿命期，可以接受。

【例 5-8】 某房地产项目，建设期初投资 750 万元。各年现金流量见表 5-9，基准收益率为 10%。求动态投资回收期。

房地产项目现金流量表 　　　　　　　　　　　　　单位：万元　**表 5-9**

年份	净现金流量 F	累计 F	净现值 $FNPV$	累计 $FNPV$
0	−750	−750	−750	−750
1	124	−626	113	−637
2	129	−497	107	−530
3	130	−367	98	−432
4	134	−233	92	−340
5	138	−95	86	−254
6	159	64	90	−164
7	159	223	82	−82
8	159	382	74	−8
9	159	541	67	59
10	259	800	100	159

通过上表计算得：

动态投资回收期 $P'_t = 8 + 8/67 = 8.12$（年）

或者 $P'_t = 9 - 59/67 = 8.12$（年）

由于复利计算的结果，动态投资回收期要大于静态投资回收期。在投资回收期不长及折现率不大的情况下，两者的结果相差不大。除非当静态投资回收期很长时，才应该计算动态投资回收期，避免大的误差。

动态投资回收期是考察项目在财务上投资的实际回收能力的动态指标。它反映了等值回收，而不是等额回收，更具有实际意义。

5.2　房地产开发项目不确定性分析

在假设与未来的实际情况之间不可避免地会产生误差，也就是说会包含不同程度的不确定性。房地产开发项目在决策前，由于客观环境的不断发展变化，可能会由于缺乏足够的信息资料或没有全面考虑到未来可能发生的所有情况，导致项目开发后收益受到损失。为了减少或避免假设与实际之间的偏差，分析未来各种不确定性因素对项目财务分析指标带来的影响，通常需要进行不确定性分析。

所谓不确定性分析是指在对房地产项目进行经济评价时，要分析和研究项目投资、生产成本、销售收入、产品价格和寿命期等主要不确定因素变化所引起的项目投资收益等各种财务经济效益分析指标的变化及其变化的程度，也称为不确定性评价。不确定性分析考核评价的是项目经受各种风险冲击的能力，目的是要借此证明该项目投资的可行性，降低未来承担的风险。

对房地产项目进行不确定性分析的基本思路一般是在财务和经济效益分析的基础上，通过估计可能出现的不确定因素，如物价的涨跌，新工艺、新方法的出现，管理水平的提高，国家宏观政策和地方制度、条例的变化等来调整预测数据，在允许误差的幅度内进行再分析和再评价。进行不确定性分析的根本目的，是要尽量弄清和减少不确定性因素对经济效益评估的影响，避免房地产投资项目开发后不能获得预期利润或造成亏损现象的发生，提高房地产项目投资决策的科学性和可靠性。

　　一般来说，对项目进行不确定性分析，就是要按照房地产开发项目的类型、特点以及该项目对国民经济的影响程度，来确定分析的具体内容和方法。通常在大中型项目的财务分析中会进行盈亏平衡分析、敏感性分析、概率分析等。本章只介绍盈亏平衡分析。

5.2.1　房地产项目盈亏平衡分析简介

　　盈亏平衡分析，又称损益平衡分析或量本利分析，它是研究产品产量、生产成本、销售收入（赢利能力）等因素的变化对项目经营过程中盈亏程度的影响，其实质是分析产量、成本和盈利三者之间的平衡关系。它是通过计算项目的盈亏平衡点（也叫 BEP 点），对房地产项目市场需求变化的适应能力进行分析（作出反应）的一种方法。

　　盈亏平衡分析通常是按照建设项目正常生产年份的产品产量或销售量、可变成本、固定成本、产品价格和销售税金等数据来计算盈亏平衡点。在该点上的销售收入等于生产成本，它标志着该项目不盈不亏的生产经营水平，反映项目在达到一定生产水平时的收益与支出的平衡关系，因此也叫收支平衡点。盈亏平衡点通常用产量（BEP_Q）或最低生产能力（BEP_E）、生产能力利用率（BEP_R）表示，也可用最低的销售收入（BEP_S）和保本价格（BEP_P）来表示。

　　盈亏平衡点是盈利与亏损的分界点，在盈亏平衡图上表现为成本函数线与收入函数线之间的交点，故也称盈亏临界点或 BEP 点。由于销售收入与产品产量、产品成本与产量之间存在着线性的或非线性的函数关系，因此，盈亏平衡分析往往又可以分为线性盈亏平衡分析和非线性盈亏平衡分析。本书只讨论线性盈亏平衡分析。

5.2.2　关于线性盈亏平衡分析的计算和应用

　　所谓线性盈亏平衡分析，是指项目投产后正常年份的产量、成本、盈利三者之间的关系均呈线性的函数关系，说明项目的收益和成本都随着产品产量的增减，而按正比例关系呈直线增减的趋势。确定这种线性盈亏平衡点，通常可以采用图解法和数学计算法两种方法。

　　1. 图解法

　　在以表示收入与支出的价值量为纵轴、以表示产品产量或销售量的价值量为横坐标轴的图上（见图 5-4），按照正常年份的产量画出总固定成本线（$y=f$）和可变成本线（$y=vx$）；再按公式 $y=f+vx$ 画出总生产成本线；然后按正常年份的生产量、销售量和产品单价画出销售收入线（$y=px$），这两条直线的交点即为盈亏平衡点（BEP）。

　　从盈亏平衡图 5-4 上可以看出，在平衡点上的总成本与总收入相等，若生产的产量超过平衡点产量，则项目就盈利；反之，若低于此点，则项目就亏损。因此，平衡点越低，达到平衡点的产量和销售收入与成本也就越少，即只要生产少量的产品就能达到项目的收支平衡，则达到设计生产能力时企业盈利就越多。故平衡点的值越小，企业或项目的生命力就越强，项目的盈利机会就会越大，亏损的风险当然就越小。为了达到这个目的，就必须降低产品的固定成本和可变成本，适当提高产品的质量和销售价格。因此，在实际的运营过程中必须十分重视产品生产的科技进步，注意提高企业的经营管理水平。

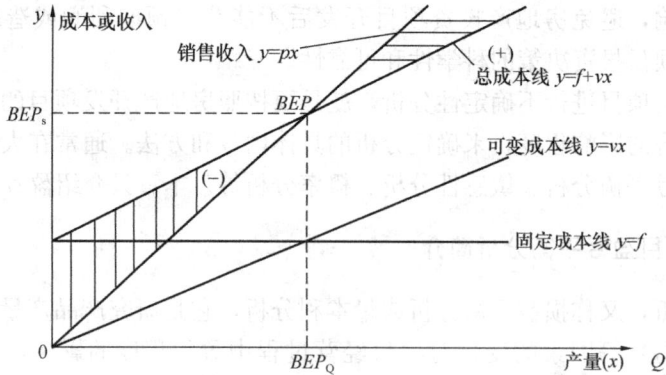

图 5-4 盈亏平衡图

2. 数学计算法

运用数学方法确定盈亏平衡点，通常有如下几个假设：

一是销售收入是产量的线性函数；

二是总成本费用是产量的线性函数；

三是产量等于销量。

即，假如：生产总成本函数式为：$y_1 = f + vx$

销售收入的函数式为：$y_2 = px$

当 $y_1 = y_2$ 时：$f + vx = px$ （5-15）

式中 y_1——正常生产年份内生产总成本；

f——总固定成本；

v——单位产品可变成本；

y_2——项目投产后正常年份销售收入；

p——单位产品价格；

x——正常年份内产品产量。

由此，根据盈亏平衡的原理，在平衡点上产品的生产总成本与销售收入相等时，得到以下数学计算公式。

（1）用实际产量（或销售量）表示的盈亏平衡点（BEP_Q）

根据平衡点公式 $px = f + vx$，求得平衡点上的最低生产量（或销售量）：

$$BEP_Q = \frac{f}{p-v}$$ （5-16）

即平衡点产量（销售量）$= \dfrac{\text{总固定成本}}{\text{产品单价}-\text{单位可变成本}}$

（2）用销售收入表示的平衡点（BEP_S）

$$BEP_S = P \times BEP_Q = P \times \frac{f}{p-v}$$ （5-17）

即平衡点销售收入（产值）$=$ 产品单价 $\times \dfrac{\text{总固定成本}}{\text{产品单价}-\text{单位可变成本}}$

（3）以生产能力利用率表示的盈亏平衡点（BEP_R）

即 $BEP_R = \dfrac{BEP_Q}{R_x} \times 100\% = \dfrac{f}{R_x(p-v)} \times 100\%$ (5-18)

式中，R_x 为正常年份的设计年产量。

$$平衡点的生产能力利用率 = \dfrac{平衡点产量}{设计年产量} \times 100\%$$

$$= \dfrac{总固定成本}{(产品单价 - 单位可变成本) \times 设计年产量} \times 100\%$$

$$= \dfrac{年总固定成本}{年销售收入 - 年可变总成本} 100\%$$

（4）以单位产品保本价格表示的盈亏平衡点（BEP_P）

由公式 $px = f + vx$ 可以推导出：

$$BEP_P = \dfrac{f}{x+v} \quad (当 x = R_x 时)$$ (5-19)

式中，x 为产量，在分析售价的盈亏平衡点时，按设计年产量计算。

故 $BEP_P = \dfrac{f}{x+v}$

即 $$平衡点单价（保本价格） = 单位可变成本 + \dfrac{总固定成本}{设计年产量}$$

从上式中可知，保持企业经营不亏不盈的最低产品销售价格就是产品的单位生产成本，也叫保本价格。这里的盈亏平衡价格不但没有盈利，而且也不包括应缴纳的税金。但在实际的具体分析中，就应该按照财税规定考虑销售税金的因素。在这种情况下，上述盈亏平衡点的计算公式就应该改为：

$$BEP_Q（产量） = \dfrac{f}{p-v-t} = \dfrac{f}{p(1-t\%)-v}$$ (5-20)

式中 t——单位产品的销售税金；

$t\%$——单位产品的销售税率。

$$BEP_S（收入） = P \times BEP_Q = P \times \dfrac{f}{p-v-t} = P \times \dfrac{f}{p(1-t\%)-v}$$

$$BEP_R（生产能力利用率） = \dfrac{BEP_Q}{R_x} \times 100\% = \dfrac{f \times R_x}{P-V-t} \times 100\%$$

$$= \dfrac{年固定总成本 \times 年产量}{年销售收入 - 年可变总成本 - 年销售税金及附加} \times 100\%$$

$$BEP_P（保本价格） = \dfrac{f}{R_x+v+t} = \dfrac{固定总成本}{年产量 + 单位可变成本 + 单位税金}$$

在衡量项目承担风险能力时还可采用安全度指标：

$$价格安全度 = \dfrac{P_o - P_b}{P_o} \times 100\% = \dfrac{原定销售价格 - 保本价格}{销售价格} \times 100\%$$

$$产量安全度 = \dfrac{Q_r - Q_b}{Q_r} \times 100\% = \dfrac{设计年产量 - 平衡点产量}{设计年产量} \times 100\%$$

上述两个安全度指标所反映的是，若其值越大则项目的盈利能力越强，也就越远离亏损而更安全，说明项目具有一定的承担风险的能力。

3. 线性盈亏平衡分析应用

【例 5-9】 假定某房地产企业，年竣工面积为 18 万 m^2，总成本为 8.32 亿元，其中总固定成本为 1.12 亿元，单位可变成本为 4000 元/m^2，销售单价为 7000 元/m^2。试用实际生产量、生产能力利用率、销售收入和保本价格计算盈亏平衡点。

【解】 按上述公式计算：

(1) 用实际产量表示 BEP_Q

$$BEP_Q = f/(p-v) = 11200/(7000-4000) = 3.73(万\ m^2)$$

说明产量达到 3.73 万 m^2 时，该项目即可保本。

(2) 用销售收入表示 BEP_S

$$BEP_S = p \times f/(p-v) = 7000 \times 3.73 = 2.61（亿元）$$

说明当销售收入为 2.61 亿元时，企业即可保本。

(3) 用生产能力利用率表示（即 BEP_R）

$$BEP_R = BEP_Q \times 100\%/R_x = 3.73 \times 100\%/18 = 0.21 \times 100\% = 21\%$$

说明当开发能力为设计能力的 21% 时，企业即可保本。

(4) 用销售单价表示 BEP_P

$$BEP_P = (f+vx)/R_x = 8.32/18 = 4622(元/m^2)$$

说明能保本的最低销售价格为 4622 元/m^2。

(5) 计算价格安全度

$$价格安全度 = (P_o - P_b) \times 100/P_o = (7000-4622) \times 100\%/7000 = 33.97\% \approx 34\%$$

(6) 计算产量安全度

$$产量安全度 = (Q_r - Q_b) \times 100\%/Q_r$$
$$= (18-3.73) \times 100\%/18 = (1-BEP_R) = 1-21\% = 79\%$$

计算结果说明，竣工面积达到 3.73 万 m^2，实际开发能力利用率达到设计年产量的 21%，销售收入为 2.61 亿元，每平方米售价为 4622 元时，企业即可保本，不会产生亏损。又因价格安全度为 34%，产量安全度为 79%，因此该项目具有较好的承担风险的能力。

4. 线性盈亏平衡分析的局限性

由于在进行线性盈亏平衡分析时我们假设了各种条件，如假设在正常生产年份内生产成本与销售价格不变，收入与销售量成线性函数关系；假设项目在整个生产期内的项目组合是单一的或相似的，或是符合项目组合的规定；假设生产量等于销售量等绝对条件的约束和限制。在实际运用时，这些约束条件大多数情况下不可能同时得到满足，这样就决定了线性盈亏平衡分析本身的不确定性。因此，这种分析方法只能作为对项目进行评估检验的辅助手段，它不过是一种满足了某些绝对条件后的不确定性分析。运用线性盈亏平衡分析方法有助于考察和检验各种变量因素（如产量、价格、固定与可变成本）的变化对项目收支平衡的影响。

5.2.3 盈亏平衡分析的作用

由于盈亏平衡分析是对建设项目进行不确定性分析的第一步，其计算便捷，又可以直接对项目最关键的盈利性问题作出初步的分析和判断，因此是通常情况下较为广泛采用的一种方法。

此外，通过盈亏平衡分析还可粗略地对项目的一些主要变量因素（如销售价格、生产成本、销售量和销售收入）与利润之间的关系进行分析计算。预先估计出项目对市场需求变化的适应能力，这有助于了解项目可承受的风险程度。

5.3 房地产开发项目方案比选方法

5.3.1 房地产投资方案比选的含义

房地产投资方案比选，指在各种不同的房地产投资方案类型中遵循一定的比选原则，选用适当的比选方法，确定合理的开发项目方案的行为过程。房地产投资方案类型是指一组备选方案之间所具有的相互关系，这种关系一般分为单一方案（又称独立型方案）和多方案。多方案根据各方案之间的关系又分为互斥型和互补型方案。项目方案最本质的特征是其互斥性，即在同一项目的各个方案之间可以选择其中的一个方案。所谓互斥方案，是指作为房地产开发项目的各个方案之间是相互独立、相互排斥的。方案互斥是多方案进行比较的基本形态，任何方案比选都必须在方案互斥的条件下进行。

5.3.2 房地产投资方案比选方法

根据不同房地产投资方案包含的共有因素进行方案评价，可根据方案的具体情况分别选用差额投资内部收益率法、净现值法、净现值率法、年值法、最小费用法和差额投资回收期法或可选用一组评价指标，进行方案的比选。

1. 差额投资内部收益率（$\Delta FIRR$）法

差额投资内部收益率也称增量投资内部收益率。差额投资内部收益率是两个互斥方案各年净现金流量差额的现值之和等于零时的折现率。

财务评估时，其表达式为：

$$\sum_{t=1}^{n} \left[(CI-CO)_2 - (CI-CO)_1 \right]_t (1+\Delta FIRR)^{-t} = 0$$

或

$$\sum_{t=1}^{n} \left[\Delta CI - \Delta CO \right]_t (1+\Delta FIRR)^{-t} = 0$$

(5-21)

式中　$(CI-CO)_2$——投资大的方案的年净现金流量；

$(CI-CO)_1$——投资小的方案年净现金流量；

ΔCI——互斥方案（2、1）的现金流入差额（CI_2-CI_1）；

ΔCO——互斥方案（2、1）的现金流出差额（CO_2-CO_1）；

$\Delta FIRR$——差额投资内部收益率；

用差额投资内部收益率比选方案的判别准则为：

若 $\Delta FIRR > i_c$（基准收益率），则投资规模大的方案为优。

若 $\Delta FIRR < i_c$，则投资规模小的方案为优。

差额投资内部收益率的概念及差别准则的含义如图 5-5 所示。

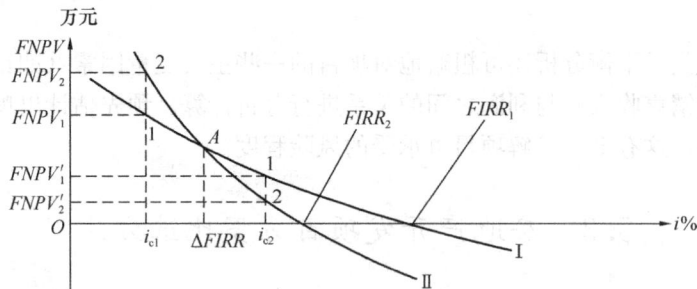

图 5-5 差额投资内部收益率

在图 5-5 中，A 点为两个方案净现值曲线的焦点，两方案的净现值在该点相等。交点所对应的折现率为两个方案的差额投资内部收益率 $\Delta FIRR$。由图 5-5 可看出：当 $\Delta FIRR > I_{c1}$ 时，$FNPV_2 > FNPV_1$，所以投资规模大的第二方案为优；当 $\Delta FIRR < I_{c2}$ 时（在 A 点的右边），$FNPV_1 > FNPV_2$，所以投资规模小的第一方案为优。

用差额投资内部收益率评选方案应该注意的是，差额投资内部收益率不能反映方案的绝对经济效果，只能用于方案间的相对效果检验。因此，在评估和选择互斥方案时，需要将内部收益率（$FIRR$）与差额投资内部收益率（$\Delta FIRR$）两种评估指标结合起来使用。

【例 5-10】 已知方案 A、B、C 为互斥方案，其现金流量如表 5-10 所示。若基准折现率 $I_c = 6\%$，试用差额投资内部收益率指标优选方案。

互斥方案现金流量表　　　　　　　　　　单位：万元　**表 5-10**

方案 \ 年末	0	1～20
A	−3000	400
B	−4000	639
C	−5000	700

解：（1）求出各方案的内部收益率：

方案 A　$3000 = 400(P/A, FIRR_A, 20)$

$$(P/A, FIRR_A, 20) = 3000/400 = 7.5$$

$$FIRR_A = 12\%$$

方案 B　$4000 = 639(P/A, FIRR_B, 20)$

$$(P/A, FIRR_B, 20) = 4000/639 = 6.26$$

$$FIRR_B = 15\%$$

方案 C　$5000 = 700(P/A, FIRR_C, 20)$

$$(P/A, FIRR_C, 20) = 5000/700 = 7.14$$

其内部收益率介于 12% 和 15% 之间，用线性内插法计算：

$$FIRR_C = 12\% + (7.5 - 7.14/7.5 - 6.26) \times (15\% - 12\%) = 12.8\%$$

可见由于 A、B、C 三个方案的内部收益率 $FIRR_A$、$FIRR_B$ 和 $FIRR_C$ 均大于基准折现率 i_c，因此均通过了绝对效果检验。

（2）把互斥方案按投资（费用）现值增加的次序排列，并计算各方案间的差额（增量）（见表 5-11、表 5-12）。

方案现金流量表 单位：万元 **表 5-11**

项目 \ 方案	A	B	C
初期投资（费用）现值	3000	4000	5000
等额年收益	400	639	700
内部收益表（%）	12	15	12.8

方案现金流量计算表 单位：万元 **表 5-12**

差额 \ 方案	B-A	C-B
投资（费用）差额	2000	1000
等额年收益率额	229	61

（3）计算差额投资内部收益率：

1）$B\text{-}A$：$2000 = 229\,(P/A,\ \Delta FIRR,\ 20)$

$(P/A,\ \Delta FIRR,\ 20) = 2000/229 = 8.734$

计算得 $\Delta FIRR = 9.7\%$，由于 $\Delta FIRR > i_c\,(6\%)$，因此投资大的方案 B 优于方案 A。

2）$C\text{-}B$：$1000 = 61\,(P/A,\ \Delta FIRR,\ 20)$

$(P/A,\ \Delta FIRR,\ 20) = 1000/61 = 16.93$

查表得 $\Delta FIRR = 2\%$，由于 $\Delta FIRR < i_c\,(6\%)$，因此投资规模小的方案 B 优于方案 C，所以应该选择 B 方案。

2. 净现值（$FNPV$）法

净现值指标是项目动态经济评价中用得最多的指标之一。其含义是把发生在项目（方案）计算期内不同时间上的各年现金流量，按一定的折现率（行业基准收益率或社会折现率）和统一的基准时间（通常为建设初期）进行折现，其累计值就是净现值。其表达式为：

$$FNPV = \sum_{t=1}^{n} (CI - CO)_t\,(1 + i_c)^{-t} \tag{5-22}$$

式中 $FNPV$——净现值；

$(CI - CO)_t$——第 t 年的净现金流量；

i_c——投资基准折现率；

$(1 + i_c)^{-t}$——第 t 年的折现系数；

n——项目的计算期（1，2，3，……n）。

评价方案的判别准则：

单一项目方案，若 $FNPV \geqslant 0$ 则项目（方案）应予以接受，若 $FNPV < 0$ 则项目（方案）应予以放弃。

多方案比选，$FNPV \geqslant 0$ 且最大为最优方案。就是将分别计算的各比较方案的净现值进行比较，以净现值较大的方案为优。

【例5-11】 某项目投资，有四个计划选择的厂址方案，每个选址方案的财务现金流量情况如表5-13所示，假定项目所在行业的基准收益率为15%，试用净现值法比较和选择最优厂址方案。

各选址方案财务现金流量表 单位：万元 表 5-13

选址 \ 年份	建设期		生产期		
	1	2	3	4~5	16
A	−2024	−2800	500	1100	2100
B	−2800	−3000	570	1310	2300
C	−1500	−200	300	700	1300

按行业基准收益率15%计算的方案净现值为：

A 方案 $FNPV_A = 582.5$（万元）

B 方案 $FNPV_B = 586.0$（万元）

C 方案 $FNPV_C = 14.3$（万元）

计算结果表明 B 方案的净现值最高，是最优方案。

3. 净年值（AW）法

净年值，常称为年值，用 AW 表示，是指通过资金时间价值的计算，将项目的净现值换算为项目计算期内各年的等额年金。它是考察项目投资盈利能力的指标。

公式：

$$AW = FNPV(A/P, i_c, n)$$

$$= \sum_{t=0}^{n} (CI - CO)_t (1 + i_c)^{-t} (A/P, i_c, n)$$

(5-23)

式中 $(A/P, i_c, n)$ ——资金回收系数。

从净年值的表达式可以看出，净年值实际上是净现值的等价指标。对于单个投资方案来讲，用净年值进行评价和用净现值进行评价，其结论是一样的。

即 $AW \geqslant 0$，方案可以考虑接受；$AW < 0$，方案不可行。

【例5-12】 某房地产开发企业需开发新项目，有 A、B、C 三个方案可供选择，各方案的现金流量见表5-14。各方案寿命均为6年，6年后净残值为零。基准收益率 $i = 10\%$ 时，选择哪个方案最有利？

投资方案的现金流量 单位：万元 表 5-14

投资方案	初期投资	销售收益/年	年费用	年净收益
A	2000	1200	500	700
B	3000	1600	650	950
C	4000	1600	450	1150

解：

(1) 净现值法

$$FNPV_A = 700 \times (P/A, 10\%, 6) - 2000 = 1049（万元）$$

$$FNPV_B = 950 \times (P/A, 10\%, 6) - 3000 = 1137（万元）$$

$$FNPV_C = 1150 \times (P/A, 10\%, 6) - 4000 = 1008（万元）$$

因 B 方案的净现值最大，所以 B 方案最优。

（2）净年值法

只要将期初投资额乘以 $(A/P, 10\%, 6) = 0.2296$，将其折算成年值即可，其值如下：

$$AW_A = 700 - 2000 \times (P/A, 10\%, 6) = 241(万元)$$

$$AW_B = 950 - 3000 \times (P/A, 10\%, 6) = 261(万元)$$

$$AW_C = 1150 - 4000 \times (P/A, 10\%, 6) = 232(万元)$$

由于净年值均大于零，所以该投资均是可行的，经比较依然是 B 方案最优。

净年值指标主要用于寿命期不同的多方案评价与比较，特别是寿命周期相差较大，或寿命周期的最小公倍数较大时的多方案评价与比较。

4. 财务净现值率（$FNPVR$）法

由于财务净现值没有考虑投资额的大小，因而不能直接反映资金的使用效率。为了考察资金的利用效率，通常采用财务净现值率（$FNPVR$）作为净现值的辅助指标。

财务净现值率（$FNPVR$），是房地产项目的财务净现值与总投资现值之比。

$$FNPVR = \frac{FNPV}{I_p} \tag{5-24}$$

式中 I_p——总投资的现值。

$$I_P = \sum_{t=1}^{n} I_t (1 + i_c)^{-t} \tag{5-25}$$

式中 n——年份数；

i_c——投资基准收益率。

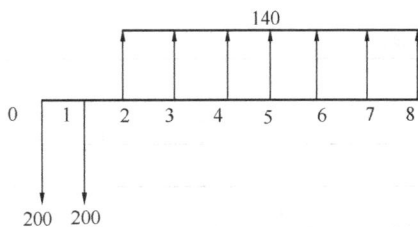

图 5-6 房地产项目现金流量图

【例 5-13】 某房地产公司投资一项目，净现金流量如图 5-6 所示，前两年每年投资 200 万元。两年后，每年的收入为 140 万元。若给出标准折现率为 10%，试计算该项目的净现值率。

解：先计算其净现值

$$FNPV = -200(P/A, 10\%, 2) + 1400(P/A, 10\%, 6)(P/F, 10\%, 2)$$
$$= 156.81(万元)$$

根据净现值率的公式计算：

$$FNPVR = FNPV/I_p = 156.81/200 \ (P/A, 10\%, 2) = 0.45$$

净现值率的适用范围：主要用于多个独立方案进行比选。

5.3.3 特殊方案的比较评价方法

1. 效益相同或基本相同的方案比较评估方法

对效益相同或基本相同但难以具体估算的方案进行比较优选时，为简化计算，可采用最小费用法（包括费用现值比较法和年费用比较法）。因为应用净现值、内部收益率等评估指标评估方案时，必须进行净现值流量的计算，但有些项目如环保、国防、教育和卫生等所产生的效益是无法用货币直接计量的，因此不能用上述指标进行评估。但是，在对多个方案进行比选时，如果诸方案产出价值相同或基本相同，或者诸方案能提供相同服务或能满足相同需要，则可通过对各方案的费用比较进行选择。可按所消耗的总费用最小标准来选择最优方案，即所谓年费用比较法。

年费用（AC）比较法，就是计算各比较方案的费用，包括费用现值（PC）和等额年费用（AC），并进行对比，以年费用较低的方案为优。

费用现值的公式为：

$$PC = \sum_{t=0}^{n} CO_t (1+i_c)^{-t} \tag{5-26}$$

年费用的公式为：

$$AC = PC(A/P, i_c, n)$$
$$= \sum_{t=0}^{n} CO_t (1+i_c)^{-t}(A/P, i_c, n) \tag{5-27}$$

【例 5-14】 某项目有四个工艺方案 A、B、C、D 均能满足同样的生产技术需要，其费用支出如表 5-15 所示。当基准折现率 $i_c = 12\%$ 时，试按费用现值（PC）和费用年值（AC）指标选择最优方案。

各工艺方案费用　　　　　　　　　单位：万元　表 5-15

方案 ＼ 费用	总投资（期初）	年运营费用（第 1～10 年）
A	300	35
B	250	45
C	200	55
D	150	60

解：（1）按费用现值（PC）计算

$PC_A = 300 + 35(P/A, 12\%, 10) = 497.75$（万元）

$PC_B = 250 + 45(P/A, 12\%, 10) = 504.25$（万元）

$PC_C = 200 + 55(P/A, 12\%, 10) = 510.75$（万元）

$PC_D = 150 + 60(P/A, 12\%, 10) = 489$（万元）

（2）按费用年值（AC）计算

$AC_A = 35 + 300(P/A, 12\%, 10) = 88.09$（万元）

$AC_B = 45 + 250(P/A, 12\%, 10) = 89.25$（万元）

$AC_C = 55 + 200(P/A, 12\%, 10) = 90.4$（万元）

$AC_D = 60 + 150(P/A, 12\%, 10) = 86.55$（万元）

根据费用最小的选择原则，不论是按费用现值法还是按费用年值法，计算结果均一致，方案 D 最优，方案 A、B 次之，方案 C 最差。

2. 产量相同或基本相同方案的比较评估方法

当两个投资方案产量相同或基本相同时，可采用静态的简便比较方法，如静态差额投资收益率（Ra）法或静态差额投资回收期（Pa）法。因为当两个方案产量相同或能够满足相同需要的情况下，投资额相对大的方案，其生产经营成本要比投资额相对小的方案低些，此时需要对两方案的投资与生产经营成本进行综合比较才能得出正确结论。差额投资回收期是指投资方案以每年所节约的生产经营成本额来回收差额投资的期限；差额投资收益率是指单位差额投资每年所获得的生产经营成本节约额。其计算公式分别为：

$$Pa = I_2 - I_1/C_1 - C_2 = \Delta I/\Delta C'$$
$$Ra = C'_1 - C'_2/I_2 - I_1 = \Delta C'/\Delta I$$

式中　I_1、I_2——两个比较方案的投资额；

　　　　ΔI——差额投资；

　C'_1、C'_2——两个比较方案的年生产经营成本，且 $C'_2 < C'_1$；

　　　　$\Delta C'$——生产经营成本节约额。

当差额投资回收期（Pa）短于基准投资回收期（Pc）时，或差额投资收益率（Ra）大于财务基准收益率（Rc）或社会折现率时，说明追加投资的经济效果是好的，即投资额大的方案是合理的，否则投资额小的方案合理。

【例 5-15】　拟建某产品车间有两个方案，第一个方案投资 2000 万元，年生产经营成本为 1500 万元；第二个方案采用自动生产线，投资 4000 万元，但年生产经营成本只需要 1000 万元。已知该部门的基准投资回收期为 5 年。试以差额投资回收期法比较哪个投资方案较为合理？

解：$Pa = I_2 - I_1/C_1 - C_2 = 4000 - 2000/1500 - 1000 = 4$（年）

由于基准投资回收期 $Pc = 5$ 年，$Pa < Pc$，所以第二个方案较为经济合理。用差额投资收益率（Ra）评价，结论一致。

当多个方案进行比选时，可将所有方案投资额从小到大的顺序排列，然后从投资额小的方案开始成对比较，每次选出较好的方案依次与后面的方案比较，最终便可选出一个最优方案。

3. 计算期相同或不同的方案比较评估方法

当各比较方案的计算期相同时，可直接选用差额投资内部收益率法、年值法、净现值法、净现值率法、最小费用法等方法进行方案比较，这在前面已做过介绍。

当各比较方案的计算期不相同时，则宜采用年值法或年费用比较法进行方案比较。如果要采用净现值法、差额投资内部收益率法、净现值率法、费用现值比较法，则需事先对各种比较方案的计算期和计算公式做适当处理后再进行比较。如以最小公倍数或最短计算期作为比较方案的共同计算期，使方案比较的评估指标在时间上具有可比性的基础。

（1）方案重复法。以各方案计算期的最小公倍数值为比较方案的计算期，对各方案计算期内各年净现金流量进行重复计算，直到与最小公倍数计算期相等；然后计算净现值、净现值率或差额投资内部收益率进行方案比较。

（2）最短计算期法。这是通过缩短较长计算期来满足时间可比性要求的方法。与上述方案重复法正好相反。以净现值为例，其表达式为：

$$FNPV'_1 = FNPV_1$$
$$FNPV'_2 = FNPV_2 \times (A/P, i, n_2)(P/A, i, n_1)$$

式中　n_1——较短计算期方案的计算期；

　　　n_2——较长计算期方案的计算期。

【例 5-16】　A、B 两个项目的计算期分别为 10 年和 15 年，它们的净现金流量情况如表 5-16 所示。试分别用方案重复法和最短计算期法比较这个项目（设财务基础收益率为 12%）。

A、B 两个项目的净现金流量表 单位：万元 表 5-16

项目 ＼ 年份	1	2	3	4~9	10	11~14	15
A	−560	−730	420	420	650	—	—
B	−1200	−1600	−920	820	820	820	1360

解： 1. 根据财务基准收益率为 12% 计算，两项目的财务净现值为：

$$FNPV_A = 655.4（万元）$$

$$FNPV_B = 745.2（万元）$$

用方案重复法比较，A、B 两个项目计算期的最小公倍数为 30 年，所以，$n_A = 3$，$n_B = 2$。因此，

$$FNPV'_A = 655.4 \times \sum_{t=0}^{n} (1+0.12)^{-10nA} = 934.4（万元）$$

$$FNPV'_B = 745.2 \times \sum_{t=0}^{n} (1+0.12)^{-15nB} = 881.3（万元）$$

计算结果表明，A 方案优于 B 方案。

2. 用最短计算期法比较：

$$FNPV'_A = FNPV_A = 655.4（万元）$$

$$FNPV'_B = FNPV_B \times (A/P, 12\%, 15) \times (P/A, 12\%, 10) = 618.2（万元）$$

计算结果表明，A 方案优于 B 方案。

（3）内部收益率和差额投资内部收益率法

该方法是先对各备选方案用 $FIRR$ 指标进行绝对效果检验，然后再对通过绝对效果检验的方案用差额投资内部收益率法进行优选。

用差额投资内部收益率进行寿命期不等的互斥方案选择，通常应满足下列条件之一：初始投资额大的方案年均净现金流量大，且寿命期长；或初始投资额大的方案年净现金流量小，且寿命期短。方案比选的判别准则为：$\Delta FIRR$ 存在的条件下，若 $\Delta FIRR > i_c$，则年均净现金流量大的方案为优；若 $0 < \Delta FIRR < i_c$，则年均净现金流量小的方案为优。

【例 5-17】 互斥方案 E、F 的净现金流量如表 5-17 所示，计算期为 5 年。若基准折现率 $i_c = 10\%$，试用净现值和差额投资内部收益率指标评价方案。

互斥方案 E、F 净现金流量表 单位：万元 表 5-17

方案 ＼ 年数	0	1~5	6~10
E	−300	80	80
F	−100	50	

解：（1）据前述公式计算净现值

$$FNPV_E = [−300 + 80(P/A, 10\%, 10)](A/P, 10\%, 10)(P/A, 10\%, 5)$$
$$= 118.12（万元）$$

$$FNPV_F = -100 + 50(P/A,10\%,5) = 89.55(万元)$$

因为 $FNPV_E > FNPV_F > 0$，故方案 E 优于方案 F。

2. 用差额投资内部收益率比选方案

根据差额内部收益率的计算公式，有：

$$-(300-100)+(80-50)\left(\frac{P}{A},\Delta FIRR_{E-F},5\right)+80\left(\frac{P}{A},\Delta FIRR_{E-F},5\right)\left(\frac{P}{F},\Delta FIRR_{E-F},5\right)=0$$

解得 $\Delta FIRR = 14.99\%$。

根据判别准则，$\Delta FIRR > i_c(10\%)$ 应选择年均净现金流量大的方案。故方案 E 优于方案 F，此结论与净值法相同。

5.3.4 投资方案比较指标的适用范围

净现值（$FNPV$）、内部收益率（$FIRR$）和净现值率（$FNPVR$）是在对于单个方案进行投资项目经济评估、对互斥方案进行比较选优和对独立方案项目进行排队与组合选优等方案评估时经常使用的评价指标。

在单个项目的财务评估中，用 $FNPV$、$FIRR$ 和 $FNPVR$ 这三个指标来判断项目的可行性所得出的结论是一致的，可以选用任一指标进行评价判断。但是，在多方案比较和方案排队组合选优时，这三个指标的评价结论有时也可能是完全相悖的。

净现值可以作为项目经济评价的指标之一，采用净现值最大原则作为方案比选的依据，可以达到总投资收益的最大化，与方案比选的目的是一致的。内部收益率表明了方案能承受的最高收益率或最高资金成本，但没有考虑到真正的资金机会成本，难以保证比选结果的正确性。财务净现值率是净现值的补充指标，可反映净现值与投资现值的关系，用于不同投资额的方案比较。

综上所述，在进行方案比选时，总费用现值和年费用现值指标是没有一定限制条件的。在无资金约束条件时，可以采用净现值和差额投资内部收益率指标比选，结论是一致的。但在事先明确资金有限定范围时，亦可采用净现值率选择符合资金条件，又能使净现值率最大的方案组合，以实现有限资金的合理利用。上述分析可采用评价指标的适用范围由表 5-18 列示。

投资方案比较指标的应用范围　　　　　　　　　　表 5-18

用途、指标	净现值（$FNPV$）	内部收益率（$FIRR$）	净现值率（$FNPVR$）
一、项目评价（单个方案的可行性）	$FNPV$ 大于等于零	大于等于基准收益率	大于零
二、方案比较（互斥方案优选）	无资金限制可选择 $FNPV$ 较大者	一般不用，可计算差额内部收益率，当差额内部收益率大于等于基准收益率时以投资额大者为优	资金限制时选择 $FNPVR$ 较大者
三、项目排队（独立方案组合优选）	不单独使用	一般不用	按 $FNPV$ 大小将项目排序，选满足资金约束条件的组合，使 $FNPVR$ 最大

【例5-18】 有 A、B、C 三个独立的方案，其净现金流量情况如表 5-19 所示。已知总投资额为 800 万元，$i_c = 10\%$，用净现值和净现值率排序法做出最佳选择。

A、B、C 三方案的净现金流量   单位：万元   表 5-19

方案＼年份	1	2～10	11
A	−350	62	80
B	−200	39	51
C	−420	76	97

解：（1）净现值法

首先计算三个方案的净现值

$$FNPV_A = -350(P/F,10\%,1) + 62(P/A,10\%,9)(P/F,10\%,1)$$
$$+ 80(P/F,10\%,11)$$
$$= 34.46(万元)$$

$$FNPV_B = -200(P/F,10\%,1) + 39(P/A,10\%,9)(P/F,10\%,1)$$
$$+ 51(P/F,10\%,11)$$
$$= 4.24(万元)$$

$$FNPV_C = -420(P/F,10\%,1) + 76(P/A,10\%,9)(P/F,10\%,1)$$
$$+ 97(P/F,10\%,11)$$
$$= 50.05(万元)$$

从单方案比选角度看，A、B、C 三个方案的净现值均大于零，三个方案均可行。

但是现在有总投资 800 万元的限制，而 A、B、C 三个方案加起来投资总额达到 970 万元，显然超过了投资的限度，因而三个方案不能同时实施。

此时可以采取独立方案互斥化的方法进行决策。

决策步骤为：

先将各方案进行组合，组合后的方案之间具有互斥关系，而且组合方案的投资总额不超过投资限制；

然后将各组合方案按投资额的大小顺序，从小到大进行排列，分别计算各组合方案的净现值；

最后选择净现值最大的组合方案作为最佳方案。

计算过程见表 5-20。

净现值法比较最佳方案   单位：万元   表 5-20

序号	组合方案	总投资额	净现值
1	B	200	40.24
2	A	350	34.46
3	C	420	50.05
4	A+B	550	74.70
5	B+C	620	90.32
6	A+C	770	84.54

通过计算，方案 $B+C$ 的组合为最佳组合投资方案。

（2）净现值率排序法

A、B、C 三个方案的净现值率为

$$FNPVR_A = \frac{FNPV}{I_P} = \frac{34.46}{350(P/F,10\%,1)} = 10.83\%$$

$$FNPVR_B = \frac{FNPV}{I_P} = \frac{40.24}{200(P/F,10\%,1)} = 22.13\%$$

$$FNPVR_C = \frac{FNPV}{I_P} = \frac{50.08}{420(P/F,10\%,1)} = 13.12\%$$

将各方案按净现值率从大到小的顺序进行排序（见表 5-21）：

三个方案的净现值率排序表　单位：万元　　　　表 5-21

方案	净现值率	投资额	累计投资额
B	22.13%	200	200
C	13.12%	420	620
A	10.83%	350	970

从表 5-21 可知，方案的选择顺序是：B、C、A。由于资金限额为 800 万元，因此最后的决策为 $B+C$ 组合。

由于方案是不可分的，用净现值率排序法进行方案比选时，经常会出现资金没有被充分利用的情况，因此该方法不能保证一定能获得最佳的组合方案。

本 章 小 结

房地产项目的经济评价一般是对房地产开发项目进行评价，目的是考察项目的预期目标和实际状况，通过分析项目的现金流量情况，选择合适的项目方案，获得最佳的经济效益。投资项目的经济评价根据评价角度不同可以分为财务评价和国民经济评价。本章主要介绍了财务评价，而财务评价主要通过财务评价指标体系来完成。财务评价指标包括静态评价指标和动态评价指标，其中静态评价指标主要包括投资利润率、投资利税率、偿债备付率、借款偿还期、静态投资回收期等指标；动态评价指标主要包括财务净现值、内部收益率、动态投资回收期等指标。通过静态和动态评价指标的计算对具体项目进行财务评价。

本章还介绍了房地产开发投资项目如何进行不确定性分析及针对不同投资方案如何进行评价。通过本章的学习，学生能进行房地产项目的财务分析、不确定性分析和方案评价。

练习题

一、单项选择题

1. 房地产开发项目成本费用不包括（　　）。

A. 土地费用 　　　　　　　　　　　　B. 监理费

C. 不可预见费 　　　　　　　　　　　D. 勘察设计费

2. 房屋开发费不包括（　　）。

A. 建筑安装工程费 　　　　　　　　　B. 公共配套设施建设费

C. 市政建设费 　　　　　　　　　　　D. 基础设施建设费

3. 以下各项财务分析指标中属于静态指标的是（　　）。

A. 投资利润率 　　　　　　　　　　　B. 财务净现值

C. 内部收益率 　　　　　　　　　　　D. 净年值

4. 项目计算期是指（　　）。

A. 建设期＋运营期 　　　　　　　　　B. 达产期＋投产期

C. 经营期 　　　　　　　　　　　　　D. 达产期

5. 单位产品的销售价格为1300元，单位产品的材料费用为320元，单位产品的变动成本和税金分别为115元和65元，则该房地产项目的盈亏平衡产量为（　　）m^2。

A. 7143 　　　　　　　　　　　　　　B. 8163

C. 6154 　　　　　　　　　　　　　　D. 10000

6. 财务净现值是指按行业基准收益率，将方案（　　）内，各年发生的净现金流量折现到建设期初的现值之和。

A. 计算期 　　　　　　　　　　　　　B. 寿命期

C. 经营期 　　　　　　　　　　　　　D. 达产期

7. 不确定性决策必备的条件中，各种自然状态出现的概率是（　　）。

A. 已知的 　　　　　　　　　　　　　B. 随机的

C. 可预测的 　　　　　　　　　　　　D. 无法预测的

8. 在房地产开发项目财务评价中，其动态投资回收期肯定大于（　　）。

A. 基准回收期 　　　　　　　　　　　B. 项目销售期

C. 项目开发期 　　　　　　　　　　　D. 静态投资回收期

9. 从盈亏平衡图上可以看出，平衡点的总收入和总成本相等，所以平衡点的值越小，项目赢利的机会就（　　），亏损的风险就（　　）。

A. 越小，越小 　　　　　　　　　　　B. 越大，越大

C. 越大，越小 　　　　　　　　　　　D. 越小，越大

10. 量-本-利分析是对项目的生产规模、成本和销售收入进行综合分析的一种技术经济分析方法，广泛应用于经营分析、成本管理和方案选择等领域，该分析又称为（　　）。

A. 敏感性分析 　　　　　　　　　　　B. 盈亏平衡分析

C. 概率分析 　　　　　　　　　　　　D. 统筹分析

二、多选题

1. 财务评价主要是对项目(　　)能力的分析。

A. 盈利能力 　　　　　　　　　　B. 偿债能力

C. 财务生存能力 　　　　　　　　D. 各项能力

2. 以下属于固定成本的是(　　)。

A. 土地购置费 　　　　　　　　　B. 折旧费

C. 前期工程费 　　　　　　　　　D. 建安费

3. 用静态评估的方法对房地产的投资效益进行评估时,常用的静态指标有 (　　)。

A. 投资利润率 　　　　　　　　　B. 投资回收期

C. 内部收益率 　　　　　　　　　D. 净现值

4. 以下各指标中,属于盈利能力分析指标的是(　　)。

A. 投资利润率 　　　　　　　　　B. 投资回收期

C. 借款偿还期 　　　　　　　　　D. 财务净现值

5. 下列属于内部收益率法缺点的是(　　)。

A. 内部收益率的计算不需要首先确定所要求的报酬率

B. 内部收益率表示投资项目内在收益率,所以一定程度上不能反映投资效率高低

C. 内部收益率的计算较为复杂

D. 内部收益率能直观地反映项目投资获利数额的大小

6. 投资利润率是指项目达到设计生产能力后的一个正常生产年份的年利润总额与项目总投资的比率,适于快速评估一个寿命期较短项目方案的投资经济效果,主要优点有(　　)。

A. 使用简单、方便 　　　　　　　B. 能反映投资报酬率的高低

C. 不考虑资金时间价值 　　　　　D. 考虑了投资寿命期内所有年份的收益情况

7. 在项目投资评估时,产生不确定性的主要原因是(　　)。

A. 建设工期 　　　　　　　　　　B. 利率、汇率的变化

C. 主观预测能力有限 　　　　　　D. 项目的经济效益不符

8. 在房地产投资评估两个或两个以上方案时,采用净现值法与采用内部收益率法会得出相反的结论,其主要原因是(　　)。

A. 投资项目的类型不同

B. 投资项目的投资规模不同

C. 两种计算方法的计算过程不同

D. 两种计算方法对再投资利润率的假定不同

9. 以下关于盈亏平衡分析说法正确的是(　　)。

A. 也叫保本分析 　　　　　　　　B. 主要是进行不确定性分析

C. 是分析成本与收益平衡关系的 　D. 是判断项目财务上是否可行的

10. 不确定性分析主要是通过(　　)等因素的变化对评价指标的影响来确定敏感因素。

A. 建设投资 　　　　　　　　　　B. 财务净现值

C. 房地产销售量 　　　　　　　　D. 项目计算期

思考题

1. 财务净现值的经济意义是什么？
2. 论述静态指标与动态指标之间的区别。
3. 基准折现率的含义及其对净现值的影响是什么？
4. 简述投资回收期指标的优、缺点及适用范围。
5. 什么是内部收益率？
6. 论述各动态评价指标之间的关系。
7. 盈亏平衡分析的主要作用是什么？简述计算过程。
8. 简述产品的固定成本和变动成本的含义。
9. 房地产投资项目的不确定性因素有哪些？
10. 单方案比选的方法有哪些？

计算题

1. 某项目现金流量如表 5-22 所示，如果基准收益率为 12%，试用内部收益率判断该项目是否可行。

现金流量表　　　　　　　　　　　　　　　　　　　　表 5-22

年　末	0	1	2	3	4	5
净现金流量（万元）	−200	40	50	60	70	80

2. 某项目的现金流量图如下所示，单位为万元。已知 $i=10\%$，试用 $FNPV$ 评价方案的经济可行性。

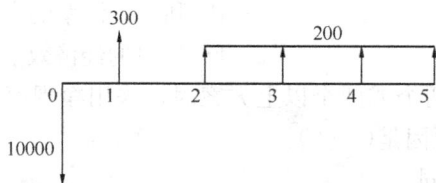

3. 某方案的年净现金流量见表 5-23，基准收益率为 10%，基准回收期为 5 年，试判别该方案的可行性。

现金流量表　　　　　　　　　　　　　单位：万元　表 5-23

年份	1	2	3	4	5	6
年净现金流量	−100	20	30	60	60	60
年净现金流量现值						
年净现金流量现值累计值						

4. 现有两个互斥方案 A、B，其相关数据见表 5-24，设 $i_c=10\%$，试比较选择最佳方案。

互斥立案的相关数据表 单位：万元 **表 5-24**

方案	初始投资	年净现金流量	服务寿命（年）
A	100	50	4
B	200	70	6

5. 某企业为满足生产需要，需要购置设备，可供选择的两种设备的有关资料如表 5-25 所示，已知基准收益率为 10%。要求在(1)寿命期为 20 年；(2)寿命期为 10 年两种情况下选择应该购置哪种型号的设备。

备选设备相关数据表 单位：元 **表 5-25**

型　号	购置费	年运行费用	残　值
A	40000	8000	0
B	65000	6000	3000

6. 已知某房地产投资项目的现金流量如表 5-26 所示，假设投资方的目标收益率为 12%，求该项目的静态和动态投资回收期？

投资项目现金流量表 单位：万元 **表 5-26**

年　份	0	1	2	3	4	5	6
现金流出	−3000	−1500	−300	−300	0	0	0
现金流入	0	0	0	3000	2000	2000	1000

7. 某房地产企业开发一高级住宅别墅项目，根据市场调研估计每套别墅的销售价格为 500 万元，已知该产品单位可变成本为 400 万元，固定成本为 150 万元，试求该项目的盈亏平衡产量？

8. 某新建项目设计生产能力为年产 50 万件产品，根据资料分析，估计单位产品价格为 100 元，单位产品可变成本为 80 元，固定成本为 300 万元，试用产量、生产能力利用率、单位产品价格分别表示项目的盈亏平衡点（已知该产品销售税金和附加的合并税率为 5%）。

实训题

1. 试用表 5-27 的数据，计算项目的动态投资回收期，设 $i_c = 10\%$。

某项目的相关数据表 单位：万元 **表 5-27**

年序	0	1	2	3	4	5	6
投资	100	500	60				
经营成本				220	350	350	350
销售收入				400	800	800	800

2. 某新建项目达到正常生产年份后年产某种设备 10 万台，每台售价 800 元，单台设备成本为 500 元。项目投资 8800 万元，税率 10%，项目寿命期 15 年。选定产品的售价、投资额、成本、产量四个变量因素各按增减 10% 和 20% 的幅度变动，试对该项目的投资利润率作敏感性分析。

6 房地产项目管理

学习目标

了解：项目的概念、特征；项目管理的概念；工程质量相关概念、质量管理原则；工程质量事故的分类；进度计划概念；房地产投资形式；合同管理概念及作用；风险及风险管理的概念。

熟悉：房地产项目的概念、特征；房地产项目管理的概念、内容；房地产项目组织概念、组织设置依据和程序；房地产项目进度计划调整方法；房地产项目投资控制概念；招投标形式；合同类型；风险管理程序。

掌握：设计阶段质量控制、施工阶段质量控制；工程质量事故处理方法；排列图、直方图在实际工程质量管理中的应用；房地产项目进度计划的编制、检查方法；房地产项目投资费用测算；招投标程序；合同索赔。

6.1 房地产项目管理概述

6.1.1 房地产项目的概念及特征

1. 项目

(1) 项目的含义

项目是指在一定的约束条件下（主要是限定资源、限定时间），具有特定目标的一次性任务。项目包括许多内容，可以是建设一项工程，如建造一栋大楼、一座酒店、一座工厂、一座电站；也可以是完成某项科研课题，或研制一台设备，甚至写一篇论文。这些都是一个项目，都有一定的时间、质量要求，也都是一次性的任务。

(2) 项目的特征

1) 项目实施的一次性

这是项目的最基本、最主要的特征，没有完全相同的两个项目，有些项目从表面上看比较类似、地理位置比较接近或建设时间相同，但从任务本身的性质与最终成果上分析都有自己的特征。只有认识项目的一次性，才能有针对性地根据项目的特殊性进行管理。

2) 项目有明确的目标

项目的目标有成果性目标和约束性目标。成果性目标是指项目的功能要求，即设计规定的生产产品的规格、品种、生产能力目标；约束性目标是指限制条件，如工程质量、工期、投资目标、效益指标等。

3) 项目作为管理对象的整体性

一个项目是一个整体，在按其需要配置生产要素时，必须追求高的费用效益，做到数量、质量、结构的总体优化。

4）项目与环境之间的相互制约性

项目总是在一定的环境下立项、实施、交付使用，要受环境的制约；项目在其寿命全过程中又对环境造成正负两方面的影响，从而对周围的环境造成制约。

对任何项目进行项目定位，必须看是否具备了以上四个基本特征，缺一不可。重复的大批量的生产活动及其成果，不能称作为"项目"。

2．房地产项目

（1）房地产项目的含义

房地产项目是指已经确定投资，按照规划设计条件进行施工，并实行统一核算、统一管理的具体房地产开发建设工程。房地产项目根据管理者不同可分为由业主单位管理的建设项目、设计单位管理的设计项目、咨询监理公司管理的工程咨询项目、施工单位管理的施工项目和物业公司管理的后期物业服务项目等。

（2）房地产项目的特征

房地产项目与一般项目相比，具有更为复杂的特征。

1）房地产项目系统性强

房地产项目是一个复杂的系统，它不仅规模大、投资多、时间长，而且项目建设各阶段之间衔接之处较多、较紧密，这就要求项目建设过程中必须统一规划管理，统一进行资源、效益的核算。

2）房地产项目对进度、成本、质量的要求较高

房地产项目资金占用量较大、市场需求变化较快、市场上同行业竞争又很激烈，由此房地产项目有强烈的时间进度和成本要求，确保资金周转速度和目标收益的实现。另一方面，房地产项目的产品直接进入人们的工作和生活之中，与人们的生命和财产有直接的联系，如果房地产项目的产品质量达不到要求，在使用过程中随时可能造成人员伤亡和财产损失。因此，国家对房地产项目产品的质量方面制定了一系列的相关政策法规，以保证房地产项目产品的质量。

3）房地产项目具有特定的程序性

房地产项目属于工程项目范畴，其建设过程必须要按照项目的构思与设想、建议和方案拟定、可行性研究、决策、勘察、设计、招投标、施工、竣工验收的程序进行。一般分为项目前期策划和确立（也可称为可行性研究阶段）、项目设计与计划、项目施工和项目使用等阶段。

6.1.2　房地产项目管理的概念及特征

1．项目管理的概念

项目管理是为使项目取得成功（实现所要求的质量、所规定的时限、所批准的费用预算）所进行的全过程、全方位的规划、组织、控制与协调。项目管理的对象是项目。项目管理是知识、智力、技术密集型的管理，具备管理的计划、组织、指挥、协调、控制等基本职能。

2．项目管理的特征

（1）目标明确。对房地产开发项目而言，项目管理的目标是高效率地实现开发商规定的项目盈利目标。项目管理可称目标管理，即限定时间、限定资源消耗的条件下，高质量、高效率实现项目目标。项目管理的内容和方法要针对项目的目标而定。

（2）项目经理为核心。项目管理有较大的责任与风险，因此为了更好地进行项目计划、组织、指挥、控制和协调，要实施以项目经理为核心的管理体制。项目经理是项目管理团队中的核心人物，要具备技术能力、管理能力，要有领导艺术和领导魅力，对企业内部组织关系、对外界的冲突和项目可能面临的危险要有敏感性。

（3）动态控制。为了确保项目目标的实现，在项目实施过程中要进行动态控制，即阶段性检查实际值和计划目标值的差异，采取措施纠偏，使项目最终目标得以实现。

3. 工程项目管理

所谓工程项目管理属于建设项目管理范畴，是指项目管理者运用系统的观点、理论和方法，对工程项目进行的策划、组织、实施、监督、控制、协调等全过程或若干过程的管理。工程项目管理可分为广义的工程项目管理和狭义的工程项目管理。

广义的工程项目管理，是指针对某一个建设项目所进行的全寿命周期的管理，包括项目决策阶段管理、规划设计阶段管理、工程施工阶段管理和项目建成后的设备管理或物业管理。

狭义的工程项目管理，是指建设项目施工阶段管理。其内容主要包括：质量、进度、投资控制，合同、安全、信息管理，组织协调各类关系。

4. 房地产项目管理

房地产项目管理是工程管理的一个分类，是房地产项目管理者运用系统工程的观点、理论和方法，对房地产项目的建设和使用进行全过程和全方位的综合管理，实现生产要素在房地产项目上的优化配置。房地产项目的开发建设是一项复杂的系统工程，涉及投资方、监理方、勘察规划、设计、施工、设备、市政、交通、供电、电信、银行、文教、卫生、消防、商业、服务、环境等许多部门和单位，要有一套完整、规范和科学的管理保证体系，来统筹和协调项目的全过程和确保总体目标的实现。

6.1.3 房地产项目管理内容

1. 建立房地产项目管理组织

企业法定代表人采用适当的方式选聘称职的项目经理；根据项目管理组织原则，结合项目规模、特点，选择合适的组织形式，建立项目管理组织机构，明确各部门、各岗位的责任、权限和利益；在符合企业规章制度的前提下，根据项目管理的需要，制定项目经理部各类管理制度。

2. 房地产项目前期策划

房地产项目前期策划主要包括房地产项目构思、房地产市场调查及房地产项目可行性研究等工作内容。

3. 房地产项目招投标与合同管理

房地产项目的规划、设计、施工及后期服务，都可通过招投标方式择优确定项目任务的承接单位。在项目实施整个过程中，合同管理的水平直接涉及项目管理目标实现。因此，要从工程实施阶段开始，加强各类合同的策划、签订、履行和管理。

4. 房地产项目的目标控制

在房地产项目实施的全过程中，确保投资回报率、销售利润率、自有资金利润率等成果性目标的同时，还应对项目的质量、进度、成本和安全等目标进行控制，以实现项目的各项约束性目标。控制的基本过程是：

（1）确定各项目标控制计划；

（2）在实施过程中，通过检查、对比，衡量目标的完成情况；

（3）将衡量结果与计划进行比较，若有偏差，分析原因，采取相应的措施以保证目标的实现。

5. 房地产项目的信息管理

进行项目管理和项目目标控制、动态管理，必须在项目实施的全过程中，充分利用计算机做好与项目有关的各类信息的收集、整理、储存和使用，提高项目管理的科学性和有效性。

6. 房地产项目风险管理

包括房地产项目的风险识别、风险评估、风险响应及风险控制。

7. 房地产项目组织协调

在项目实施过程中，应进行组织协调，沟通和处理好内部及外部的各种关系，排除种种干扰和障碍，保证计划目标的实现。

6.1.4 房地产项目管理组织机构

1. 组织

组织包含两层含义。第一层含义是指各生产要素相结合的形式和制度。通常，前者表现为组织结构，后者表现为组织的工作规则。组织结构一般又称为组织形式，反映了生产要素相结合的结构形式，即管理活动中各种职能的横向分工和层次划分。组织结构运行的规则和各种管理职能分工的规则即是工作制度。第二层含义是指管理的一种重要职能，即指通过一定权力体系或影响力，为达到某种工作的目标，对所需要的一切资源（生产要素）进行合理配置的过程。它实质上是一种管理行为。

2. 房地产项目组织

房地产项目组织是指房地产项目的参加者、合作者按照一定的规则或规律构成的整体，是房地产项目的行为主体构成的协作系统。房地产项目投资大，建设周期长，参与项目的单位众多，社会性强，项目的实施模式具有复杂性。建筑市场的市场体系主要由三方面构成，即以发包人为主体的发包体系；以设计、施工、供货方为主体的承建体系；以工程咨询、评估、监理方为主体的咨询体系。与此相对应的参加者、合作者大致有以下几类：

（1）项目所有者

项目所有者通常又被称为业主，对房地产项目而言主要是指房地产开发商。他居于项目组织的最高层，对整个项目负责。他最关心的是项目整体经济效益，他在项目实施全过程的主要责任和任务，是作项目宏观控制。

（2）项目管理者

项目管理者主要指监理单位，由业主选定，为他提供有效的独立的管理服务，负责项目实施中的具体事务性管理工作。他的主要责任是实现业主的投资意图，保护业主利益，达到项目的整体目标。

（3）项目专业承包商

项目专业承包商，包括专业设计单位、施工单位和供应商等，他们构成项目的实施层。

（4）政府机构

包括政府的土地、规划、建设、水、电、通信、环保、消防、公安等部门，他们的协作和监督决定项目的成败。

3. 房地产项目管理组织机构设置依据

房地产项目组织机构设置的依据是在特定的环境下建立项目组织的要求和条件。具体有以下三个方面：

（1）项目内在联系，是指项目的组成要素之间的相互依赖关系及由此引起的项目组织和人员之间的内在联系，它包括技术联系、组织联系和个人之间的联系。

（2）人员配备要求，以各部门任务为前提，对完成任务的人员的专业技能、合作精神等综合素质及需要的时间安排等方面的要求。

（3）制约和限制，指项目组织内外存在的、影响项目组织采用某些机构模式及获得某些资源的因素。

4. 房地产项目管理组织机构设置程序

房地产项目管理组织应尽早成立，或尽早委托、尽早投入。在项目实施过程中它应有一定的连续性和稳定性。房地产项目管理组织设置的一般程序为：

（1）确定房地产项目的管理目标

为了使房地产项目顺利实施和实现项目的整体效益，房地产项目管理目标由房地产项目目标确定，主要体现在工期、质量和成本三大目标。

（2）划分项目管理的责任、义务、权利

房地产开发企业，为了有效推进项目管理工作，要聘任项目经理，并对项目经理授权，要明确项目管理责任、义务和权利。但企业也可以限定项目经理的部分权利，例如投资控制的权利、合同管理的权利等可以由企业和项目经理共同承担。

（3）制作工作任务分配表

项目经理需要对房地产项目建设过程中项目管理小组所完成的工作详细分析，确定详细的各种工作任务，并按工作任务设立人员或部门，建立管理组织结构，将各种管理工作任务作为目标落实。项目经理向各职能部门授权，并制作管理工作任务和任务分配表。

（4）确定房地产项目管理流程

确定房地产项目管理流程就是确定房地产项目建设过程中各种管理的工作流程。通过管理流程分析，可以构成一个动态的管理过程。管理流程的设计是一个重要环节，它对管理系统的有序运行以及管理信息系统的设计有很大的影响。

（5）建立规章制度

建立各职能部门的管理行为规范和沟通准则，形成管理工作准则，也就是项目管理组织内部的规章制度。

（6）设计管理信息系统

按照管理工作流程和管理职责，确定工作过程中各个部门之间的信息流通、处理过程，包括信息流程设计、信息（报表、文件、文档）设计以及信息处理过程设计等。

6.2 房地产项目工程质量控制

6.2.1 基本概念

1. 质量管理

质量管理是指"确定质量方针、目标和职责并在质量体系中通过诸如质量策划、质量控制、质量保证和质量改进使其实施的全部管理职能的所有活动"。主要包括以下工作职责：

(1) 确定质量方针和目标。

(2) 确定岗位职责和权限。

(3) 建立质量体系并使之有效运行。

2. 质量体系

质量体系是指"为实施质量管理所需的组织结构、程序、过程和资源"。

(1) 组织结构是一个组织为行使其职能按某种方式建立的职责、权限及其相互关系，通常以组织结构图予以规定。

(2) 资源包括人员、设备、设施、资金、技术和方法，质量体系应提供适宜的各项资源以确保过程和产品的质量。

(3) 一个组织所建立的质量体系应既满足本组织管理的需要，又满足顾客对本组织的质量体系要求，但主要目的应是满足本组织管理的需要。顾客仅仅评价组织质量体系中与顾客订购产品有关的部分，而不是组织质量体系的全部。

(4) 质量体系和质量管理的关系是：质量管理需要通过质量体系来运作，建立质量体系并使之有效运行是质量管理的主要任务。

3. 质量目标

质量目标是"在质量方面所追求的目的"。

(1) 企业的最高管理者主持和制定企业的质量目标并形成文件，此外相关的职能部门和基层组织也应建立各自相应的质量目标。

(2) 企业的质量目标是对质量方针的展开，是企业在质量方面所追求的目标，通常依据企业的质量方针来制定。企业的质量目标要高于现有水平，经过努力应该是可以达到的。

(3) 企业的质量目标必须包括满足产品要求所需要的内容。它反映了企业对产品要求的具体追求目标，既要有满足企业内部所追求的质量品质目标，也要不断满足市场、顾客的要求，它是建立在质量方针基础上的。

(4) 质量目标应是可测量的，因此质量目标应该在相关职能部门和项目上分解展开，建立自己的质量目标，在作业层进行量化，以便于操作。以下级质量目标的完成来确保上级质量目标的实现。

4. 质量控制

质量控制是指"为达到质量要求所采取的作业技术和活动"。

(1) 质量控制的对象是过程，控制的结果应能使被控制对象达到规定的质量要求。

（2）为了使被控制对象达到规定的质量要求，就必须采取适宜的、有效的措施，包括作业技术和方法。

6.2.2 质量管理原则

1. 以顾客为关注焦点

组织依存于顾客，因此组织应当理解顾客当前的和未来的需求，满足顾客要求并争取超越顾客期望。

顾客是每个企业实现其产品的基础，因此企业的存在依赖于顾客。企业应把顾客的要求放在第一位，对于以顾客为关注焦点，企业应从以下两个方面去理解。

首先是企业的最终顾客。企业的最终顾客是企业产品的接受者，因此企业的最终顾客是企业生存的根本。在激烈竞争的市场中，企业只有赢得顾客的信任，提高社会信誉，才能保持和提高企业的市场份额，增加企业收入，使企业处于不败之地。而赢得顾客的信任，必须树立以顾客为关注焦点的思想，并在日常工作中采取各种措施，充分、及时地掌握顾客的需求和期望，包括明示的、隐含的，当前的和长远的，并在产品实现过程中，围绕着顾客的需求和期望，进行质量控制，确保顾客的要求得到充分的满足，通过不断改进的质量和服务，争取超越顾客的期望。为使顾客的满意度处于受控状态，企业各有关部门建立顾客要求和期望的信息沟通渠道，提高服务意识，及时准确地掌握和测量顾客满意度，及时处理好与顾客的关系，确保顾客以及相关方的利益。

其次在日常工作中，要树立以工作服务对象（含中间顾客）为关注焦点的思想，充分掌握并最大限度地满足工作服务对象的合理要求，努力提高工作服务质量，为满足最终顾客要求创造条件。

2. 领导作用与全员参与

领导者确立组织统一的宗旨和方向，他们应当创造并保持使员工能充分参与并实现组织目标的内部环境，领导作用是企业质量管理体系建立和有效运行的根本保证。

企业的质量管理不仅需要最高管理者的正确领导，还有赖于全员的参与。为此必须在全体员工范围内进行质量意识、职业道德、以顾客为关注焦点的意识和敬业精神教育，还要激发他们的积极性和责任感，在实际工作中应注意以下几个方面：

（1）应把企业的质量目标分解到职能部门和基层，让员工看到更贴近自己的目标。

（2）营造一个良好的员工参与管理、生产的环境，建立员工激励机制，激励员工为实现目标而努力，并及时评价员工的业绩。

（3）通过多种途径，采取多种手段，做好员工质量意识、技能和经验方面的培训，提高员工整体素质。

3. 过程方法

将活动和相关的资源作为过程进行管理，可以更高效地得到期望的结果。

对于过程方法应从以下几个方面去理解：

首先 ISO 9000 标准对质量管理体系建立了一个过程模式，这个以过程为基础的质量管理体系模式把管理职责、资源管理、产品实现、测量分析和改进作为质量管理体系的四大主要过程，描述其相互关系，并以顾客要求为输入，顾客满意为输出，评价质量管理体系的业绩。

其次，本方法要求在质量管理体系运行的每项具体工作中，同样遵循这样一个过程模式，即管理职责、资源管理、产品实现、测量分析和改进四个过程的循环。要求在具体每项工作开展前和开展过程中，充分识别四个过程的具体内容及其之间的联系，识别输入，掌握分析和确认输出，将质量管理每个环节的每个具体活动，都按过程模式要求进行管理。

4. 管理的系统方法

在质量管理中采用系统方法，就是要把质量管理体系作为一个大系统，对组成质量管理体系的各个过程加以识别、理解和管理，以达到实现质量方针和质量目标的目的。

系统方法和过程方法关系非常密切。它们都以过程为基础，都有要求对各个过程之间的相互作用进行识别和管理。但前者着眼于整个系统和实现总目标，使得企业所策划的过程之间相互协调和相容。后者着眼于具体过程，对其输入、输出和相互关联、相互作用的活动进行连续的控制以实现每个过程的预期结果。

5. 持续改进

持续改进整体业绩应当是组织的一个永恒目标。

为了改进企业的整体业绩，企业应不断改进其产品质量，提高质量管理体系及过程的有效性和效率，以满足顾客日益增长的和不断变化的需求、期望。只有坚持持续改进，企业才能不断进步，才能在激烈的市场竞争中取得更多的市场份额。企业领导者要对持续改进作出承诺，积极推动，全体员工也要积极参与持续改进的活动。持续改进是永无止境的，因此持续改进应成为每一个企业永恒的追求、永恒的目标、永恒的活动。

在企业实现持续改进的过程中，应做好以下几方面的工作：

（1）在企业内部使持续改进成为一种制度，始终如一地推行持续改进，并对改进的结果进行测量；

（2）对企业内部员工进行持续改进方法和工具应用的培训，努力提高员工工作改进意识和改进能力；

（3）通过 P（plan 计划）D（do 实施）C（check 检查）A（action 处理）的循环运作模式实现持续改进；

（4）对持续改进进行指导，对改进的结果进行测量，对改进成果进行认可，对改进成果的获得者进行表彰以激励广大员工。

6. 与供方互利的关系

组织与供方是相互依存的，互利的关系可增强双方创造价值的能力。

供方向企业提供的产品将对企业向顾客提供的产品产生重要影响，因此处理好与供方的关系，影响到企业能否持续稳定地提供使顾客满意的产品。过去质量管理中主要强调对供方的控制，但在企业经营活动中，"互利"是可持续发展的条件，把供方看作是企业经营战略中的一个组成部分，它有利于企业之间的专业化协作，形成共同的竞争优势。

6.2.3 房地产项目工程质量控制内容

房地产项目工程质量控制贯穿项目建设整个过程，主要包括设计阶段质量控制、施工阶段质量控制和房屋交付后的质量控制。

1. 设计阶段质量控制

工程设计是指根据建设工程的要求，对建设工程所需要的技术、经济、资源、环境等条件进行综合分析、论证、编制建设工程设计文件的活动，是工程建设前期的关键环节，对于项目的质量起着决定性作用。

工程设计根据工作进度和深度不同，一般按初步设计、施工图设计两个阶段进行，技术复杂的项目可按初步设计、技术设计、施工图设计三个阶段进行。房地产开发商自行或委托监理工程师应进行审查施工图设计的质量，主要审查内容包括：图纸的规范性；建筑造型与立面设计；平面设计；空间设计；装修设计；结构设计；工艺流程设计；设备设计；水、电、自控等设计；城规、环境、消防、卫生等要求满足情况；各专业设计的协调一致性；施工可行性等。

2. 施工阶段质量控制

工程施工是工程实体形成的最主要的阶段，也是项目建设资金投放量最大的阶段。根据工程质量形成的过程，施工阶段的质量控制分为施工准备阶段的控制、施工过程控制和竣工验收控制等三个阶段。

（1）施工准备阶段质量控制

1）施工承办单位资质条件的核查

房地产开发项目的施工任务必须有相应资质等级的施工承包单位负责完成。根据建筑市场准入制度的要求来看，施工承包单位不得越级承揽施工任务，开发商对承包单位的资质条件必须进行审查。这种审查在招投标阶段开始，主要对施工企业的营业执照、建筑企业资质证书及实际的建设业绩、人员素质、管理水平、资金情况、技术装备、质量管理体系等诸多方面进行审查，由此为确保工程质量打下基础。

2）施工组织设计的审查

对承包商编制的施工组织设计，房地产开发商应自行或委托监理工程师进行审查。审查时注意以下几点：

①审查施工方法、施工机械设备及人员配备与组织、质量管理措施以及进度安排。

②在施工顺序上应符合先地下、后地上；先土建、后设备；先主体、后维护的基本规律。所谓先地下、后地上是指地上工程开工前，应尽量把管道、线路等地下设施和土方与基础工程完成，以避免干扰，造成浪费、影响质量。此外，施工流向要合理，即平面和立面上都要考虑施工的质量和安全保证；考虑使用的先后和区段的划分，与材料、构配件的运输不发生冲突。

③施工方案与施工进度计划的一致性。施工平面图静态布置内容与动态布置内容应相互协调，如临时施工供水、供电、供热、供气管道、施工道路、临时办公房屋、物资仓库等静态布置与施工材料模板、工具器具等动态布置，要做到有利于各阶段施工方案的实施。

3）现场施工准备的质量控制

现场施工准备的质量控制工作主要包括：工程定位及标高基准控制；施工平面布置的控制；材料、构配件采购订货的控制；施工机械配置的控制；分包单位资质的审核确认；设计交底与施工图的现场核对；严把开工关。施工前对以上各项准备工作控制的好坏直接影响正式开工后的各项工作环节。

（2）施工过程的质量控制

施工过程的质量控制包括作业技术准备状态的控制、作业技术活动运行过程的控制、作业技术活动结果的控制，即事前控制、事中控制、事后控制。

1) 作业技术准备状态的控制（事前控制）

作业技术准备状态，是指各项施工准备工作在正式开展作业技术活动前，是否按预先计划的安排落实到位的状况，包括配置的人员、材料、机具、场所环境、通风、照明、安全设施等。做好作业技术准备状况的检查和管理，有利于实施施工条件的落实，要重点抓好以下工作环节：

①合理设置质量控制点，即确定质量控制的重点对象、关键部位或薄弱环节。

②做好技术交底控制工作。技术交底要紧紧围绕和具体施工有关的操作者、机械设备、使用的材料、构配件、工艺、施工环境、具体管理措施等方面进行，主要包括明确做什么、谁来做、如何做、作业标准和要求、什么时间完成等内容。

③抓好进场材料构配件的质量控制。运到施工现场的原材料、半成品或构配件，若没有产品出厂合格证明及检验不合格者，不得进场，更不得投入使用。

④环境状态的控制，包括施工作业环境、施工质量管理环境、现场自然环境条件的控制等。

⑤进场施工机械设备性能及工作状态的控制。对进场施工机械设备的型号、规格、数量、技术性能、设备状况等方面进行检查。

⑥施工测量及计量器具性能、精度的控制。对工地实验室的设施装备情况，施工单位的测量仪器设备的性能、精度状况等方面进行检查和控制。

⑦施工现场劳动组织及作业人员上岗资格的控制。

2) 作业技术活动运行过程的控制（事中控制）

施工过程是由一系列相互制约和影响的作业活动形成的，因此作业技术活动运行过程的控制是施工质量控制中的关键环节，做好作业技术活动运行过程的检查和管理，重点抓以下工作：

①承包单位自检和专检系统的检查。承包单位是施工质量的直接实施者和责任者，要建立自检和专检系统，具体做到以下三点：作业活动的作业者在作业结束必须自检；不同工序交接、转换必须相关人员交接检查；专职质检员的专检。

②技术复核工作的检查。凡涉及施工作业技术活动基准和依据的技术工作，都应该严格进行专人负责的复核性检查，以避免基准失误给整个工程质量带来危害。例如：工程的定位、轴线、标高、预留孔洞的位置和尺寸、预埋件、管线的坡度、混凝土配合比、变电位置、配电位置、高低压进出口方向、送电方向等。

③见证取样送检工作的检查。所谓见证是指建设单位委托的监理工程师现场监督承包单位某工序全过程完成情况的活动。按规定在市政工程及房屋建筑工程项目中，对工程材料、承重结构的混凝土试块、承重墙体的砂浆试块、结构工程的受力钢筋实行见证取样。

④工程变更的控制。施工过程中，由于前期勘察设计的原因，或外界自然条件的变化，未探明的地下障碍物、管线、文物、地质条件不符等，以及施工工艺方面的限制、建设单位要求的变化，均会可能导致工程变更。工程变更可能来自于建设单位，也可能来自于设计单位和施工单位。工程变更会不仅导致技术上的改变，还会对工程成本、进度方面带来影响，要认真研究，合理处理。

⑤见证点的实施控制。见证点是指重要的质量控制点，承包单位在分项工程施工前制

定的施工计划要明确见证点。建设单位委托的监理工程师按规定，到现场严格进行见证点的质量控制。

⑥级配管理。在工程实施中，均会涉及材料的级配，不同材料的混合拌制，如混凝土工程中，砂、石骨料本身的级配，混凝土拌制的配合比等。重点控制拌合原料的质量、材料配合比及现场作业质量。

⑦计量控制。计量控制是保证房地产项目质量的重要手段和方法，是房地产项目开展质量管理的一项重要基础性工作。施工过程的计量工作，包括施工投料计量；施工测量、检测计量；对项目、产品或过程的测试、检验、分析计量等。

3）作业技术活动结果的控制（事后控制）

作业活动结果，泛指作业工序的产出品、分项分部工程的已完施工及已完准备交验的单位工程。主要包括：基槽（基坑）验收、隐蔽工程验收、工序交接验收、分项工程验收、分部工程验收、单位工程或整个过程项目的竣工验收等内容。

6.2.4 工程质量事故处理

工程质量问题是由工程质量不合格或工程质量缺陷引起，工程质量事故是属于严重的工程质量问题。在工程质量控制中应高度重视质量事故的处理。

1. 工程质量事故的分类

（1）按事故的性质及严重程度区分

1）一般事故

通常是指经济损失在 0.5 万元至 10 万元额度内的质量事故。

2）重大事故

凡是有下列情况之一者，可列为重大事故：

①建筑物、构筑物或其他主要结构倒塌；

②超过规范规定或设计要求的基础严重不均匀沉降，建筑物倾斜，结构开裂或主体结构强度严重不足，影响建筑物的寿命，造成不可补救的永久性质量缺陷或事故；

③影响建筑设备及其相应系统的使用功能，造成永久性质量缺陷；

④经济损失在 10 万元以上。

（2）按质量事故产生的原因区分

1）技术原因引发的质量事故

指在工程项目实施中由于设计、施工技术上的失误而造成的质量事故，主要包括：

①结构设计计算错误；

②地质情况估计错误；

③盲目采用技术上未成熟、实际应用中未得到充分的实践检验证实其可靠程度的新技术；

④采用了不适宜的施工方法或工艺。

2）管理原因引发的质量事故

主要是指由于管理上的不完善或失误而引发的质量事故。主要包括：

①施工单位或监理单位的质量体系不完善；

②检验制度的不严密，质量控制不严格；

③质量管理措施落实不力；

④检测仪器设备管理不善而失准；

⑤进料检验不严格。

3）社会、经济原因引发的质量事故

主要指由于社会、经济因素及社会上存在的弊端和不正之风引起建设中的错误行为，而导致出现的质量事故。

2. 工程质量事故处理方法

（1）修补处理

当工程的某些部分的质量未达到规范、标准或设计要求，存在一定的缺陷，但经过修补后可以达到标准要求又不影响使用功能或外观要求的，可以做修补处理。如某些混凝土结构表面出现蜂窝、麻面，经调查、分析，该部位经修补处理后，不影响其使用及外观要求等。

（2）返工处理

当工程质量未达到规定的标准或要求，有明显的质量问题，对结构的使用和安全有重大影响，而又无法通过修补办法给予纠正时，可以作出返工处理的决定。如某些工程预应力按混凝土规定张力系数为 1.3，但实际仅为 0.9。属于严重的质量缺陷，也无法修补，只能返工处理。

（3）限制使用

当工程质量缺陷按修补方式处理无法保证达到规定的使用要求和安全性能，而又无法返工处理时，可以作出结构卸荷、减荷以及限制使用的决定。

（4）不做处理

某些工程质量缺陷虽不符合规定的要求或标准，但其情况不严重，经过分析、论证后，可以作出不做处理的决定。可以不做处理的情况有：

1）不影响结构安全和使用要求，经过后续工序可以弥补的质量缺陷；

2）经复核验算，仍能满足设计要求的质量缺陷。

6.2.5 质量控制的统计分析方法

1. 统计调查表法

统计调查表法又称统计调查分析法，它是利用专门设计的统计表对质量数据进行收集、整理和粗略分析质量状态的一种方法。

2. 分层法

分层法是质量控制统计分析方法中最基本的一种方法。其他统计方法一般都要与分层法配合使用。

3. 排列图法

排列图法是利用排列图寻找影响质量主次因素的一种有效方法。排列图又称为帕累托图或主次因素分析图，它是由两个纵坐标、一个横坐标、几个连起来的直方形和一条曲线所组成。左侧的纵坐标表示频数，右侧纵坐标表示累计频率，横坐标表示影响质量的各个因素或项目，按影响程度大小从左至右排列，直方形的高度示意某个因素的影响大小。实际应用中，通常按累计频率划分为（0%～80%）、（80%～90%）、（90%～100%）三部分，与其对应的影响因素分别为 A、B、C 三类。A 类为主要因素，B 类为次要因素，C

类为一般因素。

排列图的作法：

结合实例说明排列图的绘制过程。

【案例 6-1】

背景：某开发商发现施工单位的预制构件存在不同程度的质量问题，所以抽查了 400 块预制混凝土板，结果表明其中有 140 块存在不同的质量问题。利用排列图的方法分析影响质量问题的原因。

案例分析：基本步骤如下

（1）收集整理数据

根据工程项目的实际情况，收集存在质量问题的不合格点数，并汇总到表内，如表 6 -1 所示。再对统计结果进行整理，计算出各项目的频数和累计频率，如表 6-2 所示。

不合格点统计表 表 6-1

序号	检查项目	不合格点数	序号	检查项目	不合格点数
1	强度不足	35	5	端部有裂缝	80
2	表面蜂窝麻面	10	6	其他	2
3	局部有露筋	8	7		
4	折断	5	8		

不合格点项目频数、频率统计表 表 6-2

序号	项目	频数	频率（%）	累计频率（%）
1	端部有裂缝	80	57.14	57.14
2	强度不足	35	25.0	82.14
3	表面蜂窝麻面	10	7.14	89.28
4	局部有露筋	8	5.72	95.0
5	折断	5	3.57	98.57
6	其他	2	1.43	100.0
合计		140	100	

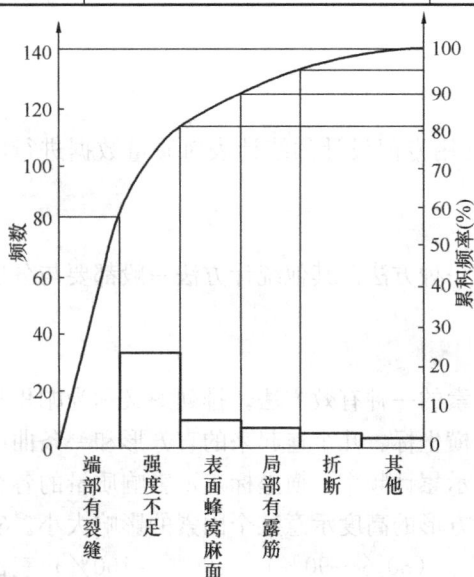

图 6-1 排列图的绘制

（2）排列图的绘制（见图 6-1）

1）画横坐标。将横坐标按项目数等分，并按项目频数由大到小的顺序从左到右排列。

2）画纵坐标。左侧的纵坐标表示项目不合格点数即频数，右侧纵坐标表示累计频率。要求总频数对应累计频率 100%。该例中 140 应与 100% 在一条水平线上。

3）画频数直方形。以频数为高画出各项目的直方形。

4）画累计频率曲线。从横坐标左端点开始，依次连接各项目直方形右边线及所对应的累计频率值的交点，所得的曲线即为累计频率曲线。

5）记录必要的事项，如标题、收集数据

的方法和时间等。

（3）排列图的观察与分析

观察直方形，大致可看出各项目的影响程度。排列图中的每个直方形都表示一个质量问题或影响因素。影响程度与各直方形的高度成正比。

利用 ABC 分类法，确定主次因素。将累计频率曲线按（0%～80%）、（80%～90%）、（90%～100%）分为三部分，各曲线下面所对应的影响因素分别为 A、B、C 三类因素，该例中 A 类即"端部有裂缝"为主要因素；B 类即"强度不足"、"表面蜂窝麻面"为次要因素；C 类即其他因素为一般因素。

4. 因果分析图法

因果分析图法是利用因果分析图，系统地整理分析某个质量问题与其产生原因之间关系的有效工具。因果分析图又可以称为特性要因图，又因其形状常被称为树枝图或鱼刺图。

因果分析图由质量特性（即质量结果指某个质量问题）、要因（产生质量问题的主要原因）、枝干（指一系列箭线表示不同层次的原因）、主干（指较粗的直接指向质量结果的水平箭线）等所组成。

因果分析图的绘制步骤与图中箭头方向恰恰相反，是从"结果"开始将原因逐层分解的，具体步骤如下：

（1）明确质量问题（结果），该例分析的质量问题是"混凝土强度不足"，作图时首先由左至右画出一条水平主干线，箭头指向一个矩形框，框内注明研究的问题，即结果。

（2）分析确定影响质量特性大的方面的原因。一般来说，影响质量因素有五大方面，即人、材料、机械、方法和环境。另外还可以按产品的生产过程进行分析。

（3）将每种大原因进一步分解为中原因、小原因，直至分解的原因可以采取具体措施加以解决为止。

（4）检查图中所列原因是否齐全，对初步分析结果广泛征求意见，并做必要的补充及修改。

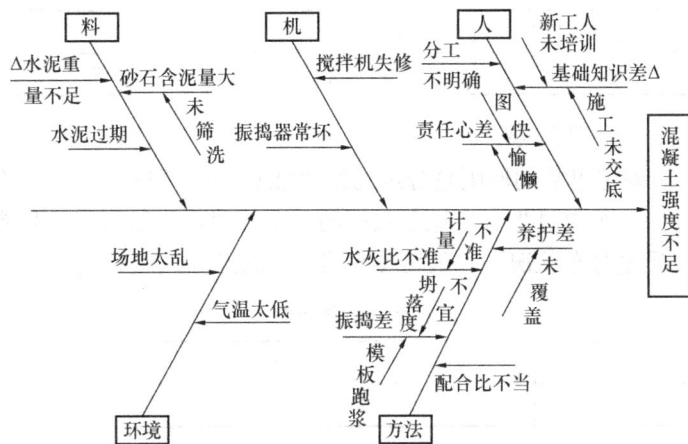

图 6-2 混凝土强度不足的因果分析图

（5）选择影响大的关键因素，做出标记，以便重点采取措施。

5. 直方图法

直方图法即频数分布直方图法，它是将收集到的质量数据进行分组整理，绘制成频数直方图，用以描述质量分布状态的一种分析方法，所以又称质量分布图法。

（1）直方图的绘制方法

结合实例加以说明。

【案例 6-2】

案例背景：某建筑施工工地浇筑 C30 混凝土，为对其抗压强度进行质量分析，共收集了 50 份抗压强度试验报告单，如表 6-3 所示。

案例分析：

1）收集整理数据（结果如表 6-3 所示）

2）计算极差 R

极差 R 是数据中最大值和最小值之差，本例中：

$X_{max} = 34.1N/mm^2$；$X_{min} = 28.7N/mm^2$

$R = X_{max} - X_{min} = 34.1 - 28.3 = 5.7N/mm^2$

3）对数据分组

数据整理结果   表 6-3

序号	抗压强度数据（单位 N/mm²）					最大值	最小值
1	31.8	31.7	31.1	31.5	32.7	32.7	31.1
2	32.2	28.7	31.0	29.5	31.6	32.2	28.7
3	31.4	34.1	31.6	33.5	34.0	34.1 *	31.4
4	31.5	32.9	32.1	29.4	32.7	32.7	29.4
5	29.2	33.1	33.4	30.4	29.3	33.4	29.2
6	32.3	31.5	29.5	32.1	30.4	32.3	29.5
7	33.9	32.4	31.8	29.3	30.2	33.9	29.3
8	31.2	32.6	28.3	29.7	31.0	32.6	28.3 *
9	30.4	32.3	33.4	30.2	31.0	33.4	30.2
10	31.4	32.0	29.9	30.4	29.5	32.0	29.5

包括确定组数、组距和组限。

①确定组数 k。确定组数的原则是分组的结果能正确地反映数据的分布规律。组数应根据数据多少来确定。组数过少，会掩盖数据的分布规律，组数过多，使数据过于零乱分散，也不能显示出质量分布状况。一般可参考表 6-4 的经验数值确定。

数据分组参考值   表 6-4

数据总数 n	分组数 k	数据总数 n	分组数 k	数据总数 n	分组数 k
50～100	6～10	100～250	7～12	250 以上	10～20

本例中取 $k=7$

②确定组距 h。组距是组与组之间的间隔，即一个组的范围。各组距应相等，于是通常计算组距的公式为 $h=R/k$。本例中：$h=R/k=5.7/7 \approx 0.80N/mm^2$。

③确定组限。每组的最大值为上限，最小值为下限，上、下限统称组限。确定组限时应注意使各组之间连续，即较低组上限应为相邻较高组下限，这样才不致使有的数据被遗漏。

首先确定第一组下限 $X_{\min}-h/2=28.3-0.80/2=27.9$，第一组上限 $27.9+h=28.7$；

第二组下限＝第一组上限＝28.7，第二组上限 $28.7+h=29.5$；

以下以此类推，确定每组的组限。

4）编制数据频数统计表

统计各组频数，频数总和应等于全部数据个数。本例频数统计结果见表 6-5

频数统计表 表 6-5

组号	组限（N/mm²）	频数	组号	组限（N/mm²）	频数
1	27.9～28.7	1	5	31.1～31.9	11
2	28.7～29.5	5	6	31.9～32.7	8
3	29.5～30.3	7	7	32.7～33.5	6
4	30.3～31.1	8	8	33.5～34.3	4

5）绘制频数分布直方图

在频数分布直方图中，横坐标表示质量特性值，本例中为混凝土强度，并标出各组的组限值。根据表 6-5 可以画出以组距为底，以频数为高的 k 个直方型，便得到混凝土强度的频数分布直方图，见图 6-3。

（2）直方图的分析

1）观察直方图的形状、判断质量分布状态

作完直方图后，首先要认真观察直方图的整体形状，看其是否属于正常型直方图。

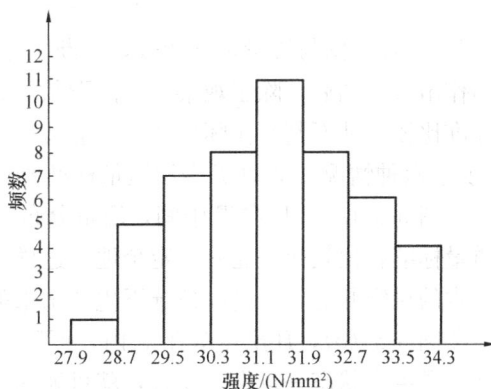

图 6-3 混凝土强度频数分布直方图

正常型直方图就是中间高，两侧低，左右接近对称的图形，如图 6-4（a）所示。

出现非正常型直方图时，表明生产过程或收集数据作图有问题。这就要求进一步分析判断，找出原因，从而采取措施加以纠正。凡属非正常型直方图，其图形分布有各种不同缺陷，归纳起来一般有五种类型，如图 6-4 所示。

①折齿型（图 6-4b），是由于分组不当或者组距确定不当出现的直方图。

②左（或右）缓坡型（图 6-4c），主要是由于操作中对上限（或下限）控制太严造成的。

③孤岛型（图 6-4d），是原材料发生变化，或者临时他人顶班作业造成的。

④双峰型（图 6-4e），是由于用两种不同方法、两台设备或两组工人进行生产，然后把两方面数据混在一起整理产生的。

⑤绝壁型（图 6-4f），是由于数据收集不正常，可能有意识地去掉下限以下的数据，或是在检测过程中存在某种人为因素所造成的。

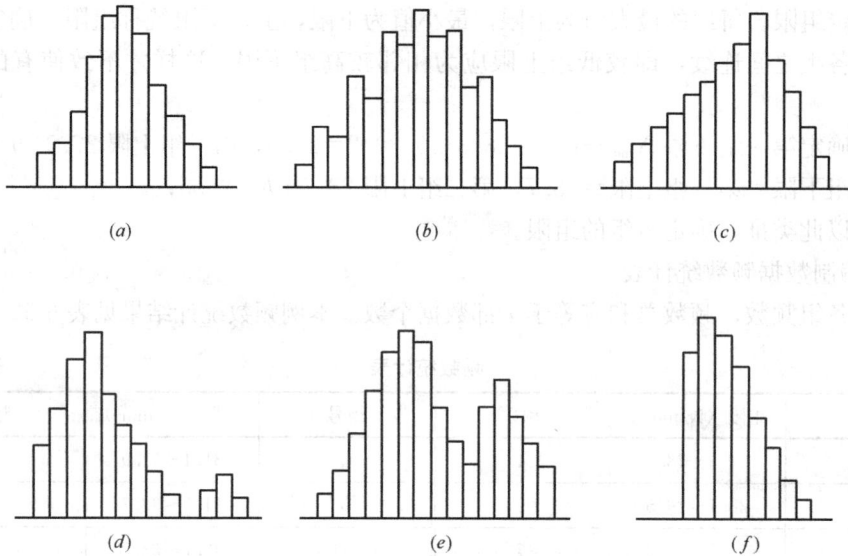

图 6-4 常见的直方图图形

(a) 正常型；(b) 折齿型；(c) 左缓坡型；(d) 孤岛型；(e) 双峰型；(f) 绝壁型

2）将直方图与质量标准比较，判断实际生产过程能力

作出直方图后，除了观察直方图形状，分析质量分布状态外，再将正常型直方图与质量标准比较，从而判断实际生产过程能力。正常型直方图与质量标准相比较，一般有如图 6-5 所示六种情况，图中 T 表示质量标准要求界限，B 表示实际质量特性分布范围。

①图 6-5 (a)，B 在 T 中间，质量分布中心 x 与质量标准中心 M 重合，实际数据分布与质量标准相比较两边还有一定余地。这样的生产过程质量是很理想的，说明生产过程处于正常的稳定状态，在这种情况下生产出来的产品可认为全都是合格品。

②图 6-5 (b)，B 虽然落在 T 内，但质量分布中 x 与 T 的中心 M 不重合，偏向一边。这样如果生产状态一旦发生变化，就可能超出质量标准下限而出现不合格品。出现这种情况时应迅速采取措施，使直方图移到中间来。

③图 6-5 (c)，B 在 T 中间，且 B 的范围接近 T 的范围，没有余地，生产过程一旦发生小的变化，产品的质量特性值就可能超出质量标准。出现这种情况时，必须立即采取措施控制。

④图 6-5 (d)，B 在 T 中间，但两边余地太大，说明加工过于精细，不经济。在这种情况下，可以对原材料、设备、工艺、操作等控制要求适当放宽些，有目的地使 B 扩大，从而有利于降低成本。

⑤图 6-5 (e)，质量分布范围 B 已超出标准下限之外，说明已出现不合格品。此时必须采取措施进行调整，使质量分布位于标准之内。

⑥图 6-5 (f)，质量分布范围完全超出了质量标准上、下界限，散差太大，产生许多废品，说明过程能力不足，应提高过程能力，使质量分布范围 B 缩小。

6. 控制图法

控制图又称管理图。它是在直角坐标系内画有控制界限，描述生产过程中产品质量波动状态的图形。利用控制图区分质量波动原因，判明生产过程是否处于稳定状态的方法称

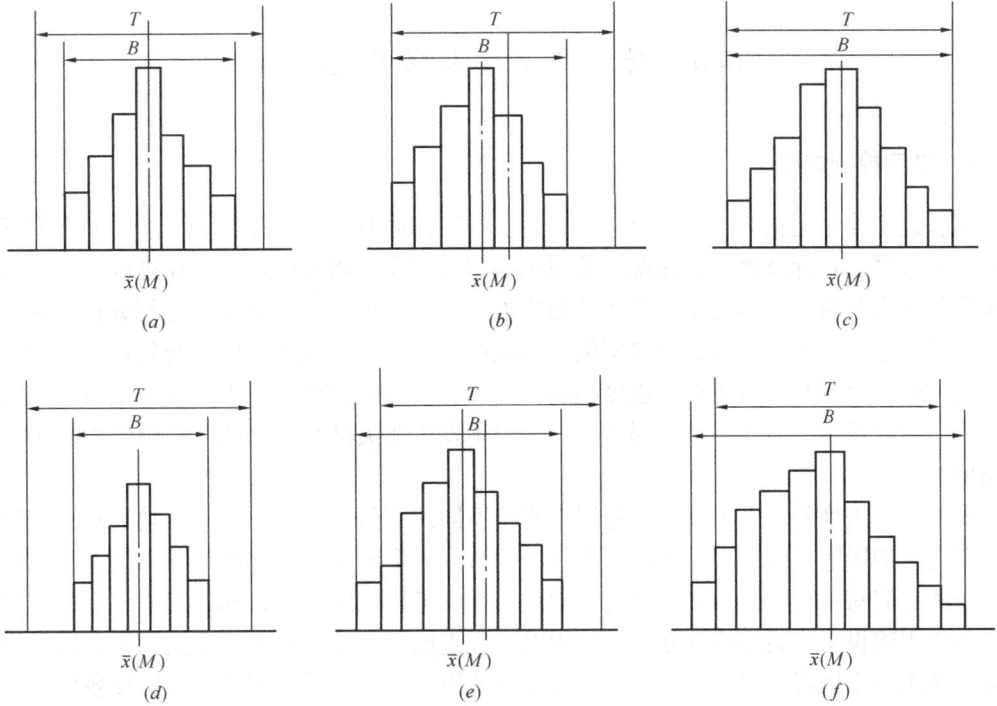

图 6-5 质量分布状态分析图

为控制图法。

控制图是用样本数据来分析判断生产过程是否处于稳定状态的有效工具。它的用途主要有两个：

（1）过程分析，即分析生产过程是否稳定。为此，应随机连续收集数据，绘制控制图，观察数据点分布情况并判断生产过程状态。

（2）过程控制，即控制生产过程质量状态。为此，要定时抽样取得数据，将其变为点子描在图上，发现并及时消除生产过程中的失调现象，预防不合格品的产生。

前述排列图法、直方图法是质量控制的静态分析法，反映的是质量在某一段时间里的静止状态。然而产品都是在动态的生产过程中形成的，因此在质量控制中单用静态控制分析法显然是不够的，还必须有动态分析法。只有动态分析法，才能随时了解生产过程中质量的变化情况，及时采取措施，使生产处于稳定状态，起到预防出现废品的作用。控制图就是典型的动态分析法。

7. 相关图法

相关图又称散布图。在质量控制中它是用来显示两种质量数据之间关系的一种图形。质量数据之间的关系多属相关关系。一般有三种类型：一是质量特性和影响因素之间的关系；二是质量特性和质量特性之间的关系；三是影响因素和影响因素之间的关系。

我们可以用 Y 和 X 分别表示质量特性值和影响因素，通过绘制散布图，计算相关系数，分析研究两个变量之间是否存在相关关系，以及这种关系密切程度如何，进而对相关程度密切的两个变量，通过对其中一个变量的观察控制，去估计控制另一个变量的数值，以达到保证产品质量的目的。这种统计分析方法，称为相关图法。

6.3 房地产项目工程进度控制

6.3.1 进度控制的概念

工程进度控制是指对工程项目建设各阶段的工作内容、工作程序、持续时间和衔接关系，根据进度总目标及资源优化配置的原则编制计划并付诸实施，然后在进度计划的实施过程中经常进行检查实际进度是否按计划要求进行，对出现的偏差情况进行分析，采取补救措施或调整、修改计划后再付诸实施，如此循环，直到工程竣工验收交付使用。工程进度控制的最终目的是项目工期。进度控制目标能否实现，主要取决于处在关键线路上的工程内容能否按预定的时间完成。当然，同时要不发生非关键线路上的工作延误而成为关键线路的情况。

影响工程进度的因素很多，这些因素来自不同的部门和不同的时期，它们对工程进度发生着复杂的影响。因此，进度控制人员必须事先对影响工程进度的各种因素进行调查分析，预测它们对工程进度的影响程度，确定合理的工程进度控制目标，编制可行的进度计划，使工程建设工作始终按计划进行。影响工程进度的主要因素有：业主因素、勘察设计因素、施工技术因素、自然环境因素、社会环境因素、组织管理因素、材料设备因素、资金因素等。

6.3.2 房地产项目进度计划的编制

工程进度计划是计划控制的基础和前提，参与工程项目建设的各有关单位都要编制进度计划。

1. 进度计划体系

不同领域的进度计划是由不同部门来编写，本节主要介绍房地产开发商（业主）编写的进度计划。在工程建设过程中开发商主要编写项目前期工作计划、工程项目建设总进度计划和工程项目年度计划。

项目前期工作计划是指对房地产项目可行性研究、项目评估及初步设计的工作进度安排，它可使项目前期决策阶段各项工作的时间得到控制。

工程项目总进度计划是指初步设计批准后，在编报项目年度计划之前，根据初步设计，对工程项目从开始建设（设计、施工准备）至竣工投产（动用）全过程的统一部署。其主要目的是安排各单位工程的建设进度，合理分配年度投资，组织各方面的协作，保证初步设计所确定的各项建设任务的完成。

工程项目年度计划是依据工程项目总进度计划和批准的设计文件进行编制的。该计划要满足工程项目建设总进度计划的要求，又要与当年可能获得的资金、设备、材料、施工力量相适应。应根据分批配套投产或交付使用的要求，合理安排本年度建设的工程项目。

2. 进度计划的编制方法

进度计划的编制常用方法主要包括横道图和网络图法两种表示方法。

（1）横道图

横道图也称甘特图（见图 6-6）。横道图的横坐标是时间标尺，各工作的进度线与之相对应，如图所示，横道图上表示各项工作划分、工作的开始时间和完成时间、工作的持续时间、工作之间的相互搭接关系，以及整个工程项目的开工时间、完工时间和总工期。

工作编号	工作名称	时间 (周)	进度（周）							
			10	11	12	1	2	3	4	5(月)
1	土方工程	12								
2	基础工程	22								
3	主体工程	12								
4	钢结构工程	10								
5	围护工程	10								
6	管道工程	19								
7	防火工程	16								
8	机电安装	15								
9	屋面工程	8								
10	装修工程	16								

图 6-6 某项目进度计划横道图

用横道图表示工程进度计划，有其优点和不足。

1）优点：简便直观，易于管理使用，依据横道图可以直接统计可得到的资源需要量。

2）缺点：工作之间的逻辑关系表达不清楚，不能确定关键工作，不能反映工作所具有的机动时间，不能反映工程费用与工期之间的关系。

（2）网络图

网络图是指由箭线和节点组成，用来表示工作流程的有向、有序的网络图形。网络图分为双代号网络和单代号网络两种。

1）双代号网络图。双代号网络图由若干表示工作的箭线和节点组成，其中每一项工作都用一根箭线和箭线两端的节点来表示，箭线两端节点的号码即代表该箭线所标示的工作，见图 6-7。

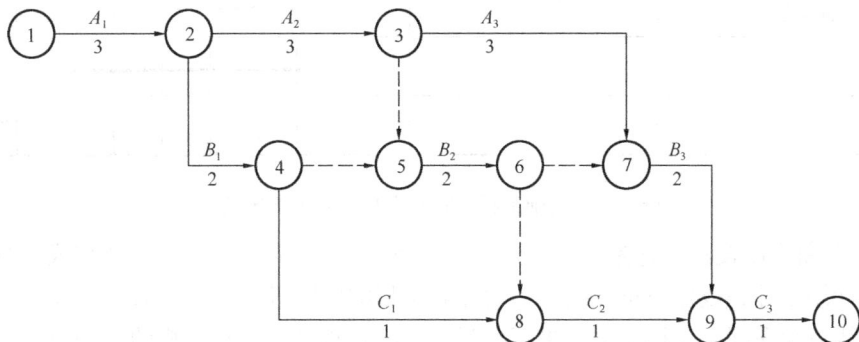

图 6-7 双代号网络图

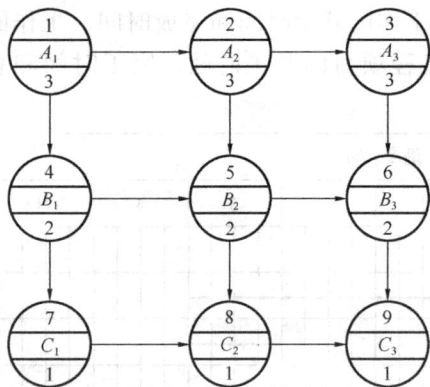

图 6-8　单代号网络图

2）单代号网络图。单代号网络图是以节点及其编号表示工作，以箭线表示工作之间逻辑关系。用一个圆圈或方框代表一项工作，工作代号、名称、持续时间都标注在圆圈或方框内，箭线仅表示工作之间的逻辑关系。由于一项工作只用一个代码表示，"单代号"的名称由此而来，见图6-8。

与横道图相比，网络图计划的优点主要体现在以下几点：网络图能够明确表达各项工作之间的逻辑关系；通过网络计划中时间参数的计算，可以找出关键线路和关键工作，明确工程进度控制中的工作重点；通过网络计划时间参数的计算，可以明确各项工作的机动时间（亦称"时差"）；网络图便于进度计划的优化和调整。

3. 房地产项目的进度控制及调整

（1）房地产项目进度计划的检查

房地产项目进度计划的检查方法主要是对比法，即实际进度与计划进度相对比较。通过比较发现偏差，以便调整或修改计划，保证进度目标的实现。主要检查方法有横道图比较法、S形曲线比较法、"香蕉曲线"检查法、实际进度前锋线比较法等。

1）横道图比较法。横道图比较法是指将在项目实施中检查实际进度收集到的信息，经整理后直接用横道线并列标于原计划的横道线处，进行直观比较的方法，如图6-9所示。其中实线表示计划进度，加粗部分表示工程实际进度。

工作序号	工作名称	工作时间	进度（周）															
			1	2	3	4	5	6	7	8	9	10	11	12	13	14	15	16
1	挖土1	2	▬▬															
2	挖土2	6			▬▬▬▬▬													
3	混凝土1	3			▬▬▬													
4	混凝土2	3									▬▬▬							
5	防水处理	6									▬▬▬▬▬▬							
6	回填土	2															▬▬	

图 6-9　某基础工程实际进度与计划进度比较图

2）S形曲线比较法。它是一种以横坐标表示时间，纵坐标表示累计完成任务量，先绘出一条计划累计完成任务量曲线，然后随着工程的实际进展，将工程项目实际累计完成任务量曲线也绘在同一坐标图中，进行实际进度与计划进度比较分析的一种方法，如图6-10所示。

3）香蕉形曲线比较法。香蕉形曲线是由两条S形曲线组合起来的闭合曲线。一般说

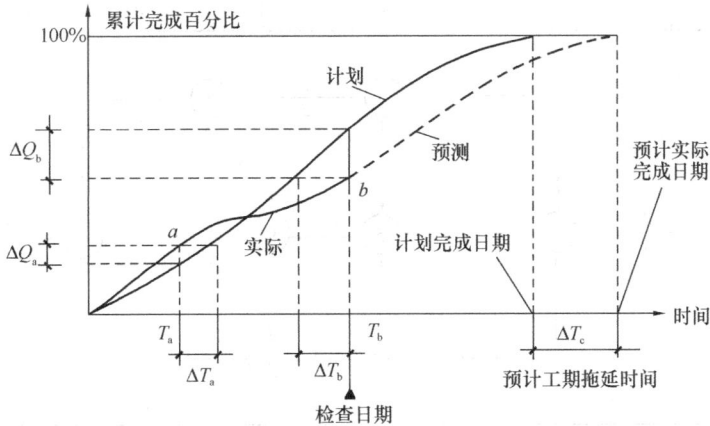

图 6-10　S 形曲线比较图

来，按任何一个计划，都可以绘出两条曲线：一是以各项工作最早开始时间安排进度而绘制的 S 曲线，称为 ES 曲线；二是以各项工作最迟开始时间安排进度而绘制的曲线，称为 LS 曲线。两条 S 曲线都是从计划的开始时刻开始到完成时刻结束，因此两条曲线是闭合的。在一般情况下，ES 曲线上的各点均落在 LS 曲线相应的左侧，形成一个形如香蕉的曲线，如图 6-11 所示。

在项目实施过程中，进度控制的理想状态是任一时刻按实际进度描出的点，均落在该香蕉曲线的区域内，如图 6-11 中的实际进度线。

4）前锋线比较法。前锋线比较法是利用时标网络计划图检查和判定工程进度实施情况的方法。其具体做法是：

① 将一般网络计划图变换为时标网络计划图，并在图的上下方绘制出时间坐标，使各工作箭线长度与所需工作时间一致，如图 6-12 所示。

② 在时标网络计划图上标注出检

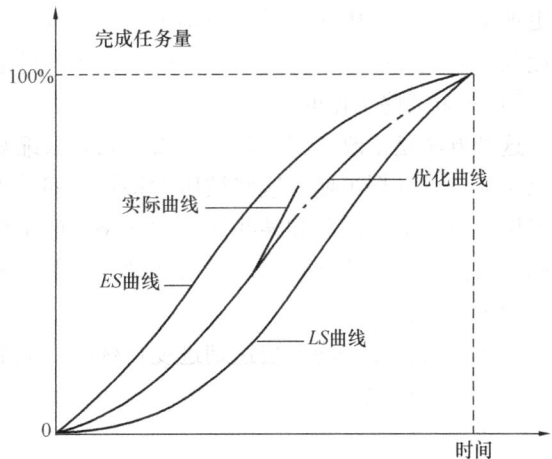

图 6-11　香蕉形曲线比较图

查日的各工作箭线实际进度点，并将上下方的检查日点与实际进度点依次连接，即得到一条（一般为折线）实际进度前锋线。

③ 前锋线的左侧为已完施工，右侧为尚需工作时间。

④ 其判别规则是：工作箭线的实际进度点与检查日点重合，说明该工作按时完成计划；若实际进度点在检查日点左侧，表示该工作未完成计划，其长度的差距为拖后时间；若实际进度点在检查日点右侧，表示该工作超额完成计划，其长度的差距为提前时间。

（2）房地产项目进度的调整

为了实现进度目标，当进度控制人员发现问题时，必须对后续工作的进度计划进行调整，但由于可行的调整方案可能有多种，究竟采取什么调整方案和调整方式，就必须对具体的实施进度进行分析才能确定。进度调整的方法有以下几种：

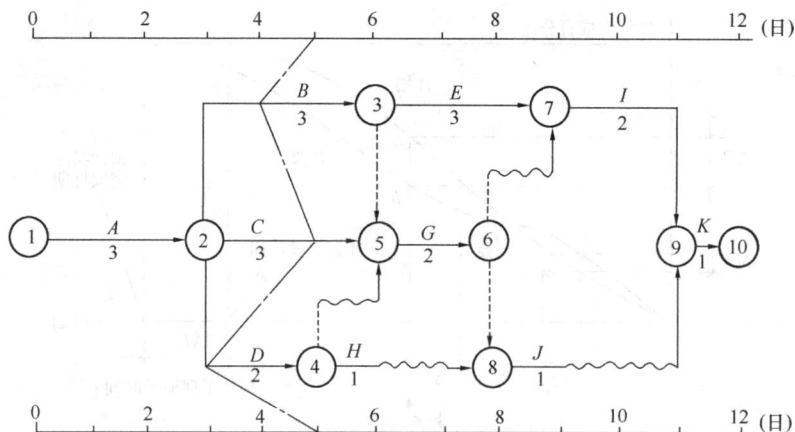

图 6-12　网络计划前锋线比较图

1）改变工作间的逻辑关系

这种方法是通过改变关键线路和超过计划工期的非关键线路上的有关工作之间的逻辑关系，达到缩短工期的目的。只有在工作之间的逻辑关系允许改变的情况下，才能采用这种方法。这种调整方法可将顺序施工的某些工作改变成平行施工或搭接施工，或划分为若干个施工段组织流水施工。但由于增加了各工作间的相互搭接时间，因而进度控制工作显得更加重要，实施中必须做好协调工作。另外，若原始计划是按搭接施工或流水施工方式编制的，而且安排较紧凑的话，其可调范围（即总工期缩短的时间）会受到限制。

2）缩短某些工作的持续时间

这种方法是不改变工作间的逻辑关系，只缩短某些工作的持续时间，从而加快施工进度以保证实现计划工期。这些被压缩持续时间的工作是位于因实际施工进度的拖延而引起总工期延长的关键线路和某些非关键线路上的工作，而且这些工作的持续时间还必须允许压缩。具体压缩方法就是采用网络计划工期优化的方法。

3）改变施工方案

当上述两种方法均无法达到进度目标时，只能选择更为先进快速的施工机具、施工方法来加快施工进度。

6.4　房地产项目投资控制

6.4.1　房地产项目投资构成

房地产开发项目投资构成包括土地费用、勘察设计和前期工程费、房屋开发费、其他工程费、开发期间税费、管理费用、销售费用、财务费用、不可预见费。各项费用的构成复杂、变化因素多、不确定性大，尤其是由于不同建设项目类型的特点不同，其费用构成有较大差异。

1. 土地费用

土地费用是指取得开发项目用地所发生的费用。开发项目取得土地使用权有多种方式，所发生的费用各不相同。主要有以下几种：划拨土地的征收补偿费、出让土地的出让价款、转让土地转让费、租用土地的土地租用费、股东投资土地的投资折价。

（1）征收补偿费

征收补偿费分为集体土地征收费用和城市国有土地上房屋征收补偿费用。集体土地征收费用主要包括土地补偿费、安置补助费、地上附着物和青苗补偿费、安排被征地农民的社会保障费用、征地管理费用、耕地占用税、耕地开垦费、新菜地开发建设基金。城市国有土地上房屋征收补偿费用主要包括被征收房屋价值的补偿，因征收房屋造成的搬迁、临时安置的补偿，因征收房屋造成的停产停业损失的补偿，征收管理费和服务费等。

（2）土地出让价款

土地出让价款是国家以土地所有者的身份，将土地使用权在一定年限内让与土地使用者，并由土地使用者向国家支付的土地使用权出让价款。以出让方式取得熟地土地使用权时，土地出让价款由国有土地使用权出让金、土地成本和土地增值收益或溢价构成。政府出让土地时的地价通常以出让金和土地开发成本为基础确定，土地增值收益或溢价为开发商在土地出让市场竞买时所形成的交易价格与出让地价的差值；以出让方式获得城市毛地土地使用权时，土地出让价款有土地使用权出让金和城市建设配套费构成，获得此类土地使用权的开发商，需要进行房屋征收补偿和土地开发活动，并相应支付城市房屋征收补偿费用。

土地出让价款的数额由土地所在城市、地区、地段、土地用途、使用条件及房地产市场状况等许多因素决定。由于各地已经普遍采用招、拍、挂方式公开出让国有土地使用权，因此土地出让价款可以运用市场比较法，通过类似土地交易价格的比较调整来获得。对于缺少市场交易价格的区域或土地类型，可以参照相关城市制定的基准地价，并在基准地价的基础上加以适当调整确定。

此外，政府出让经营性用地的国有土地使用权时，往往还附加一些受让条件，例如配建一定比例的公共住房（如经济适用住房、公共租赁住房和廉租住房等）或其他配套用房及设施。对这种配建的房屋或设施，政府可能以事先规定的价格回购，或者由开发商无偿提供给政府或相关单位。此时开发商除了要支付土地出让价款外，还要分担配建房屋的部分或全部成本。这部分附加成本虽然可计入后续的房屋开发费，但实际上属于开发的土地费用支出。

（3）土地转让费

土地转让费是指土地受让方向土地转让方支付的土地使用权的转让费。依法通过土地出让或转让方式取得的土地使用权在一定条件下可以转让给其他合法使用者。土地使用权转让时，地上建筑物及其他附着物的所有权随之转让。由于土地转让活动通常以转让公司股权的方式进行，被转让的土地上往往也已经进行了一定程度的开发建设活动，因此土地转让费的估算相对复杂，通常需要房地产或土地专业估价人员协助。

（4）土地租用费

土地租用费是指土地租用方向土地出租方支付费用。以租用方式取得土地使用权可以减少项目开发的初期投资，但仅在部分工业开发项目和公共租赁住房项目用地上有少量实践，在竞争性较为激烈的商品房项目开发中极为少见。

（5）土地投资折价

开发项目土地使用权可以用来自开发项目的一个或多个投资者的直接投资。在这种情况下，不需要筹集现金用于支付土地使用权的获取费用，但一般需要将土地使用权评估作价。

应当注意的是，土地使用费用中，除了包括上述直接费用外，还应包括土地购置过程中所支付的税金和相关费用。例如，开发商通过招拍挂方式获取土地使用权时，需要按照土地成交价的3%缴纳契税；开发商在参与土地出让招拍挂竞投时，需要支付前期市场及竞投方案分析研究费用、竞投保证金利息、手续费用等土地竞投费用。

2. 勘察设计和前期工程费

勘察设计和前期工程费主要包括开发项目的前期规划、设计、可行性研究、水文地质勘测以及"三通一平"等土地开发工程费支出。

项目的规划、设计、可行性研究所需的费用支出一般可按项目总投资的一个百分比估算。一般情况下，规划设计费为建筑安装工程费的3%左右，可行性研究费占项目总投资的1%~3%，水文、地质勘探所需的费用可根据所需工作量结合有关收费标准估算，一般为设计概算的0.5%左右。

"三通一平"等土地开发费用，主要包括地上原有建筑物、构筑物拆除费用，场地平整费用和通水、电、路的费用。这些费用的估算，可根据实际工作量，参照有关计费标准估算。

3. 房屋开发费

房屋开发费包括建筑安装工程费、基础设施建设费和公共配套设施建设费。

（1）建筑安装工程费

建筑安装工程费是指建造房屋建筑物所发生的建筑工程费用、设备及安装工程费用（给排水、电气照明及设备安装、空调通风、弱电设备及安装、电梯及其安装、其他设备及安装等）及室内装修工程费等。

当房地产项目包括多个单项工程时，应对各个单项工程分别估算建筑安装工程费用。

（2）基础设施建设费

基础设施建设费是指建筑物2m以外和项目红线范围内的各种管线、道路工程的建设费用。主要包括：自来水、雨水、污水、燃气、热力、供电、电信、道路、绿化、环卫、室外照明等设施的建设费用，各项设施与市政设施干线、干管、干道等的接口费用。一般按实际工程量估算。

（3）公共配套设施建设费

公共配套设施建设费是指居住小区内为居民服务配套建设的各种非营利性的公共配套设施（或公建设施）的建设费用。主要包括居委会、派出所、托儿所、幼儿园、公共厕所、停车场等。一般按规划指标和实际工程量估算。

在可行性研究阶段，房屋开发费中各项费用的估算，可以采用单元估算法、单位指标估算法、工程量近似匡算法、概算指标法、概预算定额法，也可以根据类似工程经验进行估算。具体估算方法的选择，应视资料的可获得性和费用支出的情况而定。比较常用的方法有以下几种：

1）单元估算法

单元估算法是指以基本建设单元的综合投资乘以单元数得到项目或单项工程总投资的估算方法。如以每间客房的综合投资乘以客房数估算一座酒店的总投资，以每张病床的综合投资乘以病床数估算一座医院的总投资等。

2）单位指标估算法

单位指标估算法是指以单位工程量投资乘以工程量得到单项工程投资的估算方法。一般来说，土建工程、给排水工程、照明工程可按建筑平方米造价计算，采暖工程按耗热量（kK/h）指标计算，变配电安装按设备容量（kVA）指标计算，集中空调安装按冷负荷量（kK/h）指标计算，供热锅炉安装按每小时产生蒸汽量（m^3/h）指标计算，各类围墙、室外管线工程按长度（m）指标计算，室外道路按道路面积（m^2）指标计算。

3）工程量近似匡算法

工程量近似匡算法采用与工程概预算类似的方法，先近似匡算工程量，配上相应的概预算定额单价和取费，近似计算项目投资。

4）概算指标法

概算指标法采用综合的单位建筑面积和建筑体积等建筑工程概算指标计算整个工程费用。常用的估算公式是：直接费＝每平方米造价指标×建筑面积，主要材料消耗量＝每平方米材料消耗量指标×建筑面积。

4. 其他工程费

其他工程费主要包括临时用地费和临时建设费、工程造价咨询费、总承包管理费、合同公证费、工程监理费、竣工图编制费、工程保险费等杂项费用。这些费用一般按当地有关部门规定的费率估算。

5. 开发期间税费

房地产开发项目投资估算中应考虑项目开发期间所负担的各种税金和地方政府或有关部门征收的费用。主要包括：固定资产投资方向调节税（现暂停征收）、市政支管线分摊费、供电贴费、用电权费、分散建设市政公用设施建设费、绿化建设费、电话初装费、人防工程费等。各项税费应根据当地有关法规标准估算。

6. 管理费用

管理费用是指开发商为组织和管理开发经营活动而发生的各种费用。主要包括：管理人员工资、职工福利费、办公费、差旅费、折旧费、修理费、工会经费、职工教育经费、社会保险费、董事会费、咨询费、审计费、诉讼费、排污费、房产税、城镇土地使用税、技术转让费、技术开发费、无形资产摊销、开办费摊销、业务招待费、坏账损失、存货盘亏、毁损和报废损失以及其他管理费用。

管理费用可按项目总投资的3％～5％估算。如果开发商同时开发若干个房地产项目，管理费用应该在各个项目间合理分摊。

7. 销售费用

销售费用是指开发商在销售房地产产品过程中发生的各项费用，以及专设销售机构或委托销售代理的各项费用。销售费用一般包括销售前期费、销售推广费、交易手续费、销售代理费和其他费用。销售前期费是与销售相关的一些前期费用，主要包括不能出售的样板房装饰费用、售楼处建造与装饰费用、样板房和售楼处的物业维护费等。销售推广费是与销售相关的媒体广告费、广告制作费、展位费及展台搭建费、户外发布费、围墙彩绘费、宣传费、灯箱制作费、展板制作费和楼书印刷费等。交易手续费是开发商出售或出租商品房时需交纳的交易手续费，以及支付的网上备案服务费等。销售代理费是开发商委托代理公司进行销售所支付的佣金。

单独设立销售机构的费用也计入销售费用。包括销售人员工资、奖金、福利费、差旅费，销售机构的折旧费、修理费、物料消耗费、广告宣传费、代理费、销售服务费及销售许可证申领费等。

8. 财务费用

财务费用是指企业为筹集资金而发生的各项费用，主要为借款或债券的利息，还包括金融机构手续费、融资代理费、承诺费、外汇汇兑净损失以及企业筹资发生的其他财务费用。利息的计算，可参照金融市场利率和资金分期投入的情况按复利计算。利息以外的其他融资费用，一般占利息的 10% 左右。

9. 不可预见费

不可预见费根据项目的复杂程度和前述各项费用估算的准确程度，以上述各项费用之和的 3%～7% 估算。

当开发项目竣工后采用出租或自营方式经营时，还应估算项目经营期间的运营费用。运营费用通常包括：人工费，公共设施设备运营费、维修及保养费，绿地管理费，卫生清洁与保安费用，维修与保养费，办公费，保险费，房产税，广告宣传及市场推广费，租赁代理费，不可预见费。

6.4.2 房地产项目投资控制的概念

1. 房地产项目投资含义

房地产项目投资是指国家、企业和个人为了某种目的，直接或间接地投入用于房地产开发、经营、管理和服务等的资金行为。房地产项目投资是以房地产项目为投资对象的投资，是借助房地产项目来获取收益的投资行为。

2. 房地产项目投资形式

房地产项目投资分为直接投资和间接投资两种类型。

（1）房地产直接投资

房地产直接投资是指投资者直接进行开发房地产或购买房地产，并实施有关管理工作的投资。具体包括房地产开发投资和房地产置业投资两种。

1）房地产开发投资是指投资者进行前期研究、购买土地使用权、规划设计、建设施工、竣工验收、市场营销、收回投资获取利润的过程。

2）房地产置业投资是指投资者以一定方式获取现有运行中的房地产所有权或使用权的投资行为。投资对象可以是新建成商品房和二手房。通过置业投资，投资者可以自己生活居住、生产以及自主经营，还可以将购买的房地产出租给使用者来获取较为稳定的经营性收入。在不愿意持有房地产时，将之转售获得转售收益。

（2）房地产间接投资

房地产间接投资是指投资者不需要直接参与房地产经营管理具体工作，而将资金投入与房地产相关的证券金融市场的行为，主要包括：购买房地产企业股票或债券、购买房地产项目投资信托公司的股份及购买住房抵押支持证券等。

3. 房地产项目投资控制

房地产项目投资控制是指在投资决策阶段、设计阶段、建设项目发包阶段和施工阶段以及竣工阶段，把项目投资的发生控制在批准的投资限额以内，随时纠正发生的偏差，以保证项目投资管理目标的实现，以求在各个建设项目中能合理使用人力、物力、财力，取得较好的投资效益和社会效益。

房地产项目的投资控制工作，必须有明确的控制目标，并且在不同的控制阶段设置不同的控制目标，具体有：（1）投资估算应是设计方案选择和进行初步设计的投资控制目标；（2）设计概算应是进行技术设计和施工图设计的投资控制目标；（3）施工图预算或建筑安装工程承包合同价应是施工阶段控制建筑安装投资的控制目标。有机联系的各阶段投资控制目标相互制约，相互补充，前者控制后者，后者补充前者，共同组成项目投资控制的目标系统。

6.4.3 房地产项目投资费用控制

1. 房地产投资控制的过程

投资控制贯穿于房地产项目开发建设全过程，包括策划、设计、发包、施工、销售等诸多环节。项目建设过程中越是前期，投资控制越重要；越是后期，投资控制的影响作用越小，因此控制的重点是在前期决策和设计阶段。

（1）项目建议书和可行性研究阶段的投资控制

在项目建议书阶段要进行投资估计和资金筹措设想。可行性研究，是运用多种科学手段综合论证一个项目在技术上是否先进、实用和可靠，在财务上是否盈利；作出环境影响、社会效益和经济效益的分析和评价，为投资决策提供科学的依据。在项目建议书和可行性研究阶段针对项目特征及内容，依据估算指标、费用标准、物价指数、影响投资的动态因素（如利率、汇率、税率）以及各项费用计算办法和规定，进行投资估算。房地产项目投资估算的控制要注意以下几点：投资估算编制依据的时效性和准确性；投资估算方法的科学性、适用性；投资估算编制内容与拟建项目规划要求的一致性；投资估算的费用项目、费用数额的真实性。

（2）设计阶段的投资控制

从工程实践中可以看出，对项目投资影响大的阶段是工程开发周期 1/4 的技术设计结束前的工作阶段。在初步设计阶段，影响开发项目投资的可能性为 75%～95%；在技术设计阶段，影响项目投资的可能性为 35%～75%；在施工图设计阶段，影响项目投资的可能性为 5%～35%。投资控制的关键是施工以前的投资决策和设计阶段，而做出决策后关键在于设计阶段。在设计阶段采取适当的方法，对项目概算和施工图预算进行认真审查。

（3）工程施工招投标阶段的投资控制

实行招投标的工程合同价款应在中标通知书发出之日起 30 天内，由发包、承包双方依据招标文件和中标人的投标文件在书面合同中约定。合同价是项目施工阶段投资控制的最高限额。

（4）施工阶段的投资控制

施工阶段是房地产项目资金投放量最大的阶段。这个阶段，投资控制的任务是，按设计要求实施，使实际支出控制在合同价之内。施工阶段，要减少设计变更，处理好索赔，做好工程进度款结算、竣工结算和竣工决算工作。

2. 房地产项目投资计划的编制

房地产项目投资计划是投资控制的基本依据。因此，投资计划确定得是否合理，将直接关系到投资控制工作能否有效进行，关系到投资控制能否达到预期目标。投资计划的编制依据包括投资估算、项目进度计划和工作分解结构。投资计划编制主要包括分解投资目标、建立投资编码系统、编制投资计划等过程。

（1）分解投资目标

根据投资控制目标和要求的不同，投资目标的分解可分为按投资组成、按子项目、按时间分解三种类型。

（2）建立投资编码系统

投资编码系统，是在投资目标分解的基础上，对每一工作单元自上而下统一编码，形成一个与投资目标分解体系相互适应的编码体系。

（3）编制投资计划

根据分解后的投资目标和投资编码系统，编制投资计划，分配投资资金。主要编制方法有按子项目分解编制的投资计划、时间-投资累计曲线（S曲线）表示的投资计划和综合分解投资计划编制法等。

3. 房地产项目投资控制的方法

（1）投资偏差分析

投资偏差是指投资计划值与实际值之间存在的差异，即：

投资偏差＝已完工程实际投资－已完工程计划投资

与投资偏差密切相关的是进度偏差，若不考虑进度偏差，不能正确反映投资偏差的实际情况，所以应对进度偏差进行分析。进度偏差表示方法有两种：

进度偏差＝已完工程实际时间－已完工程计划时间

或　进度偏差＝拟完工程计划投资－已完工程计划投资

这里指的拟完工程计划投资，是指根据进度计划安排在某一确定时间内所应完成的工程内容的计划投资。进度偏差结果为正值时，表示工期拖延；结果为负值时，表示工期提前。

（2）投资偏差形成的原因

投资偏差形成的原因很多，常见的原因有：

1）物价上涨

包括人工费上涨、材料价格上涨、设备价格上涨、利率和汇率发生变化等。

2）设计原因

包括设计错误、设计漏项、设计标准变化、图纸提供不及时等。

3）开发原因

包括增加内容、投资计划不当、组织不落实、建设手续不全、协调不佳、未及时提供场地等。

4）施工原因

包括施工方案不当、材料代用、施工质量有问题、赶进度、工程拖延等。

5）客观原因

包括自然因素、基础处理、社会原因、法规变化等。

（3）投资偏差的纠偏措施

投资偏差的纠偏措施主要包括组织措施、经济措施、技术措施、合同措施等。

6.5 房地产项目招投标与合同管理

6.5.1 房地产项目招标与投标

招投标制是通过招标投标来确定承发包关系。开发建设单位可以根据实际需要来确定项目工期、质量、造价，并通过招标择优选定设计单位和施工单位。其主要作用体现在如下几方面：打破垄断、促进竞争；促进承包企业提高自身素质，增强活力；促进发包方和承包方按经济法规办事；有利于促进市场经济的发展。

1. 招标方式

建设工程招标方式主要包括公开招标和邀请招标。

公开招标是指招标人通过报刊、广播或电视等公共传播媒介介绍、发布招标公告或信息而进行招标。它是一种无限制的竞争方式。公开招标的优点是招标人有较大的选择范围，可在众多的投标人中选定报价合理、工期较短、信誉良好的承包商，有助于打破垄断，实行公平竞争。邀请招标是指招标人以投标邀请书的方式邀请特定的法人或者其他组织投标。招标人采用邀请招标方式的，应当向三个以上具备承担招标项目能力、资信良好的特定的法人或者其他组织发出投标邀请书。邀请招标虽然也能够邀请到有经验和资信可靠的投标者投标，保证履行合同，但限制了竞争范围，可能会失去技术上和报价上有竞争力的投标者。

依法必须进行招标的项目，全部使用国有资金投资或者国有资金投资占控股或者主导地位的，应当公开招标。

实行公开招标的工程必须在有形建筑市场或建设行政主管部门指定的报刊上发布招标公告，也可以同时在其他全国性或国外报刊上刊登招标公告。凡按照规定应该招标的工程不进行招标，应该公开招标的工程不公开招标的，招标单位所确定的承包单位一律无效。建设行政主管部门按照《建筑法》第八条的规定，不予颁发施工许可证；对于违反规定擅自施工的，依据《建筑法》第六十四条的规定，追究法律责任。

2. 招标程序

（1）招标单位编制招标文件、标底或招标控制价

1）招标文件

招标文件是招标单位向投标单位介绍招标工程情况和招标的具体要求的文件。一般包括以下内容：

① 工程综合说明书，包括项目名称、地址、工程内容、承包方式、建设工期、工程质量验收标准及施工条件等；

② 工程施工图纸和必要的资料；

③ 工程款项的支付方式；

④ 实物工程量清单；

⑤ 材料供应方式及主要材料、设备的订货情况；

⑥ 工程保修要求；

⑦ 招标程序和时间安排；

⑧ 其他规定和要求。

招标文件由建设单位编制，也可由建设单位委托设计单位或咨询机构编制。招标文件一经发出，招标单位不得擅自改变。

2）标底

标底是招标单位给招标工程制定的预期价格，是择优选择投标单位的重要依据。标底在批准的概算或修正概算以内，由招标单位确定。《中华人民共和国招投标法》规定，"招标人设有标底的，标底必须保密"。

3）招标控制价

在《建设工程工程量清单计价规范》中规定，"国有资金投资的工程建设项目应实行工程量清单招标，并应编制招标控制价。招标控制价超过批准的概预算时，招标人应将其报原概算审批部门审核。投标人的投标报价高于招标控制价的，其投标应予拒绝。"招标控制价应由招标人负责编制，但当招标人不具备编制招标控制价的能力时，则应委托具有相应工程造价咨询资质的工程造价咨询人员编制。

（2）发布招标公告或发投标邀请书

招标方式为公开招标时，招标单位公开刊登广告进行招标，投标单位数量不限。招标方式为邀请招标时，邀请3～7家投标单位参加投标。

（3）投标单位资格审查

参加投标的单位，按照招标通知规定的时间报送申请书，并附企业状况表或说明。具体内容一般包括：企业名称、地址、负责人姓名和开户银行账户、营业执照、企业简历等。招标单位收到投标单位申请书以后，审查企业的等级、承担任务的能力、财产赔偿能力及保证人等，确定投标单位是否具备投标资格。

资格审查合格的企业，向招标单位购买招标文件。招标单位组织投标单位勘察工程现场，解答招标文件中的疑点。

（4）投标单位编制标书进行投标

投标书是衡量投标单位的素质、技术和管理水平的综合性文件，也是招标单位选择承包单位的重要依据。

标书格式一般由地区建设主管部门或招标单位制定，随招标文件发给投标单位。编制标书前，应详细阅读招标文件全部内容，然后对现场进行勘察，完整填写标书。标书编好后，加盖企业和负责人的印鉴，密封后在规定时间内寄送招标单位。

投标价是投标书中的重要内容。投标价由投标人或受其委托具有相应资质的工程造价咨询人员编制。编制投标报价的依据主要包括：建设工程工程量清单计价规范；国家或省级、行业建设主管部门颁发的计价办法；企业定额，国家或省级、行业建设主管部门颁发的计价定额；招标文件、工程量清单及其补充通知、答疑纪要；建设工程设计文件及相关资料；施工现场情况、工程特点及拟定投标施工组织设计或施工方案；与建设项目相关的标准、规范等技术资料；市场价格信息或工程造价管理机构发布的工程造价信息；其他相关资料。

（5）开标、评标、决标

1）开标

招标单位按招标文件规定的时间、地点，在投标单位法定代表人或授权代理人在场的情况下举行开标会议。开标会议由招标单位组织并主持，将各家标书当众启封，宣布各单位的报价、工期等主要标书内容。开标过程结束后，进入评标阶段。

2）评标、决标

即招标单位对所有有效标书进行综合分析评比，从中确定最理想的中标单位。

评标由评标委员会进行，由招标管理机构进行监督。评标委员会由招标单位、建设单位上级主管部门、招标单位邀请的有关经济、技术专家组成。评标主要包括经济评价和技术评价两部分。其中，经济评价主要评价报价的合理性、精确程度；技术评价主要评价施工方案、技术组织措施、工程进度安排等。

（6）签订工程合同

招标人和中标人应当自中标通知书发出之日起30天内，按照招标文件和中标人的投标文件订立书面合同。招标人和中标人不得再行订立背离合同实质性内容的其他协议。在签订合同前，到建设行政主管部门或授权单位进行合同审查。签订合同后，招标单位及时通知其他投标单位其投标未被接受，并退回投标保证金。

6.5.2 房地产项目合同管理与索赔

1. 房地产项目合同管理

（1）合同的概念及特征

合同又称契约，是指具有平等民事主体资格的当事人（包括自然人和法人），为了达到一定目的，经过自愿、平等协商，一致设立、变更或终止民事权利义务关系而达成的协议。从合同的定义来看，合同具有下列法律上的特征：

1）合同是一种法律行为

合同的订立必须是合同双方当事人意思的表示，只有双方的意思表示一致时，合同方能成立。任何一方不履行或者不完全履行合同，都要承担经济上或者法律上的责任。

2）双方当事人在合同中具有平等的地位

双方当事人应当以平等的民事主体地位来协商制定合同，任何一方不得把自己的意志强加于另一方，任何单位机构不得非法干预，这是当事人自由表达意志的前提，也是合同双方权利、义务相互对等的基础。

3）合同关系是一种法律关系

这种法律关系不是一般的道德关系，合同制度是一项重要的民事法律制度，它具有强制的性质，不履行合同要受到国家法律的制裁。

综上所述，合同是双方当事人依照法律的规定而达成的协议。合同一旦成立，即具有法律约束力，在合同双方当事人之间产生权利和义务的法律关系，也正是通过这种权利和义务的约束，促使签订合同的双方当事人认真全面地履行合同。

（2）房地产合同管理的概念

合同管理是指企业对以自身为当事人的合同依法进行订立、履行、变更、解除、转让、终止以及审查、监督、控制等一系列行为的总称。其中订立、履行、变更、解除、转让、终止是合同管理的内容；审查、监督、控制是合同管理的手段。合同管理必须是全过程的、系统性的、动态性的。

房地产开发过程中，需要签订多种合同，有获取土地使用权的合同、征地合同、拆迁安置合同、委托设计合同、项目施工发包合同、购买材料及设备合同、房屋销售合同。房地产合同管理是对以上各类房地产合同依法进行订立、履行、变更、解除、转让、终止以及审查、监督、控制等系列行为。

（3）房地产合同管理的作用

合同在房地产项目管理中发挥重要的作用。具体如下：

1）合同分配了项目的工作任务。

2）合同明确了项目各参与方在房地产项目开发过程中各自的权利义务。

3）合同将项目涉及的各方关系联系起来，协调并统一项目参与者的行为。

4）对合同的重视有利于房地产市场的培育和发展。

（4）房地产合同管理内容

1）选择适合的合同类型

合同双方主要根据项目的特点和对风险的态度，选择合同类型。房地产项目实施中，与承包单位签订的合同类型主要包括以下几种：

① 房地产项目总价合同。总价合同要求投标人根据招标人的要求，对建设项目报一总价，合同履行后，工程价款的结算以合同总价为依据。总价合同把工程量的风险、物价上涨的风险均由承包人承担。总价合同一般在能够完全详细确定工程任务的情况下采用，适用于规模小、工期短和风险小的房地产项目。

② 房地产项目单价合同。单价合同是指整个合同履行期间都执行一个合同单价，而工程量则按实际完成的工程数量进行计算的合同。单价合同形式使合同风险由发包方和承包方双方承担。

③ 房地产项目成本加酬金合同。成本加酬金合同是发包方向承包方支付工程项目的实际成本，并按约定的方式支付一定酬金的合同。成本加酬金合同适用于工作范围很难确定的工程或设计还没有完成之前就开始施工的工程。

2）确定重要的合同条款

在项目施工合同签订时，开发商（发包方）、施工承包方对下列事项进行明确约定：

① 预付工程款的数额、支付时间及抵扣方式；

② 工程计量与支付工程进度款的方式、数额及时间；

③ 工程价款的调整因素、方法、程序、支付及时间；

④ 索赔与现场签证的程序、金额确认与支付时间；

⑤ 发生工程价款争议的解决方法及时间；

⑥ 承担风险的内容、范围以及超出约定内容、范围的调整办法；

⑦ 工程竣工结算编制与核对、支付及时间；

⑧ 工程质量保证金的数额、预扣方式及时间；

⑨ 对承包商的激励措施以及为了保证双方诚实守信，采取的相关措施。

⑩在项目实施中，若合同中没有约定或约定不明的，双方协商确定相关事项。

3）加强项目各相关合同的协调

在一个房地产项目实施过程中，业主通常要签订许多合同，如设计合同、施工合同、材料供应合同。这些合同中存在着复杂的内在关系，业主必须负责这些合同之间的协调，保证各个合同所确定的工期、质量、技术、成本、管理机制等之间有较好的相容性和一致性。

（5）项目合同变更管理

房地产项目合同种类很多，在这里重点介绍工程合同实施过程中的变更。

1）合同变更范围

合同变更是合同实施调整措施的综合体现。合同变更的范围很广，一般在合同签订后所有工程范围、合同条款内容、合同双方责权利关系的变化等都可以被看作为合同变更。

①涉及合同条款的变更，合同条件和合同协议书所定义的双方责权利关系，或一些重大问题的变更。这是狭义的合同变更，以前人们定义合同变更即为这一类。

②工程变更，指在工程施工过程中，工程师或业主代表在合同约定范围内对工程范围、质量、数量、性质、施工次序和实施方案等作出变更，这是最常见和最多的合同变更。

③合同主体的变更，如由于特殊原因造成合同责任和利益的转让，或合同主体的变化。

2）合同变更程序和申请

合同变更应有一个正规的程序，应有一整套申请、审查、批准手续。

①对重大的合同变更，由双方签署变更协议确定。合同双方经过会谈，对变更所涉及的问题，如变更措施、变更的工作安排、变更所涉及的工期和费用索赔的处理等，达成一致。然后双方签署备忘录、修正案等变更协议。

在合同实施过程中，工程参加者各方定期会议（一般每周一次），商讨研究新出现的问题，讨论对新问题的解决办法。例如业主希望工程提前竣工，要求承包商采取加速措施，则可以对加速所采取的措施和费用补偿等进行具体评审、协商和安排，在合同双方达成一致后签署赶工协议。

有时对于重大问题，需多次会议协商，通常在最后一次会议上签署变更协议。双方签署的合同变更协议与合同一样有法律约束力，而且法律效力优先于合同文本。所以，对它也应与对待合同一样，进行认真研究，审查分析，及时答复。

②业主或工程师行使合同赋予的权力，发出工程变更指令。在实际工程中，这种变更在数量上极多。工程合同通常要明确规定工程变更的程序。

在合同分析中常常须作出工程变更程序图。对承包商来说最理想的变更程序是，在变更执行前，合同双方已就工程变更中涉及的费用增加和工期延误的补偿协商达成一致。

但按该程序实施变更，时间太长，合同双方对于费用和工期补偿谈判常常会有反复和争执，这会影响变更的实施和整个工程施工进度。所以在一般工程中，特别在国际工程中较少采用这种程序。

在国际工程中，承包合同通常都赋予业主（或工程师）以直接指令变更工程的权力。承包商在接到指令后必须执行，而合同价格和工期的调整由工程师和承包商在与业主协商后确定。

③工程变更申请。在工程项目管理中，工程变更通常要经过一定的手续，如申请、审查、批准、通知（指令）等。工程变更申请表的格式和内容可以按具体工程的实际需要而

设计。

2. 房地产项目索赔

（1）索赔的概念及特征

1）索赔的概念

索赔是指在合同履行过程中，对于非己方的过错而应由对方承担责任的情况造成的损失，向对方提出补偿的要求。合同索赔是保障当事人正当合同权益的重要手段。房地产项目施工中的索赔是发、承包方双方行使正当权利的行为，承包人可向发包人索赔，发包人也可以向承包人索赔。索赔的三个基本要素：一是有正当索赔理由；二是有效地索赔证据；三是在合同约定的时间内提出。

2）索赔的特征

合同索赔主要有以下几个特征：

① 合同索赔是客观存在的。合同索赔具有不以人的意志而存在的特性。由于项目环境的不确定性、合同双方信息的不对称性、人的认识和知识的局限性以及工程项目本身的可变性，合同索赔是不可避免的。

② 合同索赔是补偿性的。合同索赔是对出了问题的合同的某种救济，合同索赔不应该是惩罚性的而应该是补偿性的。

③ 合同索赔的依据是合同文件、相应的法律法规。在进行合同索赔前，首先要判断合同是否处于非正常状态，而后裁定责任和确认损失情况。这些判断、确认的标准就是合同文件以及有关的法律规定。

④ 提出索赔方自己没有过错。非己方责任是进行合同索赔的必要条件，所以在索赔事件上，自己应该没有过错。

⑤ 必须有确凿的证据。没有证据或证据不足，索赔是难以成功的。房地产项目索赔所需要的证据具有真实性、全面性、关联性、及时性、法律证明效率等要求。

3）索赔证据的种类

① 招标文件、工程合同、发包人认可的施工组织设计、工程图纸、技术规范等；

② 工程各项设计交底记录、变更图纸、变更施工指令等；

③ 工程各项经发包人或合同中约定的发包人现场代表或监理工程师确认的签证；

④ 工程各项往来信件、指令、信函、通知、答复，工程各项会议纪要等；

⑤ 施工计划及现场实施情况记录；

⑥ 施工日报及工长工作日志、备忘录；

⑦ 工程送电、送水、道路开通、封闭的日期及数量记录；

⑧ 工程停电、停水、干扰事件影响的日期及恢复施工的日期记录；

⑨ 工程预付款、进度款拨付的数额及日期记录；

⑩ 工程图纸、图纸变更、交底记录的送达份数及日期记录；

⑪ 工程有关施工部位的照片及录像等；

⑫ 工程现场气候记录，如天气的温度、风力、雨雪等；

⑬ 工程验收报告及各项技术鉴定报告等；

⑭ 工程材料采购、订货、运输、进场、验收、使用等方面的凭证；

⑮ 国家和省级或行业建设主管部门有关影响工程造价、工期的文件、规定等。

（2）索赔程序

1）承包人向发包人提出索赔

承包人向发包人提出的索赔应在索赔事件发生后，持证明索赔事件发生的有效证据和依据正当的索赔理由，按合同约定的时间向发包人递交索赔通知。发包人应按合同约定的时间对承包人提出的索赔进行答复和确认。当发、承包双方在合同中对此通知未作具体约定时，按以下规定办理：

① 承包人应在确认引起索赔的事件发生后 28 天内向发包人发出索赔通知，否则承包人无权获得追加付款，竣工时间不得延长。

② 承包人应在现场或发包人认可的其他地点，保持证明索赔可能需要的记录。发包人收到承包人的索赔通知后，未承认发包人责任前，可检查记录保持情况，并可指示承包人保持进一步的同期记录。

③ 在承包人确认引起索赔的事件后 42 天内，承包人应向发包人递交一份详细的索赔报告，包括索赔的依据、要求追加付款的全部资料。

④ 发包人在收到索赔报告后 28 天内应作出回应，表示批准或不批准并附具体意见。还可以要求承包人提供进一步资料，但仍要在上述期限内对索赔作出回应。

⑤ 发包人在收到最终索赔报告后的 28 天内，未向承包人作出答复，视为该项索赔报告已经认可。

2）发包人向承包人提出索赔

发包人认为由于承包人的原因造成额外损失，应在确认引起索赔的事件后，按合同约定向承包人发出索赔通知。承包人在收到发包人索赔通知后并在合同约定时间内，未向发包人作出答复，视为该项索赔已经认可。若合同中未作出具体约定，按以下规定办理：

① 发包人应在确认引起索赔的事件发生后 28 天内向承包人发出索赔通知，否则承包人免除该索赔的全部责任。

② 承包人在收到发包人索赔报告后的 28 天内应作回应，表示同意或不同意并附具体意见，如在收到索赔报告后的 28 天内，未向发包人作出答复，视为该项索赔报告已经确认。

6.6 房地产项目风险管理

6.6.1 房地产项目风险管理的概述

1. 风险的概念

风险是某一事故或紧急情况发生的可能性与损失后果之间的差异，是与损失有关的不确定性。风险的特点，一是由某种不希望看到的事故或紧急情况发生的可能性和造成的损失两个要素构成；二是风险是在一定条件下，一定时间内，某一事故或紧急情况其预期结果与实际结果之间存在差异。基于这种考虑，风险可以被认为是一种必然会导致不良后果的不确定性，或者说是一种损失的不确定性，不会产生不良后果的不确定性不被称为风险。

2. 风险的基本性质

（1）风险的客观性和必然性。一是表现在它的存在是不以人的意志为转移的；二是表现在它是无处不在，无时不有的，它存在于人类社会的发展过程中。

（2）风险的不确定性。即风险的程度有多大，风险何时何地可能转变为现实均是不肯定的。一方面，不可能准确地预测风险的发生；另一方面，风险的不确定性并不代表风险就完全不可预测。风险活动或事件的发生时间、地点、起因及其后果都具有不确定性，但可以依据历史数据和经验对此作出一定程度上的分析和预测。

（3）风险的不利性。风险一旦产生，就会使风险主体产生挫折、失败甚至损失，这对风险主体是极为不利的。

（4）风险的可变性。风险因素的变化导致风险的性质或后果在一定条件下是可以转化的，也有可能消除风险因素。风险的可变性体现在：

1）风险性质的变化。

2）风险量的变化。

3）某些风险在一定空间和时间范围内被消除。

4）新的风险产生。

（5）风险的相对性。是针对风险管理主体而言的，在相同的风险情况下，不同的风险主体对风险的承受能力是不同的。也就是说风险对于主体是相对的，风险大小是相对的。

（6）风险同利益的对称性。是指对风险主体来说风险和利益是必然同时存在的，即风险是利益的代价，利益是风险的回报。

3. 房地产项目风险管理及其特点

风险管理是指如何在一个肯定有风险的环境里对潜在的意外损失进行辨识、评估，并根据具体情况采取相应的措施把风险减至最低的管理过程。即在主观上尽可能做到有备无患，或在客观上无法避免时亦能寻求切实可行的补救措施，从而减少意外损失或化解风险为我所用。理想的风险管理，是一连串排好优先次序的过程，使当中的可以引致最大损失及最可能发生的事情优先处理，而相对风险较低的事情后处理。

房地产项目风险管理是指房地产投资方及房地产项目参与各方，在房地产项目的策划、设计、施工以及竣工后投入使用等各阶段采取的辨识、评估、处理项目风险的措施和方法。房地产项目风险管理的特点包括：

（1）风险管理的方法与项目特点相联系

风险管理方法很多种，比如概率分析法、模拟分析法、专家咨询法等。对具体的项目而言，面临的风险也有所不同，所以选择风险管理方法时要与项目本身的特点相联系。

（2）风险管理需要掌握足够的信息

不熟悉项目信息无法进行风险管理，只有在及时、准确、全面掌握大量的项目信息，才能够做好项目风险管理工作。

（3）风险管理离不开项目管理者的经验

风险管理在一定程度上依赖项目管理者过去的工作经历和积累的经验，当然与对项目所处的环境的了解、项目本身的熟悉程度也有密切的关系。

（4）风险管理的目的并不是消灭风险而是要防范风险

风险管理是对风险进行辨识、评估和处理，而不是消灭风险，在很多时候风险是不能消灭的，所以风险管理者要有风险防范和处理意识。

6.6.2 房地产项目风险管理的过程

风险管理是伴随在房地产项目管理过程中的，已成为项目管理的一大职能，该过程包括以下四个方面：风险识别、风险评估、风险响应、风险控制。

1. 房地产项目风险识别

（1）风险识别的含义

风险识别是风险管理的第一步，只有在正确识别出所面临风险的基础上，人们才能够主动选择适当有效的方法进行处理。风险识别是项目管理人员在收集资料和调查研究之后，运用各种方法对潜在的及存在的各种风险进行系统的归类和识别，确定房地产项目实施过程中各种可能风险，并将它们作为管理对象的风险管理活动。通常首先罗列对项目有影响的风险，然后再考虑对本组织有重大影响的风险，以作为全面风险管理的对象。风险识别不是一次性的，而应当贯穿于项目始终。随着项目进展，不确定性逐渐减少，风险识别的内容也会逐渐减少，重点也会有所不同。

（2）风险识别的依据

为了能够正确识别项目风险因素，要从项目相关资料来分析研究。一般来说项目风险识别的依据包括以下内容：

1）风险管理计划

风险管理计划是规划和设计如何进行项目风险管理的活动过程。风险管理计划一般是通过召开计划编制会议来制定的，包括一些风险管理的行动方案和方法。在计划中应该对整个项目生命周期内的风险识别、风险评估及风险应对等方面进行详细的描述。

2）项目计划

项目目标、任务、范围、进度、质量、造价及资源等涉及项目进行过程的计划和方案都是进行项目风险识别的依据。

3）风险分类

明确合理的风险分类可以避免在风险识别时的误判和遗漏，有利于突出重要因素，发现对项目目标实现有严重影响的风险源。

4）历史资料

包括以往的相关或相似项目的档案资料（如项目最终报告或项目风险应对计划等），其他公开资料（即商业数据库、学术研究、行业标准及其他公开发表的研究成果等）都是风险识别的重要信息和依据。

（3）风险识别方法

风险识别的方法有：专家调查法、财务报表法、流程图法、初始清单法、经验数据法和风险调查法等。其中前三种方法为风险识别的一般方法，后三种为房地产项目风险识别的具体方法。

1）专家调查法

有会议和问卷调查两种方式，各有利弊。风险管理者应对专家发表的意见加以归纳分类、整理分析。

2）财务报表法

要对财务报表中所列的各项会计科目作深入的分析研究，需要结合财务报表的特点来识别房地产项目风险。

3）流程图法

将房地产项目建设中的各项活动按步骤组成流程图，将每一个步骤中潜在的风险列出，可使决策者得到清晰的总体印象，但识别结果较为粗略。

4）初始清单法（核查表法）

反映普遍情况的初始清单源自两个途径：一是保险公司公布的潜在损失一览表（我国尚没有）；二是基于WBS，针对具体的分部分项工程，列举典型的风险事件。在初始清单的基础上，结合具体项目进一步识别风险，或作出必要的补充和修正。

5）经验数据法（统计资料法）

根据已完各类房地产项目与风险有关的统计资料来识别拟投资开发的房地产项目的风险。

6）风险调查法

在以上方法的基础上，从具体项目的特点入手，作进一步的风险鉴别和确认，或发现以前未能发现的风险。

（4）风险识别程序

1）收集数据或信息

风险管理需要大量地占有信息，要对项目的系统环境有十分深入的了解，并要进行预测。不熟悉情况、不掌握数据是不可能进行有效风险管理的。

风险识别是要确定具体项目的风险，必须掌握该项目和项目环境的特征数据，如本项目相关的数据资料、设计与施工文件，以了解该项目系统的复杂性，规模、工艺的成熟程度。

2）确定风险因素

通过对房地产项目所处的环境、已完房地产项目进行调查、研究、座谈、查阅资料等手段进行分析，列出风险因素一览表，再经过归纳、整理列出正式风险清单，并建立项目风险的结构体系。

3）编制项目风险识别报告

编制项目风险识别报告是在风险清单的基础上，补充文字说明，作为风险管理的基础。风险识别报告通常包括已识别风险、潜在的项目风险、项目风险的征兆等。

2. 项目风险评估

风险评估是对风险的规律性进行研究和量化分析。风险识别仅是从定性的角度去了解和认识风险因素，要把握风险必须从识别风险因素的基础上对其进行进一步分析评估，从而解决风险发生的可能性及其后果大小的问题。风险评估包括定性和定量风险评估，实际运用中往往是两种方法结合使用。

（1）风险的度量

1）风险因素发生的概率

风险发生的不确定性有其自身的规律性，通常可以用概率表示。既然被视为风险，则它一定在必然事件（概率＝1）和不可能事件（概率＝0）之间。人们经常用风险发生的概率来表示风险发生的可能性。风险发生的概率需要利用已有数据资料和相关专业方法进行估计。

2）风险损失量的估计

风险损失的大小是不太容易确定的，有的风险造成的损失较小，有的风险造成的损失很大，甚至可能引起整个项目的中断或报废。在房地产项目的建设阶段，风险损失量的估计主要包括下列内容：

① 工期损失的估计。

② 费用损失的估计。

③ 对工程项目的质量、功能、使用效果等方面影响的估计。

3）风险等级评定

干扰项目的风险因素很多，涉及各个方面，我们并不是要对所有的风险都十分重视，否则将大大提高管理费用，干扰正常的决策。所以应根据风险因素发生的概率和损失量，确定风险程度，进行分级评估。根据风险发生的概率及损失大小，风险可分为不同的类别（见图 6-13）。

A 类：即风险发生的可能性很大，同时一旦发生损失也很大。这类风险常常是风险管理的重点。

B 类：发生损失很大，但发生的可能性较小的风险。

C 类：发生的可能性较大，但损失很小的风险。

D 类：发生的可能性和损失都很小的风险。

若某事件经过风险评估，它处于风险区 A，则应采取措施，降低其概率，使它位移至风险区 B；或采取措施降低其损失量，使它位移至风险区 C。风险区 B 和 C 的事件则应采取措施，使其位移至风险区 D。

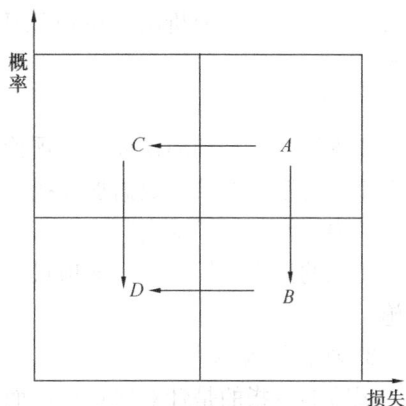

图 6-13 风险量

（2）风险评估分析步骤

1）收集信息

风险评估分析时必须收集的信息主要有：房地产项目各方在类似项目实施中的经验和积累的数据；与房地产项目有关的资料、文件等；对上述两类信息来源的主观分析结果。

2）信息整理加工

根据收集的信息和主观分析整理，列出项目所面临的风险，并将发生的概率和损失的后果列成一个表格，风险因素、发生概率、损失后果、风险程度一一对应。

3）风险程度评价

风险程度是风险发生的概率和风险发生的损失严重性的综合结果。

4）风险评估报告

风险评估分析结果必须用文字、图表的形式作为风险评估报告，进行表达说明，作为风险管理的文档。评估分析结果不仅作为风险评估的成果，而且应作为人们风险管理的基本依据。

（3）风险评估方法

风险评估的方法很多，其中最简单的思路是在所有项目风险中找出最严重者，将其和评价标准相比较，高于标准则拒绝，即放弃该项目或其方案；低于标准则接受，即实施该项目或其方案。基本方法有综合评分法、层次分析法、模糊分析法、计划评审法、决策树及敏感性分析法等。这里重点介绍在房地产项目实施过程中常用的综合分析法、层次分析法和模糊评价法。

1）综合评分法

也称主观评分法或调查打分法，是一种最常用、最简单，易于应用的风险评价方法。这种方法分三步进行：首先，识别和评价对象相关的风险因素、风险事件或发生风险的环节；其次，列出风险因素或风险事件的重要性进行评价；最后，综合整体的风险水平。

2）层次分析法

层次分析法的基本思路是：评价者将复杂的风险问题分解为若干层次和若干要素，并在同一层次各要素间简单进行比较、判断和计算，得到不同方案风险水平，为选择方案提供决策依据。层次分析法既可以用于评价单项风险水平，又可以用于评价项目综合风险水平。

3）模糊评价法

模糊评价法是利用模糊理论评价项目风险的一种方法。房地产项目的风险很大一部分难以用完全定量的精确数据加以描述，这种不能定量的特性就是模糊性。在房地产项目风险评价中，常用"风险大"或"风险小"等词汇来描述，这种描述虽没有给出具体的风险率和可能的损失，但人们对该项目风险的状况有了基本的了解，并可考虑适当的风险应对措施。

3.项目风险响应

风险响应指的是针对项目风险而采取的相应对策。常用的风险对策包括风险规避、风险减轻、风险自留、风险转移及其组合等策略。在实施中应将风险对策的决策进一步落实到具体的风险管理计划中。如制定预防计划、应急计划，又如决定购买保险时选择保险公司、确定保险范围、保险费等。

（1）风险规避及其作法

风险规避是指房地产企业设法远离、躲避可能发生的风险的行为和环境，从而达到避免风险发生的可能性。具体做法如下：

1）拒绝承担风险；

2）承担小风险，回避大风险；

3）为了避免风险而损失一定的较小利益。

（2）风险减轻

项目风险减轻，又称风险缓解，是通过技术、管理、组织等手段，使房地产项目风险的发生概率或后果降低到可以接受的程度。也就是说风险减轻主要考虑两个方面：一是减少风险事件发生的概率；二是控制风险事件发生后可能的损失。风险缓解不是消除风险，不是避免风险，是减轻风险。

对于不是十分明确的风险，要将其减轻困难是非常大的，在制定缓解风险措施前，必须将风险缓解的程度具体化，即要确定风险缓解后的可接受水平。如，风险降低要达到什么目标；风险损失应控制在什么标准之内。

分散风险是风险减轻的一种有效方式，是指通过增加风险承担者，将风险各部分分配给不同的参与方，以达到减轻总体风险的目的。风险应分配给最有能力控制风险的并有最好的控制动机的一方。如果拟分担风险一方不具备这样的条件，就没必要让他们来分担，否则反而会增大风险。

（3）风险自留

风险自留是指有关项目参与方自己承担风险带来的损失，并做好相应的准备工作。在房地产项目风险管理中，许多风险的发生概率很小，其他应对策略难以发挥效果，项目参与方不得不承担这些风险。另外，承担一定的风险才能较好地获得收益。

需要注意的是，风险自留是一种建立在风险评估基础上的财务技术，主要依靠项目参与主体自己的财力去弥补财务上的损失。因此，在对风险作出较准确的评估后，量力而行，采取适当的财务准备主动承担风险。除此之外，至少要符合以下条件之一：

1）自留费用低于保险公司所收取的费用。

2）企业的期望损失低于保险人的估计。

3）企业有较多的风险单位，且企业有能力准确地预测其损失。

4）企业的最大潜在损失或最大期望损失较小。

5）短期内企业有承受最大潜在损失或最大期望损失的经济能力。

6）风险管理目标可以承受年度损失的重大差异。

7）费用和损失支付分布于很长的时间里，因而导致很大的机会成本。

8）投资机会很好。

9）内部服务或非保险人服务优良。

如果实际情况与以上条件相反，则应放弃风险自留的决策。

（4）风险转移

风险转移是进行风险管理的一个十分重要的手段，当有些风险无法回避、必须直面，而自身的能力又有限时，风险转移不失为一种十分有效的选择。风险转移是通过某种方式将某风险的结果连同对风险应对的权利和责任转移给他人。这里重点阐述工程项目风险转移，分为非保险转移和保险转移两种方式。

1）非保险转移

非保险转移又称为合同转移，就是通过签订合同的方式将风险转移给非保险人的对方当事人，一般包括以下情况：

① 保证担保

担保是合同的当事人为了使合同能够得到全面履行，根据法律、行政法规的规定，经双方协商一致而采取的一种具有法律效力的保护措施。我国《担保法》规定的担保方式有五种：保证、抵押、质押、留置和定金。

② 合同条件

合同条件是多样的，正确采取合同计价方式，可以达到风险转移的目的。例如，在项目的实施阶段，与施工承包单位签订的工程施工合同中常用的有总价合同、单价合同和成本加酬金合同三种。不同的合同类型适用于不同条件的项目条件。如，在较大型复杂的工程项目中，工期长、技术复杂、设计深度不够，实施过程中发生各种不可预见因素较多，如果采用单价合同，工程总价会随着工程量的变化而变化，开发商（业主）将承担较大的风险；如果采用固定总价合同，工程总价就和工程量的变化无关，该部分的风险就由开发商（业主）完全转移给承包商承担。这样合同计价方式的改变就达到了风险转移的目的。

2）保险转移

① 保险的定义

保险是指投保人根据合同约定，向保险人支付保险费，保险人对于合同约定的可能发生的事故因其发生所造成的财产损失承担赔偿保险金的责任，或者当被保险人死亡、伤残、疾病或者达到合同约定的年龄、期限时承担给付保险金责任的商业保险行为。可见保险最基本的职能就是转移风险、补偿损失，而且这种风险的转移是有偿的。

工程保险是指以各种工程项目为主要承保对象的一种财产保险。它的责任范围由两部分组成，一是针对工程项目的物质损失部分，包括工程标的有形财产的损失和相关费用的损失；二是针对被保险人在施工过程中因可能产生的第三者责任而承担经济赔偿责任导致的损失。

② 工程项目保险种类

工程项目保险种类较多，常按下列两种办法分类：

A. 按保障范围分类。分为建筑工程一切险；安装工程一切险；人身保险；保证保险；职业责任保险。

B. 按实施形式分类。分为自愿保险，在自愿的原则上，投保人与保险人订立保险合同，构成保险关系；强制保险，也称法定保险，是国家保险法令的效力作用下构成的被保险人与保险人的权利和义务关系。

（5）风险管理计划

1）风险管理计划内容

项目风险对策应形成以项目风险管理计划为代表的书面文件。风险管理计划的编制应该确保在相关的运行活动开展以前实施，并且与各种项目策划工作同步进行。他的内容包括：

① 风险管理目标；

② 风险管理范围；

③ 可使用的风险管理方法、工具以及数据来源；

④ 风险分类和风险排序要求；

⑤ 风险管理的职责和权限；

⑥ 风险跟踪的要求；

⑦ 相应的资源预算。

2）风险管理计划划分

风险管理计划可分为专项计划、综合计划和专项措施等。专项计划是指专门针对某一项风险制订的风险管理计划；综合计划是指项目中所有不可接受风险的整体管理计划；专项措施是指将某种风险管理措施纳入其他项目管理文件中，如新技术的应用中风险管理措施可编入项目设计或施工方案，与施工措施融为一体。

4. 项目风险控制

房地产项目风险控制是指在房地产项目进展过程中应收集和分析与风险相关的各种信息，预测可能发生的风险，对其进行监控并提出预警。风险控制的前提是制定并正确地实施风险管理计划。通常情况下对风险的控制，一是建立完善的项目风险预警系统，尽早发出预警信号；二是时刻监控风险的发展与变化情况。

（1）风险预警

房地产项目实施过程中会遇到各种风险，要做好风险管理，就要建立完善的项目风险预警系统，通过跟踪项目风险因素的变动趋势，测评风险所处状态，尽早地发出预警信号，为决策者控制风险争取更多的时间，尽早采取有效措施防范和化解项目风险。

捕捉项目风险前奏信号，可通过以下几个途径：

1）天气预测警报。

2）股票信息。

3）各种市场行情、价格动态。

4）政治形势和外交动态。

5）投资者和企业的状况报告。

6）对工期和进度的跟踪、成本的跟踪分析、合同监督、各种质量监控报告、现场情况报告等手段，了解工程风险。

7）在工程的实施状况报告中应包括风险状况报告。

（2）风险监控

风险监控的过程是一个不断认识项目风险特征、不断出现新的风险并不断修订风险管理计划和行为的过程。

1）风险监控的内容

① 评估风险控制行动产生的效果；

② 及时发现和度量新的风险因素；

③ 跟踪、评估残余风险的变化和程度；

④ 监控潜在风险的发展及项目风险发生的征兆；

⑤ 提供启动风险应变计划的时机和依据。

2）风险监控的方法

① 风险审计。专人检查监控机制是否得到执行，并定期作风险审核。例如在大的阶段点重新识别风险并进行分析，对没有预计到的风险制定新的应对计划。

② 偏差分析。与基准计划比较，分析成本和时间上的偏差。例如，未能按期完工、超出预算等都是潜在的问题。

③ 技术指标。比较原定技术指标和实际技术指标差异。例如，测试未能达到性能要求，缺陷数大大超过预期等。

（3）风险应急计划

房地产项目实施过程中必然会遇到大量未曾预料到的风险因素，或风险因素的后果比预料的更严重，事先编制的计划不能奏效，所以必须重新研究应对措施，即编制附加的风险应急计划。项目风险应急计划应当清楚地说明当发生风险事件时要采取的措施，以便可以快速有效地对这些事件做出响应。当然，为了使应急计划得以顺利实施，一定要准备一笔应急费用。

1）风险应急计划的编制程序

① 成立预案编制小组；

② 制定编制计划；

③ 现场调查，收集资料；

④ 识别和评价环境因素或危险源；

⑤ 评估控制目标、能力及资源；

⑥ 编制应急预案文件；

⑦ 应急预案评估；

⑧ 发布应急预案。

2）风险应急计划内容

① 应急预案的目标；

② 参考文献；

③ 适用范围；

④ 组织情况说明；

⑤ 风险定义及其控制目标；

⑥ 组织职能（职责）；

⑦ 应急工作流程及其控制；

⑧ 培训；

⑨ 演练计划；

⑩ 演练总结报告。

本 章 小 结

房地产经营与估价专业、物业管理专业的学生，毕业后所从事的房地产估价、房地产开发、房地产协理、房地产经纪以及物业管理各类岗位的工作均需要房地产项目管理的相关知识和技能。本章内容以房地产项目为载体，重点介绍了项目管理的核心工作，主要包括房地产项目管理的基本概念、基本内容及管理组织；房地产项目施工过程的质量、进度、投资等"三大目标"管理的基本概念、目标控制原则、目标控制基本方法及控制措施；房地产项目招投标方式、程序；房地产合同管理内容、索赔概念及处理程序；房地产项目风险管理的基本知识及全过程等重点内容。为了提高学生理论联系实际的学习能力，有效提升学生的动手能力，还设计了一部分房地产项目管理中的具体案例及其分析。

练习题

一、单项选择题

1. 以下选项中（　　）属于项目，具备项目的基本特征。

A. 生产某种品牌电脑　　　　　　　　B. 生产教学用粉笔

C. 完成某栋教学楼建设　　　　　　　D. 完成墙体砌筑工程

2. 项目最基本、最主要的特征是（　　）。

A. 一次性　　　　B. 目标明确　　　　C. 受环境制约　　　D. 复杂多变

3. 房地产项目建设过程必须要按照项目的（　　）程序进行。

A. 可行性研究→构思与设想→勘察、设计→招投标→施工、竣工验收

B. 构思与设想→可行性研究→勘察、设计→招投标→施工、竣工验收

C. 勘察、设计→可行性研究→构思与设想→招投标→施工、竣工验收

D. 构思与设想→勘察、设计→可行性研究→招投标→施工、竣工验收

4. 为了更好地进行项目计划、组织、指挥、控制和协调，房地产项目要实施以
（　　）为核心的管理体制。

A. 企业总经理　　B. 企业总工程师　　C. 项目经理　　　　D. 监理工程师

5. 房地产项目的目标控制的基本过程是（　　）。

A. 确定目标控制计划 →实施过程检查→计划值和实际值对比→分析偏差原因、纠偏

B. 计划值和实际值对比→确定目标控制计划 →实施过程检查→分析偏差原因、纠偏

C. 计划值和实际值对比→实施过程检查→确定目标控制计划 →分析偏差原因、纠偏

D. 实施过程检查→计划值和实际值对比→确定目标控制计划 →分析偏差原因、纠偏

6. 房地产项目管理组织设置首要工作是（　　）。

A. 划分项目管理的责任、义务、权利　　B. 确定房地产项目的管理目标

C. 制作工作任务分配表　　　　　　　　D. 确定房地产项目管理流程

7. 工程项目的（　　）是工程实体形成的最主要的阶段，也是资金投放量最大的
阶段。

A. 可行性研究阶段　　　　　　　　　　B. 设计阶段

C. 招投标阶段　　　　　　　　　　　　D. 施工阶段

8. （　　）应成为每一个企业永恒的追求、永恒的目标、永恒的活动。

A. 质量保证　　　B. 质量管理　　　　C. 持续改进　　　　D. 质量控制

9. 当工程质量未达到规定的标准或要求，有明显的质量问题，对结构的使用和安全
有重大影响，一般作出（　　）决定。

A. 修补处理　　　B. 返工处理　　　　C. 限制使用　　　　D. 不作处理

10. （　　）是寻找并确定影响质量主次因素的一种有效的质量统计分析方法。

A. 因果分析图法　　B. 直方图法　　　C. 排列图法　　　　D. 控制图法

11. 建筑工程网络图与横道图计划相比，其主要优点是（　　）。

A. 明确表达各项工作之间的逻辑关系　　B. 直观表达工程进度计划的计算工期

C. 明确表达各项工作之间的搭接时间　　D. 简便直观，易于管理使用

12. 房地产项目投资控制的关键是项目的 （　　） 阶段。

A. 决策和设计　　　　B. 招标　　　　　　C. 施工　　　　　　D. 决算

13. 某房地产项目实施阶段，在某一个时间进行检查、测算的结果为：已完工程实际投资额 1300 万元，已完工程计划投资额 1100 万元，拟完工程计划投资 1200 万元。则该项目在检查点的投资偏差是 （　　） 万元。

A. 200　　　　　　　B. 100　　　　　　　C. −200　　　　　　D. −100

14. 房地产项目的投资控制工作，必须有明确的控制目标，设计概算是 （　　） 阶段的投资控制目标。

A. 决策　　　　　　B. 初步设计　　　　C. 施工图设计　　　D. 施工

15. 招标方式为邀请招标时，至少邀请 （　　） 家投标单位参加投标。

A. 2　　　　　　　　B. 3　　　　　　　　C. 5　　　　　　　　D. 7

16. 关于项目招标方面正确的说法是 （　　）。

A. 开标会议由投标单位选代表组织并主持

B. 招标人设有标底的，标底必须保密

C. 按照《建设工程工程量清单计价规范》规定，所有工程项目必须编制招标控制价

D. 招标人和中标人应当自中标通知书发出之日起 10 天内，订立书面合同

17. （　　） 一般能够完全详细确定工程任务的情况下采用，适用于规模小、工期短和风险小的房地产项目。

A. 成本加酬金合同　　　　　　　　　B. 可调单价合同

C. 固定单价合同　　　　　　　　　　D. 总价合同

18. 不属于索赔基本要素的选项是 （　　）。

A. 有建设单位过错　　　　　　　　　B. 有正当索赔理由

C. 有效的索赔证据　　　　　　　　　D. 在合同约定的时间内提出

19. 承包人在收到发包人索赔通知后并在合同约定时间内，未向发包人作出答复，则
（　　）。

A. 发包人重新提出索赔通知　　　　　B. 发包人更换承包人

C. 发包人向人民法院起诉　　　　　　D. 视为该项索赔已经认可

20. 以下各选项中 （　　） 不属于房地产项目风险管理范畴。

A. 房地产项目的风险识别　　　　　　B. 房地产项目的风险计划

C. 房地产项目的风险态度　　　　　　D. 房地产项目的风险控制

二、多项选择题

1. 建筑市场的市场体系主要由 （　　） 构成。

A. 以发包人为主体的发包体系

B. 以设计、施工、供货方为主体的承建体系

C. 以顾客为主体的消费体系

D. 以工程咨询、评估、监理方为主体的咨询体系

E. 以质量监督部门为主体的行政体系

2. 房地产项目组织机构设置的依据主要包括 （　　）。

A. 项目内在联系　　　　　　　　　　B. 人员配备要求

C. 制约和限制　　　　　　　　　　　D. 项目内部技术联系

E. 对组织内部人员的专业技能要求

3. 质量管理工作主要包括（　　）等方面的工作职责。

A. 确定质量方针和目标　　　　　　　B. 确定岗位职责和权限

C. 确定质量、进度、投资关系　　　　D. 建立质量体系并使之有效运行

E. 质量目标值与实际值对比

4. 以下各选项中（　　）属于施工准备阶段的质量控制工作。

A. 审查承包单位资质　　　　　　　　B. 审查施工组织设计

C. 工程技术交底　　　　　　　　　　D. 计量控制

E. 级配管理

5. 房地产项目施工过程质量控制内容中（　　）属于事中控制。

A. 合理设置质量控制点　　　　　　　B. 做好技术交底控制工作

C. 见证点的实施控制　　　　　　　　D. 抓好进场材料构配件的质量控制

E. 工程变更的控制

6. 以下各类质量事故产生的原因中（　　）属于技术原因。

A. 结构设计计算错误

B. 检验制度的不严密，质量控制不严格

C. 采用了不适宜的施工方法或工艺

D. 进料检验不严格

E. 地质情况估计错误

7. 常用的施工进度计划和实际进度值的比较方法有（　　）。

A. 横道图比较法　　　　　　　　　　B. S 形曲线比较法

C. 前锋线比较法　　　　　　　　　　D. 目标值比较法

E. 香蕉形曲线比较法

8. 为了实现房地产项目进度目标，当进度控制人员发现问题时，根据偏差程度不同要采取（　　）等调整方法。

A. 改变工作间的逻辑关系　　　　　　B. 缩短某些工作的持续时间

C. 放弃项目，重新决策新项目　　　　D. 改变施工方案

E. 加强进度管理

9. 以下各选项中（　　）属于房地产直接投资。

A. 房地产开发投资　　　　　　　　　B. 购买房地产企业股票或债券

C. 房地产置业投资　　　　　　　　　D. 购买房地产项目投资信托公司的股份

E. 购买住房抵押支持证券

10. 投资偏差的纠偏措施主要包括（　　）。

A. 组织措施　　　B. 经济措施　　　C. 技术措施

D. 法律措施　　　E. 合同措施

思考题

1. 什么是房地产项目管理？房地产项目管理的内容包括哪些？
2. 房地产项目建设各阶段质量控制的工作重点是什么？
3. 工程质量事故如何分类？质量事故如何处理？
4. 房地产项目进度计划执行情况的检查方法有哪些？各类方法的检查原理是什么？
5. 房地产项目投资构成要素有哪些？每一项费用如何计算？
6. 简述工程招标程序。
7. 房地产项目施工承包合同的主要内容包括哪些？
8. 简述合同索赔的程序。合同索赔的证据主要有哪些？

实训题

结合一项房地产开发项目，对项目的基本情况进行调查了解，完成以下几项任务：
1. 绘制项目组织结构框架图，试制定各部门的工作职责。
2. 依据国家和当地投资估算指标和相关规定，试计算开发项目投资估算总额。
3. 使用横道图和双代号网络图分别绘制进度计划。
4. 搜集项目施工阶段的某一分项工程的相关数据，使用直方图法分析质量状态，若质量有问题，使用排列图法确定影响质量的主要原因。

7 房地产市场营销

学习目标

了解：房地产市场营销的内容；房地产买卖合同、房地产租赁合同。

熟悉：房地产市场营销的概念、特征；房地产买卖经营的流程；房地产租赁经营的特征。

掌握：房地产市场营销的产品、价格、渠道、促销策略。

7.1 房地产市场营销概述

7.1.1 房地产市场营销的概念

1. 市场营销的概念

市场营销（Marketing）现在已成为很流行的名词，但人们对它的概念却有不同的理解。

（1）美国市场学者尤金·麦卡锡的观点

市场营销分为宏观市场营销和微观市场营销，主要观点为"4Ps"策略，即：产品（product）、价格（price）、分销渠道或地点（place）、销售促进（promotion）策略，是市场营销学理论的四大支柱。

（2）著名市场营销学者菲利浦·科特勒的定义

市场营销是个人和群体通过创造某种产品和价值，并同他人进行交换以获得所需所欲之物的一种社会过程。

（3）英国市场营销学会的定义

一个企业如果要生存、发展和盈利，就必须有意识地根据用户和消费者的现实需要和潜在需要来安排生产，这种活动就是市场营销。

（4）美国市场营销协会的定义

市场营销是关于构思、货物和服务在设计、定价、促销和分销的规划与实施的过程，目的是达到个人和组织目标的交换。

（5）我国学者的定义

市场营销是与市场有关的人类活动，以满足人的各种需求和欲望为目的，通过市场把潜在的交换变为现实的交换活动。即：市场营销是在适当的时间、适当的地点，以适当的价格，通过适当的促销手段，向适当的消费者提供适当的产品和服务。

总之，无论从哪个角度研究市场营销，其共同的观点包括：以市场为出发点安排生产或服务，以满足或实现消费者的需求为导向，以一定的营销活动为手段，以实现买卖双方的交换为目的。

2. 房地产市场营销的概念

市场营销学是一门适应商品经济高度发展的需要，与企业经营管理实践密切结合的一门应用性较强的学科。能否运用市场营销的原理、方法和策略，使企业的整体经营管理活动都围绕着"以顾客为中心"进行，是企业生存和发展的关键。房地产市场营销是市场营销理论与方法在房地产业中应用的一个分支。

（1）房地产市场营销的概念

房地产市场营销是房地产开发企业以企业的经营方针、目标为指导，依据市场营销的基本理论和方法，按照房地产市场的特点对企业内、外部经营环境和资源状况进行分析，以房地产产品为交易对象，通过一定的营销手段，实现经济效益、社会效益、环境效益目的的行为。

房地产市场营销是房地产企业在竞争的市场环境下，按照市场形势变化的要求而组织和管理企业的一系列活动，也是在市场上完成商品房的销售、取得效益、达到目标的经营过程。房地产市场营销活动蕴含在房地产企业生产开发、经营、管理的全过程，由项目策划、市场调查、规划设计、方案选择、产品定位、客户定位、价格定位、广告中介服务、售后服务以及信息反馈等组成，是房地产企业占有和扩大市场、促进和引导房地产开发企业不断发展的经济行为。

（2）房地产市场营销与销售的区别

许多人常把营销与销售的概念混在一起，产生误解。美国著名市场营销学家菲利浦·科特勒指出："销售不是市场营销的最重要部分，销售只是市场营销冰山的顶端"。如果企业的营销人员能够做好市场调研，深入了解顾客的需求，并按照顾客的需求组织产品的设计与生产，合理定价、做好产品销售工作，那么这些真正符合并满足顾客需求的产品就能迅速销售出去，而不用企业再投入大量的人力、物力、财力去做宣传、推广、促销等活动。所以美国管理学大师彼得·德鲁克（Peter Drunker）说过："市场营销的目的在于使推销成为不必要。"

从思维方式角度分析，营销是一种现代经营思想，其核心是以消费者需求为导向，消费者或顾客需求什么就生产销售什么，生产企业的所有活动都是以满足顾客需求为目标，是一种由外向内的思维方式。销售主要是以企业已经生产的固有产品或服务来吸引顾客、寻找顾客，与营销相比，是一种由内向外的思维方式。

从追求目标角度分析，销售更追求效率，看重结果，所以销售中的人员、方法对销售结果有很大的影响。市场营销着重于分析研究市场，并做出相应对策，以长远的战略眼光确定发展方向和目标，以切实有效的战术方法实现中短期目标。

从资源利用角度分析，销售往往只是销售部门的工作，市场对产品的接受程度、销售的业绩取决于销售人员的为人、技巧、经验、机遇和采取的销售策略。市场营销的一个重要要素是"整合"，把以顾客需求为中心的营销思想深入贯彻到企业中的各个部门，将公司的各种资源要素及公司想要达到的目标与市场需求有机结合起来，并密切关注竞争者的情况和可能采取的措施。但现实中，销售与营销在企业经营活动中应是相辅相成的两个部分，缺一不可。

7.1.2 房地产市场营销的内容

房地产市场营销的内容涵盖很广，可以从不同角度来理解。

1. 从房地产市场营销的过程分析

房地产市场营销的内容包括：房地产市场营销环境分析、房地产市场调研、房地产市场消费者心理及行为分析、房地产市场竞争者与竞争策略、房地市场细分与目标市场选择、房地产市场营销产品策略、房地产市场营销价格策略、房地产市场营销渠道策略、房地产市场营销促销策略以及房地产市场营销的管理与控制等。

2. 从房地产市场营销的层次分析

房地产市场营销涉及房地产企业的各个层级、各个部门，是市场营销理论在房地产企业中应用的一个分支，其核心是确定房地产市场营销观念及制定房地产市场营销战略，具体内容见表7-1。

房地产市场营销的内容　　　　　　　　　　　　　　　表 7-1

营销的层次	主要内容	详细内容
战略规划	确定公司使命 设计与分析产品组合 选择公司增长战略	公司环境分析、确定企业目标 分析现有业务组合，设计新业务组合 制定增长战略，协调各职能的战略
营销过程	目标顾客 设计营销组合	市场细分、目标市场选择、市场定位 设计产品、价格、分销、促销策略及组合
营销活动	市场营销分析 市场营销策划 营销计划实施 营销计划控制	企业营销环境分析、机会——威胁分析、风险分析 目标和问题研究、制定营销战略、确定行动方案、制定营销预算方案、制定营销控制方案、编制市场营销计划 实施计划、组织营销 计划执行结果的检查、比较，制定改进措施，营销控制

3. 从房地产市场营销的研究对象分析

由于房地产市场营销是从卖方的立场出发，以买方（顾客）为对象，以顾客的需求为中心，引导卖方将商品或劳务销售或转移给买方的全部活动的规律及技术。从顾客与市场角度分析，房地产市场营销的内容包括：房地产购买行为分析、房地产市场调查、房地产产业结构分析、房地产竞争分析、房地产市场细分、房地产目标市场的选择、房地产产品定位、房地产市场营销战略及策略的制定、房地产营销的计划组织与实施、房地产市场营销控制等。

4. 从房地产市场营销的步骤分析

房地产市场营销是一项系统复杂的活动，必须依照一定的明确步骤才能进行，其思路是内外环境分析、选择机会、制定目标和计划、执行计划、控制和反馈。具体到房地产市场营销，内容包括以下五个方面：房地产市场结构与企业行为分析、选择企业的市场机会、制定房地产企业的营销战略、房地产企业营销策略的规划和执行、房地产企业的营销控制。

总之，不论从何种角度研究房地产市场营销的内容，总体来说都包含以下部分：

（1）确定市场营销观念

以满足顾客需求为中心的市场营销观念是市场营销学的核心思想和理论基础。

（2）市场调查和预测

是企业认识市场、了解市场发展变化趋势的重要手段；为企业制定战略、确定经营目标、制定计划和营销策略提供依据。

(3) 市场环境分析

包括市场分类，消费品市场和生产资料市场的特征分析，影响市场需求和因素分析，购买行为分析，从而制定有针对性的市场营销策略。

(4) 企业分析

分析市场环境和各种因素对企业市场营销的影响，从中发现企业新的市场机会和威胁，采取相应的措施和策略，以适应市场环境的变化，达到企业的营销目标。

(5) 市场细分与目标市场选择

在市场细分的基础上，选择目标市场，确定市场定位的方法和策略。

(6) 市场营销战略

从战略管理的角度出发，分析企业内、外环境，分析竞争者，制定企业的市场营销战略及战术，进而执行和控制。

7.1.3 房地产市场营销的特征

1. 产品的单件性

每一项工程都有与其他工程的不同之处，从设计到施工、从气候到地质条件，都不会完全一样。房地产产品不可能批量生产，每一个建筑物都有与其他建筑物的不同之处。这种独特的与众不同，就是房地产产品单件性的体现。

2. 生产周期长

由于房地产产品体型庞大，和一般的制造业生产的产品相比，投入的资源品种多，人、财、物的消耗量也随之增大。因为要长期占用和消耗各种资源，造成建筑产品的生产周期很长。

3. 投入资金大，风险高

因为房地产产品的生产周期长，并且需要投入的各种材料种类繁多，占用了大量资金及资源，所以其风险高于一般的商品。

4. 多种行业协同作战

房地产产品从规划、设计、施工、销售到使用过程中，涉及面广、关系复杂，需要多个专业的支持和配合，一般涉及的相关单位更多，具有广泛的社会综合性。在处理这些关系时要力求做到沟通和协调。

5. 营销过程长

房地产产品不但生产时需要大量资源和资金，其营销过程也同样如此。房地产产品是大宗商品，顾客购买时需投入大量资金及大量的时间精力，导致消费者从知晓产品到购买产品所经历的时间较长，因此要求房地产营销活动在房地产产品的定位、宣传、促销、付款、服务等每个环节都应慎重对待。

6. 影响营销结果的因素众多

房地产是一类特殊的商品，是具有消费与投资双重属性的不动产。它不但价值高、寿命长，而且建造周期长，投资大，建造过程和交易过程都很复杂，涉及众多的因素。

在我国目前房地产市场条件下，房地产市场营销应该以社会营销观念为指导。即：以满足消费者的需求与欲望为出发点，以提高消费者价值和满足程度为中心，以提高社会福利和改善人居环境为使命，以强化房地产企业的社会责任为宗旨，以完善城市功能为动力，作为企业获得利润的来源。

7.房地产市场营销和法律制度密切联系

房地产商品的产权观念特别重要。房地产商品使用周期长，同一商品在其生命期内，产权可能多次转移，房地产市场营销中存在增量房与存量房同时在市场上流通的情况。在法律上房地产的使用权和所有权可以分离，所有者可将使用权以出租的形式出让给第三者使用，因此，房地产市场营销在流通形式中除可买卖外，租赁也是常见的形式。此外房地产商品的使用权和所有权还可用于抵押、典当、信托等，在房地产权属登记、转移等方面，都需要法律提供保障。

7.2 房地产市场营销策略

7.2.1 房地产市场营销策略概述

房地产市场营销策略是指为了实现房地产市场营销目标而制定的整体营销战略目标，以及为了实现这些目标所采取的各种策略、方案或方法。

房地产市场营销策略既包括选择和确定整体的营销目标，也包括实现这些目标的方法、手段和过程，是一个系统工作。这个工作过程如图7-1所示。

图7-1的内容可以概述为：首先细分市场，根据购买者对产品或营销组合的不同需要，将市场划分为不同的顾客群体，并勾勒出细分市场的轮廓；其次是结合房地产企业的现状及整体发展目标选择营销的目标市场，选择要进入的是一个或多个细分市场；接着是市场定位，明确了为了满足顾客需求，在产品、价格、渠道、促销方面如何表达；最后是营销策略，确定一个有竞争力的、与众不同的营销组合方法并实现完成。

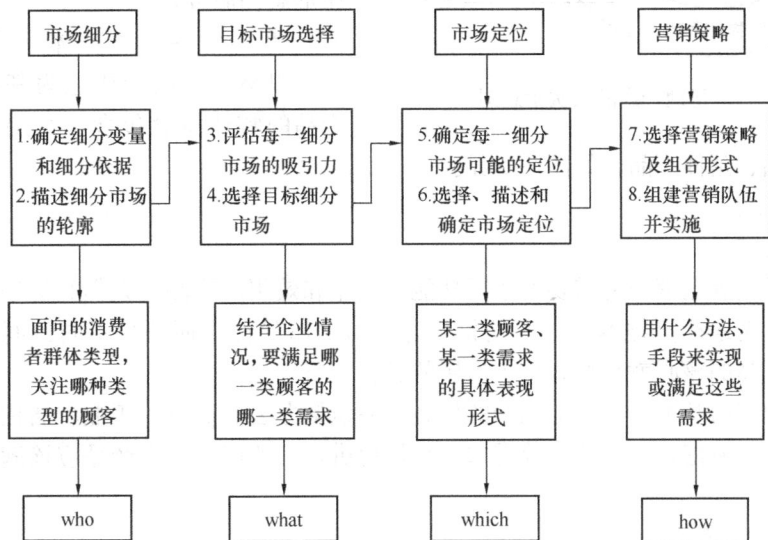

图 7-1 房地产市场营销策略的制定过程

房地产市场营销策略的内容涉及较广，涵盖了房地产市场细分、目标市场的选择、营销策略及组合、营销支出等策略。具体包括产品定位、价格定位、销售的形式、营销队伍的组建、营销渠道、促销手段、分销网点、公共关系等方面。本节主要从房地产市场营销策略的制定及实施角度阐述，包括产品策略、价格策略、渠道策略、促销策略等。

7.2.2 房地产市场营销产品策略

1. 房地产产品的概念

房地产（real estate 或 real property），是指土地、建筑物及固着在土地、建筑物上不可分离的部分，以及附带的各种权益。

不可分离是指不能分离或虽然能够分离，但分离后会破坏房地产的功能或完整性。不可分离部分具体包括：为提高房地产的使用价值而种植在土地上的花草、树木或人工建造的花园、假山；为提高建筑物的使用功能而安装在建筑物上的水、暖、电、卫生、通风、通信、电梯、消防等设备。这些往往被看成是土地或建筑物的构成部分。

产品是企业从事生产经营活动直接有效的物质成果。在房地产开发经营活动中，企业满足顾客的需要是通过一定的产品实现的，企业和市场的关系也是通过产品来连接的，所以产品是买卖双方从事市场交易活动的物质基础。通常人们将产品理解为具有某种特定形状，能够满足人们某种用途的物品，这是产品的狭义概念。现代市场营销理论认为，产品是指能够通过交换满足消费者或用户某种欲望、需要的任何有形物品及无形服务。

所以产品应该是一个整体概念，"整体产品"是指人们通过购买（或租赁）而获得的需要和满足，包括一切能满足顾客某种需求和利益的物质产品和非物质形态的服务。

即：产品＝有形实体＋无形服务。

以整体产品的概念为基础，房地产产品的整体概念包含三个层次：核心产品、形式产品、延伸产品，如图 7-2 所示。

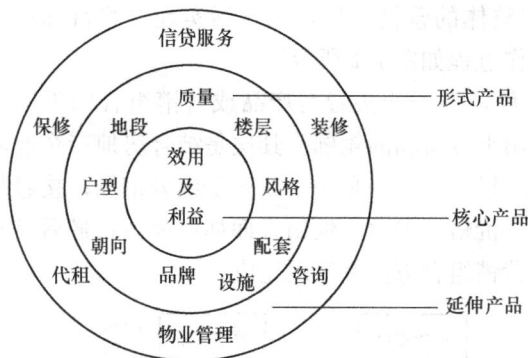

图 7-2 房地产产品层次示意图

2. 产品策略

（1）核心产品

核心产品是满足消费者需要的主要功能、利益和效用的产品。人们获取房屋，并不仅仅是为了占有房地产实物本身，而是希望通过对房屋的使用而获得不同方面的需求。所以，房地产产品的核心就是顾客购买房屋的真正需要。

根据房地产的基本功能，房地产的核心产品包括办公、商业、工业、居住等消费，也包括保值增值、财富积累、炫耀等需求。具体地讲，房地产的核心产品应该满足以下几方面的需求。

1）居住生活需要

根据居住的条件和环境分为：追求生活便利的居住需要；追求环境清新幽静的居住需

要（如老年人）；追求经济实惠的居住需要；追求豪华气派的居住需要；追求别致、个性化的居住需要；追求安全、私密性的居住需要。

2）办公及生产经营需要

包括将房地产产品用作办公，从事商业、服务业活动，或进行工业生产、仓储等。

3）投资获益的需要

房地产作为一种财产，所有者拥有获取收益的权利。这种收益包括两部分，一是房地产的出租收入，房地产的租金收入是十分稳定的，并且具有可预见性，这与工商业经营活动所获得的商业利润是完全不同的，一项房地产的出租收入往往可以成为所有者一笔稳定的收入来源；二是利用房地产市场价格的起伏，低买高卖获取差价。房地产的这两种收益既可以用于日常生活消费，也可以作为再投资的资本，购置新的房地产。

4）获得税收方面的益处

物业投资的所得税是以租金收入减去经营成本、贷款利息、折旧后的净营业收入作为计税基础征税的。随着时间的延长，建筑物的年收益能力呈下降趋势，因为会计中使用加速折旧法，使得建筑物每年的折旧额比物业年收益能力的损失要高，导致物业的净收益每年减少，因此也相应地减少了纳税支出。如果物业投资的资金来源于抵押贷款，那么投资者就会充分地享受到税收上的好处。

5）保值的需要

市场的不稳定性和波动性，使得产品价值高低起伏。在市场经济条件下，为抵制通货膨胀带来的损失，房地产投资是保值效果最好的投资产品，房地产被称为通货膨胀的狙击手。

6）获取资本增值的需要

房地产具有保值、增值的特性，而且这种特性是在房地产所有者不用再追加任何投资的情况下产生的。房地产的这种自身不断增值的特性对物业投资者有极大的吸引力。为获取资本增值，有三种情况可以进行房地产投资：

① 投资者先自用，等房地产增值后再出售获利。

② 投资者用资金购置房地产作为一种长期投资，希望通过这种长期投资获得房地产增值的长期收益。

③ 进行纯粹的房地产投资获利，购买房地产之后长期增值不是其真正目的，而是等待市场上房地产增值后抛售出去。从这点上讲，几乎市场上所有的房地产产品都可以成为投资获利的对象。只要售价大于购买价，除去各种税费后仍有差额利润，就有利可图。利用房地产增值的特性和房地产市场的走向，投资者可以利用银行贷款、使用财务杠杆获得收益。

7）为后代积累财富

在众多的积累财富手段中，有金银首饰、公司股票、银行储蓄、古玩字画等方式。房地产与其他方式相比，有两个显著优点。

① 房地产不仅是一种财富，更是一种基本的生活资料。把房地产产品留给后代，不仅使他们拥有了财富，也解决了子女的居住问题。

② 房地产的增值特性，使其可以用于租赁业务，还为子女提供了日后生活的资金来源，为生活提供了帮助。但在西方国家，把房地产作为遗产留给后代时要承担沉重而高额

的税赋，这在某种程度上削弱了房地产积累财富的优势。

8）炫耀心理的需要

房地产与其他商品的不同之处，就是它是一种完全向外暴露的外显财产，是所有者资金实力最明显的证明。因此一些投资人购买房地产产品正是看中了这个特点，成为拥有财富的标志和象征。一些人购买豪宅或高档住宅，居住需要不是第一位，炫耀自己的富有和社会地位，以获得他人的尊重和羡慕是放在首位的；而一些公司购买豪华写字楼，是要告诉他人企业拥有雄厚的实力，在经济上是强有力者。通过这种行为，不但可以满足使用者的心理，显示自己的身份地位，还可以提高企业的资信等级。

9）分散投资风险

各种产品投资都存在风险，为降低风险、减少损失，不把鸡蛋放在同一个篮子中是投资的重要原则。出于分散风险的目的，投资者往往将其投资行为分为二种：一是既投资于房地产行业，也投资于其他行业，如股票、债券等；二是投资房地产不仅限于某一地区或某一类型，而是多种产品类型和多个地域同时进行。

（2）形式产品

形式产品也称为有形产品，是房地产核心产品的有形载体，是房地产产品的第二层次。它展现了房地产产品的全部外部特征，为消费者提供了最直观的产品实体形象。

房地产的有形产品包括：土地的区位、产品的位置、房屋的开间布局、楼层、结构、户型、朝向、质量、建筑材料、建筑风格、色调、配套设施、室外环境、名称等。形式产品是消费者识别产品的基本依据，产品的核心功能必须通过有形实体才能体现。因此企业要通过有形实体的合理设计，来体现房地产产品的独特功能。

在制定营销策略时，要考虑消费者在形式产品方面的差异性需求，有重点、有针对性地突出该产品的与众不同之处。

（3）延伸产品

延伸产品也称为附加产品，是房地产产品的第三层次。它主要体现了消费者通过购买房地产产品和使用房地产产品所得到的服务和附加利益。

房地产附加产品包括消费者在购买过程中得到的售前咨询和售后服务，如：入住时间、使用便捷、代办手续、信贷服务、按揭保证、售后维修、房屋保修、物业管理等。其中物业管理作为房地产产品附加层次的新内容，已经成为房地产产品中不可分割的一部分。顾客在买房时，已经不再局限于关注有形产品和有形产品所体现的核心产品，还把售后的物业管理作为购买房地产的重要理由。作为附加产品的重要组成部分，物业管理的作用主要体现在两个方面：

1）更能充分体现房地产产品的功效

物业管理公司接管物业后，为业主和使用者提供各项物业管理服务，既满足了人们对物业保值增值的需要，又方便了业主的日常生活，使物业的价值得到充分体现。

2）能提升房地产产品的性价比

物业管理通过前期介入，可以为项目在规划、设计、施工、监理、竣工、验收、销售等各个环节提出更有利于业主和使用者的建议与意见，以督促开发企业提高房地产产品的整体质量。加上接管后物业公司为业主提供的服务及良好的环境和设施，使人们所购买的房地产产品的性价比得到提升。由于房地产产品容易被模仿，企业与企业之间的核心产品越来越接近,所以附加产品的竞争已经成为竞争的焦点。企业只有向消费者提供具有更多实际利益、能更完美地满足顾客需要的附加产品,才能在竞争中取得胜利。

房地产产品的三个层次是不能分割、紧密相连的。正确理解房地产产品的概念及层次划分,正确制定产品策略,不仅体现了房地产的整体观念,还可以提高房地产产品的功能、提升开发企业的声誉,更好地满足消费者的需求,从而获取更多的利益。

7.2.3 房地产市场营销价格策略

价格是市场营销"4Ps"组合中十分敏感而又难以控制的因素。对房地产开发商来说,价格直接关系到市场对开发的房地产产品的接受程度,它影响着市场的需求和开发商的利润,涉及开发商、投资者、使用者、中介公司等各方面的利益。

1. 房地产价格的特征

房地产价格是指消费者为获得房地产所有权或使用权,所支付的货币数目。房地产价格的形成基础在于房地产的有用性、相对稀缺性、有效需求。

房地产价格的特征表现在以下方面:

(1)房地产价格的双重性

房地产价格=建筑物的价格+土地价格

(2)房地产价格的区域性

由于房地产产品的位置固定、不可移动,处于不同区域、不同地段、不同用途土地上的房地产产品,即使建筑物相同,也由于土地的差异在产品价格上差距很大,这反映了地域、级差地价。

(3)表示的内容不同

房地产价格既可以表示为为了获得某种权益进行交换时的买卖价格,也可以表示为为了使用或投资收益而收取的租金。

(4)实质是房地产权益的价格

房地产交易实质上是房地产产权的交易,房地产的价格也就是房地产权益的价格,权益不同,价格也就不同。

(5)受交易对象和交易主体的影响

由于房地产的不可移动性和不一致性,房地产的现实价格一般随着交易的完成而个别形成,受到具体的交易对象和交易主体的影响。

(6)房地产价格的趋升性强

土地被认为是不可再生资源,受到土地资源有限性、稀缺性的限制,当一个地区或国家的经济处于发展上升阶段时,必然会导致房地产产品的价格在长期有上升趋势。

2. 房地产成本构成

在市场经济条件下,价格主要由市场的供求关系决定,与成本没有必然的联系。但是成本的高低影响到开发企业的利润。所以同样价格下的不同企业,有的利润是正值,而有的利润可能是负值。一般来讲,"价格=成本+利润+税金"这一公式,是企业确定价格、控制成本时的有效参考。各项成本的详细内容在本书第 6 章做过阐述,在这里作简要介绍。

(1)土地费用

也称土地开发使用费。土地费用是开发商为了获取土地使用权,并进行土地开发所支付的费用。包括：土地出让金，征地费，耕地占用税，劳动力安置费，有关地上、地下附着拆迁补偿的净支出，安置动迁用房的支出。

1) 土地（使用权）出让金

是国家以土地所有者的身份，将土地在一定年限内的使用权有偿出让给土地使用者，所收取的费用。这笔费用一般是通过土地拍卖招标、协议出让等形式获得土地使用权时，交付给政府的费用。

2) 征地拆迁费

由两部分组成：土地征用费和拆迁安置补偿费。

① 土地征用费，也称为征地补偿费。根据《中华人民共和国土地管理法》，在非城镇地区征用土地发生的费用，主要有：土地补偿费、土地投资补偿费（青苗补偿费、树木补偿费、地面附着物补偿费）、人员安置补偿费、新菜地开发基金、土地管理费、耕地占用税和拆迁费等。

② 拆迁安置补偿费：是在城镇地区，国家或地方政府依照法定程序，将国有储备土地或已经由事业单位或个人使用的土地，划拨给房地产开发项目或其他建设项目使用。对因为出让而使原用地单位或个人造成的经济损失，由新用地单位按规定给予合理的补偿。

拆迁安置补偿费实际包括两部分费用：拆迁安置费和拆迁补偿费。

拆迁安置费是指开发建设单位对被拆除房屋的使用人，依据有关规定给予安置所需的费用；拆迁补偿费是指开发建设单位对被拆除房屋的所有人，按照有关规定给予补偿所需的费用。

3) 前期工程费

是指在项目投资实施前所发生的费用。主要包括项目开发前期的规划、可行性研究、水文、地质、勘察、设计、测绘以及"三通一平"等用于施工现场准备工作所需的费用支出。

(2) 建安工程费

是指以发包方式支付给承包单位的建筑安装工程费、以自营方式发生的建筑安装工程费，是直接用于工程建设的成本费用。包括建筑工程费，设备及安装工程费（给排水、电气照明及设备安装、通风空调、弱电设备及安装、电梯及安装等），室内装修工程费。

(3) 基础设施费

包括开发小区内道路、供水、供电、供气、排污、排洪、通信、照明、环卫、绿化等工程发生的支出。

(4) 公共配套设施费

包括不能有偿转让的开发小区内公共配套设施发生的费用支出。

(5) 管理费

也称为开发间接费，是指直接组织、管理开发项目发生的费用，包括：工资、职工福利、折旧费、修理费、办公费、水电费、劳动保护费、周转房推销费用等。

(6) 财务费用

是项目开发过程中按规定应由项目成本负担的借款利息。

(7) 税费

包括固定资产投资方向调节税、市政支管线分摊费、供电贴费、非经营性公建设施配套费、绿化费、人防工程费等。

(8) 销售成本

包括销售房屋的广告、代理等费用支出。

3. 影响价格的因素

房地产价格不是固定不变的，房地产的价格会受政治、经济、行政、文化、社会、自然等因素的影响。

政治因素包括如战争、动乱、政府机构变动或重大政策的出台；经济因素涉及经济增长速度，储蓄，物价、工资及就业水平，产业结构的变化，利率，地价等因素；行政因素表现在土地利用规划及供应管制，房地产税制，住房政策，城市规划，基础及公共设施建设等方面；社会因素包括人口状态，家庭结构的变化，社会福利保障措施等内容；自然因素则主要从产品的位置，土地面积，地势，地质与地基等方面影响房地产价格。

4. 房地产市场营销定价方法

定价方法是企业为了在目标市场上实现定价目标，而给产品制定的一个基本价格或浮动范围的方法。虽然影响产品价格的因素很多，但是企业在拟定价格时主要考虑产品的成本、市场需求和竞争情况。产品成本规定了价格的最低基数；而竞争者价格和替代品价格则提供了企业在制定价格时必须考虑的参照系数。在实际定价过程中，企业往往侧重于对价格产生重要影响的一个或几个因素来选定定价方法。

房地产企业的定价方法通常有四类：成本导向定价法、竞争导向定价法、加权定价法、顾客感受定价法。

(1) 成本导向定价法

成本导向是以成本为中心，按照卖方的意图定价的方法。其基本思路是：在定价时，首先考虑收回企业在生产经营中投入的全部成本，然后加上一定的利润。成本导向定价法主要有：成本加成定价法和目标收益定价法。这里主要介绍成本加成定价法。

成本加成定价法是一种最简单的定价方法。就是在单位成本的基础上，加上一定比例的预期利润作为产品的售价。售价与成本之间的差额就是利润。这里所指的成本中已经包含了税金。由于利润的多少是按照成本的一定比例计算的，习惯上将这种比例称为"几成"，因此这种方法称为成本加成定价法。公式为：

$$单位产品价格 = 单位产品成本 \times (1 + 加成率) \tag{7-1}$$

式中，加成率＝总利润/总成本，是预期利润占产品成本的百分比。

【例 7-1】 某房地产企业开发某个楼盘，每平方米的开发成本为 2000 元，加成率为 15%，用成本导向定价法计算该楼盘每平方米售价。

解：根据公式 7-1，该楼盘每平方米售价为：

$$2000 \times (1 + 15\%) = 2300 元。$$

成本导向定价法的优点是计算方便。在市场环境等因素基本稳定的情况下，采用这种方法可以保证房地产企业获得正常的利润，从而可以保障企业经营的正常进行。

成本导向定价法的缺点是只考虑开发企业的自身情况，而忽视了当期的需求、购买者的预期价值及竞争者的状况。

但是成本加成定价法仍在房地产界流行和使用。原因在于：①房地产商对成本的了解比对需求的了解多，确定成本比确定需求容易得多，定价时着眼于成本，企业可以简化工

225

作，也不用经常根据市场的变化情况做调整。②当同行的房地产商都采用这种定价方法时，他们所制定的方法必然比较相似，这样可以减少价格竞争。③许多人认为，成本加成法对买卖双方都比较公平。在买方需求强烈时，卖方不会乘机抬价，同时仍能获得合理的利润。

（2）竞争价格定价法

在市场竞争中，产品越相似的企业，竞争越激烈。如饮料业的可口可乐与百事可乐，快餐业的麦当劳与肯德基，胶卷业的柯达与富士，汽车业的福特与通用等，都是很好的例子。而价格是竞争上一个重要的因素。房地产市场由于其单件性，与其他行业相比，房地产商有较大的自由度来决定价格；而房地产商品的差异化也使得购买者对价格的差异不是十分敏感。

所以在激烈的市场竞争中，房地产公司相对于竞争者总要确定自己在行业中的适当位置：或者是市场的领导者，或者是市场的挑战者，或者是市场的跟随者，或者是市场的补缺者。相应的，公司在定价方面也要尽量与整体市场营销策略相适应，或者充当高价角色，或者充当中价角色，或者充当低价角色，以应付价格竞争。

竞争导向定价就是企业为了应付市场的需要而采取的特殊定价方法。它是以竞争者的价格为基础，根据竞争双方的力量强弱，企业制定出比竞争者价格更高、更低或相同的价格，以达到增加利润、扩大销售量或提高市场占有率等目标的定价方法。

（3）加权点数定价法

也称为可比楼盘加权定价法。这种方法是针对许多楼盘倾向于定性描述的现状，尝试对楼盘价格的影响因素进行定量描述。它是采用条件相似的楼盘市场售价作为基数，对某些影响因素，如地段、价格、功能、用途等，以权重系数的形式进行调整的一种方法。

利用加权点数定价法定价的步骤是：

1）选择影响楼盘价格的影响因素，如位置、价格、配套、物业管理、建筑质量、交通、城市规划、楼盘规模、朝向、外观、付款方式、户型设计等。

2）确定各影响因素的指标和分值，如可分为5级，分值分别为1、2、3、4、5，分值越大，表示等次越高。

3）综合计算每一楼盘的总分，计算公式为：

$$P = \Sigma W_i \times F_i = W_1 \times F_1 + W_2 \times F_2 + W_3 \times F_3 + \cdots + W_n \times F_n \qquad (7-2)$$

式中　P——总分，是各因素在片区内楼盘优劣的综合反映；

　　　W_i——权重，是某个因素对楼盘优劣的影响程度；

　　　F_i——分值，是某个因素在片区内所表现出的优劣程度。

4）判断楼价与楼盘得分及各因素之间的相互关系。

一般情况下近似直线关系。这时就可以建立回归方程，公式为：

$$Y = a + bX \qquad (7-3)$$

式中　Y——拟定价楼盘的均价；

　　　X——拟定价楼盘的得分。

只要求出式中的参数 a 和 b，就可以确定回归方程，然后就可以求出拟定价楼盘的价格参考值。

（4）顾客感受定价法

也称为理解价值定价法。理解值也称为"感受价值"或"认识价值",是消费者对于商品的一种价值观念,这种价值观念实际上是消费者对商品的质量、用途、款式以及服务质量的评估。

这种方法的基本指导思想是:认为决定商品价格的关键因素是消费者对商品价值的认识水平,而不是卖方成本。房地产企业在运用这种方法定价时,企业首先要估计和测量营销组合中的非价格因素在消费者心目中的认知程度,然后按消费者可接受的程度来确定价格。由于这种方法与现代产品定位的思路很好地结合起来,因此被越来越多的企业所接受。

利用顾客感受定价法定价的步骤是:

1) 确定顾客的认识价值;

2) 根据确定的认识价值,决定商品的初始价格;

3) 预测商品的销售量;

4) 预测目标成本;

5) 决策。

5. 房地产市场营销定价策略

定价策略,是指企业为了在目标市场上实现自己的定价目标,所规定的定价指导思想和定价原则。定价策略应该根据商品房本身的情况、市场情况、成本状况、消费构成、消费心理等多方面的因素来制定。不同的房地产,在不同的时间、不同的地点,可以采用不同的定价策略。总体来讲定价策略可分为三种:低价策略、高价策略、中价策略。

(1) 低价策略

制定低价策略的主要目标是提高市场占有率,而利润成为次要目标。

低价策略的优点表现在可以扩大市场容量,让无法支付高价的消费者成为实际购买者;能够先发制人,抢先占领市场;可以阻止实力不强的竞争者进入市场,提高进入壁垒,减小竞争压力。

低价策略适用于以下两种情况:当企业的产品多为低档次的商品房,价格弹性较大时,采用低价会促进销售,扩大市场占有率;当企业的开发成本较低,期望的利润值也较低时,采用低价策略可以迅速占领市场。

(2) 高价策略

高价策略的目标是在短时间内获得大量利润,利润成为主要目标,而市场占有率不一定会提高。

高价策略适合在以下情况时采用:该产品具有别的楼盘所没有的独特特点或卖点;产品的综合性能,如地点、户型、服务较佳;开发商信誉好,开发的产品在一年内能全部销售;在一定时期内,某一类型的楼盘供应量很少。

(3) 中价策略

中价策略的目标是房地产企业希望在现有的市场状况下保持市场占有率。

中价策略适用于以下情况:目前市场的消费容量比较稳定,成交量较大;楼盘投入市场后比较成熟,消费者的认同程度高;楼盘的发展进入成熟阶段;现阶段市场的供求比较平稳;市场的竞争比较弱;开发商的利润期望值处于一般水平。

要注意的是,价格确定之后不是一成不变的,要时刻关注政策的调整、市场的变动、竞争对手的情况,随时调整价格,以实现企业的目标。

7.2.4 房地产市场营销渠道策略

1. 营销渠道的基本概念

营销渠道，又称为分销渠道或流通渠道，是指产品或服务从生产者向消费者转移的途径，是产品或劳务从生产领域到达消费者领域的一条通路。在市场经济条件下，大多数生产者都不是把产品直接销售给最终用户，而是利用那些存在于生产者和最终用户之间的中间机构，来寻找用户，推销产品。

分销渠道由一系列的市场中介机构或个人组成。

即：一切与商品转移相关的中介机构或个人组成了商品的分销渠道。渠道的起点是生产者，终点是消费者或用户，中间环节有各类批发商、零售商、代理商、经纪人和实体分销机构。

营销渠道的基本职能是把产品从生产者转移到消费者，建立起全社会生产与消费的联系。

2. 营销渠道的基本特征

(1) 营销渠道由参与市场营销活动的机构与人员组成。这些渠道成员以推销某一个产品作为目标形成了一个系统。

(2) 营销渠道有明确的起点（生产者）和终点（消费者）。

(3) 在营销渠道中，商品的所有权至少被转移一次。

(4) 营销渠道实现的不仅是实物的转移，还有资金、信息的转移。它们相辅相成，共同实现产品从生产者向消费者的转移。

(5) 营销渠道的建立通常需要较长的时间，一旦建立起来，就相对稳定。

3. 房地产市场营销渠道策略

成功的房地产销售过程一般包括三个阶段：一是为了使潜在的租客或购买者了解物业状况而进行的宣传、沟通阶段；二是对价格或租金以及合同的具体条件而进行的谈判阶段；三是双方协商一致后的签约阶段。

从房地产市场营销的具体方式来看，房地产市场营销渠道策略主要分为三种：开发商直接销售、房地产间接销售、经纪人销售。

(1) 开发商直接销售

也称为开发商自行销售，是由房地产开发企业设立营销部门或机构，自行组建营销队伍，销售自己开发的产品。

1) 开发商直接销售的优点

① 房地产开发企业掌控了从开发到销售、经营的全过程，开发企业可以从全局角度合理分配资源，整体调控开发、经营的节奏，使前后工作更好地衔接。

② 对所销售的项目最了解、最专业，能更好地将项目的特点、卖点做介绍。

③ 避免了由于素质不高的代理商介入而造成的营销短期行为，如为了追求销售业绩而将项目夸大宣传，或者将好销楼盘单元销售出去，造成相对难销的楼盘单元积压。

④ 产销直接见面，便于房地产开发商直接了解顾客的需求、购买方式及变化趋势，因而可以更好地调整楼盘的各种功能，并在未来的开发项目进行完善。

⑤ 销售产品的同时还可以宣传企业，起到放大企业形象、提升品牌知名度的乘数

效应。

2）开发商直接销售的缺点

① 房地产产品的开发周期较长，前期开发企业已经投入了大量的资源，若后期销售也由开发企业独自承担，意味着房地产开发企业要独自承担项目的全部风险，风险较高。房地产在租售阶段还存在着需求波动、价格变动、政策调整及其他市场风险，若由经销商负责营销，则有利于风险分摊或风险转移。

② 从开发到销售涉及的专业面太广，会分散企业人力、物力、财力，分散领导决策层的精力，协调不好会影响生产和销售。

③ 房地产营销是一项专业性非常强的工作，房地产发展商直接营销，难以真正汇集营销方面的专业人才，难以形成营销专业优势，会影响营销业绩。

④ 房地产开发企业的特长是组织项目开发，往往不具备广泛的营销网络，对市场需求信息的了解也不如经销商充分。直接销售必然影响营销速度，延长项目周期，不利于企业的资金周转，影响营销效率。

3）开发商直接销售的适用范围

① 大型房地产公司。一方面是因为开发商有实力；另一方面他们认为自己公司的人会全力为公司推销，由他们来进行销售工作效果会比较好。做法是在公司内部设有销售部门，专门负责公司楼盘的销售工作。它们往往有自己的销售网络，提供的自我服务有时比代理商更为有效。

② 楼盘具有独特卖点。楼盘质量特别优良；或者产品设计新颖、功能独特，在市场上目前没有相似产品可以替代；或者开发企业在业内有良好口碑和信誉，市场反映非常好。

③ 当前市场为卖方市场。房地产市场上产品供不应求，市场供应短缺，项目受欢迎，产品竣工后很快就能租售出去。

④ 开发前项目就已经预售给某一业主，有固定的销售对象。

（2）房地产间接销售

也称为委托代理商销售。代理商是专门从事房地产中介代理业务的企业，房地产发展商把自己开发的房地产商品委托给中间商进行销售，如房地产代理商。

1）间接营销渠道销售的优点

① 有利于发挥营销专业特长。代理商往往集中了市场调研、广告文案设计、现场销售接待等各方面的营销人才，能够从专业上保证发展商开发的房地产商品销售成功。

② 有利于开发商将重点精力放在开发、工程等方面，缓解了开发企业人力、物力、财力的不足。

③ 代理商能在较短的时间内帮助开发商取得更高的销售利润。

2）间接销售的缺点

① 房地产中间商的专业素养和职业道德水准差异很大，如果房地产开发商没有选择到合适的中间商，往往会增加时间成本，减少项目开发利润。

② 开发商必须向代理商支付佣金，额外增加了开发企业的成本，造成利润分流，有时甚至会出现支付佣金委托销售后，代理商的销售业绩和开发商自己销售预计的业绩基本持平，此时开发商支付的销售费用会得不偿失。

（3）经纪人销售

房地产经纪人就是指在房屋、土地的买卖、租赁、转让等交易活动中充当媒介作用，接受委托，撮合、促成房地产交易，收取佣金的自然人和法人。凡是从事房地产销售工作的都属于房地产经纪人。由于我国房地产销售的特点，一般将从事一手房销售的称为房地产经纪人或置业顾问，将从事二手房交易的称为房地产经纪人。房地产经纪人是房地产中介的一部分。房地产中介主要由房地产咨询、房地产评估、房地产经纪三个部分构成。在日常生活中，房地产经纪人通常也被称为"房屋中介"或"二手房中介"。

房地产经纪人在房地产开发、销售、租赁、购买、投资、转让、抵押、置换及典当等各类经济活动过程中，以第三者的独立身份，从事顾问代理、信息处理、售后服务、前期准备和咨询策划等工作，而且其从事的职业活动也随社会经济发展而进一步拓展，从规划设计、建造运筹、经营促销到物业管理的咨询策划，全方位地融入房地产经营开发的全过程，对促进房地产业的正常发展，发挥着不可替代的巨大作用。

房地产经纪人的工作内容包括：采集、核实和分析客户与房源等信息，设计与管理房号体系，填报和分析业务报表等；陪伴客户查看房屋，测算购房费用等；代理契约鉴证与契税缴纳及权证办理，咨询与代理各类房贷事宜，协理房屋验收与移交等；申办租售许可证，调研房地产市场，核算与评估房价，设计价格体系，编制宣传展示与管理用图表文件，设计平面安排和处理面积误差。

有些教材中把经纪人和代理商合称为物业代理。他们共同的特点是：受物业业主（房地产生产者、营销者、所有者）的委托，从事营销业务，进行购买、销售或二者同时具备的工作，但不取得商品所有权的商业单位。其主要职能在于促成房地产商品的交易，借此取得佣金作为报酬。

7.2.5 房地产市场营销促销策略

善于经营的房地产开发企业不仅要努力开发适合市场需求的房地产产品，制定具有市场竞争力的价格并选择合理的销售渠道，还要及时有效地进行促销活动。

房地产促销是指房地产开发企业通过各种促销手段，如广告、人员推销、销售促进、公共关系等，激发消费者的兴趣，从而促进房地产产品的销售和租赁。

1. 房地产促销概述

（1）房地产促销目标

房地产促销的目标，就是通过人员或非人员的方式，将企业、产品、服务等信息传递给潜在消费者，使其知晓、了解、理解、产生信赖；帮助消费者认识房地产产品的特点与功能，激发其消费欲望；最终产生购买或租赁行为，以达到扩大销售的目的。

（2）房地产促销方式

房地产促销方式主要有四种：广告促销、人员推销、销售促进（营业推广）、公共关系。

2. 广告促销

广告促销是目前房地产企业最常用、最有效的促销手段。房地产广告是开发商以公开付费的方式，通过一定的媒体方式，传播或宣传以事实为依据的经济信息，以达到影响目标受众的购买心理、推销商品的目的。

（1）广告促销的特征

房地产广告具有较强的区域性和针对性，具有一定的时效性，且具有独特性。但广告也存在诸如广告效果难以度量、广告受众不易把握且难以沟通、广告费用较高等缺点。

（2）房地产广告促销策略

1）阻隔策略。树起大型围墙式广告，一方面向顾客预告即将推出的房地产商品，另一方面又阻止顾客进入，暂不进行销售，这样会给投资者造成悬念，产生迫切期待房地产投入市场的心理。

2）重点突破策略。明确目标后，采取直接邮寄的方式，针对区域内特定对象，连续邮寄具有说服力、激发好奇心的印刷品，吸引潜在购买者到工地参观，然后配之以人员推销。

3）全面攻击策略。动用所有形式的广告宣传工具，最大限度地扩大宣传面，延长宣传时间，以期在短时间内造成一种声势，塑造产品形象。并运用报纸夹页广告以弥补报纸广告的不足，打破报纸版面的限制，造成全版广告的震撼效果。

4）强化攻击策略。采取海报派发方式，对特定区域内的居民进行地毯搜索式派送，使目标对象接触有关广告信息。

5）短兵相接策略。现场布置有亲切感的接待中心、精致的样品屋、精美的说明书和突出耀眼的户外广告，以吸引路过的目标对象，并使参观者产生深刻印象。选用能力高、反应快、经验丰富、熟悉市场行情及居民习俗的销售人员留守现场，进行产品说明与销售，同时加强追踪访问，形成高效能销售网络。

6）因地制宜策略。不同的国家和地区，其政治、宗教、文化、习俗、经济水平不同，消费特点不同，对广告有很大的制约性，要因地制宜，有的放矢。例如，在贫困地区，广告强调商品价廉或许是必要的，但在富裕地区，广告再强调价格更便宜，就会适得其反。

7）促销性活动策略。选定节假日等适当时间，邀请社会名流剪彩，举办影星表演、趣味竞赛以及社区亲子活动等，吸引大量人潮前来参观，加深消费者对该项房地产的特别印象，促进销售达到高潮。

3. 人员推销

房地产人员推销是指销售人员直接与消费者接触、洽谈，将开发商、产品及其服务的相关信息传递给消费者，促使其购买的一种营销活动。

（1）人员推销的特点

1）双向沟通。推销人员与消费者可以进行面对面的双向沟通，既能向顾客介绍产品、企业，也能随时解答提出的各种问题，并将顾客的意见及时反馈。

2）选择性强。推销人员可以在拜访目标顾客之前，认真研究顾客的需求，拟定推销方案，其效果远远大于广告的作用。

3）具有完整性。推销员不仅访问顾客，传递信息，说服顾客购买；还能提供各种服务，完成实际的交易，如签合同、融通资金、技术指导、调试、安装、维修，甚至为企业收集市场信息等。

4）具有公关作用。好的推销员，与顾客建立起来的超出纯粹买卖关系的友谊和信任的同时，也为企业赢得了忠实顾客。

　　5）人员推销受到访问客户的数量、时间、费用的限制，不适于买者众多、分布范围广的消费者市场，但适合于房地产产品的销售。

　　（2）人员推销的策略

　　1）寻找潜在顾客

　　可通过查阅各种市场资料，如租房信息、房屋中介资料、相关人员介绍；或者通过房地产展销会等活动寻找；也可以分析竞争对手，从他们的客户中寻找潜在消费者。

　　2）事前准备

　　应该熟知促销楼盘的基本情况，包括设计方案、设计标准、设计特点、施工质量、材料装修、内部设施以及本企业的基本状况等；同时了解潜在顾客的个人、家庭、单位等信息；还必须对竞争对手的楼盘特点、竞争能力和竞争地位的优势、劣势有清晰的认识，以备在与顾客的沟通中随时解答问题，宣传楼盘。

　　3）接近顾客

　　推销人员在介绍楼盘时要给顾客留下专业的印象，要根据交谈与准备阶段信息的差异情况，随时调整沟通方式，消除顾客的疑虑。

　　4）介绍产品

　　要根据客户需求和购买力有针对性地介绍，与客户建立互信关系。可以采用模型、效果图、照片、宣传小册子等形式介绍；在售楼处还可以借助沙盘、样板间介绍项目的整体及周边情况，突出项目的整体优点。

　　5）应付异议

　　针对顾客提出的问题做详尽说明，帮助顾客寻找适合的户型，计算客户满意的单元的价格、首付、月还款额及相关税费等信息，解答客户疑问。

　　6）促进成交

　　促销人员要集中精力观察，分析消费者的态度和思想，随时给对方以成交的机会，如果发现对方有愿意购买的表示，应立即抓住时机成交。为了促成交易，促销人员还可提供一些优惠条件。

　　7）事后跟踪

　　事后跟踪的直接目的在于了解买主是否对自己的购买满意，发现可能产生的各种问题，表示促销人员的诚意和关心，促使顾客进一步做出对本企业有利的购买行为。交易完成后，可根据客户登记资料进行追踪。追踪时要注意时间间隔和追踪方式的组合，详细记录每一次追踪情况，还可以婉转地请求客户介绍新客户，进一步扩大促销效果。

　　4. 房地产销售促进

　　房地产销售促进又称房地产营业推广，是指开发商运用各种短期性的刺激工具，迅速刺激需求，鼓励购买的一种促销方式。

　　营业推广的目的是在短期内刺激消费的快速增长，促进产品销量与销售额的提升。

　　房地产营业推广方法包括：价格折扣、变相折扣、赠送促销、抽奖促销、概念促销、展销会等。

　　营业推广能吸引消费者前往售楼处咨询了解，促使竞争者的客户或他们的潜在消费者成为本企业的客户或潜在消费者，从而促使消费者购买或租赁本公司的房地产。营业推广与其他促销方式的显著区别在于，它特别强调利益、实惠、刺激和诱导，具有很强的诱惑力和吸引力，能迅速引起消费者注意，短期内促销效果明显。但这种促销方式极易引起竞争者模仿，并会导致公开的相互竞争而使促销效果不理想；同时，如果长期使用或频繁使用同一种营业推广手段，促销效果也会迅速下降。

5. 公共关系促销

公共关系促销的目的是树立企业形象，优化企业经营的内外环境，以增强企业的竞争力和发展能力。公共关系是一种间接的促销方式，它并不要求达到直接的销售目标。但它对企业仍具有特殊的意义，主要是因为大多数人认为新闻报道与广告相比，更加客观和可信。

房地产公共关系，是房地产开发企业与公众之间的各种联系。通过公关，企业可以有效地把营销信息传递给那些避开广告和推销员的顾客。通过公共关系传播信息，能使开发企业与顾客、中间商、民众、政府机构以及新闻媒介等公众进行有效沟通，能建立良好的社会形象，创造有利的营销环境。

房地产公共关系促销的策略在于，不直接介绍、宣传和推销企业产品，而是通过参加各项社会活动，以信息沟通、理解支持为手段。公关活动并不一定立即见效，但可以改善和提升企业在公众中的良好形象，强化品牌效应，往往比直接推销某个产品影响力更大，更着眼于长期效应。但公共关系宣传往往不一定针对房地产产品本身，使得这种促销方式的针对性较差。

房地产公共关系促销活动包括：参加公益活动；举办新闻发布会；享受无偿广告；争取媒体对房地产开发商有利的宣传报道。公共关系可以协助房地产开发商与有关各界公众建立和保持良好的关系，建立和保持良好的企业形象，消除和处理对房地产开发企业不利的谣言、传闻和事件，树立企业的良好形象。

房地产的四种促销方式各有优缺点，其特点总结如表 7-2 所示。

房地产四种促销方式的特点比较　　　　　　　　　　　　　　表 7-2

促销类型	优　　点	缺　　点
广告促销	信息传播广泛，信息表达规范，易控制	广告费用大，广告效果难以度量，难以与目标接受者直接沟通
人员推销	沟通方式灵活，易与消费者建立关系，促销目标明确，促成及时交易	单位接触成本高，对销售员素质要求较高，难以进行大面积推销
营业推广	促销效果直接，易引起消费者注意与反应，易迅速产生效果	着重于短期效果，易引起竞争，促销效果难以持久
公关关系	可信度高，影响面广，易建立企业和房地产的形象，促销作用长久	针对性较差，企业难以进行控制

7.2.6　房地产促销组合

房地产促销组合，是指为实现房地产企业的促销目标，将不同促销方式进行组合而形成的整体。企业可以根据促销的目标、产品所处的不同生命周期，将上述四类促销方式进行有效组合，使企业达到以最小的综合促销费用，实现促销目标。

7.3 房地产买卖经营

7.3.1 房地产交易

1. 房地产交易的概念

房地产交易，是指以房地产为商品而进行的转让、租赁、抵押等各种经营活动的总称，是房地产交易主体之间以房地产这种特殊商品作为交易对象所从事的市场交易活动。房地产交易按照交易标的物的性质差异，可分为房产交易与地产交易。

房产交易的形式主要有：买卖、租赁、交换、典当、信托等，既包括房产使用权的转让，也包括房产所有权的交易。

房地产交易是一种极其专业性的交易。房地产交易的形式、种类很多，每一种交易都需要具备不同的条件，遵守不同的程序及办理相关手续。

地产交易在我国迄今为止仅限于城镇国有土地使用权的出让、转让、抵押等形式；集体所有的土地不能擅自出让、出租、转让、抵押，只能征用转让为国有土地之后，才能出让。

2. 房地产交易的原则

房地产买卖与房地产租赁都属于房地产交易中的形式，因此无论是买卖行为还是租赁行为，都应遵循以下原则。

(1) 房地产转让、抵押时，房屋所有权和该房屋占用范围内的土地使用权同时转让、抵押。这就是"房产权与地产权一同交易规则"。

房产权与地产权是不能分割的，同一房地产的房屋所有权与土地使用权只能由同一主体享有，而不能由两个主体分别享有。如果由两个主体分别享有，他们的权利就会发生冲突，各自的权利都无法行使。在房地产交易中只有遵循这一规则，才能保障交易的安全、公平。

(2) 实行房地产价格评估。我国刚刚建立市场机制，目前仍未形成合理的完全市场化的房地产价格体系，我国房地产价格构成复杂，非经专业评估难以恰当确定，故法律规定房地产交易中实行房地产价格评估制度。房地产价格评估，应当遵循公正、公平、公开的原则，按照国家规定的技术标准和评估程序，以基准地价、标定地价和各类房屋的重置价格为基准，参照当地的市场价格进行评估。

(3) 实行房地产成交价格申报。房地产权利人转让房地产，应当向县级以上地方人民政府规定的部门如实申报成交价，不得瞒报或者作不实的申报。实施该制度的意义在于：进行房地产交易要依法缴纳各种税费，要求当事人如实申报成交价格，便于以此作为计算税费的依据。当事人作不实申报时，国家将依法委托有关部门评估，按评估的价格作为计算税费的依据。

(4) 房地产转让、抵押当事人应当依法办理权属变更或抵押登记，房屋租赁当事人应当依法办理租赁登记备案。

房地产的特殊性决定了实际占有或签订契约都难以成为判断房地产权利变动的科学公示方式，现代各国多采用登记公示的方法以标示房地产权利的变动。我国法律也确立了这一规则，并规定：房地产转让、抵押，未办理权属登记，转让、抵押行为无效。

7.3.2 房地产买卖经营

房地产买卖，也称为房地产销售、房屋买卖、商品房销售等。我国目前居住的房屋大致可分为政府组织建设的经济适用房、廉租房、限价房、单位集资建房、公房改制后的房改房、个人所有的私有房、再次交易的二手房、商品房、"小产权房"。

房地产买卖经营，是房地产产权人将产权以有偿出让的方式转移给买售人的一种交易活动。

1. 房地产买卖市场的划分

（1）按营业区域划分

可分为城市新区与老区房地产买卖；高级住宅区与一般住宅区房地产买卖；商业区、住宅区与工业区房地产买卖；繁华商业区、衰退商业区、计划再开发区房地产买卖；中小型企业聚集区、大型企业集聚区、新的工业开发区房地产买卖；人口递增区、人口持平区、人口递减区房地产买卖。

（2）按客户类型划分

可分为个人与法人房地产买卖；大面积所有者与小面积所有者房地产买卖；房屋继承人与非房屋继承人买卖。

（3）按开发经营的品种划分

可分为住宅、办公楼、高级公寓、商店、厂房等房地产买卖。

2. 房地产买卖的流程

（1）买房前期准备

前期准备工作一般包括几个方面：买房目的、买房预算、买房时机、相关房地产知识。

1）明确买房目的

通常买房有两个目的：自住或投资。如果是买房自住的话，要考虑地段、环境、交通、价格、房型面积、配套设施等多种因素，根据工作生活的需要，确定房屋的区位、面积、价格、楼层、朝向等；如果是为了投资，则除了以上这些因素之外，还要考虑房产能否升值以及投资回报的问题。

2）估算买房能力

买房之前，要制订一个详细购房预算，根据自己的需求、资金实力以及市场行情等因素，估算自己的实际购买能力，最终确定所要购买房屋的价位。

① 估算家庭净资产。家庭净资产等于家庭总资产（包括各种有价证券、动产和不动产）减去家庭总负债。家庭总资产的多寡直接关系到能承担购买什么档次的房子。

② 估算月还款能力。计算一下家庭的平均收入、家庭的日常开支以及用于医疗、保险、预防意外灾害等方面的预备资金。将家庭平均月收入扣除日常生活开支预备资金，得到家庭每月可以灵活运用的资金，由此可估算出月还款能力。

③ 根据所估算的月还款能力进一步推算出按揭贷款的最大额度。

④ 除了要付清房款以外，还要把其他一些费用考虑在内，比如按揭、公证、保险的费用，买房要交的税费，入住后的物业管理费用等。

3）选择买房时机

选择购房时机可参照"五率"指标，即经济增长率、按揭贷款利率、通货膨胀率、房屋销售率、房屋空置率。从宏观角度看，当经济增长率保持在较高的水平，而银行的按揭贷款利率和通货膨胀率又处于相对低位的时候，应该是介入买房的最好时机。政府刺激房产市场的重大利好政策之初往往也是购房的黄金时机。从微观角度来看，当房屋的空置率处于高位，说明房屋的供给量增加较快，房价在一段时间内将处于调整或下跌状态，这时候购房就应该特别谨慎，最好等房价调整趋于稳定之后再买房不迟。此外，就楼盘个案而言，一般在开盘或销售接近尾声的时候买房是比较划算的。

4）了解房地产知识

买房之前应该了解一些有关房地产方面的基本知识，对买房会有很大的帮助。

（2）实地考察

1）挑选房源

这一环节是准备工作的延续，可以从报纸、房展会、中介机构或相关房地产网站上查询，初选房源。

2）实地看房

最好在专业经纪人带领下，对要购买的房屋进行实地考察。

① 考察开发商销售的项目是否五证俱全，只有拥有五证的项目才是合法的销售项目。

② 考察项目的周边环境，包括人文环境，生活、商业配套设施是否齐全，交通状况如何，有没有娱乐、体育休闲场所，有没有医院、学校、幼儿园等公共设施，附近有无工厂等。

③ 如果是期房，要考察开发商的信誉、实力，考察开发商以前是否还开发过其他的项目，项目开发的结果如何；工地的场容场貌，现场施工管理是否井然有序，结构施工的质量；考察售楼处的布置以及销售人员的素质；考察样板间，如果是销售代理售房，应对代理的实力情况进行了解。

④ 如果是现房，要考察小区内部的环境、规模、绿化面积、道路、楼间距以及考察房屋的质量等。

（3）谈判签约

这一阶段通常包括三个过程：谈判内容、签认购书、签订合同。

1）谈判内容

谈判主要包括房屋的面积、单价、总价、付款方式、装修交工标准、配套设施、入住时间、物业状况、物业管理费用等内容，其中房价的谈判最为重要。

2）签认购书

《房屋认购书》约定了购房者在限定时间内签订正式合同，否则视为购房者违约，定金将被扣除。我国相关法律和法规并未明确规定购房者在签订正式销售合同前必须签订《房屋认购书》，买房先签《房屋认购书》并交纳定金是现在售楼过程中的习惯性做法，但签《房屋认购书》并不是正式签约的必要前提。

3）签订合同

签订购房合同是购房过程中最重要的一个环节，双方的权利和义务尽在其中，一旦签订即受法律的制约。一般说，双方自签订合同之日起 30 日内，开发商会持商品房销售许可证、合同，到房地产管理部门进行合同备案。需办理银行贷款购房的，合同备案后还应到银行、房地产管理部门、保险及公证部门办理贷款手续。

（4）付款及贷款

购房时依据自身的财力可以选择一次性付款、分期付款、银行贷款三种不同的付款方式。如果资金宽裕，可以选择一次性付款，在楼盘刚开盘或封顶以后选择这种付款方式比较合适，通常能享受开发商给予的最优惠的价格。如果资金不足，但却有一定的支付能力，可选择分期付款，在期房阶段选择这种方式较好。如果上述两种方式都不适合，可以根据自身的财力和所购房屋的各种条件综合考虑贷款的额度、年限等。

（5）办理产权过户

要在专业人员的指导下准备相关的资料，由权证人员协助办理产权过户手续。

（6）验房入住

验房时一定要把所购房屋的水、电、煤气、有线电视费、供暖费、物业费等费用结清，买卖双方和中介公司都要在物业交割单上签字备档。

7.3.3 房地产买卖合同

1. 房地产买卖合同的概念

房地产买卖合同是买房人同卖房人之间签订的一种具有法律效力的文本合同。房地产买卖合同的实质是一方转移房屋所有权给另一方，另一方支付价款的合同。转移所有权的一方为出卖人或卖方，支付价款而取得所有权的一方为买受人或者买方。

房地产买卖合同是一般由房管局统一编制，用以明确买卖双方权利和义务的协议，所有的商品房销售都须签订此合同。

2. 房地产买卖合同的特点

（1）以房地产为标的物

房地产买卖合同只能以房地产为标的，由于房地产具有不同于其他一般商品的特殊性，也决定了房地产买卖合同具有其特殊和复杂的一面。

（2）合同中处分的是房屋所有权及其土地使用权

房地产买卖合同与其他买卖合同的不同之处在于房屋实体是附着于土地上的不动产，房地合二为一，房屋所有权转移时，根据房地产权利一致的原则，土地使用权也随之转移。

（3）房屋买卖合同是法律所规定的一种要式合同

由于房地产买卖合同不同于一般的买卖合同，标的物所有权的转移不以交付为标志，而是以办理相关的房产过户手续作为标志，也就是说该合同处分权利的结果是以房地产行政主管部门进行房地产权属登记并依法确认房屋归属关系为要件。

3. 房地产买卖合同的分类

按照不同的标准，房地产买卖合同可以划分不同的类别。

（1）按照转移产权的内容不同，可分为土地使用权的买卖、房屋所有权及土地使用权的买卖。

这种分类的意义在于法律对转让的限制条件不同。以出让方式取得的土地使用权，受让方必须严格依照土地出让合同约定的期限和条件对土地进行投资开发后，方可出让；除此之外国家严禁以任何方式对土地使用权倒买倒卖。对以出让方式取得的土地上建有房屋的房地产的转让，只要不在法律规定的禁止转让之列，均可自由买卖。

（2）按房地产的性质不同，可分为商品房买卖、公有房屋和经济适用房的买卖、私房买卖。

这种分类的意义在于法律规定的符合买卖的条件不同。商品房买卖专指有房地产开发企业建设的用于出售的住宅、商业用房以及其他建筑物。2001年4月4日颁布的《商品房销售管理办法》、2001年8月15日颁布的《城市商品房预售管理办法》、2004年7月20日《建设部关于修改＜城市商品房预售管理办法＞的决定》规定了商品房买卖的条件。《已购公有住房和经济适用房上市出售管理暂行办法》中，国家对已购公有住房和经济适用房的主体资格、出售条件做出了规定；对已经取得合法产权证书的私有房地产，只要不在法律规定的禁止转让之列，均可自由买卖。

4. 房地产买卖合同的主要条款

（1）买卖合同的双方当事人，即买方和卖方。

（2）合同应载明标的物的基本情况，如房屋坐落、地号、产权所有人、产权证号、土地使用权取得方式、土地使用性质、房屋建筑面积、占用土地面积、房屋结构、四至界限、附着物、附图等。

（3）如系出让土地，应载明土地使用权剩余年限。

（4）房地产成交价格。

（5）房地产价金的币种、支付期限和方式。合同应载明以人民币或某一特定外币支付房地产价金，一次性或分期支付以及最后付清的期限。

（6）双方可以在合同中约定定金，定金可以充抵房地产价金，给付定金的一方不履行合同的，无权请求返还定金，接受定金的一方不履行合同的，应当双倍返还定金。

（7）房地产交付时间。

（8）卖方的产权保证条款。卖方保证出卖的房地产权属清楚，若发生与卖方有关的产权纠纷或债权债务，由卖方负责处理，并承担民事诉讼责任，因此给买方造成的经济损失，卖方负责赔偿。

（9）违约责任。双方可以约定违约时应支付一定比率或数额的滞纳金。

（10）税费负担。在办理房地产过户手续时应缴纳的税费，由双方按规定各自承担。

（11）纠纷的解决。双方可以在合同中约定纠纷的解决方法。

（12）生效条件。

（13）其他约定的条款。

5. 房地产买卖合同签订的条件

（1）出卖人必须具有房屋所有权或土地使用权，非房屋所有人和土地使用人不得出卖他人的房地产。

（2）买卖双方当事人必须具有完全行为能力。未成年人和被宣告为无民事行为能力或限制行为能力的公民不能签订房地产买卖合同，其房地产买卖行为由其法定代理人代为进行；单位买房者如需购买私房的须得到有关机关的批准。

（3）房地产买卖双方当事人的意思表示必须真实可信。房地产买卖双方当事人在买卖合同中表示出来的意思必须与当事人的真实意思一致。如果一方以欺诈、胁迫等手段或乘人之危，使对方在违背真实意思的情况下签订的房地产买卖合同，或者双方恶意串通签订损害国家、集体或第三人利益的房地产买卖合同都属于无效合同。行为人对房地产买卖合同内容有重大误解或合同显失公平的，一方当事人可以要求撤销或变更合同。

（4）房地产买卖合同不得违反法律或者社会公共利益，合同的内容必须合法。如果购房者通过划拨取得的国有土地使用权，其房屋转让必须办理土地使用权出让手续，或者将其中的土地收益按规定上缴国家，否则不得买卖。

6. 房地产买卖合同的法律效力

（1）合同生效的条件

房地产买卖合同生效是指已经成立的房地产买卖合同对当事人发生法律约束力。商品房买卖合同自双方签字盖章之日起生效。在签订合同时，合同双方应仔细阅读合同的各项条款，明确每一条款的真实意思表示。出卖人除加盖公章外，其法定代表人或委托代理人应当在合同上签字；买受人为单位的，其法定代表人（负责人）或委托代理人也应当在合同上签字。为防止合同对方换页，买卖双方应在合同的每一页上签字或者加盖专用的骑缝章。

（2）无效合同判定类型

1）以胁迫的手段签订的房地产买卖合同

一方当事人以使对方财产、生命、肉体或精神上受损害相威胁，迫使其产生恐惧而签订的房地产买卖合同属无效合同。

2）乘人之危而签订的房地产买卖合同

一方当事人乘对方处于危难之际或利用对方的迫切需要，强迫对方接受明显不利的条件而签订的房地产买卖合同属无效合同。

3）以欺诈手段签订的房地产买卖合同

一方当事人以捏造事实或隐瞒真相等欺骗手段，致使当事人发生错误认识而签订的房地产买卖合同属无效合同。

4）无民事行为能力人所签订的房地产买卖合同

根据我国《民法通则》的规定，无民事行为能力人由其法定代理人代理实施民事行为，因此，无民事行为能力人的房地产买卖均由其法定代理人代理签订合同，由他们独立签订的房地产买卖合同属无效合同。

5）限制行为能力人未取得法定代理人的同意而签订的房地产买卖合同

限制行为能力人只能进行与其年龄、智力、精神状况相适应的民事活动，他们进行房地产买卖应当由其法定代理人代为签订合同或取得法定代理人的同意。没有法定代理人的同意，限制行为能力人签订的房地产买卖合同属无效合同。

6）恶意串通所签订的房地产买卖合同

双方当事人恶意串通，损害国家、集体或他人利益所签订的房地产买卖合同属无效合同。

7）没有签订书面合同又无据可查的房地产买卖合同

当事人之间仅是口头表达，没有签订书面房地产买卖合同，又无据可查的，属无效合同。

8）与法律明文规定不能交易的房地产所签订的房地产买卖合同

与军产、院产、校产、期房、拆迁公告范围内户籍冻结、未经抵押权人同意、未经共有产权人同意、权属有争议、已被法院查封或依法限制转让、上市出售后形成新的住房困难、擅自改变住房性质、县级以上人民政府规定其不宜出售、经济适用房不够上市出售条件的房地产所签订的房地产买卖合同属无效合同。

9) 公司产权没有公司法人和股东（股份制企业）签字的房地产买卖合同

房地产的产权为公司产权，在签订买卖合同时没有公司法人签字、签章和没有股东（股份制企业）联名签署的同意出售书的房地产买卖合同属无效合同。

10) 优先购买权人没有放弃优先购买权的房地产所签订的房地产买卖合同

法律规定，优先购买权人（共有产权人及承租人）在同等条件下享有优先购买权，在同等条件下不购买的应当以书面的形式放弃优先购买权，如优先购买权人没有放弃优先购买权的房地产所签订的房地产买卖合同属无效合同。

7.4 房地产租赁经营

7.4.1 房地产租赁经营

1. 房地产租赁的概念

房地产租赁也称为房屋租赁，是指出租人将土地使用权同地上建筑物、其他附着物或房屋出租给承租人使用，由承租人向出租人支付租金的行为。出租人按照约定将房地产交给承租人使用，承租人按照约定交纳租金，并于合同终止时将房地产返还给出租人。

2. 房地产租赁的特征

房地产租赁属于财产租赁的一种，其基本特征是：

（1）房地产租赁是双务、有偿、诺成、要式的民事法律行为。

双务是指出租人负有按约定将房地产交付承租人使用的义务，承租人负有按约定向出租人交付租金的义务，这是与房地产赠与的明显区别；有偿是指承租人取得房地产的使用权，必须按照法律规定或者双方的约定，向出租人交纳租金，这一点与房地产借用或使用有明显区别；诺成是指租赁的成立，以双方当事人意思表示达成一致为准，不需实际交付房地产；要式是指房地产租赁一般应采取书面租赁合同形式，并且须经有关行政管理部门，包括地产管理部门和房产管理部门登记、备案。

（2）房地产租赁中的出租人必须是对特定的房地产享有所有权或使用权的人，即必须享有进行出租的处分权能。

承租人取得的只能是房地产的使用权，而不是所有权，这一特征使房地产租赁与房地产买卖有本质区别。

（3）房地产租赁的标的是特定的房地产，包括地产和房产。

在我国，目前地产租赁只存在国有土地使用权租赁这一种形式，房产租赁形式则相对较多。

（4）房地产租赁具有期限性。

期限的长短依法律规定或当事人约定，如国有土地使用权租赁期限就受到法律规定的国有土地使用权出让期限制约，私房租赁期限则一般由双方当事人自行约定。

"租赁权的物权化"是现代房地产租赁的发展趋势和显著特点。现代各个国家和地区的民法为了保护承租人的利益，稳定社会生活秩序，而赋予承租人基于租赁合同而取得的债权——租赁权以物权为效力。例如《日本民法典》第 605 条明确规定不动产的承租权登记后成为物权；《德国民法典》规定承租人的先买权；台湾地区的民法第 425 条规定租赁权可对抗物主的财产所有权。

（5）房屋租赁合同具有临时性。

房屋租赁合同让渡的是租赁房屋的使用权，故租赁期限不宜过长，否则将与临时让渡房屋使用权的目的不符，也容易因房屋返还产生争议。租赁合同属于债权关系，与物权具有永久性不同，如租赁期限过长，也有害于租赁房屋的改良。因此，《合同法》第二百一十四条规定："租赁期限不得超过二十年。超过二十年的，超过部分无效。租赁期间届满，当事人可以续订租赁合同，但约定的租赁期限自续订之日起不得超过二十年。"

3. 房屋租赁的原则

（1）为承租住户或单位服务的原则

出租房屋时，租赁双方必须签订《房屋租赁契约》，明确双方的权利与义务。这时主要强调房地产经营管理部门要认真严格地履行自己应尽的义务，坚持为承租方服务的经营方向。强调支持承租方的合法要求，从经营上不断地降低成本、扩大修缮范围、提高维修的技术标准。

（2）维护财产的原则

将出租的房屋管理好。在租赁过程中要正确行使产权管理包括的各项权利，达到更好地发挥房屋商品在国计民生中应有的作用。对房屋承租方来说，对承租的房屋有依约使用的权利，但没有任何处分权。租赁双方都要遵守租赁政策和《房屋租赁契约》的规定，对房屋要爱护使用，注意保养，避免或减少房屋遭受人为的损坏，从而延长房屋的使用年限。同时搞好房屋的正常维修，在保证房屋安全的前提下，逐步改善房屋的条件。

（3）组织租金收入，提高经济效益的原则

通过房屋租赁的经济活动，交出房屋的使用价值，收回交换价值，这是实现房屋再生产的必要条件。组织租金收入，做到应收尽收。正确地评定租金，组织好租金收入，做到"以租养房"，是房屋租赁管理的一项重要原则。

（4）保证租赁关系正常的原则

租赁关系是否正常涉及双方的利益，租赁双方都必须严格遵守政府的政策、法令和规定维护租赁关系的正常化。禁止以出租或承租房屋搞投机活动，谋取私利，擅自拆迁房屋和设备，以及房屋的转让或私自交换使用。

（5）充分发挥房屋效用的原则

由于房屋的特殊性，产品固定在一定的地理位置上，房屋的用途取决于房屋的建筑形式和规划要求，不能像其他商品那样任人选择，而只能由房屋选择合适的主人。所以将出租的房屋管好、修好、用好，为承租单位或住户服务好，才能充分发挥房屋的效用。

4. 房地产租赁的流程

（1）确定预租区域

1）租客要明确租房想实现的具体条件。如选择与工作单位近的区域、重点商圈附近或者交通便利的小区，以公交出行为主还是选择地铁沿线等。有了房源选择的大致意愿，才能更好确定租房区域，有效避免选房的盲目性、低效性。

2）锁定租房的区域范围。经过第一步的筛选，购房人应该提前规划出租房的大致位置。这一步骤的目的可以使选房区域范围缩小到某个商圈或某个大型社区，能够缩短选房时间。

3）对房屋情况及租金水平有一个明确的预期。如对房屋居室、楼层、配套设施的要求，预计支付租金的价格水平段。前期的租房规划对快速锁定房源非常有利。

（2）寻找房源

初次租房者一般可以通过房产中介或是权威的网站寻找感兴趣的房源。在此过程中要特别注意通过大型的、资质齐全的中介或权威网站寻找房源，以免上当受骗。

（3）看房、选房注意事项

实地看房时，一定要仔细考察房子周边环境和房子本身。查看房子周边购物、交通等是否便利，房子户型、采光是否合理等，这些因素将直接影响到日常生活；要检查屋内设施、配置好坏及有无安全隐患；要将家电都试用一遍，检查插头是否漏电，查看日常设施是否良好等。只有这些综合因素都让人满意的房子，才适合入住。

（4）签订合同

在签订租房合同时，要注意合同中权利和义务的明确性，重要的款项有：物业管理费、水电费、煤气费、电话费、有线电视费等以什么方式缴纳，每个月什么时候缴纳房租，房屋设施如果非人为损坏时该由谁来负责维修，房屋设施出现问题或者自然老化时由谁来承担维修费用，如果房东提前终止合同该如何赔偿等。

（5）交付钥匙

在合同规定的房屋交付日，需要到房屋现场进行房屋交验，交验时应注意以下几点：

1）房屋是否与合同约定的一致；

2）家电、家具等是否与合同相符；

3）钥匙是否已交付；

4）水电煤表数字。

7.4.2 房地产租赁合同

1. 房地产租赁合同的概念

房地产租赁合同也常称为房屋租赁合同，房屋租赁合同是指住房出租人和承租人在租赁住房时签订的、用来明确双方权利和义务的协议。

房屋租赁合同遵守一般的合同格式，合同内容应包含房屋租赁双方当事人的个人信息，所租赁房屋的情况以及租赁双方的权利义务等。即主要包括房屋地址、居室间数、使用面积、房屋家具电器、层次布局、装饰设施、月租金额、租金缴纳日期和方法、租赁双方的权利义务、租约等。

2. 房屋租赁合同的主要条款

（1）双方当事人的情况

合同中应写明出租人和承租人的姓名及住址等个人情况。

（2）住房具体情况

住房的具体位置，写明住房的确切位置，如位于某路某号某室；住房面积；住房装修情况，简要说明住房的墙壁、门窗、地板、天花板、厨房和卫生间的装修情况；配备设施和设备，简要列举住房内出租人为承租人准备的家具、家用电器、厨房设备和卫生间设备等；住房的产权及产权人，写明这套住房为何种产权，产权人是谁，出租人与产权人的关系及是否得到产权人的委托出租住房。

（3）住房用途

主要说明以下两点：住房是用于承租人自住，承租人一家居住，还是允许承租人或其家庭与其他人合住；住房是仅能用于居住，还是同时可以有其他用途，如办公等。

（4）租赁期限

由于承租人不希望频繁搬家，而出租人也不希望在短时间内又要寻找新的房客，双方都需要有一段比较稳定的时间，所以需要在合同中约定一个期限。在这个期限内，如果没有特殊情况，出租人不得收回住房，承租人也不得放弃这一住房而租赁别的住房。期限到了之后，承租人将住房退还给出租人。如果承租人要继续租赁这套住房，则要提前通知出租人。经协商，出租人同意后，承租人可继续租赁这套住房。如承租人要搬走，但是没有找到合适的新住处，出租人应酌情延长租赁期限。

（5）房租及支付方式

住房租金由出租人和承租人协商确定，在租赁期限内，出租人不得擅自提高房租。租金的付款方式大致有按年付、按半年付、按季付。如果一次付清较长期限的房租，可以和出租人讨价还价，要求给予一些优惠。但从承租人的经济承受能力角度考虑，按月或按季付款造成的经济负担相对较小。

（6）住房修缮责任

出租人是住房的产权人或产权人的委托人，所以修缮住房是出租人的责任。承租人在租赁前应对住房及其内部设施进行认真检查，保证自己今后能够正常使用。如果在正常使用过程中住房或设施损坏，承租人应及时通知出租人请物业管理公司予以维修。但如果是因为承租人使用不当而造成损坏的，由承租人负责维修或赔偿。出租人无力对住房进行修缮的，承租人可与其共同出资维修，承租人负担的维修费用可以抵偿应交的租金或由出租人分期偿还。

（7）住房状况变更

承租人应该爱护住房和各种设施，不能擅自拆、改、扩建或增加。在确实需要对住房进行变动时，要征得出租人的同意，并签订书面协议。

（8）转租的约定

有的承租人租房的目的并不是自住，而是想通过转租取得租金收入。由于这种转租行为影响到出租人的利益，所以双方应该在合同中对转租加以规定。如果允许转租，双方可以协商确定一个分享转租收入的比例；如果不允许转租，而承租人擅自转租，出租人则有权终止租赁合同。

（9）违约责任

在签订合同时，双方就要想到可能产生的违反合同的行为，并在合同中规定相应的惩罚办法。例如，如果承租人不按期交纳房租，出租人可以提前终止合同，让其搬离；如果出租人未按约定配备家具等，承租人可以与其协商降低房租等。

（10）租赁合同的变更和终止

如果在租赁过程中出租人和承租人认为有必要改变合同的上述各项条款，如租赁期限、租金等，双方可以通过协商对合同进行变更。如果承租人由于工作等变动需要与他人互换住房，应该事先征得出租人同意，换房后，原租赁合同终止，出租人和新的承租人签订新的租赁合同。如果合同未到期时出租人和承租人中有一方要提前解除合同，则要提前通知对方，并按照合同约定或协商给予对方一定的补偿。如果合同到期，那么该合同自然终止。

3. 法律责任及注意事项

（1）出租房的主体资格，即签约对方是否为房产权人，如不是房产权人则至少应拥有房产权人的相应授权。

（2）租房时房屋的状况及房屋的装潢及随房物品，包括随房提供的电话之类用品，应填写仔细，以防退租时发生纠纷。

（3）应对租房者是否有权转租明确约定。

（4）应明确约定房屋修缮责任，一般均应由出租方负责。

（5）应约定出租方在收纳房租时须出具相应的收款凭证。

（6）要看清转租给你的人和房东的租赁期，他和你签订的合同租赁期不可以超过他自己和房东的租赁期。

（7）要看房屋是否设定了抵押权等用益物权；如有的话，抵押权人是否允许出租，万一抵押权实现，如何承担责任等。

7.4.3 买卖不破租赁

《中华人民共和国合同法》第229条规定："租赁物在租赁期间发生所有权变动的，不影响租赁合同的效力"；《商品房屋租赁管理办法》第12条规定："房屋租赁期间内，因赠与、析产、继承或者买卖转让房屋的，原房屋租赁合同继续有效"；《最高人民法院关于贯彻执行〈中华人民共和国民法通则〉若干问题的意见（试行）》第119条第二款规定："私有房屋在租赁期内，因买卖、赠与或者继承发生房屋产权转移的，原租赁合同对承租人和新房主继续有效"。

如果承租人提出"优先购买权"，是指出租人出卖房屋时，承租人在同等条件下，依法享有优先购买的权利。《合同法》第230条规定："出租人出卖出租房屋的，应当在出卖之前的合理期间内通知承租人，承租人享有以同等条件优先购买的权利。"；《城市私有房屋管理条例》第11条规定："房屋所有人出卖出租房屋，须提前三个月通知承租人，在同等条件下承租人享有优先购买权。"；最高人民法院《关于贯彻执行〈民法通则〉若干问题的意见》第118条规定："出租人出卖房屋，应提前3个月通知承租人，承租人在同等条件下，享有优先购买权；出租人未按此规定出卖房屋，承租人可以请求人民法院宣告该房屋买卖无效。"。

【案例】

背景：刘先生选购了一套二手房，前业主告知该房产已经有人承租，租期尚有7个多月才到期，刘先生以为购买了房屋后就有权随时要求承租人搬离，于是与前业主签订了合同并办理了过户手续。但是，在与承租人交涉限期搬离的过程中，承租人提出"买卖不破租赁"的概念要求继续承租，并指责前业主和刘先生没有尊重其"优先购买权"，其有权主张刘先生的房屋买卖行为无效。

案例分析：这是在转让已经租赁的房产过程中普遍存在遍的问题。承租人所提出的"买卖不破租赁"是一项专业法律术语，具体解释为租赁房屋发生转移的场合，承租人对于该房屋的使用权，不会因为该房屋的买卖而受影响，买受人仍应当继续履行原租赁合同的规定，此时租赁权的效力大于买卖双方的转让效力，只有当租赁期限到期时，买受人方才可以行使完整所有权。

在该案例中，承租人提出要求继续租赁的要求是合法的，承租人的利益应该受到法律的保护，刘先生无权要求承租人限期搬离，但是有权要求承租人支付租金，因为刘先生在取得该房产的所有权的同时也取得了收益权。另外，如果前业主确实没有通知过承租人该房屋要出售或者承租人表示在同等条件下愿意购买该房屋的话，承租人确实有权主张该买卖关系无效。建议二手房买受人应当在购房前充分了解要购买的房屋是否已经出租，如果出租，租赁期限是否快到期，避免影响自己的购房用途或自己的投资计划。

本 章 小 结

本章由四部分构成。第一部分是房地产市场营销概述，首先介绍了市场营销与房地产市场营销的相关概念、特征，从不同角度阐述了房地产市场营销的内容，并详细解释了房地产市场营销的特征，对房地产市场营销进行了整体说明。第二部分为房地产市场营销策略，首先介绍了房地产市场营销策略的制定过程，接着重点从产品、价格、渠道、促销四个方面，详细说明房地产市场营销策略的特征、构成、方法、策略。第三部分和第四部分为房地产买卖经营和房地产租赁经营，是房地产市场营销策略在实践中的应用，首先分析了房地产交易与房地产买卖、租赁的关系及房地产交易的原则，接着针对房地产买卖经营，介绍了房地产买卖市场的划分、房地产买卖的流程及房地产买卖合同；针对房地产租赁经营，介绍了房地产租赁的概念、特征、原则、流程以及房地产租赁的合同，最后解释了买卖不破租赁的概念。

练习题

一、单项选择题

1. 尤金·麦卡锡的市场营销理论包含以下内容：①产品、②成本、③价格、④公共关系、⑤渠道、⑥沟通、⑦促销、⑧地点。（　　）
　　A. ①②④⑧　　　　B. ①③⑤⑦　　　　C. ②⑥⑦⑧　　　　D. ①③⑥⑦

2. 房地产促销形式有四种，其中（　　）的目的是为了树立、提高企业或产品的形象，所进行的宣传报道或展示。
　　A. 广告　　　　　　B. 人员推销　　　　C. 公共关系　　　　D. 销售促进

3. 房地产市场营销的方法、策略等，一切都是围绕着以（　　）为中心的理念展开的。
　　A. 产品　　　　　　B. 经济效益　　　　C. 市场份额　　　　D. 顾客

4. 以整体产品的概念为基础，房地产市场营销产品策略中必须满足的是（　　）功能。
　　A. 核心产品　　　　B. 形式产品　　　　C. 延伸产品　　　　D. 附加产品

5. 房地产价格＝建筑物的价格＋土地价格，表明了房地产价格具有（　　）。
　　A. 不可移动性　　　B. 双重性　　　　　C. 权益性　　　　　D. 变动性

6. 每一项工程都有与其他工程的不同之处，从设计到施工，从气候到地质条件，都不会完全一样，反映了房地产市场营销（　　）的特征。
　　A. 生产周期长　　　B. 营销过程长　　　C. 产品的单件性　　D. 风险高

7. 人们获取房屋，并不仅仅是为了占有房地产实物本身，而是希望通过对房屋的使用而获得不同方面的需求，这体现了房地产产品整体概念中的（　　）。
　　A. 形式产品　　　　B. 核心产品　　　　C. 延伸产品　　　　D. 整体产品

8. 采用条件相似的楼盘市场售价作为基数，对某些影响因素，如地段、价格、功能、用途等，以权重系数的形式进行调整的方法是（　　）定价法。
　　A. 成本导向　　　　B. 竞争价格　　　　C. 加权点数　　　　D. 顾客感受

9. 以扩大市场容量，能够先发制人，抢先占领市场；阻止实力不强的竞争者进入市场，提高进入壁垒，减小竞争压力的定价方法称为（　　）。
　　A. 低价策略　　　　B. 中价策略　　　　C. 高价策略　　　　D. 竞争策略

10. 房地产发展商把自己开发的房地产商品委托给中间商进行销售，这种销售策略是（　　）。
　　A. 直接销售　　　　B. 经纪人　　　　　C. 间接销售　　　　D. 委托销售

二、多项选择题

1. 房地产市场营销的定价方法包括（　　）。
　　A. 成本导向定价法　　　　　　B. 企业感受定价法
　　C. 竞争价格定价法　　　　　　D. 顾客需求定价法

2. 分销渠道的起点是生产者，终点是消费者或用户，中间环节有（　　）。
　　A. 批发商　　　　　　　　　　B. 零售商
　　C. 经纪人　　　　　　　　　　D. 委托代理销售商

3. 房地产市场营销的特征表现在以下方面（　　）。

A. 产品的生产周期长   B. 投入的资金多，风险大

C. 产品的单件性   D. 影响营销结果的因素众多

4. 房地产交易的原则体现在（   ）。

A. 房产权与地产权一同交易   B. 房地产价格协商

C. 不用办理权属变更或抵押登记   D. 房地产成交价格申报

5. 房地产租赁属于财产租赁的一种，其基本特征是（   ）。

A. 租赁的标的只能是房产

B. 是双务、有偿、诺成、要式的民事法律行为

C. 房地产租赁具有期限性

D. 租赁合同具有临时性

6. 房地产成本中的建安工程费包括（   ）。

A. 建筑工程费   B. 设备及安装工程费

C. 室内装修工程费   D. 三通一平费

7. 房地产促销方式主要包括（   ）。

A. 广告促销   B. 人员推销   C. 营业推广   D. 公共关系

8. 从房地产市场营销的层次分析，战略规划的内容主要包括（   ）。

A. 公司环境分析、确定企业目标   B. 市场细分

C. 设计新业务组合   D. 制定增长战略

9. 市场细分的内容主要包括（   ）。

A. 评估每一细分市场的吸引力

B. 确定细分变量和细分依据

C. 描述细分市场的轮廓

D. 选择营销策略和组合形式

10. 以下哪些内容属于房地产形式产品的范畴（   ）。

A. 地段   B. 户型   C. 物业管理   D. 楼层

思考题

1. 简述房地产买卖经营的流程。

2. 如何理解"买卖不破租赁"？

3. 房地产市场营销与销售的区别有哪些？

4. 简述房地产市场营销定价策略的内容及各自特点。

5. 试比较开发商直接销售与房地产间接销售的优缺点。

实训题

在你所在的城市，寻找一家房地产企业或一个房地产项目，通过市场调研，分析它的优势、劣势、特点、卖点，运用房地产市场营销的"4Ps"策略，制定一个整体营销计划，并反馈、跟踪实施。

8 物 业 管 理

学习目标

了解：物业管理的基本概念、性质、基本内容；业主、业主大会及业主委员会权利和义务；物业服务方案制定程序。

熟悉：物业服务企业的资质管理；物业服务企业的权利义务；物业服务合同的概述，常见纠纷和解决方式；物业服务收入核算；物业服务支出计划。

掌握：物业管理的内容；前期物业服务合同和物业服务合同的内容；物业服务方案的内容；物业费用的测算及收缴；物业维修基金的管理。

8.1 物 业 管 理 概 述

物业管理作为房地产产业链中的消费环节，实际上是房地产综合开发的延续和完善。为适应房地产市场的发展要求和特点，现代物业管理模式应运而生，并逐步走向成熟。物业管理既是房地产经营管理的重要组成部分，又是现代化城市管理不可缺少的一环，被人们视作现代化城市的"朝阳"产业。

8.1.1 物业与物业管理的基本概念

1. 物业的概念

物业是物业管理活动的物质载体，也是连接物业管理各种法律关系主体之间的介质，没有物业就不会有物业管理。

从物业管理的角度来说，物业是指各类房屋及其配套的设施设备和相关场地。

(1) 房屋

房屋是建筑物最基本、最主要的物质形态，是指用建筑物料与外部空间隔开，供人使用的建筑物。

各类房屋，可以是建筑群，如住宅小区、工业区等；也可以是单体建筑，如一幢住宅楼、写字楼；同时，物业也是单元房地产的称谓，如一个住宅单元。同一宗物业，往往分属一个或多个产权所有者。

一般来说，房屋包括以下六种类型：

1) 住宅类房屋。

2) 生产类房屋，包括工业、交通运输业和建筑业在生产活动中使用的厂房、仓库等。

3) 商业类房屋，包括商店、金融、邮电、餐饮、娱乐、旅游等从事第三产业活动使用的房屋。

4) 文化、教育、科技、卫生、体育类房屋。

5) 行政办公类房屋，包括党政机关及民主党派办公用房、辅助用房。

6）其他类房屋，包括军事、国防、宗教团体、外国领事馆、寺庙、监狱等用房。

（2）配套的设施设备

配套的设施设备包括给排水、供电、供暖、运输、空调、通风、通信、消防、监控和防雷设备等。

（3）相关场地（附属场地）

相关场地包括庭院、道路、停车场、地下车库、绿化带、中心花园等。

一宗物业是由房屋、配套的设施设备、相关场地（附属场地）三个方面组成的有机整体，三者相互联系、相辅相成、缺一不可。其中，房屋是物业最基本、关键、核心的要素，离开了房屋，配套的设施设备和相关场地（附属场地）将变成无源之水、无本之木；配套的设施设备和相关场地（附属场地）则是房屋功能的有效保障和延伸。

随着经济发展和人们物质生活水平的提高，业主和物业使用人对工作、生活、环境的便利性、舒适性和安全性提出了更高的要求，会更加关注这三方面的建造质量和组合状况。

2. 物业管理的概念

物业管理是社会经济发展到一定水平的必然产物，是房地产综合开发的派生物，是房地产开发经营活动的重要保证。

关于物业管理的定义，传统上有广义和狭义之分。广义的物业管理是泛指一切有关房地产开发、租赁、销售及售后的服务；狭义的物业管理，其主要任务是楼宇的维修养护，以及管理好各自的机电设备和公共设施，还包括治安保卫、环境绿化、分送信报、打扫卫生等项目。

现代物业管理，是指业主通过选聘物业服务企业，由业主和物业服务企业按照物业服务合同约定，对房屋及配套的设施设备和相关场地进行维修、养护、管理，维护相关区域内的环境卫生和秩序的活动。

物业管理的这一定义，有以下几方面内涵：

（1）物业管理的管理对象是物业。这个物业是指在建或已投入使用的物业，即楼宇。

（2）物业管理的服务对象是人，即物业所有人（业主）和使用人。

（3）物业管理的属性是经营。物业管理被视为一种特殊的商品，物业管理所提供的是有偿的无形的商品——劳务与服务。这种劳务、服务的投入能起到完善物业的使用效能，并使其保值、增值的作用。

（4）物业管理是采用现代科学管理手段对物业实施全方位、多功能的管理，融管理、服务、经营于一体。

（5）物业管理的基本要求是统一管理和协调，既包括相对独立的物业（楼宇等）或小区物业的统一管理和协调，也包括辖区范围内各个方面的统一管理和协调。

（6）优质的物业管理与社区服务相结合，为业主和使用人提供物质、精神方面的服务。

（7）就法律属性而言，物业管理是一种委托管理，通过一定的契约，规定相关各方的权利和义务。委托应有委托合同。

物业管理的目的是为了保证和发挥物业的使用功能，使其保值增值，并为业主或非业主使用人创造和保持整洁、文明、安全、舒适的生活和工作环境，最终实现社会、经济、环境三个效益的统一和同步增长，提高城市的现代文明程度。

8.1.2 物业管理的特点

物业管理是一种与房地产综合开发现代化生产方式相配套的综合性管理；是与随着住房制度改革的推进而出现的产权多元化格局相衔接的统一管理；是与建立社会主义市场经济体制要求相适应的社会化、专业化、市场化的管理。物业管理是服务性行业。社会化、专业化、市场化是物业管理的三个基本特点。

1. 社会化

物业管理的社会化是指物业管理将分散的社会分工汇集起来统一管理，诸如房屋、水电、清洁、保安、绿化等。每位业主只需面对物业服务企业一家就能将所有关于房屋和居住（工作）环境的日常事宜办妥，而不必分别面对各个不同部门，犹如为各业主找到了一个"总管家"，而对政府各职能部门来说，则犹如找到了一个"总代理"。业主只需根据物业管理部门批准的收费标准按时缴纳管理费和服务费，就可以获得周到的服务，既方便业主，也便于统一管理，有利于提高整个城市管理的社会化程度，以充分发挥各类物业的综合效益和整体功能，实现社会效益、经济效益、环境效益、心理效益的统一和综合改善。

物业管理社会化有两个基本含义，一是业主从社会上选聘物业服务企业；二是物业服务企业要到社会上去寻找可以代管的物业。

物业的所有权、使用权与物业的经营管理权相分离是物业管理社会化的必要前提，现代化大生产的社会专业分工则是实现物业管理社会化的必要条件。

2. 专业化

物业管理的专业化是指由专业物业服务企业通过合同或契约的签订，按照产权人和使用人的要求去实施专业化管理。这种管理是将有关物业的各专业管理都纳入物业服务企业的范畴之内，物业服务企业可以通过设置分专业的管理职能部门来从事相应的管理业务。随着社会的发展，社会分工渐趋于专业化，物业服务企业也可以将一些专业管理以经济合同的方式交予相应的专业经营服务公司。例如，机电设备维修承包给专业设备维修企业，物业保安可以向保安公司雇聘保安人员，园林绿化可以承包给专业绿化公司，环境卫生也可以承包给专业清洁公司。这些专门组织的成立，表明这一行业已从分散型转向了专业型。这种转向有利于提高城市管理的专业化和社会化程度，并能进一步促进城市管理向现代化的管理方式转换。因此，物业服务企业必须具备一定的专业资质并达到一定的专业水平。

3. 市场化

在市场经济条件下，物业管理的属性是经营，所提供的商品是劳务。物业服务企业是按照现代企业制度组建并运作，向业主和使用人提供劳务和服务，业主和使用人购买并消费这种服务。这种通过市场竞争机制和商品经营的方式所实现的商业行为就是市场化。具体表现在以下三方面：

（1）物业服务企业要积极参与市场竞争，争取更多托管项目和管理面积，最大限度地提高规模效益；

（2）物业服务企业要努力降低服务成本，提高管理效益和经济效益；

（3）物业服务企业要积极开拓服务领域、开发服务产品，拓宽利润渠道。

8.1.3 物业管理的地位和作用

1. 促进房地产市场的发展

物业管理是深化房地产经济体制改革、实行房屋商品化的客观需要，具有繁荣和完善房地产市场的作用。

随着我国经济体制改革的不断推进，房地产经济的体制改革也在向纵深发展。我国房地产经济体制改革的方向是市场化、商品化和住房自有化。随着房屋商品化的逐步实施，各类住房分幢、分套出售，大厦分层、分单元出售后形成了一个住宅区内或一幢高层建筑里有着几个、几十个甚至几百个多元产权的毗邻关系。它不仅使原有的公房所有制为主体的房屋格局被大量共有、共用而又相互毗连的房屋格局所取代，而且也使传统的按产权、按部门分散管理的办法，以及用计划包干的维修管理办法再也不能适应形势发展的需要了，由此形成了产权多元化和管理社会化的新格局。这种新格局要求有与之相适应的房屋管理的新模式来代替传统的、非市场取向的管理模式。从对目前公有房屋出售中居民心态的调查可以看出，居民最担心的是公房出售后的管理维修问题，包括经费、权利、责任和如何落实。所以，物业管理是房地产经济体制改革和住房制度改革不可缺少的配套工程，并且具有深化、促进和完善房地产经济体制改革的意义和作用。就整个房地产市场来说，物业管理无疑拓宽了房地产市场范围，完善了房地产投资，促进了房地产市场向健康有序的方向发展。

2. 有利于提高房地产投资效益

物业管理是房地产经营活动的基本环节，具有提高房地产投资效益的作用。

在房地产市场中，就一个房地产项目而言，存在着开发、经营、管理三个环节。按程序来说，物业管理是房地产开发、经营的落脚点。改革开放以来，我国房地产业发展初期的重点是解决数量问题，实行的是一种数量增长型经济，因而存在着重开发建设、轻管理的现象，使开发建设与管理脱节。随着国家宏观政策的调整，单纯的数量增长已经不能适应市场需求，房地产要提高投资效益，要向效益增长型转变，就必须加强物业管理，使房地产开发、经营、管理三个环节全面协调发展。

加强物业管理不仅能使物业保值，而且还可以使物业增值。一方面，良好的物业管理可以使物业处于完好的状态并使之正常运行，可以延长物业的使用寿命，还可以通过基本业务、专项业务和特色业务的服务，适当改善和提高物业的使用功能，提高物业的档次和适应性，进而推动物业的升值；另一方面，优质的物业管理，还能受到精明的房地产交易商和顾客的青睐，使该物业成为抢手货，从而推动该物业的价格上升。

物业管理是对物业建成以后使用全过程的管理，也可以说是广泛意义上的售后服务，因此，物业管理是房地产开发经营活动的重要保证。只有现代化的管理手段，优质、周到、完善的物业管理，才能保证房地产价值和使用价值的最终实现，进而提高房地产的投资效益。

3. 树立城市形象，完善城市功能

物业管理是改善居民工作与生活环境、提高居住水平的基础工作，具有树立城市形象、完善城市功能的作用。

居民工作、生活环境的完善和居住水平的提高是城市生活水平和消费水平提高的基本前提。现代化的城市需要高质量的管理服务，运作良好的大厦设施，有助于工作效率的提高；称心如意的居住环境，有助于人际关系的调和。住宅社会学研究表明，良好的环境不仅能减少烦恼、焦虑、矛盾、摩擦，乃至某些危害社会的不轨行为，还会形成互助、互谅的社会风气，促进人们的身心健康，促使人们积极上进。这一切是社会稳定、经济增长和城市发展所必须具备的前提条件。物业管理正是顺应了这一要求而产生和发展起来的。

物业管理的目的是为业主创造一个整洁、舒适、安全、宁静、优雅的工作和生活环境，并且其基准还应随着社会的不断进步而逐步拓展和提升。人们生活水平的改善、生活内容的充实和丰满，无论从物质上还是精神上都离不开工作和生活环境的优化和美化。高质量的物业管理不仅是单纯的技术性保养和事务性管理，而且还要在此基础上为业主创造一种从物质到精神，既具有现代城市风貌，又具有个性特色的工作和生活环境，形成一个以物业为中心的"微型社会"；既可充分发挥物业的功能，又能在充分保障业主合法权益的同时，增加业主的睦邻意识，创造相互尊重、和乐共处的群居关系。因此，高质量的物业管理既可以改变城市风貌、改善人们的工作和生活环境，又能提高人们的精神文明素质和现代化城市意识，为树立城市形象、完善城市功能起积极推动作用。

4. 推动外向型房地产和涉外经济的发展

物业管理是加快我国房地产发展同国际接轨的必要措施，具有推动外向型房地产和涉外经济发展的作用。

物业管理是一种不动产的现代化管理方法和模式，不受地区、国家和社会制度的限制。中国传统的房屋管理模式，在很多方面不适应改革开放形势下外商、外籍人士的商务活动和居住的需要。随着我国经济体制改革的深化和涉外经济的发展，越来越多的外商对投资中国大陆感兴趣。外商进入中国大陆一般首先在"宾馆"入住，开始"投石问路"，一旦投资项目初成或业务有所拓展，就需要安居乐业了。只有安居才能乐业，在中国大陆的外商一般都十分关注如何为自己安排一个方便、高效的工作和居住环境，并且外商进入事业发展期后，就有了为自己公司和工作人员购置业务和居住用房的需要。中国大陆的物业管理最初正是从对外商、外籍人员在中国大陆的产业和侨汇房的管理发展起来的，至今涉外房的管理仍是物业管理的重要组成部分。随着房地产市场的发展和完善，投资于中国大陆房地产的外商也会独资组建物业管理公司，自己管理在中国大陆的物业，并以此作为吸引外商在中国大陆置业的一招。由此可见，良好的物业管理是加快中国房地产同国际接轨、改善中国大陆投资条件、改善投资环境的必要措施，具有推动外向型房地产和涉外经济发展的作用。

8.1.4 物业管理的内容

物业管理涉及的领域相当广泛，其基本内容按服务的性质和提供的方式可分为：常规性的公共服务、针对性的专项服务和委托性的特约服务三大类。

1. 常规性的公共服务

这是指物业管理中公共性的管理和服务工作，是物业服务企业面向所有住用人提供的最基本的管理和服务，目的是确保物业的完好与正常使用，维持正常的工作生活秩序和良好环境。公共性服务管理工作，物业的所有住用人每天都能享受到，其具体内容和要求在物业管理委托合同中应明确规定。

公共服务主要有以下八项：

(1) 房屋共用部位的维护与管理；

(2) 房屋共用设备设施及其运行的维护和管理；

(3) 环境卫生、绿化管理服务；

(4) 物业管理区域内公共秩序、消防、交通等协助管理事项的服务；

(5) 物业装饰装修管理服务，包括房屋装修的申请与批准及对装修的设计、安全等各项管理工作；

(6) 维修基金的代管服务，这是指物业服务企业接受业主委员会或物业产权人委托，对代管的房屋共用部位共用设施设备维修基金的管理工作；

(7) 物业档案资料的管理；

(8) 代收代缴收费服务。

2. 针对性的专项服务

针对性的专项服务是指物业服务企业面向广大住用人，为满足其中一些住户、群体和单位的一定需要而提供的各项服务工作。其特点是物业服务企业事先设立服务项目，并将服务内容与质量、收费标准公布，当住用人需要这种服务时，可自行选择。专项服务实质上是一种代理业务，为住用人提供工作、生活的方便。专项服务是物业服务企业开展多种经营的主渠道。

专项服务的内容主要有日常生活、商业服务、文教卫体、社会福利及各类中介服务五大类。

3. 委托性的特约服务

特约服务是为满足物业产权人、使用人的个别需求受其委托而提供的服务，通常指在物业管理委托合同中未要求，物业服务企业在专项服务中也未设立，而物业产权人、使用人又提出该方面的需求，此时，物业服务企业应在可能的情况下尽量满足其需求，提供特约服务。

特约服务实际上是专项服务的补充和完善。当有较多的住用人有某种需求时，物业服务企业可将此项特约服务纳入专项服务。

上述三大类管理与服务工作是物业管理的基本内容。物业服务企业在实施物业管理时，第一大类是最基本的工作，是必须做好的。同时根据自身的能力和住用人的需求，确定第二、第三大类中的具体服务项目与内容，采取灵活多样的经营机制和服务方式，以人为核心做好物业管理的各项管理与服务工作，并不断拓展其广度和深度。

8.1.5 房地产经营与物业管理的关系

物业管理是房地产综合开发的派生物。作为房地产市场的消费环节，物业管理实质上是房地产综合开发的延续和完善，是一种社会化和专业化的服务方式。

房地产经营管理主要侧重在物业的开发建设方面，而物业管理则主要从事物业的维护、保养以及对环境的绿化和物业所有人的服务方面。房地产经营的工作性质是开发物业，物业管理的主要任务则是售后服务。因此，物业管理是房地产业发展到一定阶段的必然产物。我国的物业管理也就是改革开放以来房地产业迅速发展的派生结果。

物业管理作为房地产开发经营的派生和延续，其管理与服务质量的好坏，将直接影响房地产开发经营的前景。物业管理对房地产经营的影响主要有以下几方面：

1. 有利于房地产的销售推广。随着人们生活水平的提高，人们对工作环境和居住环境越来越关注。良好的物业管理服务能给人们带来舒适、优美、安全的工作和居住环境；反之，则让人感觉不舒心。物业管理对房地产的销售有着非常直接的影响。

2. 有利于物业保值升值。从财富积累的角度来看，良好的物业管理可延长物业的使用寿命，充分发挥物业的使用价值。缺乏良好的物业管理常导致物业内部设施运行不良，加速物业物理损耗的速度，使物业使用价值超前消耗，造成财富的巨大浪费。

3. 有利于房地产市场的发展完善。物业管理的社会化和专业化的良性发展，是和房地产综合开发的经济体制改革相适应的，它使房地产开发、经营、服务有机地结合起来，具有繁荣和完善房地产市场的作用。

4. 有利于提高房地产综合开发企业的声誉。物业管理是房地产广泛意义的售后服务。良好的物业管理能充分发挥物业设施及其环境效益的整体功能，促进人居环境的改善，从而有助于人际关系的融洽。优质的物业管理本身即可免除业主和租用户的后顾之忧，增强他们对房地产开发企业的信心，建立房地产综合开发企业在公众中的良好形象，这本身也是企业最形象最实惠的广告，具有提高房地产开发企业声誉的作用。

5. 有利于推动外向型房地产经济的发展。物业管理是加快我国房地产发展同国际接轨的必由之路，是改善中国大陆投资条件和投资环境的必要措施，具有推动外向型房地产和涉外经济发展的作用。

8.2 物 业 服 务 企 业

8.2.1 物业服务企业资质管理

1. 物业服务企业资质申报

国家对从事物业服务活动的企业实行资质管理制度。新设立的物业服务企业应当领取营业执照之日起 30 日内，持营业执照、企业章程、验资证明、企业法定代表人的身份证明、物业管理专业人员的职业资格证书和劳动合同、管理和技术人员的职称证书和劳动合同、工程与财务负责人的职称证书和劳动合同、物业服务合同复印件、物业管理业绩材料向工商注册所在地直辖市、设区的市人民政府房地产主管部门申请资质。

新设立的物业服务企业，其资质等级按照最低等级核定，并设一年的暂定期。

2. 物业服务企业资质等级及条件

物业服务企业资质等级分为一、二、三级。国务院建设主管部门负责一级物业服务企业资质证书的颁发和管理。省、自治区人民政府建设主管部门负责二级物业服务企业资质证书的颁发和管理，直辖市人民政府房地产主管部门负责二级和三级物业服务企业资质证书的颁发和管理，并接受国务院建设主管部门的指导和监督。设区的市的人民政府房地产主管部门负责三级物业服务企业资质证书的颁发和管理，并接受省、自治区人民政府建设主管部门的指导和监督。各资质等级物业服务企业的条件如下：

（1）一级资质

1）注册资本人民币 500 万元以上。

2）物业管理专业人员以及工程、管理、经济等相关专业类的专职管理和技术人员不少于 30 人。其中，具有中级以上职称的人员不少于 20 人，工程、财务等业务负责人具有相应专业中级以上职称。

3）物业管理专业人员按照国家有关规定取得职业资格证书。

4）管理两种类型以上物业，并且管理各类物业的房屋建筑面积分别占下列相应计算基数的百分比之和不低于 100%：

①多层住宅 200 万 m^2；

②高层住宅 100 万 m^2；

③独立式住宅（别墅）15 万 m^2；

④办公楼、工业厂房及其他物业 50 万 m^2。

5）建立并严格执行服务质量、服务收费等企业管理制度和标准，建立企业信用档案系统，有优良的经营管理业绩。

（2）二级资质

1）注册资本人民币 300 万元以上。

2）物业管理专业人员以及工程、管理、经济等相关专业类的专职管理和技术人员不少于 20 人。其中，具有中级以上职称的人员不少于 10 人，工程、财务等业务负责人具有相应专业中级以上职称。

3）物业管理专业人员按照国家有关规定取得职业资格证书。

4）管理两种类型以上物业，并且管理各类物业的房屋建筑面积分别占下列相应计算基数的百分比之和不低于 100%：

①多层住宅 100 万 m^2；

②高层住宅 50 万 m^2；

③独立式住宅（别墅）8 万 m^2；

④办公楼、工业厂房及其他物业 20 万 m^2。

5）建立并严格执行服务质量、服务收费等企业管理制度和标准，建立企业信用档案系统，有良好的经营管理业绩。

（3）三级资质

1）注册资本人民币 50 万元以上。

2）物业管理专业人员以及工程、管理、经济等相关专业类的专职管理和技术人员不少于 10 人。其中，具有中级以上职称的人员不少于 5 人，工程、财务等业务负责人具有相应专业中级以上职称。

3）物业管理专业人员按照国家有关规定取得职业资格证书。

4）有委托的物业管理项目。

5）建立并严格执行服务质量、服务收费等企业管理制度和标准，建立企业信用档案系统。

3. 各级资质企业的业务承接范围

一级资质物业服务企业可以承接各种物业管理项目。

二级资质物业服务企业可以承接 30 万 m^2 以下的住宅项目和 8 万 m^2 以下的非住宅项目的物业管理业务。

三级资质物业服务企业可以承接 20 万 m^2 以下住宅项目和 5 万 m^2 以下的非住宅项目的物业管理业务。

4. 物业服务企业资质年检制度

各资质等级物业服务企业的年检由相应资质审批部门负责。不符合原定资质等级条件的，物业服务企业的资质年检结论为不合格，原资质审批部门应当注销其资质证书，由相应资质审批部门重新核定其资质等级。

资质审批部门应当将物业服务企业资质年检结果向社会公布。物业服务企业取得资质证书后，不得降低企业的资质条件，并应当接受资质审批部门的监督检查。

8.2.2 物业服务企业的权利义务

一个物业管理区域由一个物业服务企业实施管理。业主委员会应当与业主大会选聘的物业服务企业订立书面的物业服务合同。物业服务合同应当对物业管理事项、服务质量、服务费用、双方的权利义务、专项维修资金的管理与使用、物业管理用房、合同期限、违约责任等内容进行约定。除此之外，2007 年 10 月 1 日起施行的《物业管理条例》中对物业服务企业的权利义务作了详细具体的规定。

1. 物业服务企业的权利

（1）参与和资质要求相对应的物业管理招投标的权利。

（2）承接物业时，对物业共用部位、共用设施设备进行检查，并按规定接管相关资料的权利。

（3）根据物业服务合同约定，对物业实施管理经营服务的权利。

（4）根据法规、章程、政策的规定和物业服务合同与委托合同的约定，收取物业服务费的权利。

（5）可以将物业管理区域内的专项服务业务委托给专业性服务企业的权利。

（6）可以根据业主的委托提供物业服务合同约定以外的服务项目，可以接受水、电、气、视、讯等公用事业单位的委托，提供水、电、气、视、讯等公用事业费用的代收服务的权利。

（7）与相关委托人在合同中约定相关费用、报酬的权利。

（8）对物业管理区域内违反有关治安、环保、物业装修和使用等方面法律法规规定的行为，予以制止的权利。

（9）协助做好物业管理区域内安全防范工作的权利。

（10）向物业管理主管部门投诉物业管理活动中相关事项的权利。

（11）根据相关法规、规章的规定，房屋装饰装修管理服务协议，监督房屋装饰装修的权利。

（12）经业主、业主大会同意，可以利用物业共用部位、共用设施设备进行经营的权利。

（13）法律、法规规定的或物业服务合同约定的其他权利。

2. 物业服务企业的义务

（1）依照物业服务合同的约定，提供相应服务的义务。

（2）物业服务合同终止时，应将物业管理用房和承接物业时所接管的相关资料，移交给业主委员会的义务。

（3）物业服务合同终止时，业主大会选聘了新的物业服务企业的，物业服务企业之间做好交接工作的义务。

（4）不得随意改变物业管理用房用途的义务。

（5）不得将物业管理区域内的全部物业管理一并委托给他人的义务。

（6）接受水、电、气、视、讯等公用事业单位委托代收相关费用的，不得向业主收取手续费等额外费用的义务。

（7）在制止物业管理区域内违反有关治安、环保、物业装饰装修和使用等方面法律、法规规定的行为时，有及时向有关行政管理部门报告的义务。

（8）协助做好物业管理区域的安全防范工作。发生安全事故时，在采取应急措施的同时，应及时向有关行政管理部门报告的义务。

（9）确需改变公共建筑和公用设施用途的，由提请业主大会讨论决定同意的义务。

（10）因维修物业或公共利益，确需临时占用、挖掘道路、场地的，应征得业主委员会意见的义务。

（11）将房屋装饰装修中的禁止行为和注意事项告知业主的义务。

（12）法律法规规定的或物业服务合同约定的其他义务。

8.3　物业管理运作的基本环节

8.3.1　业主、业主大会及业主委员会

1. 业主及其权利、义务

（1）业主在物业管理中的地位

房屋所有权人为业主。在物业管理中，业主又是物业服务企业所提供的物业管理服务的对象。业主是物业管理市场的需求主体。

（2）业主的权利、义务

业主在物业管理活动中，享有下列权利：1）按照物业服务合同的约定，接受物业服务企业提供的服务；2）提议召开业主大会会议，并就物业管理的有关事项提出建议；3）提出制定和修改业主公约、业主大会议事规则的建议；4）参加业主大会会议，行使投票权；5）选举业主委员会委员，并享有被选举权；6）监督业主委员会的工作；7）监督物业服务企业履行物业服务合同；8）对物业共用部位、共用设施设备和相关场地使用情况享有知情权和监督权；9）监督物业共用部位、共用设施设备专项维修资金（以下简称专项维修资金）的管理和使用；10）法律、法规规定的其他权利。

业主在物业管理活动中，履行下列义务：1）遵守业主公约、业主大会议事规则；2）遵守物业管理区域内物业共用部位和共用设施设备的使用、公共秩序和环境卫生的维护等

方面的规章制度；3）执行业主大会的决定和业主大会授权业主委员会作出的决定；4）按照国家有关规定交纳专项维修资金；5）按时交纳物业服务费用；6）法律、法规规定的其他义务。

（3）非业主使用人及其权利、义务

非业主使用人（通常简称为使用人）是指不拥有物业的所有权，但通过某种形式（如签订租赁合同）而获得物业使用权，并实际使用物业的人。

非业主使用人作为物业的实际使用人，也是物业管理服务的对象，也应享有物业管理委托合同约定的相应义务。

2. 业主大会

（1）业主大会的性质。一个物业管理区域只能成立一个业主大会，由该物业管理区域内的全体业主组成。业主大会应当代表和维护物业管理区域内全体业主在物业管理活动中的合法权益，应当设立业主委员会作为执行机构。

（2）业主大会的召开及业主大会议事规则。同一个物业管理区域内的业主，应当在物业所在地的区、县人民政府房地产行政主管部门的指导下成立业主大会，并选举产生业主委员会。

物业管理区域内只有一个业主的，或者业主人数较少且经全体业主一致同意，决定不成立业主大会的，由业主共同履行业主大会、业主委员会职责。

业主筹备成立业主大会的，应当在物业所在地的区、县人民政府房地产行政主管部门和街道办事处（乡镇人民政府）的指导下，由业主代表、建设单位（包括公有住房出售单位）组成业主大会筹备组（以下简称筹备组），负责业主大会筹备工作。

筹备组成员名单确定后，以书面形式在物业管理区域内公告。筹备组应当做好下列筹备工作：1）确定首次业主大会会议召开的时间、地点、形式和内容；2）参照政府主管部门制订的示范文本，拟定《业主大会议事规则（草案）》和《业主公约（草案）》；3）确认业主身份，确定业主在首次业主大会会议上的投票权数；4）确定业主委员会委员候选人产生办法及名单；5）做好召开首次业主大会会议的其他准备工作。

前款1）～4）项的内容应当在首次业主大会会议召开15日前以书面形式在物业管理区域内公告。

筹备组应当自组成之日起30日内在物业所在地的区、县人民政府房地产行政主管部门的指导下，组织业主召开首次业主大会会议，并选举产生业主委员会。

业主大会会议可以采用集体讨论的形式，也可以采用书面征求意见的形式，但应当有物业管理区域内持有1/2以上投票权的业主参加。业主可以委托代理人参加业主大会会议。物业管理区域内业主人数较多的，可以幢、单元、楼层等为单位，推选一名业主代表参加业主大会会议。

业主大会作出决定，必须经与会业主所持投票权1/2以上通过。业主大会作出制定和修改业主公约、业主大会议事规则，选聘和解聘物业服务企业，专项维修资金使用和统筹方案的决定，必须经物业管理区域内全体业主所持投票权2/3以上通过。业主大会的决定应当以书面形式在物业管理区域内及时公告。业主大会的决定对物业管理区域内的全体业主具有约束力。

业主大会会议分为定期会议和临时会议。业主大会定期会议应当按照业主大会议事规则的规定由业主委员会组织召开。有下列情况之一的，业主委员会应当及时组织召开业主大会临时会议：1) 20％以上业主提议的；2) 发生重大事故或者紧急事件需要及时处理的；3) 业主大会议事规则或者业主公约规定的其他情况。

召开业主大会会议，应当于会议召开 15 日以前通知全体业主。住宅小区的业主大会会议，应当同时告知相关的居民委员会。

业主大会自首次业主大会会议召开之日起成立。推选业主代表参加业主大会会议的，业主代表应当于参加业主大会会议 3 日前，就业主大会会议拟讨论的事项书面征求其所代表的业主意见，凡需投票表决的，业主的赞同、反对及弃权的具体票数经本人签字后，由业主代表在业主大会投票时如实反映。

业主代表因故不能参加业主大会会议的，其所代表的业主可以另外推选一名业主代表参加。

业主委员会应当自选举产生之日起 30 日内，将业主大会的成立情况、业主大会议事规则、业主公约及业主委员会委员名单等材料向物业所在地的区、县人民政府房地产行政主管部门备案。

(3) 业主的投票权。业主在首次业主大会会议上的投票权，根据业主拥有物业的建筑面积、住宅套数等因素确定。

(4) 业主大会的职责。业主大会履行下列职责：1) 制定、修改业主公约和业主大会议事规则；2) 选举、更换业主委员会委员，监督业主委员会的工作；3) 选聘、解聘物业服务企业；4) 决定专项维修资金使用、续筹方案，并监督实施；5) 制定、修改物业主管区域内物业共用部位和共用设施设备的使用、公共秩序和环境卫生的维护等方面的规章制度；6) 法律、法规或者业主大会议事规则规定的其他有关物业管理的职责。

3. 业主委员会

(1) 业主委员会的产生及相关程序。业主委员会由业主大会选举产生。

业主委员会应当自选举产生之日起 3 日内召开首次业主委员会会议，推选产生业主委员会主任 1 人，副主任 1～2 人。业主委员会应当自选举产生之日起 30 日内，向物业所在地的区、县人民政府房地产行政主管部门备案。

原业主委员会应当在其任期届满之日起 10 日内，将其保管的档案资料、印章及其他属于业主大会所有的财物移交新一届业主委员会，并做好交接手续。

经业主委员会或者 20％以上业主提议，认为有必要变更业主委员会委员的，由业主大会会议作出决定，并以书面形式在物业管理区域内公告。

业主委员会委员有下列情形之一的，经业主大会会议通过，其业主委员会委员资格终止：1) 因物业转让、灭失等原因不再是业主的；2) 无故缺席业主委员会会议连续三次以上的；3) 因疾病等原因丧失履行职责能力的；4) 有犯罪行为的；5) 以书面形式向业主大会提出辞呈的；6) 拒不履行业主义务的；7) 其他原因不宜担任业主委员会委员的。

业主委员会委员资格终止的，应当自终止之日起 3 日内将其保管的档案资料、印章及其他属于业主大会所有的财物移交给业主委员会。

业主委员会应当督促违反物业服务合同约定逾期不交纳物业服务费用的业主，限期交纳物业服务费用。经 1/3 以上业主委员会委员提议或者业主委员会主任认为有必要的，应当及时召开业主委员会会议。业主委员会会议应当作书面记录，由出席会议的委员签字后存档。

业主委员会会议应当有过半数委员出席，作出决定必须经全体委员人数半数以上同意。业主委员会的决定应当以书面形式在物业管理区域内及时公告。

业主委员会任期届满2个月前，应当召开业主大会会议进行业主委员会的换届选举；逾期未换届的，房地产行政主管部门可以指派工作人员指导其换届工作。

(2) 业主委员会的性质与职责。业主委员会是业主大会的执行机构，履行下列职责：1) 召集业主大会会议，报告物业管理的实施情况；2) 代表业主与业主大会选聘的物业服务企业签订物业服务合同；3) 及时了解业主、物业使用人的意见和建议，监督和协助物业服务企业履行物业服务合同；4) 监督业主公约的实施；5) 业主大会赋予的其他职责。

4. 业主公约

业主公约是一种公共契约，属于协议、合约的性质。它是由全体业主承诺共同订立的，对全体业主（也包括非业主使用人）有共同约束力的行为守则。

业主公约由业主大会制定并修改。业主公约应当对有关物业的使用、维护、管理，业主的共同利益，业主应当履行的义务，违反公约应当承担的责任等事项依法作出约定。

5. 其他规定

业主大会、业主委员会应当依法履行职责，不得作出与物业管理无关的决定，不得从事与物业管理无关的活动。业主大会、业主委员会作出的决定违反法律、法规的，物业所在地的区、县人民政府房地产行政主管部门，应当责令限期改正或撤销其决定，并通告全体业主。

业主大会、业主委员会应当配合公安机关，与居民委员会相互协作，共同做好维护物业管理区域内的社会治安等相关工作。住宅小区的业主大会、业主委员会作出的决定，应当告知相关的居民委员会，并认真听取居民委员会的建议。

业主大会和业主委员会开展工作的经费由全体业主承担；经费的筹集、管理、使用具体由业主大会议事规则规定。业主大会和业主委员会工作经费的使用情况应当定期以书面形式在物业管理区域内公告，接受业主的质询。

因物业管理区域发生变更等原因导致业主大会解散的，在解散前，业主大会、业主委员会应当在区、县人民政府房地产行政主管部门和街道办事处（乡镇人民政府）的指导监督下，做好业主共同财产清算工作。

8.3.2 前期物业管理

1. 前期物业服务合同

在业主、业主大会选聘物业服务企业之前，建设单位选聘物业服务企业的，应当签订书面的前期物业服务合同。前期物业服务合同可以约定期限；但是，期限未满、业主委员会与物业服务企业签订的物业服务合同生效的，前期物业服务合同终止。（具体内容在本章第四节中详细阐述）

2. 业主临时公约

建设单位应当在销售物业之前，制定业主临时公约，对有关物业的使用、维护、管理，业主的共同利益，业主应当履行的义务，违反公约应当承担的责任等事项依法作出约定。建设单位应当在物业销售前将业主临时公约向物业买受人明示，并予以说明。物业买受人在与建设单位签订物业买卖合同时，应当对遵守业主临时公约予以书面承诺。

3. 前期物业服务企业的选聘方式

国家提倡建设单位按照房地产开发与物业管理相分离的原则，通过招投标的方式选聘有相应资质的物业服务企业。住宅物业的建设单位，应当通过招投标的方式选聘具有相应资质的物业服务企业；投标人少于 3 个或者住宅规模较小的，经物业所在地的区、县人民政府房地产行政主管部门批准，可以采用协议方式选聘具有相应资质的物业服务企业。

4. 物业共用部位、共用设施设备

业主依法享有的物业共用部位、共用设施设备的所有权或者使用权，建设单位不得擅自处分。物业服务企业承接物业时，应当对物业共用部位、共用设施设备进行查验。

5. 物业资料的移交

在办理物业承接验收手续时，建设单位应当向物业服务企业移交下列资料：（1）竣工总平面图，单体建筑、结构、设备竣工图，配套设施、地下管网工程竣工图等竣工验收资料；（2）设施设备的安装、使用和维护保养等技术资料；（3）物业质量保修文件和物业使用说明文件；（4）物业管理所必需的其他资料。

6. 建设单位的义务

建设单位应当按照规定在物业管理区域内配置必要的物业管理用房。物业管理用房的所有权依法属于业主。未经业主大会同意，物业服务企业不得改变物业管理用房的用途。

8.3.3 物业的使用与维护

物业管理区域内按照规划建设的公共建筑和共用设施，不得改变用途。业主依法确需改变公共建筑和共用设施用途的，应当在依法办理有关手续后告知物业服务企业；物业服务企业确需改变公共建筑和共用设施用途的，应当提请业主大会讨论决定同意后，由业主依法办理有关手续。

因维修物业或者公共利益，业主确需临时占用、挖掘道路、场地的，应当征得业主委员会和物业服务企业的同意；物业服务企业确需临时占用、挖掘道路、场地的，应当征得业主委员会的同意。

供水、供电、供气、供热、通信、有线电视等单位，应当依法承担物业管理区域内相关管线和设施设备维修、养护的责任。因维修、养护等需要，临时占用、挖掘道路、场地的，应当及时恢复原状。

业主需要装饰装修房屋的，应当事先告知物业服务企业。物业服务企业应当将房屋装饰装修中的禁止行为和注意事项告知业主。

住宅物业、住宅小区内的非住宅物业或者与单幢住宅楼结构相连的非住宅物业的业主，应当按照国家有关规定交纳专项维修资金。专项维修资金属于业主所有，专项用于物业保修期满后物业共用部位、共用设施设备的维修和更新、改造，不得挪作他用。

利用物业共用部位、共用设施设备进行经营的，应当在征得相关业主、业主大会、物业服务企业的同意后，按照规定办理有关手续。业主所得收益应当主要用于补充专项维修资金，也可以按照业主大会的决定使用。

物业存在安全隐患，危及公共利益及他人合法权益时，责任人应当及时维修养护，有关业主应当给予配合。责任人不履行维修养护义务的，经业主大会同意，可以由物业服务企业维修养护，费用由责任人承担。

8.4 物 业 服 务 合 同

8.4.1 物业服务合同概述

1. 物业服务合同的分类

物业服务合同是物业服务企业提供物业管理服务时，与有关委托方签署的合同。物业服务合同包括前期物业服务合同和物业服务合同两种，两者之间存在着时间上的先后顺序，是相互衔接的。

（1）前期物业服务合同。前期物业服务合同，是指在前期物业管理阶段，由建设单位和物业服务企业签订的，物业服务企业对所委托的物业区域实施全面管理服务的书面协议。《物业管理条例》第21条规定"在业主、业主大会选聘物业服务企业之前，建设单位选聘物业服务企业的，应当签订书面的前期物业服务合同。"

（2）物业服务合同。物业服务合同，是业主委员会代表全体业主与业主大会选聘的物业服务企业订立的书面协议。它是确立业主和物业服务企业在物业管理活动中的权利和义务的法律依据。

2. 物业服务合同的作用

物业管理建立在一系列的合同网络基础上。例如：业主召开业主大会，缔订管理规约和业主委员会章程，选举业主委员会；业主委员会选聘并与物业服务企业签订物业服务合同；物业服务企业又进一步与其他专业机构签订承包服务合同。

在上述物业管理涉及的各类合同中，物业服务合同发挥着关键的作用。其中，前期物业服务合同和物业服务合同是物业服务企业对物业经营管理权产生的原因，是物业服务企业对物业实施管理的依据标准，起到连接物业服务企业和业主的关键作用。对于物业服务企业而言，物业服务合同订立的好坏，直接决定了物业服务企业能否有效防范法律风险，做到"防范于未然"，决定了物业服务企业能否顺利开展物业管理服务活动，从而最终决定物业服务企业的生存和发展。

3. 物业服务合同签订的要点

物业管理工作自身的特点决定了物业服务合同签订时，除可遵循签订一般合同时注意的事项外，还要注意以下四个要点：

（1）"宜细不宜粗"的原则

为确保合同双方的权益，明确各自的责任、权利、义务，减少日后的纠纷，业主和物业服务企业在对合同进行谈判洽商时，要遵循"宜细不宜粗"的原则，即对合同的具体条款要进行细致的充分协商，取得一致，不仅要从宏观上把握，更要从微观上给予明确。一般物业服务合同中对委托的管理服务应包括五个方面的约定：委托项目、各委托项目的具体内容、服务质量与标准、管理和服务费用采集、对物业服务企业的奖惩约定条款。

上述五个方面是物业服务合同不可缺少的必备内容。为防止合同过长，可采用附件的形式。在《前期物业服务合同（示范文本）》中，包括《物业构成细目》、《物业管理服务质量目标》、《物业共用部位明细》、《物业共用设施设备明细》四个附件。此外，双方还可就具体问题增加附件。

（2）不应有无偿无限期的承诺

除委托方对物业服务企业可无偿提供管理用房外，在物业服务合同中，不应有无偿无期限的承诺。如对住用人无偿提供班车服务等。这是因为：物业管理从本质上讲是市场经济条件下的有偿服务，无偿提供服务是福利制的产物；无偿提供服务导致住用人之间享受到的服务不一致；无偿提供服务在实践上也是行不通的；物业管理的委托是有期限的，无期限的承诺从理论上讲是不通的，在实践上也是难以做到的。

（3）实事求是留有余地

物业服务双方一旦签订合同，物业服务企业就要认真、严格地履行，凡做不到位的地方物业服务企业都应承担相应的责任。因此在合同谈判中，既要实事求是，也要留有余地。主要包括以下内容：物业服务企业要量力而行；对分期建设项目、分期建成使用时物业管理的承诺注意实施时间限制。

（4）明确界定违约责任与处理方式

在物业管理的实践过程中，不可避免地会产生各种各样的问题、矛盾与纠纷。这些问题、矛盾与纠纷既可能发生在物业服务企业与业主之间，也可能发生在业主相互之间；既有违法的问题，但更多的则属于违规、违约以及是非道德和认识水平的范畴。对于不同性质、不同层面的问题、矛盾与纠纷要通过不同的途径，采取不同的处理方式来解决。

4. 物业服务合同的变更与解除

物业服务合同的变更，是指双方当事人就合同的内容达成补充和修改的协议。根据前文的分析，业主委员会只是物业服务合同形式上的当事人，它只能在业主大会的授权范围内就合同的非实质内容部分与物业服务企业达成变更协议，合同重要条款的变更则必须通过业主大会形成决议或者取得业主大会的特别授权，否则对全体业主不发生变更的效力。

物业服务企业和业主委员会协商一致，可以解除物业服务合同。双方可以在物业服务合同中约定一方解除物业服务合同的条件。解除合同条件成熟时，解除权人可以解除合同。我国《合同法》第94条规定，有下列情形之一的，当事人可以解除合同：

（1）因不可抗力致使不能实现合同目的；

（2）在履行期限届满之前，当事人一方明确表示或者以自己的行为表明不履行主要债务；

（3）当事人一方迟延履行主要债务，经催告后在合理期限内仍未履行；

（4）当事人一方迟延履行债务或者有其他违约行为致使不能实现合同目的；

（5）法律规定的其他情形。

在物业管理实践中，如果业主委员会违反规定，不履行自己的义务致使物业服务企业无法完成规定的管理目标时，物业服务企业有权要求解除合同；如果物业服务企业提供的服务质量低下，不能达到约定的管理目标，业主委员会也有权解除合同。

物业服务合同解除后，尚未履行的，终止履行；已经履行的，根据履行情况，当事人可以要求恢复原状、采取补救措施或要求赔偿损失。

8.4.2 前期物业服务合同

前期物业管理常常包括通常情况下的管理所不具有的一些内容，比如管理遗留扫尾工程、空置房出租或看管等，因此具有一定特殊性。现实生活中，物业管理纠纷很大程度上集中在前期物业管理阶段，如建设单位遗留的房屋质量问题、小区配套设施不齐全问题等。前期物业服务合同对今后物业管理的规范化实施起着尤为重要的作用。如果不签订前期物业服务合同，将不利于物业管理的实施，也无法保证购房人在购买房屋直至业主委员会成立并选聘确定新的物业服务企业过程中的权利和义务，易引起各种纠纷。

1. 前期物业服务合同的内容

根据《前期物业服务合同（示范文本）》，前期物业服务合同包括以下内容：

(1) 物业的基本情况；

(2) 物业服务企业提供服务的具体内容和应达到的质量标准；

(3) 物业服务费用；

(4) 物业的经营与管理及其收益分配；

(5) 物业的承接验收；

(6) 资料的移交；

(7) 前期管理物业的保修责任；

(8) 物业的使用和维护；

(9) 专项维修资金的缴存、管理、使用、续筹等方面的约定；

(10) 违约责任。

2. 前期物业服务合同的特征

(1) 前期物业服务合同由建设单位和物业服务企业签订

由于在前期物业管理阶段，业主大会尚未成立，还不能形成统一意志来选聘物业服务企业，只能由建设单位选聘物业服务企业；而且，此时建设单位拥有物业，是物业的第一业主。建设单位在选聘物业服务企业时，应充分考虑和维护未来业主的合法权益，代表未来的广大业主认真考察比较各物业服务企业，并对其有所要求与约束。

(2) 前期物业服务合同具有过渡性

前期物业服务合同的期限，存在于业主、业主大会选聘物业服务企业之前的过渡时间内。物业的销售、入住是陆续的过程，业主召开首次业主大会时间的不确定性决定了业主大会选聘物业服务企业时间的不确定性。因此，前期物业服务的期限通常也是不确定的。但是，一旦业主大会成立并选聘了物业服务企业，前期物业管理服务即告结束，前期物业服务合同也相应终止。《物业管理条例》第 26 条规定："前期物业服务合同可以约定期限；但是，期限未满、业主委员会与物业服务企业签订的物业服务合同生效的，前期物业服务合同终止。"

(3) 前期物业服务合同是要式合同

由于前期物业服务合同涉及广大业主的利益，《物业管理条例》要求前期物业服务合同以书面方式签订。为了保护当事人的合法权益，国家和地方有关部门编写《前期物业服务合同》示范文本作为参考。

3. 买卖合同与前期物业服务合同的关系

在实践中，一些地方为了让购房人了解前期物业服务合同的内容，规定将前期物业服务合同作为物业买卖合同的附件。这种做法虽然一定程度上可以保证购房人对前期物业服务合同内容的知情权，但显然，将前期物业服务合同作为物业买卖合同的附件，其合同效力是受到质疑的。根据《合同法》第121条规定的合同相对性原理，即只有合同当事人才有权向对方提出履行的要求，或者向对方承担义务，其他任何第三人不向对方承担任何义务。

为了减少和避免争议，《物业管理条例》第25条规定："建设单位与物业买受人签订的买卖合同应当包含前期物业服务合同约定的内容。"该条规定将前期物业服务合同的内容直接作为物业买卖合同一部分而不是附件，更能够充分保证前期物业服务合同的法律效力，更有利于保障物业买受人的合法权益。

8.4.3　物业服务合同

业主委员会成立后，对原物业服务企业实施的前期物业管理要进行全面、认真、详细的评议，听取广大业主的意见，决定是续聘还是另行选聘其他的物业服务企业，并与确定的物业服务企业（原有的或另行选聘的）签订物业服务合同。其签订日期一般应在业主委员会成立三个月内，最迟不应迟于六个月。

1. 物业服务合同的主要内容

（1）物业管理事项

物业管理服务事项，是指物业服务企业为业主提供服务的具体内容，主要包括以下一些事项：1）物业共用部位的维护与管理；2）物业共用设施设备及其运行的维护和管理；3）环境卫生、绿化管理服务；4）物业管理区域内公共秩序、消防、交通等协助管理事项的服务；5）物业装饰装修管理服务；6）专项维修资金的代管服务；7）物业档案资料的管理。

（2）物业服务质量

物业服务质量，是对物业服务企业提供的服务在质量上的具体要求。

物业服务质量条款对于物业服务合同而言非常重要。实际上，服务质量是很难定量衡量的，为了避免不必要的纷争，物业服务合同当事人应当就物业服务质量作全面、具体的约定。在约定明确的前提下，当事人可以对合同标的有一个客观的评价标准。当事人可以参照服务标准来约定服务质量，根据服务质量来约定相应的服务费用。

（3）物业服务费用

物业服务费用是业主为获取物业服务企业提供的服务而支付的代价。支付物业服务费用是业主的主要义务。为了合同的顺利履行，当事人需在合同中明确约定物业服务费用的收费项目、收费标准、收费办法等内容。收费项目，主要是针对物业服务企业提供的服务项目而言的，例如，公共设施、设备日常运行、维修及保养费，绿化费，清洁卫生费，保安费等。

（4）双方的权利义务

物业服务合同属于双务合同的范畴，当事人互享权利，互负义务。双方的权利义务是相对而言的，一方的权利就是另一方的义务。双方当事人的权利义务界定得越明晰，合同的履行就越简单，发生纠纷的机率也会小很多。

（5）住宅专项维修资金的交存、管理和使用

住宅专项维修资金对于保证物业共用部位和共用设施设备的维修养护，对于物业的保值增值，具有十分重要的意义。对于专项维修资金的交存、管理和使用，国家有明确的规定。当物业保修期满后，物业的维修养护的责任由保修单位转移到物业产权人身上。从产权上来讲，专项维修资金属于物业管理区域内的业主所有，为了发挥维修资金的作用，需要当事人在国家规定的基础上，对专项维修资金的管理和使用规则、程序等作出具体约定。

（6）物业管理用房

物业管理用房是建设单位为物业服务企业进行物业管理提供的场所，其产权属于全体业主。对于物业管理用房的配置、用途、产权归属等，当事人需要在合同中就相关内容予以细化。

（7）合同期限

合同的期限，是指合同的有效期限。也就是物业服务合同存续时间。物业服务合同的期限条款应当尽量明确、具体。

（8）违约责任

违约责任是指物业服务合同当事人一方或者双方不履行合同或者不适当履行合同，依照法律的规定或者按照当事人的约定应当承担的法律责任。违约责任是促使当事人履行合同义务，使守约人免受或者少受损失的法律措施，也是保证物业服务合同履行的主要条款，对当事人的利益关系重大，物业服务合同对此应当予以明确。

2. 物业服务合同的特征

物业服务合同除具有一般民事合同的法律特征外，其自身还具有以下特征：

（1）物业服务合同的当事人双方是特定的

物业服务合同的当事人是比较固定的。在前期物业服务合同里，主要是物业的建设单位与物业服务企业；在物业服务合同里，合同主体是业主或业主大会与物业服务企业。

（2）物业服务合同的目的是为业主及业主团体处理物业管理事务

这一特征包含三层意思：一是物业服务合同法律关系的客体是服务的行为，是一种典型的提供服务的合同。二是物业服务合同是具有人身信赖特征的合同。因为基于彼此的信任，所以物业服务企业才接受业主的委托为其处理物业管理事务。三是物业管理服务的对象是物业管理事务。

（3）物业服务合同是复合性合同

所谓复合性合同，又叫混合合同，指具有两个以上的典型合同要素的合同。典型合同是我国《合同法》规定的有名合同。对于物业服务合同，我国《合同法》中未单设这种类型合同，因此，物业服务合同为非典型合同。物业服务合同中包括承揽合同、租赁合同、保管合同、运输合同等合同的种类，可以说，物业服务合同是由数个单一合同组成的。

（4）物业服务合同是有偿合同

一般而言，物业服务企业是专业化的营业性企业，其受托提供物业管理服务，不可能是无偿的；况且，物业管理事务虽然是综合性的，但其主要事务或工作重心还是落在物业保值增值这一财产性或经济事务方面。物业服务合同应属于民事合同，当然应以有偿为原则。

（5）物业服务合同的订立是以物业所有权与管理权的分离为基础的

物业所有权与管理权的分离，虽然会导致产权人在某些方面对物业服务企业的服从，但这并不意味着权利主体和管理服务者位置的颠倒，而正是反映了产权人通过授权管理对自己行为的一种约束。物业所有权的协调、物业共用部分的使用以及物业综合价值的提升本来就离不开产权人之间的尊重和自我约束，这正体现了物业服务企业保护业主财产和产权人尊重专业化管理的良好精神。也正是这种精神，成为物业服务合同得以缔结并正常履行的重要前提。

（6）物业服务合同受到较多的政府干预

市场经济中物业管理活动一般通过当事人自愿平等签订物业服务合同来进行。但物业管理涉及百姓日常生活、城市正常秩序，因此物业管理往往受到相关行政机关，如公安、消防、环境、卫生机关基于行政权的介入。所以，对物业服务合同的签订、履行等过程受到国家较多干预。

3. 前期物业服务合同与物业服务合同的差异

（1）合同主体不同

前期物业服务合同双方当事人为建设单位和其选聘的物业服务企业；物业服务合同双方当事人为业主委员会和其选聘的物业服务企业。

（2）合同订立时间不同

前期物业服务合同订立时间是在业主委员会成立之前；物业服务合同订立时间一般应在业主委员会成立后三个月内，最迟不应迟于六个月。

（3）合同有效期限不同

前期物业服务合同的合同有效期限自签订之日起，到业主委员会成立后与其选聘的物业服务企业签订物业服务合同时止；物业服务合同的合同有效期限由双方协议商定。

4. 物业管理专项事务委托合同

在实践中，物业服务企业承接一个物业管理项目后，往往将根据管理区域的规模、服务项目的多少和自身服务能力的情况，将保安、绿化、保洁等服务委托给其他专业服务公司承担。物业服务企业作为委托人与接受委托的专项服务企业之间签订委托服务合同，但是专项服务企业与业主之间并不存在合同关系。因此，这些专项服务的委托合同虽然与物业管理活动相关，但都不能称之为物业服务合同。《物业管理条例》第四十条规定："物业服务企业可以将管理区域内专项服务委托给专项服务企业，但不得将全部物业管理一并委托给他人。"第六十二条规定："物业服务企业将一个物业管理区域内的全部物业管理一并委托给他人的，由县级以上地方人民政府房地产行政主管部门责令限期改正，处委托合同价款30%以上50%以下的罚款；情节严重的，由颁发资质证书的部门吊销资质证书。委托所得收益，用于物业管理区域内物业共用部位、共用设施设备的维修、养护，剩余部分按照业主大会的决定使用；给业主造成损失的，依法承担赔偿责任。"

8.4.4 物业服务合同的常见纠纷和解决方式

1. 物业服务合同常见纠纷

在物业管理不断发展的过程中，因物业服务合同而产生的纠纷和矛盾也不断出现。常见的物业服务合同纠纷有：

（1）因选聘物业服务企业产生的纠纷

物业服务企业是在接受委托方（前期为建设单位，后期为业主或业主委员会）委托的前提下对相关物业进行专业化管理的。物业服务企业的选聘应当遵循公开、公平竞争原则，根据有关法律法规和物业服务合同依法进行。而现实中常常存在物业服务企业通过不正当竞争取得相关物业区域物业管理业务的现象。不按照合法选聘程序选择物业服务企业的状况，一方面使业主难以得到全方位的优质服务；另一方面又使得一些在管理服务方面具有优势的物业服务企业不能发挥他们的优势。再加上物业服务合同具体条款订立的不严密、不明确，使得业主委员会在解聘原物业服务企业时困难重重，甚而诉诸法院。

（2）因建设单位遗留问题产生的纠纷

新建房屋在接管验收时，可能忽略某些问题，加之一些施工质量问题隐蔽性较大，造成接管后物业出现重大问题，物业服务合同如果忽视这方面的内容以及对相应责任的认定，不仅给业主造成损失，也给物业服务企业的物业管理造成障碍。

（3）因在物业服务合同中约定物业服务企业的处罚权而导致的纠纷

处罚是发生在行政管理机关行使行政管理职权过程中而依法对违法的行政相对人作出的一种行政管理行为，也就是说，处罚权只能由行政机关依法享有。在我国，拥有行政处罚权的机关有三类：行政机关、法律法规授权的组织和有关机关委托的组织。而物业服务企业是企业，不是行政机关，当然无处罚权，所以，在物业服务合同中约定物业服务企业的处罚权是没有法律依据的，是无效的。

（4）因物业服务合同中存在不平等条款而产生的纠纷

合同中双方的权利和义务是对等的。而在现实生活中，由物业服务企业单方起草拟订的合同条款往往有不平等的现象，如对业主设定某些履约限制，而对自身义务履行缺乏约束；规定业主缴纳某些费用，却没有指出费用收取依据和免责条款等。这些不平等条款订立之初就可能侵犯某些业主的权益，最终导致矛盾与纠纷。

（5）因物业管理收费问题而导致的纠纷

目前我国物业管理的收费依据物业性质不同而有不同的标准，一些物业服务企业存在因收费不足而无法维持的状况。如果物业服务企业为了维持企业的正常运作，要随意提高物业服务费，就容易导致纠纷的产生。而存在多种产权性质的同一物业区域内，服务标准是统一的，但具体收费、住宅维修资金、电梯费用分摊不同，也会带来一系列问题和纠纷。

2. 减少物业服务合同常见纠纷的对策

（1）全面推行物业管理早期介入

物业管理早期介入是指物业服务企业在接管物业以前的各个阶段，包括项目决策、可行性研究、规划设计、施工建设等就参与介入，从物业管理运作的角度对物业的环境布局、功能规划、楼宇设计、材料选用、设备选型、配套设施、管线布置、施工质量、竣工验收等多方面提供有益的建设性意见，把好规划设计关、建设配套关、工程质量关和使用功能关，以确保物业的设计和建设质量，为物业投入使用后的物业管理创造条件。物业服务企业早期介入时，可能并没有与建设单位签订物业服务合同，而是以咨询顾问的角色提出意见和建议。物业早期介入主要是针对前期物业服务企业而言的，但是这一举措有利于前期物业服务企业顺利开展物业管理活动，避免不必要的纠纷和麻烦。

（2）依法参与选聘物业服务企业的活动

由业主委员会通过公开方式对物业管理实行全方位的招标将成为市场发展的主流。推行物业管理招投标机制，彻底改变谁开发、谁管理的垄断经营局面。物业管理招标投标就是通过招标投标的形式选聘物业服务企业，让市场机制在物业管理领域发挥其应有的作用。

（3）具体约定物业服务的内容和服务质量

物业管理纠纷具有易发性和涉众性特点，在物业管理服务的提供和交易过程中，由于服务产品的生产过程和流通、消费过程相互交融，服务直接面对消费者，服务者的服务态度以及消费者个人情绪感受的不同等原因，很容易产生对服务质量的好坏、满意与否的争执。又由于物业管理所执行的事务大多是涉及业主团体公共利益甚至社会公共利益，一旦发生问题，往往引起业主们集体争执甚至集体诉讼，有的纠纷还有公共媒体介入，将会严重影响物业服务企业的声誉和形象。所以，在签订物业服务合同时，物业服务企业应当尽可能明确物业服务的内容和服务质量，做到约定既具体详细、有可操作性，又具灵活性，即内容明确而留有余地。

（4）公平合理地规定、明确双方的权利和义务

物业服务企业应本着权利和义务对等的原则，明确双方的权利和义务。除了《物业管理条例》规定的物业服务企业拥有的权利外，其他一些权利，也应当在服务合同中作出具体规定。当然这种约定要有法有据，不能违反法律法规的强制性规定，不违反国家利益或社会公共利益。有些权利，如改变物业管理区域内按照规划建设的公共建筑和共用设施用途的权利，必须要有业主委员会依法明确授权，并办理相关手续。《物业管理条例》第50条第二款对此作了明文规定："业主依法确需改变公共建筑和共用设施用途的，应当在依法办理有关手续后告知物业服务企业；物业服务企业确需改变公共建筑和共用设施用途的，应当提请业主大会讨论决定同意后，由业主依法办理有关手续"，否则，物业服务企业将被房地产行政主管部门责令限期改正，给予警告，罚款，并对业主承担违约责任。

（5）明确双方的违约责任

要在服务合同中明确业主违约应当承担的违约责任，当然，违约责任的规定也应当符合签订合同的基本原则和签订物业管理服务合同的特有原则。而且约定的违约责任要具有实用性和可操作性，不要约定成一些大而空的内容。特别是涉及合同解除的条款，更应当具体、明确，以避免因约定不明而导致业主擅自解除合同的情况，从而避免不必要的诉讼和纠纷。

（6）物业服务收费应公开化

最为敏感的物业服务收费标准问题，物业服务企业应当遵循合理、公开以及费用与服务水平相适应的原则，区别不同物业的性质和特点，按照国务院价格主管部门会同国务院建设行政主管部门制定的物业服务收费办法，在物业服务合同中约定，同时又能够根据物业管理市场的发展趋势，在合同中为以后服务收费的上调留有充足的余地，以及明确解决收费问题的方式和机制，以避免因约定模糊而导致不必要的纠纷产生。

8.5 物业服务方案

物业服务方案是针对某物业服务区域的物业管理模式、管理设想、服务内容与标准、

费用与效益等的全面策划。物业服务方案是物业服务企业承接物业服务区域后进行物业管理的主要参照和依据。

8.5.1 物业服务方案制定的程序

1. 成立工作小组

物业服务企业根据物业项目的特点组建工作小组。如果物业服务企业是在进行项目投标时编写物业服务方案，则编写任务可由投标工作小组承担。如果另行接受委托编写物业服务方案，则需要组建制定物业服务方案的工作小组。该工作小组一般由物业服务企业主管领导牵头，成员包括管理、财务、工程、保安、保洁和行政等部门的有关人员。必要时也可以聘请企业外部的高水平物业管理专家担任顾问，对方案制定给出建设性意见。

2. 培训工作人员

物业服务企业需要对参与方案制定的工作人员进行必要的业务培训。培训内容主要有物业项目的情况介绍，制定方案的要求、内容、方法和程序等。

3. 调查了解物业及其相关情况

调查了解物业相关情况主要包括下列内容：

（1）物业项目的情况：项目位置、项目性质、项目特色、项目产权情况、项目规模、项目建设情况、配套设施设备、周围交通状况、环境状况、建设单位背景等。

（2）业主及使用人的服务需求：业主和使用人的学历水平、经济收入、社会地位、支付能力、对物业管理的要求、特殊服务需求等。

（3）同类型物业管理状况：了解本地区同类物业的管理状况、收费标准、服务内容、服务水平等。

4. 整理、研究分析调查资料

将调查搜集到的资料进行统计、分析、归类、整理，写出简要的调查报告。在分析的过程中，要注意对委托项目的具体内涵予以明确，如委托项目的范围包括"房屋建筑共用部位的维修、养护和管理"；"共用设施设备的维修、养护、运行和管理"；"环境卫生"等。物业管理委托最主要的是公共性服务项目，应逐项给予明确；同时哪些项目允许物业服务企业分包，对分包的原则要求和限制条件，也应给予明确。

5. 初步确定物业服务方案要点

初步确定的物业服务方案要点，即物业服务方案主要包括的内容，具体有：

（1）根据物业资料及设施设备技术参数等，确定物业服务人员配置；

（2）根据本物业具体情况及招标文件的主要要求确定管理档次、服务项目、管理模式、管理目标、主要措施等；

（3）根据提供的具体服务内容与标准测算物业服务成本；

（4）在物业服务成本的基础上测算物业服务费用。

6. 进行可行性评价

从技术、经济等方面对初步物业服务方案要点的可行性进行评价，并适当对方案作出调整，以达到效用最大化。可行性评价是针对物业服务方案所提出的条款能否顺利执行的评述，主要集中在费用投入、经济效益、所遇到的突发情况及其风险等内容。

7. 草拟方案文本

根据对方案要点做出的评价起草正式方案文本。

8. 审核、修改

方案编写小组写出具体的物业服务方案文本后，需向专家顾问、本企业其他相关物业管理人员咨询意见，进行讨论修改；经修改后的文本送领导审阅，提出修改意见后再行修改。

9. 定稿、装帧

方案审核通过以后，对一些文字再进行校对，之后便可以定稿并进行装帧。

8.5.2 物业服务方案的基本内容

不同类型物业项目的管理方案侧重点有所不同，方案编写体例也没有统一的规定。总体来说，物业服务方案文本主要包括以下内容：

1. 项目管理的整体设想与策划

包括物业项目概况和特点、客户服务需求分析、服务指导思想、物业管理档次、管理服务的总体范围、服务质量标准、管理服务措施等内容。物业管理档次的确定是制定物业服务方案的基础，管理档次不同决定了管理与服务的项目、标准及费用的不同。

2. 物业管理服务模式

包括管理服务运作模式、工作流程、机构组织架构、信息反馈处理机制等。

3. 管理服务人力资源的管理

包括管理服务人员的配备、培训和管理计划与措施。

4. 内部管理制度建设

主要包括各项物业服务企业内部的管理制度。例如：环境卫生管理制度、绿化管理制度、治安管理制度、消防管理制度、车辆管理制度、公共设施管理制度等。

5. 档案管理的相关内容

对所接管的物业资料的收集、保管与使用；对业主、使用人相关资料的搜集、整理、保管、更新。

6. 物业管理服务的具体内容和质量标准

包括业主入住接待、业主投诉处理、物业共用部位和共用设施设备的维修养护、安全保卫、车辆停放及交通管理、消防管理、环境保洁与绿化美化管理、特约服务等方面的具体管理和服务内容、服务形式、服务方法、物资装备、服务特色、服务承诺和质量标准等。

7. 物业管理财务收支测算

物业管理的服务标准和收费标准是物业服务方案的核心内容之一，物业管理财务收支测算包括物业管理服务费用的构成和收支测算、专项维修资金的筹集和使用计划等。物业管理服务费用的测算包括服务总价和各分项服务单价，需要列明各项物业服务费用测算明细表。

8. 社区活动与管理

因为物业管理往往与社区生活密不可分，所以在物业服务方案中应包括对社区活动的设想与管理的内容，这是构建和谐社区的必然要求。

8.5.3 物业服务再开发利用方案的制定

物业的再开发利用是指对已建成并投入使用的房屋建筑、配套设施和场地等进行改造和局部增建，以提高物业使用价值的活动。在这里，物业的再开发利用特指对物业管理区域内物业共用部位和共用设施设备的再开发利用。在物业管理区域内，物业共用部位和共用设施设备的再开发利用应由业主或业主大会做出决定，可以由物业服务企业来实施。

再开发利用方案视具体情况不同有多种类型，主要根据物业的具体情况来确定。一般有绿地景观的再开发、停车场的改扩建、综合经营服务场所的再开发利用、其他场所的装修改造、公共设施设备的改造使用等。不管是何种类型的再开发利用方案，大致都包括以下内容：

1. 再开发利用项目的现状分析

主要分析物业管理区域内的基本建设条件、规划设计条件、现有可开发利用的场所面积、使用情况、存在的问题与制约因素等。

2. 再开发利用项目开发的原则与目标

包括再开发利用项目开发建设的必要性、目的、原则、依据、建设期限和预期目标等。其中原则是开发利用过程中所应遵循的准则，目标是开发建设之后达到的使用条件和所能获得的经济利益。

3. 再开发利用项目开发的可行性分析

分析对项目进行再开发利用的可行性，在分析物业管理区域人口数量、消费水平和服务需求、现有项目以及周边地区同类服务供给情况的基础上，从经济上、政策上和技术上对项目再开发利用进行可行性分析。

4. 再开发利用项目开发的内容与方式的规划

首先根据物业管理区域的实际情况和客户需要，规划设计出拟增加的再开发利用项目，然后规划安排拟增加项目所需要的场所。可以对原有配套公共性服务建筑和场地稍加装修装饰即进行利用，也可以根据业主或业主大会的意见改造、改建原有建筑和场地。

如果没有现成的建筑和场地可以利用，则可以考虑向开发商或业主租赁必要的场所，并按照拟增加再开发利用项目的需要对该场所进行装修、改造。在条件允许的情况下，也可以重新选址以丰富原有再开发利用项目。

5. 再开发利用项目具体方案的设计

主要包括拟再开发项目的位置、规模、平面布局、建筑风格、改造方案、装修方案以及给水排水、采暖通风、电气、消防、绿化等配套设施设备的布置。

6. 再开发利用项目的投资估算

根据建设规划，估算再开发利用项目的投资规模，包括总投资的估算、建设资金的估算、资金来源与运用、借款还本付息的估算等。

7. 再开发利用项目的环境影响评价

预测和评估再开发利用项目可能给物业管理区域带来的正面和负面环境影响。

8. 再开发利用项目的效益分析

在分析再开发利用项目效益的基础上，根据再开发利用项目的租售形式或经营形式，分析和预测其可能产生的经济效益、社会效益和环境效益。如果是利用产权归业主所有的公共区域进行项目再开发，那么其租售收入中除应缴税费外，物业服务企业可以获得其中一部分作为管理服务费，其余主要应归业主和投资者所有。

9. 再开发利用项目的规划设计图

至少应包括物业管理区域内再开发利用项目的现状分析图、扩建增建规划总图以及配套设施规划图。

8.6 物业服务费用管理

8.6.1 物业服务收入的核算

1. 物业服务企业的营业收入

物业服务企业的收入主要指物业服务企业的营业收入，是企业从事物业管理和其他经营活动所取得的各项收入，包括主营业务收入和其他业务收入。

（1）主营业务收入

主营业务收入是指企业在从事物业管理活动中，为物业产权人及使用人提供维修、管理和服务所取得的收入，包括物业管理收入、物业经营收入和物业大修收入。

物业管理收入又称为物业服务费收入，是指企业向物业产权人及使用人收取的公共性服务费收入、公众代办性服务费收入和特约服务收入。物业经营收入是指企业经营业主委员会或者物业产权人、使用人提供的房屋建筑物和共用设施取得的收入，如房屋出租收入和经营停车场、自行车棚、各类球场等共用设施收入。物业大修收入是指企业接受业主委员会或者物业产权人、使用人的委托，对房屋共用部位、共用设施设备进行大修取得的收入。

（2）其他业务收入

其他业务收入是指企业从事主营业务以外的其他业务活动所取得的收入，包括房屋中介代销手续费收入、材料物资销售收入、处理废旧物资、商业用房经营收入及无形资产转让收入等。

商业用房经营收入是指企业利用业主委员会或者物业产权人、使用人提供的商业用房，从事经营活动取得的收入，如开办娱乐中心、饭店、超市、美容中心等经营收入。

物业服务企业在制定物业服务费用收支计划时，首先进行物业服务费收入（物业管理收入）的核算。

2. 核算物业服务费收入

（1）公共性服务收入的核算

公共性服务是物业服务企业向业主提供的关于公共区域和公共设施设备维护的一般服务。公共性服务收入一般按照物业服务合同约定核算，物业服务收费应当遵循合理、公开以及费用与服务水平相适应的原则。

（2）公众代办性服务费收入的核算

公众代办性服务是物业服务企业接受其他服务性企业委托，向业主收取该企业的有偿服务费用。《物业服务收费管理办法》第十七条规定，在物业管理区域内，供水、供电、供气、供热、通信、有线电视等单位应当向最终用户收取有关费用。物业服务企业接受委托代收上述费用的，可向委托单位收取手续费，不得向业主收取手续费等额外费用。

（3）特约服务费收入的核算

特约服务是由业主和物业服务企业约定，由物业服务企业根据业主、物业使用人的委托为其个别需求提供的物业服务合同约定以外的特定服务，服务收费由双方约定。

以上各项物业服务收费应当区分不同物业的性质和特点，分别实行政府指导价和市场调节价。业主与物业服务企业可以采取包干制或者酬金制等形式约定物业服务费用。

8.6.2　拟定物业服务费开支计划

1. 确定物业服务成本的组成

物业服务费是指物业服务企业按照物业服务合同的约定，对房屋及配套的设施设备相关场地进行维修、养护、管理，维护相关区域内的环境卫生和秩序，向业主收取的费用。

目前，确定物业服务收费的依据主要是 2004 年 1 月 1 日起施行的《物业服务收费管理办法》（发改价格【2003】1864 号）。根据该管理办法的规定，物业服务成本或者物业服务支出构成一般包括以下九个部分：

（1）管理服务人员的工资、社会保险和按规定提取的福利费等

是指物业服务企业向所聘用的管理、服务人员按月发放的工资和按规定提取的福利费。具体有工资、津贴、福利基金、保险金、服装费以及其他补贴等，但不包括奖金。

（2）物业共用部位、共用设施设备的日常运行、维护费用

包括外墙、楼梯、电气系统、给排水系统及其他机械、设备装置和设施等的维修保养费、公共照明等需要开支的费用等。

（3）物业管理区域清洁卫生费用

是指物业管理区域内公共区域的清洁卫生费用，包括清洁用具、垃圾清理、水池清洁、消毒灭虫等费用，有时还有单项对外承包需要的费用，如化粪池清掏。

（4）物业管理区域绿化养护费用

是物业管理公共区域植花种草及其养护费用与开展此类工作所购买的工具器材以及绿化用水等费用。

（5）物业管理区域秩序维护费用

是指物业管理公共区域的秩序维护费，包括保安人员的工资、夜班津贴、福利支出，保安系统设备的日常维护费、耗用电费及保安用的工器具以及保安人员的人身保险费、保安用房的费用。

（6）办公费用

是指物业服务企业开展正常工作所需的有关费用，如交通费、通信费、低值易耗办公用品费、节日装饰费、公共关系费及宣传广告费。

（7）物业服务企业固定资产折旧

是物业服务企业拥有的各类固定资产按其总额每月分摊提取的折旧费用。各类固定资产包括：交通工具、通信设备、办公设备、工程维修设备等。

（8）物业共用部位、共用设施设备及公众责任保险费用

为物业管理区域的物业及时购买保险是物业管理中不可忽视的问题。为了从经济上保障物业管理区域内水电、电梯等设施遭受灾害事故后能及时有必要的资金保证进行修复和

对伤员进行经济补偿，物业服务企业必须对这些建筑物及设备设施投财产保险和相关责任保险。对于险种的选择是由所管物业的类型、性质来决定的，同时也要考虑业主的意愿和承受力。

（9）经业主同意的其他费用

与业主协商，经过他们同意可以包括在物业服务费中其他费用，其内容各地及各类型物业会有所不同。

2. 对企业经营成本的核算

经营成本是物业服务企业提供物业服务过程中所发生的直接支出。经营成本具体包括直接人工费、直接材料费和间接费用等。

（1）直接人工费包括企业直接从事物业管理活动等人员的工资、奖金及职工福利费等。

（2）直接材料费包括企业在物业管理活动中直接消耗的各种材料、辅助材料、燃料和动力、构配件、零件、低值易耗品、包装物等的费用。

（3）间接费用包括企业所属物业服务企业管理人员的工资、奖金及职工福利费、固定资产折旧费及修理费、水电费、取暖费、办公费、差旅费、邮电通信费、交通运输费、租赁费、财产保险费、劳动保护费、保安费、绿化维护费、低值易耗品摊销及其他费用等。

（4）企业对管理用房进行装饰装修发生的支出，计入递延资产，在有效使用期限内，分期摊入经营成本或者管理费用。

3. 对企业管理费用的核算

管理费用是物业服务企业行政管理部门为管理和组织物业管理服务活动而发生的各项费用，包括公司经费、工会经费、职工教育经费、劳动保险费、待业保险费、董事会费、咨询费、审计费、诉讼费、排污费、绿化费、保险费和税金、土地使用费、土地损失补偿费、技术转让费、技术开发费、无形资产摊销、开办费摊销、业务招待费、坏账损失、存货盘亏以及其他管理费用等。以上费用的发生不直接用于物业管理服务，属于与物业服务相关的费用，所以计入管理费用。

保险费是为了转移物业管理服务中的风险，由物业服务企业向保险公司投保公众责任险等险种而发生的费用，是物业服务企业成本费用的重要组成部分。物业管理中常用的险种包括财产保险、人身保险和公共责任保险3类。税金（包括营业税等）也是管理费用的组成部分。

4. 对企业财务支出的核算

物业服务企业为了进行经营活动而筹措资金付出的代价，称为财务费用，一般包括利息净支出、汇兑净损失、金融机构手续费等。

5. 对企业税金的核算

物业服务企业属于经营性质的企业，有营业收入，因此还必须根据其经营所得缴纳企业所得税。

8.6.3 物业服务费用测算

根据《物业服务收费管理办法》的规定，如果实行物业服务费用包干制，物业服务费用的构成不仅包括物业服务成本，还应包括法定税费和物业服务企业的利润；如果实行物业服务费用酬金制，在收取的物业服务资金中不仅包括物业服务支出，还应包括物业服务企业的酬金。

1. 居住型物业服务费的测算

居住型物业服务费标准的测算，可以用下列公式表示：

$$X = \Sigma X_i \ (i = 1, 2, 3, \cdots\cdots) \tag{8-1}$$

式中　X——物业服务费标准（元/月·平方米或元/年·平方米）；

　　　X_i——各分项收费标准（元/月·平方米或元/年·平方米）。

居住型物业的类型有多种，例如普通型、经济型、公寓、别墅等，各种类型物业的特点也不尽相同，具体测算一个特定物业项目的服务标准时，所列出的费用项目，应考虑物业的具体类型，在合理测算每项费用外，既不漏项，也不重复测算，尽可能准确把握各项费用构成。

测算居住型物业服务费标准时，一般事先对以下各项费用分别进行测算，然后求和，最后得出所求物业服务费标准。下面各项费用测算中各项费用单位为元/月，可分摊费用的建筑面积之和单位为平方米。

（1）物业管理服务人员的工资、社会保险和按规定提取的福利费 X_1

$$X_1 = \Sigma F_i/S \ (i = 1, 2, 3, 4)(元 / 月 \cdot 平方米) \tag{8-2}$$

该项费用是用于物业服务企业的人员费用，包括基本工资，按规定提取的福利费、加班费和服装费，但是不包括管理、服务人员的奖金。奖金应根据企业经营管理的经济效益，从盈利中提取。

式中　F_1——基本工资（元/月），各类管理、服务人员的基本工资标准根据企业性质、参考当地平均工资水平确定；

　　　F_2——按规定提取的福利费（元/月），包括福利基金、工会经费、教育经费、社会保险、住房公积金等；

　　　F_3——加班费（元/月）；

　　　F_4——服装费（元/月）；

　　　S——可分摊费用的建筑面积之和，单位为平方米（m^2）。

（2）物业共用部位、共用设施设备的日常运行、维护费用 X_2

$$X_2 = \Sigma F_i/S \ (i = 1, 2, 3, 4, 5, 6)(元 / 月 \cdot 平方米) \tag{8-3}$$

式中　F_1——公共照明系统的电费和维修费；

　　　F_2——给排水设施的费用；

　　　F_3——配供电系统设备维修费、检测费；

　　　F_4——共用建筑、道路维修费；

　　　F_5——电梯费用；

　　　F_6——不可预见费用（按上述费用总和的 5%～10% 计），考虑不可预见费的原因是物价上涨、银行利率调整等因素，不可预见费应单独设账，严格控制其支出。

（3）物业管理公共区域清洁卫生费用 X_3

$$X_3 = \Sigma F_i/S \ (i = 1, 2, 3, 4, 5, 6)(元 / 月 \cdot 平方米) \tag{8-4}$$

式中　F_1——人工费（元/月）；

F_2——清洁机械、材料费按价值和使用年限折算出每月的值（元/月）；

F_3——垃圾桶购置费（元/月）；

F_4——化粪池清理费（元/月）；

F_5——垃圾清运费（元/月）；

F_6——水池（箱）清洁费（元/月）。

（4）物业管理公共区域绿化养护费用 X_4

$$X_4 = \Sigma F_i/S \ (i = 1,2,3,4,5)(元 / 月 \cdot 平方米) \tag{8-5}$$

式中　F_1——人工费（元/月）；

F_2——绿化工具费（元/月）；

F_3——化肥除草剂等材料费（元/月）；

F_4——绿化用水费（元/月）；

F_5——园林景观再造费（元/月）。

（5）物业管理公共区域秩序维护费用 X_5

$$X_5 = \Sigma F_i/S \ (i = 1,2,3,4,5)(元 / 月 \cdot 平方米) \tag{8-6}$$

式中　F_1——人工费（元/月）；

F_2——保卫系统设备电费（元/月）；

F_3——维修费（元/月）；

F_4——日常保卫器材费（元/月），包括对讲机、多功能警棍、110 报警联网等；

F_5——保安用房及保安人员住房租金（元/月）。

（6）物业服务企业办公费 X_6

$$X_6 = \Sigma F_i/S \ (i = 1,2,3,4,5,6)(元 / 月 \cdot 平方米) \tag{8-7}$$

常用全年的费用预算来折算出每月费用，即全年费用除以 12 个月，车辆使用费不包括交通工具的购置费用。

式中　F_1——通信费用（元/月）；

F_2——文具、办公用品费（元/月）；

F_3——车辆使用费（元/月）；

F_4——节日装饰费（元/月）；

F_5——公共关系费及宣传广告费（元/月）；

F_6——其他杂费（元/月）。

（7）物业服务企业固定资产折旧费 X_7

这里的固定资产主要是指直接服务于该项目的固定资产。该项费用指物业服务企业拥有各类固定资产按其总额每月分摊提取的折旧费用，包括交通工具、通信设备、办公设备、工程维修设备等。按实际拥有的上述各项固定资产总额除以平均折旧年限，再分摊到每月每平方米建筑面积，单位为元/月。

（8）物业共用部位、共用设施设备及公众责任保险费用 X_8

$$X_8 = （投保总金额 \times 保险费率）/ 保险受惠物业的总面积 \tag{8-8}$$

物业服务企业必须对住宅物业区内水、电、电梯等设施设备投保财产保险、相关责任保险（如电梯责任保险）、公众责任险，保费按保险受惠物业总建筑面积分摊。

（9）利润和管理酬金或管理酬金费用 X_9

物业服务企业与业主可以采取包干制或者酬金制等形式约定物业服务费用。如上文所述，实行包干制的，物业服务费还应包括法定税费和物业服务企业的利润；实行酬金制的，预收的物业服务资金还应包括物业服务企业的酬金。

实行包干制

$$X_9 = \frac{利润 + 法定税费}{S \times 12} \qquad (8-9)$$

物业管理行业利润率一般在 $8\% \sim 15\%$，具体可由双方根据物业的档次和管理服务要求等因素协商确定。

$$利润 = 物业支出或成本各部分费用(元 / 月 \cdot 平方米) \times 利润率 \times 12$$
$$法定税费 = 营业税 + 城镇维护建设税 + 教育费附加$$

营业税须按营业额缴纳，税率为 5%；城镇维护建设税，按营业税税额的 7% 计征；教育费附加，按营业税税额的 3% 计征。三项税费合计占总营业额的 5.5%。

实行酬金制

$$X_9 = \frac{酬金}{S \times 12} \qquad (8-10)$$

物业服务企业酬金应由双方在物业服务合同中约定比例或者数额，具体比例和数额根据物业的档次和管理服务要求等因素并参照行业利润水平和企业应交纳的法定税费确定。

2. 收益型物业服务费的测算

收益型物业服务费根据与业主利益直接相关还是与租户利益直接相关，分为向业主和向租户收取两个部分。具体服务和收费项目应由业主和物业服务企业在物业服务合同中协商确定。

物业服务企业在确定收益型物业服务费的标准时，常常按照物业租金收入的一定比例进行测算和收取。物业服务企业也可以采用前述居住型物业服务费的测算方法来测算收益型物业服务费。

(1) 向业主收取物业服务费的测算

向业主收取收益型物业服务费一般采用定额法和比例法测算。

1) 定额法是业主按照某一固定的数额承担物业服务费用。具体测算方法与居住型物业服务费的测算方法相同。

2) 比例法是业主为物业服务企业定出最低的年租金收入任务和物业维修养护指标，完成后按租金收入的一定比例支付物业服务费。这种测算方法比较适合于代理收益性物业租赁的物业服务企业。其将物业服务费与物业服务质量联系在一起，激励物业服务企业不断提高管理服务水平，增加出租率。

(2) 向租户收取物业服务费的测算

收益型物业服务费中与租户切身利益直接相关的保安、保洁、设备维修、空调、通信、特别装饰、停车等项服务费用，往往由租户承担，可以直接向租户收取，也可以测算在租金里，然后再从租金中扣除，具体由物业服务企业和业主协商确定。

【例 8-1】 高层商品住宅电梯、水泵运行费理论价格测算。

1. 假设条件

5 幢住宅总建筑面积为 5 万 m²；

每幢电梯 2 台，水泵 8 台（其中生活泵 4 台，消防泵 2 台，污水泵 2 台）；

电梯驾驶服务人员 4 人/幢，共 20 人，每天 24 小时运行。

2. 费用测算

（1）驾驶服务人员工资

1200 元/月×20 人×12 月/年＝28.8 万元/年

（2）电梯电费

1800 元/月·幢×5 幢×12 月/年＝10.8 万元/年

（3）水泵电费

1500 元/月·幢×5 幢×12 月/年＝9 万元/年

总费用为 28.8＋10.8＋9＝48.6 万元/年

3. 运行费理论价格

$$P = \frac{\sum_{i=1}^{n} F_i}{S \times 12} = 0.81 \text{元} / \text{月}$$

式中　　P——每月每平方米运行费理论价格；

　　　　F_i——每年每项费用、利润、税费；

　　　　S——小区建筑面积；

　　　　n——费用项目数量。

8.6.4 物业服务费的收缴管理

1. 物业服务费收缴的相关法规

（1）根据《中华人民共和国价格法》和《物业管理条例》制定的《物业服务收费管理办法》，规范了物业服务收费行为，保障了业主和物业服务企业的合法权益。

（2）国家提倡业主通过公开、公平、公正的市场竞争机制选择物业服务企业；鼓励物业服务企业开展正当的价格竞争，禁止价格欺诈，促进物业服务收费通过市场竞争形成。

（3）实行物业服务费用酬金制的，由于其核算方法也称实报实销制加酬金制，因此预收的物业服务支出是属于代管性质的，物业服务费属于交纳的业主所有的，物业服务企业不得将其用于物业服务合同约定以外的支出。物业服务收费采取酬金制方式的，物业服务企业或者业主大会可以按照物业服务合同约定聘请专业机构对物业服务资金年度预决算和物业服务资金的收支情况进行审计。

（4）物业服务企业在物业服务中应当遵守国家的价格法律法规，严格履行物业服务合同，为业主提供质价相符的服务。

（5）纳入物业管理范围的已竣工但尚未出售，或者因开发建设单位原因未按时交给物业买受人的物业，物业服务费用或者物业服务资金由开发建设单位全额交纳。

（6）物业管理区域内，供水、供电、供气、供热、通信、有线电视等单位应当向最终用户收取有关费用。物业服务企业接受委托代收上述费用的，可向委托单位收取手续费，但不得向业主收取手续费等额外费用。

2. 追缴物业服务费

业主或使用人享受物业服务企业提供的物业服务，同时有缴纳物业服务费用的义务。

逾期欠费业主将需要缴纳滞纳金。物业服务企业要向欠费业主或使用人及时追缴费用，并且有权对欠费期超过一定期限仍不交费的业主或使用人提起诉讼，索赔欠费。

一般来说，追缴欠费主要有以下几种不同的方法：

（1）一般性追缴。当上月（或上年）费用拖欠后，物业服务企业在下一次收费时将向业主（使用人）发催款通知单，此单将上次费用以及本次费用一起通知业主（使用人）。如果第二次仍拖欠，物业服务企业将再次发催款通知单，将前两次的费用和当次费用一并通知，并限期交清。

（2）针对性追缴。物业服务企业对拖欠费用的业主（使用人）要针对不同情况，采取相应措施。对于费用大户，要亲自登门拜访（有时物业服务企业的总经理也要亲自去）进行劝导和解释，争取用户的理解和支持；对于一些"钉子户"，则应严格按照法律有关规定执行。

（3）区别性追缴。业主（使用人）由于工作繁忙而耽误了交款，作为财务部门提醒业主（使用人）补交，同时应尽可能配合业主的时间，上门服务。如果业主拖欠费用是因为对物业服务不满意，则查找自身原因，尽快改正；如属于业主无理要求，则耐心解释；如沟通未果，业主或使用人仍然拒付，物业服务企业应根据管理制度以及相应的法律程序来解决。

《物业管理条例》中规定"违反物业服务合同约定，业主逾期不交纳物业服务费用的，业主委员会应当督促其限期交纳；逾期仍不交纳的，物业服务企业可以向人民法院起诉。"此时应当注意催款工作的书面记录是极其重要的，它是按照法律程序到法庭解决时的物证。

物业服务人员在物业服务费用的追缴过程中，应加强与业主或使用人的沟通，善于把握时机，取得其信任和理解。

3. 解决物业服务收费难的途径

由于目前业主和使用人对于物业服务费用的使用性质没有充分的了解，物业服务合同对业主的约束也不十分明显，加之法律法规的滞后，造成物业服务企业收费难。究其根源，有业主和使用人无故拖欠的原因，也有物业服务企业服务不到位的原因。要想解决收费难的问题，应通过如下途径：

（1）加强立法。政府部门应尽快出台有关政策，规范物业服务企业的收费行为，加强市场的宏观调控，制定符合物业服务企业的收费标准，使收费透明化，合理化，遵循事物发展规律和原则，改变思路，充分发挥行政功能。

（2）加强宣传。对于物业服务企业来说，应当把物业管理服务收费的基点落在"服务"层面上。物业服务企业是受业主的委托，是在为业主服务；确切说是在用业主的钱，为业主服务。所以说物业服务企业的出发点和落脚点都应该是：一切为了业主，为了业主的一切，为了一切的业主。要让业主通过物业服务企业的各项服务，感受到生活起居的快捷、便利、舒适。

站在业主的角度来说，正确认识物业管理服务收费的基点应该落在"管理"层面上。业主缴纳相关的费用是为了得到物业服务企业的各项优质服务，而服务项目要靠管理来实现。

（3）提高服务质量，创新服务品牌。作为一种无形资产，品牌的效用是任何广告所不能比拟的，物业管理品牌形象所形成的口碑效应不仅能给物业服务企业带来超额利润，而且有利于其经营规模的扩大。首先，物业服务企业的品牌，体现在物业管理上的硬指标，就是创建和获得国内物业管理荣誉奖"全国物业管理示范小区"、"安全文明小区"以及ISO9001质量管理体系认证；其次，在软件建设方面，物业服务企业应该结合实际需要，积极探索，大胆实践，按照塑造品牌的高标准、严要求，以创建整洁、文明、高雅、安全、方便、舒适的人居环境为目标，通过严谨、高效的科学管理，倡导"随时随地、尽心尽力、物业管理无小事"的服务理念，为业主提供优质服务。

（4）实施人性化管理。物业服务企业应对业主或使用人的基本信息做深入了解，把业主与使用人分为不同的类别，有针对性地采用不同的措施进行管理服务。

8.6.5　物业服务费用收缴纠纷处理

1. 物业服务费收缴纠纷产生的原因

（1）业主或使用人对物业服务不满意。业主或使用人对物业服务不满意主要包括以下情形：一是业主认为物业服务企业提供的服务不合格；二是业主感到物业管理对其约束太大；三是对收费标准、项目、方式等不满。

（2）建设单位遗留问题未能解决。建设单位遗留问题主要是指建设单位应当负责的房屋质量问题没有及时解决，而且在现实中还存在建设单位不履行承诺和擅自改变原有规划设计的问题。

（3）其他外部因素。物业服务收费纠纷可能由于一些外部因素造成，这与物业服务不存在直接关系。例如邻里噪声干扰、饲养宠物造成的环境变化、市政施工造成的交通不便、停水断电、市政规划改变等问题。

（4）业主自身因素。业主自身原因造成的物业服务费收缴纠纷情况很多。主要归为以下几种：一是业主或使用人由于下岗、失业、家庭变故、投资失败等多种原因导致可能失去支付能力；二是特权思想作怪，因为与房地产开发企业关系较好所以拒不支付物业服务费用；三是受到其他欠费人员的影响，认为不缴纳费用是理所当然。

（5）法制不健全、行政管理薄弱。加强立法无疑是减少收费纠纷的有效途径，目前我国物业管理及相关方面的法制建设滞后于行业发展，同时行政监管薄弱，社会信用体系尚未建立、公民法制契约及社会责任意识淡薄，这些现状都成为物业服务费收缴困难的助推器。

2. 常见物业服务费收缴纠纷的处理

物业服务费收缴纠纷类型很多，是物业管理过程中的主要纠纷。下面针对比较常见的几类纠纷提出处理方法。

（1）业主以收费标准未经政府主管部门批准为由拒交物业服务费的处理

1）物业服务企业从事物业管理应当与业主签订物业服务合同，并按物业服务合同的约定标准向业主收取物业服务费。

2）物业服务企业与业主未签订物业服务合同，物业服务企业的收费标准经有关行政管理部门批准备案的，则以经有关行政管理部门批准备案的收费标准收取物业服务费。

3）物业服务企业与业主无物业服务合同，收取物业服务费的标准未经有关行政管理部门批准备案，则按业主签署的管理规约或其他涉及物业管理的条款收取物业服务费。

4）物业服务企业既不能提供物业管理合同或管理规约又不能提供业主签署的其他涉及物业服务费收取标准的文件，亦无有关政府主管部门批准的收费文件，则物业服务企业向法院提出的诉讼请求应以收费无依据予以驳回。

（2）物业服务费用的减收处理

有下列情形之一，业主请求少交物业服务费用或请求物业服务企业退还多交的物业服务费用的，应予支持：

1）物业服务企业提供的服务项目和质量与合同约定明显存在差距的；

2）物业服务企业擅自扩大收费范围、提高收费标准或重复收费的。

（3）没有物业管理资质的物业服务企业进行物业管理的处理

物业服务企业未取得物业管理资质证书而与各业主或业主委员会签订的《物业管理合同》无效，物业服务企业依照合同收取的物业服务费在扣除正当的物业服务费用后应当返还给业主或业主委员会。

（4）未实际居住房屋物业服务费用的处理

业主因自身原因未居住房屋并以此为由拒付或者请求减免物业服务费用的，不予支持。

（5）形成事实物业服务关系的处理

1）物业服务企业与业主委员会或者业主虽未签订书面的物业服务合同，但业主事实上已接受了物业服务，物业服务企业请求业主交纳相应的物业服务费用的，应予支持。

2）物业服务企业起诉前未取得物业管理资质证书，但对物业住宅区实际进行了物业管理服务，而业主已接受了物业服务，在起诉时物业服务企业取得物业管理资质证书的，视为物业管理服务关系成立。

（6）拖欠物业服务费用滞纳金标准的确定

1）业主拖欠物业服务费用，物业服务企业请求业主按照合同约定支付滞纳金的，应当支持。

2）约定的滞纳金数额过高，业主可依照《中华人民共和国合同法》第一百一十四条第二款规定请求调整，调整后的滞纳金可按所拖欠的物业管理服务费用总额参照中国人民银行规定金融机构计收逾期贷款利息的标准计算。

3）未交纳物业管理服务费、住宅维修基金和物业委托管理合同约定的其他费用的，物业服务企业可要求有关业主限期交纳；逾期不交纳的，可按日加收应交纳费用万分之五的滞纳金。

4）业主拖欠物业服务费用，双方在合同中对滞纳金没有约定，物业服务企业请求业主支付所拖欠的物业服务费用的银行同期贷款利息的，应当支持。

8.6.6 专项维修资金

住宅专项维修资金（以下简称专项维修资金），是指专项用于住宅共用部位、共用设施设备保修期满后的维修和更新、改造的资金。住宅共用部位，是指根据法律、法规和房屋买卖合同，由单幢住宅内业主或者单幢住宅内业主及与之结构相连的非住宅业主共有的部位，一般包括：住宅的基础、承重墙体、柱、梁、楼板、屋顶以及户外的墙面、门厅、楼梯间、走廊通道等。共用设施设备，是指根据法律、法规和房屋买卖合同，由住宅业主或者住宅业主及有关非住宅业主共有的附属设施设备，一般包括电梯、天线、照明、消防设施、绿地、道路、路灯、沟渠、池、井、非经营性车场车库、公益性文体设施和共用设施设备使用的房屋等。

业主交存的住宅专项维修资金属于业主所有，从公有住房售房款中提取的住宅专项维修资金属于公有住房售房单位所有。

住宅专项维修资金管理实行专户存储、专款专用、所有权人决策、政府监督的原则。

1. 专项维修资金交存的类型与比例

（1）交存专项维修资金的房屋类型

根据《住宅专项维修资金管理办法》，按照规定缴存专项维修资金的物业类型有：

1）住宅，但一个业主所有且与其他物业不具有共用部位、共用设施设备的除外；

2）住宅小区内的非住宅或者住宅小区外与单幢住宅结构相连的非住宅；

3）上述物业属于出售公有住房的，售房单位应当按照规定缴存住宅专项维修资金。

（2）交存住宅专项维修资金的比例

1）商品住宅的业主、非住宅的业主按照所拥有物业的建筑面积交存专项维修资金，每平方米建筑面积交存首期住宅专项维修资金的数额为当地住宅建筑安装工程每平方米造价的 5%～8%。各直辖市、市、县人民政府建设（房地产）主管部门可根据本地区的情况，合理确定、公布每平方米建筑面积缴存首期专项维修资金的数额，并适时调整。

2）出售公有住房的，按照下列规定交存住宅专项维修资金：

第一，业主按照所拥有物业的建筑面积交存住宅专项维修资金，每平方米建筑面积交存首期住宅专项维修资金的数额为当地房改成本价的 2%；

第二，售房单位按照多层住宅不低于售房款的 20%、高层住宅不低于售房款的 30%，从售房款中一次性提取住宅专项维修资金。

2. 专项维修资金的管理

（1）业主大会成立前的专项维修资金的管理

1）商品住宅业主、非住宅业主交存的住宅专项维修资金，由物业所在地直辖市、市、县人民政府建设（房地产）主管部门代管。

直辖市、市、县人民政府建设（房地产）主管部门应当委托所在地一家商业银行，作为本行政区域内住宅专项维修资金的专户管理银行，并在专户管理银行开立住宅专项维修资金专户。

开立住宅专项维修资金专户，应当以物业管理区域为单位设账，按房屋户门号设分户账；未划定物业管理区域的，以幢为单位设账，按房屋户门号设分户账。

2）已售公有住房住宅专项维修资金，由物业所在地直辖市、市、县人民政府财政部门或者建设（房地产）主管部门负责管理。

负责管理公有住房住宅专项维修资金的部门应当委托所在地一家商业银行，作为本行政区域内公有住房住宅专项维修资金的专户管理银行，并在专户管理银行开立公有住房住宅专项维修资金专户。

开立公有住房住宅专项维修资金专户，应当按照售房单位设账，按幢设分账；其中，业主交存的住宅专项维修资金，按房屋户门号设分户账。

（2）业主大会成立后专项维修资金的管理

1）业主大会应当委托所在地一家商业银行作为本物业管理区域内住宅专项维修资金的专户管理银行，并在专户管理银行开立住宅专项维修资金专户。

开立住宅专项维修资金专户，应当以物业管理区域为单位设账，按房屋户门号设分户账。

2）业主委员会应当通知所在地直辖市、市、县人民政府建设（房地产）主管部门；涉及已售公有住房的，应当通知负责管理公有住房住宅专项维修资金的部门。

3）直辖市、市、县人民政府建设（房地产）主管部门或者负责管理公有住房住宅专项维修资金的部门应当在收到通知之日起 30 日内，通知专户管理银行将该物业管理区域内业主交存的住宅专项维修资金账面余额划转至业主大会开立的住宅专项维修资金账户，并将有关账目等移交业主委员会。

4）住宅专项维修资金划转后的账目管理单位，由业主大会决定。业主大会应当建立住宅专项维修资金管理制度。

业主大会开立的住宅专项维修资金账户，应当接受所在地直辖市、市、县人民政府建设（房地产）主管部门的监督。

5）业主分户账面住宅专项维修资金余额不足首期交存额 30% 的，应当及时续交。成立业主大会的，续交方案由业主大会决定。未成立业主大会的，续交的具体管理办法由直辖市、市、县人民政府建设（房地产）主管部门会同同级财政部门制定。

3. 专项维修资金的使用

（1）住宅共用部位、共用设施设备的维修和更新、改造费用的分摊方法

1）商品住宅之间或者商品住宅与非住宅之间共用部位、共用设施设备的维修和更新、改造费用，由相关业主按照各自拥有物业建筑面积的比例分摊。

2）售后公有住房之间共用部位、共用设施设备的维修和更新、改造费用，由相关业主和公有住房售房单位按照所交存住宅专项维修资金的比例分摊；其中，应由业主承担的，再由相关业主按照各自拥有物业建筑面积的比例分摊。

3）售后公有住房与商品住宅或者非住宅之间共用部位、共用设施设备的维修和更新、改造费用，先按照建筑面积比例分摊到各相关物业。其中，售后公有住房应分摊的费用，再由相关业主和公有住房售房单位按照所交存住宅专项维修资金的比例分摊。

4）住宅共用部位、共用设施设备维修和更新、改造，涉及尚未售出的商品住宅、非住宅或者公有住房的，开发建设单位或者公有住房单位应当按照尚未售出商品住宅或者公有住房的建筑面积，分摊维修和更新、改造费用。

（2）住宅专项维修资金划转业主大会管理前的使用

住宅专项维修资金划转业主大会管理前，需要使用住宅专项维修资金的，按照以下程序办理：

1）物业服务企业根据维修和更新、改造项目提出使用建议；没有物业服务企业的，由相关业主提出使用建议；

2）住宅专项维修资金列支范围内专有部分占建筑物总面积三分之二以上的业主且占总人数三分之二以上的业主讨论通过使用建议；

3）物业服务企业或者相关业主组织实施使用方案；

4）物业服务企业或者相关业主持有关材料，向所在地直辖市、市、县人民政府建设

（房地产）主管部门申请列支；其中，动用公有住房住宅专项维修资金的，向负责管理公有住房住宅专项维修资金的部门申请列支；

5）直辖市、市、县人民政府建设（房地产）主管部门或者负责管理公有住房住宅专项维修资金的部门审核同意后，向专户管理银行发出划转住宅专项维修资金的通知；

6）专户管理银行将所需住宅专项维修资金划转至维修单位。

（3）住宅专项维修资金划转业主大会管理后的使用

住宅专项维修资金划转业主大会管理后，需要使用住宅专项维修资金的，按照以下程序办理：

1）物业服务企业提出使用方案，使用方案应当包括拟维修和更新、改造的项目、费用预算、列支范围、发生危及房屋安全等紧急情况以及其他需临时使用住宅专项维修资金的情况的处置办法等。

2）业主大会依法通过使用方案。

3）物业服务企业组织实施使用方案。

4）物业服务企业持有关材料向业主委员会提出列支住宅专项维修资金，其中动用公有住房住宅专项维修资金的，向负责管理公有住房住宅专项维修资金的部门申请列支。

5）业主委员会依据使用方案审核同意，并报直辖市、市、县人民政府建设（房地产）主管部门备案；动用公有住房住宅专项维修资金的，经负责管理公有住房住宅专项维修资金的部门审核同意；直辖市、市、县人民政府建设（房地产）主管部门或者负责管理公有住房住宅专项维修资金的部门发现不符合有关法律、法规、规章和使用方案的，应当责令改正。

6）业主委员会、负责管理公有住房住宅专项维修资金的部门向专户管理银行发出划转住宅专项维修资金的通知。

7）专户管理银行将所需住宅专项维修资金划转至维修单位。

（4）使用中的监督管理

1）直辖市、市、县人民政府建设（房地产）主管部门，负责管理公有住房住宅专项维修资金的部门及业主委员会，应当每年至少一次与专户管理银行核对住宅专项维修资金账目，并向业主、公有住房售房单位公布下列情况：

①住宅专项维修资金交存、使用、增值收益和结存的总额；

②发生列支的项目、费用和分摊情况；

③业主、公有住房售房单位分户账中住宅专项维修资金交存、使用、增值收益和结存的金额；

④其他有关住宅专项维修资金使用和管理的情况。

业主、公有住房售房单位对公布的情况有异议的，可以要求复核。

2）专户管理银行应当每年至少一次向直辖市、市、县人民政府建设（房地产）主管部门，负责管理公有住房住宅专项维修资金的部门及业主委员会发送住宅专项维修资金对账单。

直辖市、市、县建设（房地产）主管部门，负责管理公有住房住宅专项维修资金的部门及业主委员会对资金账户变化情况有异议的，可以要求专户管理银行进行复核。

专户管理银行应当建立住宅专项维修资金查询制度，接受业主、公有住房售房单位对其分户账中住宅专项维修资金使用、增值收益和账面余额的查询。

3）住宅专项维修资金的管理和使用，应当依法接受审计部门的审计监督。

4）住宅专项维修资金的财务管理和会计核算应当执行财政部有关规定。财政部门应当加强对住宅专项维修资金收支财务管理和会计核算制度执行情况的监督。

5）住宅专项维修资金专用票据的购领、使用、保存、核销管理，应当按照财政部以及省、自治区、直辖市人民政府财政部门的有关规定执行，并接受财政部门的监督检查。

本 章 小 结

物业管理是房地产商品销售以后的后期管理，能够为业主提供舒适、安全居住环境的保障。本章以物业及物业管理的基本知识为导入，介绍物业服务企业资质申报、资质等级界定及年检等企业管理相关知识，突出物业管理运作环节的业主委员会建立、前期物业管理和物业使用及具体管理等内容。对物业服务企业而言，物业服务合同管理、物业管理方案的制定及物业费用管理三大内容是全面、系统地开展各项工作的基础和前提，本章对物业前期合同和物业合同的内容、相关要求、合同的变更、合同解除、物业方案的制定程序及内容均作系统的介绍，并对物业服务费的构成、计算、收缴、使用及物业维修基金的管理和使用等方面进行了较细致的阐述。

练习题

一、单选题

1. 业主委员会应当自选举产生之日起（　　）日内，将业主大会的成立情况、业主大会议事规则、业主公约及业主委员会委员名单等材料向物业所在地的区、县人民政府房地产行政主管部门备案。

A. 10　　　　　　　　B. 20　　　　　　　　C. 30　　　　　　　　D. 50

2. 经业主委员会或者（　　）以上业主提议，认为有必要变更业主委员会委员的，由业主大会会议作出决定，并以书面形式在物业管理区域内公告。

A. 5％　　　　　　　B. 10％　　　　　　　C. 15％　　　　　　　D. 20％

3. 业主公约由（　　）制定并修改。

A. 物业管理公司　　B. 个别业主　　　　C. 业主大会　　　　D. 业主委员会

4. 投标人少于（　　）个或者住宅规模较小的，经物业所在地的区、县人民政府房地产行政主管部门批准，可以采用协议方式选聘具有相应资质的物业服务企业。

A. 3　　　　　　　　B. 4　　　　　　　　C. 5　　　　　　　　D. 6

5. （　　）应当按照规定在物业管理区域内配置必要的物业管理用房。

A. 施工单位　　　　B. 建设单位　　　　C. 业主委员会　　　D. 物业服务企业

6. 物业服务企业应当向业主大会或者全体业主公布物业服务资金年度预决算并每年不少于（　　）次公布物业服务资金的收支情况。

A. 1　　　　　　　　B. 2　　　　　　　　C. 3　　　　　　　　D. 4

7. 公有住房出售中，购房者按购房款（　　）的比例向售房单位缴交维修基金。

A. 1％　　　　　　　B. 2％　　　　　　　C. 3％　　　　　　　D. 4％

8. 维修基金属于代管基金。业主委员会成立前，维修基金由（　　）代管。

A. 当地财政管理部门　　　　　　　　B. 当地税收主管部门

C. 物业公司　　　　　　　　　　　　D. 当地房地产行政主管部门

9. 根据《物业服务企业资质管理办法》，直辖市人民政府房地产行政主管部门负责（　　）物业服务企业资质证书的办法和管理，并接受国务院建设主管部门的指导和监督。

A. 一级　　　　　　B. 一级和二级　　　C. 二级和三级　　　D. 一级、二级和三级

10. 物业服务三级企业可承接（　　）万 m² 以下住宅项目的物业管理业务。

A. 30　　　　　　　B. 20　　　　　　　C. 8　　　　　　　　D. 5

11. 在《物业服务合同》中，业主最根本的权利是（　　）。

A. 监督业主委员会的工作

B. 对物业共用部位、共用设备设施使用情况的知情权

C. 享有物业服务企业提供的服务

D. 监督物业服务合同的执行

12. 物业服务合同的签订要点不包括（　　）。

A. "宜细不宜粗"　　　　　　　　　　B. 不应有无偿无限期的承诺

C. 实事求是留有余地　　　　　　　　D. "宜粗不宜细"

13. 物业服务方案的内容一般不包括（　　　）。

A. 物业服务方案的形成过程　　　B. 管理制度建设

C. 项目管理的整体设想与策划　　　D. 服务人员的管理

14. 物业服务合同中物业管理用房的约定不包括（　　　）。

A. 物业管理用房的配置　　　B. 物业管理用房的用途

C. 物业管理用房的产权归属　　　D. 物业管理用房的经营权

15. 下列各项中不属于再开发利用方案内容的是（　　　）。

A. 现有再开发利用项目分析　　　B. 再开发内容与方式的规划

C. 再开发的可行性分析　　　D. 布局与规划设计

二、多选题

1. 物业服务企业的权利是（　　　）。

A. 根据物业服务合同约定，对物业实施管理经营服务

B. 可以将物业管理区域内的专项业务委托给专业性服务企业

C. 与相关委托人在合同中约定相关费用、报酬

D. 根据相关规定，监督房屋装饰装修

E. 依据物业服务合同的约定，提供相应服务

2. 物业服务费用的构成包括（　　　）。

A. 物业服务成本　　　B. 法定税费

C. 物业配套设施建设费用　　　D. 物业服务企业的利润

E. 物业建设成本

3. 下列属于物业服务企业一级资质的条件包括（　　　）。

A. 注册资本人民币 500 万元以上

B. 注册资本人民币 500 万元以下

C. 物业管理专业人员以及工程、管理、经济等相关专业类的专职管理和技术人员不少于 30 人

D. 物业管理专业人员以及工程、管理、经济等相关专业类的专职管理和技术人员不少于 20 人

E. 建立并严格执行企业管理制度和标准，有优良的经营管理业绩

4. 物业服务合同的种类有（　　　）。

A. 前期物业服务合同　　　B. 固定总价合同

C. 物业服务合同　　　D. 协议价格合同

E. 物业管理专项事务委托合同

5. 物业环境卫生、绿化管理服务主要包括（　　　）。

A. 屋顶、天台等部位的定时清扫

B. 内墙壁的除尘

C. 公共门窗的擦洗

D. 园地、路面的清扫

E. 业主户内卫生清扫

6. 有下列情形之一的，当事人可以解除物业服务合同（　　　）。

A. 因不可抗力致使不能实现合同目的

B. 在履行期限届满之前，当事人一方明确表示或者以自己的行为表明不履行主要债务

C. 当事人一方迟延履行主要债务，经催告后在合理期限内仍未履行

D. 当事人一方迟延履行债务或者有其他违约行为致使不能实现合同目的

E. 当事人一方要求解除的

7. 物业服务专项服务分包一般基于如下考虑（　　　）。

A. 物业主管部门要求　　　　　　B. 技术上的需要

C. 经济上的目的　　　　　　　　D. 业主委员会的要求

E. 物业发展要求

8. 物业服务方案制定时，调查分析物业项目情况一般包括（　　　）。

A. 项目位置　　　　　　　　　　B. 项目性质、特色及权属状况

C. 项目规模　　　　　　　　　　D. 项目业主业绩

E. 项目建筑情况

参 考 文 献

［1］ 佘健明，王永银．项目决策分析与评价．北京：中国计划出版社，2008.
［2］ 谭善勇．房地产投资分析与决策．北京：中国建筑工业出版社，2011.
［3］ 姚星明．房地产项目管理．北京：化学工业出版社，2009.
［4］ 刘红玉．房地产开发经营与管理．北京：中国建筑工业出版社，2010.
［5］ 银花．房地产经营与管理．北京：机械工业出版社，2003.
［6］ 丁烈云．房地产开发．北京：中国建筑工业出版社，2008.
［7］ 吕萍．房地产开发与经营．北京：中国人民大学出版社，2002.
［8］ 李清立．房地产开发与经营．北京：清华大学出版社，2004.
［9］ 周小平．房地产开发与经营．北京：清华大学出版社，2010.